21世纪普通高等学校（本科）法学精品教材

刑事诉讼法学

Criminal Procedural Law

第二版

主　编　梁玉霞

暨南大学出版社
JINAN UNIVERSITY PRESS
中国·广州

图书在版编目（CIP）数据

刑事诉讼法学 / 梁玉霞主编. —2版.—广州：暨南大学出版社，2011. 5
（21世纪普通高等学校（本科）法学精品教材）
ISBN 978 - 7 - 81135 - 810-0

Ⅰ. ①刑…　Ⅱ. ①梁…　Ⅲ. ①刑事诉讼法—法的理论—中国　Ⅳ. ①D925.201

中国版本图书馆 CIP 数据核字（2011）第 064645 号

出版发行：暨南大学出版社

地　址：中国广州暨南大学
电　话：总编室（8620）85221601
　　　　营销部（8620）85225284　85228291　85228292（邮购）
传　真：（8620）85221583（办公室）　85223774（营销部）
邮　编：510630
网　址：http：//www. jnupress. com　http：//press. jnu. edu. cn

排　版：广州市星辰文化发展部照排中心
印　刷：湛江日报社印刷厂

开　本：787mm × 1092mm　1/16
印　张：23.625
字　数：556 千
版　次：2009 年 2 月第 1 版　2011 年 5 月第 2 版
印　次：2011 年 5 月第 2 次
印　数：3001—6000 册

定　价：45.00 元

总　序

胡锦涛总书记在中国共产党第十七次全国代表大会上的报告中指出："最广泛地动员和组织人民依法管理国家事务和社会事务，管理经济和文化事业；坚持依法治国基本方略，树立社会主义法治理念，实现国家各项工作法治化，保障公民合法权益；坚持社会主义政治制度的特点和优势，推进社会主义民主政治制度化、规范化、程序化，为党和国家长治久安提供政治和法律制度保障。"依法治国是社会主义民主政治的基本要求，要全面落实依法治国的基本方略，建设社会主义法治国家，必备的法律知识应当成为人们尤其是普通高等学校学生知识结构的重要组成部分；熟悉和掌握法律法规，对于弘扬法治精神，形成自觉学法、守法、用法的社会氛围具有重大意义。

当前，党和国家致力于完善中国特色社会主义法律体系，建设公正、高效、权威的社会主义司法制度。这对培养法律高级专门人才的高等学校法学教育提出了更新、更高的期望和要求。我国法学专业的教材建设正处在一个高速发展的过程中，这为普通高等学校法学教育的具体实施提供了一定程度的保障。但从严格意义上来说，制约普通高等学校法学教育发展的教材问题依然存在，主要表现为法学教材理论与实际结合的程度不够，尤其表现在高职高专法学教材中。

为了适应法学教育发展的新形势，积极探索和总结高等法学教育教学改革的方法和经验，针对当前绝大多数法学教材理论脱离实际的倾向，暨南大学出版社组织了全国几十所大学共同编写了"21世纪普通高等学校法学精品教材"。这套教材分为本科和高职高专两个系列，内容涵盖了法学的全部学科，系统性强；囊括了最新立法成果、相关领域的理论研究成果和前沿热点问题，贴近时代发展，做到了理论性与实用性的较好结合。这两套系列教材堪称系统工程，其规模之大、覆盖面之广，在法学教材建设中首屈一指；在知识系统的完整性、理论观点的稳妥性、引用资料和法规的准确性以及文字表达的规范性和可读性等方面都达到了较高的水平。

教材是教学之本，好的教材对提高教学质量、提升科研水平有着重要的作用。而组织编写和出版一套高质量的教材，殊非易事，由全国相关院校的专家学者认真编写的这套系列教材必将对全国法学高等教育起到积极的推动作用。衷心希望更多的高校学者和教师为建设适应新世纪法学教学和实践需要的教材继续贡献力量。是为序。

中华人民共和国司法部原部长 邹瑜

2008年3月3日

第一版前言

刑事诉讼法是一个有着悠久历史的法律部门。在古老的法律典籍中，刑事诉讼法与刑法一起占有着非常突出而重要的地位。在西方，伴随着 17、18 世纪成文法运动的兴起，刑事诉讼法作为一个独立的部门法在各国如雨后春笋般诞生。相比之下，中国的这一进程要晚得多，直到 19 世纪末的西法东渐和清朝修律变法，才将千年以来诸法合体的落后局面冲破。在中国近现代政治的动荡中，刑事诉讼法也经历了诸多的艰难曲折。社会主义新中国于 1979 年制定了第一部刑事诉讼法典，1996 年进行了一次比较大的修改，后一直沿用至今。

刑事诉讼法属于程序法。在我国很长一段时间里，程序法一直被当作实现实体法的工具和手段而处于附属的地位，司法实践中重实体而轻程序，不遵守程序法甚至违反程序法的现象十分普遍。直到最近十多年，法律程序对于实现法治、保障民主所具有的重要性才逐渐被人们所广泛认知。法律程序被认为是法治与人治之间的分水岭，甚至有人说程序法是实体法之母。法律程序的意义在于为公权力划定行为的边界，控制国家公权力的滥用，约束国家机关不至于对公民个人自由造成威胁或伤害，保障人民的权利，以体现法治的精神。实际上，20 世纪 60 年代发生在美国的正当程序革命，已将程序的意义提升到了前所未有的高度，并对传统大陆法系国家产生了重要的影响。刑事诉讼法因关乎人权和自由而与宪法保持着最密切的联系。在我国，刑事诉讼法是规范公安机关、人民检察院和人民法院等国家机关的职权活动，打击犯罪，保障犯罪嫌疑人、被告人合法权益不受侵犯，保护刑事被害人及其他公民正当权益的基本法，其根本的价值目标是实现刑事司法公正，维护社会的公平与正义。

刑事诉讼法学是一门以刑事诉讼法的立法、实践及其发展为研究对象的古老而丰富的学科。它凝聚了一代又一代学人的智慧和对公平正义的不懈追求。当代西方刑事诉讼中职权主义和当事人主义两种风格，既是学者发现的成果，同时又激发起人们无穷的想象。在 20 世纪七八十年代，我国刑事诉讼法学围绕新中国第一部刑事诉讼法典进行了全面而透彻的注释，极大地促进了民众对于该法的理解和司法实践中的正确运用，此阶段的刑事诉讼法学因而被称为“注释法学”。事实证明，在法制断裂了整整十年后的那个年代，“注释法学”对于刑事诉讼法的准确贯彻实施，是非常必要和恰当的，大中专学生、司法工作者和民众，对刑事诉讼法有了一个实在而准确的把握。进入 20 世纪 90 年代，学者的眼光开始从法律条文转向其更为广阔的历史文化背景，开始探讨刑事诉讼的价值、目的、主体、客体、模式、行为、阶段，等等，推进了刑事诉讼法学各理论范畴的建立和研究的进一步深化，并在实质上促成了 1996 年刑事诉讼法的全面修订。21 世纪的中国刑事诉讼法学，会将视野向三个方面扩展：第一，国际化。中国政治经济的国际化，必将引导法制的国际化。刑事诉讼法学开始关注国际条约、国际刑事司法准则及其对中国的影响。第二，区域化。香港、澳门回归后，对我国内地与港、澳、台地区法域的刑事诉讼法，以及区际刑事司法协助给予研究，是过去直到今后一项长期的任务。第三，中国的刑事司法改革与实践。中国的社会转型和国际司法改革，推动了中国的刑事司法改革与实践。对司法实践的关注，将是刑事诉讼法学永恒的主题。

刑事诉讼法学是一门实践性较强的应用法学学科。与实体法相比，刑事程序法涉及刑事诉讼中的国家机关和诉讼参与人，在刑事诉讼中的行为方式与步骤，具有较强的实践性与操作性。所以，刑事诉讼法学就必须将刑事诉讼的基本理论与刑事诉讼实践紧密结合起来。一方面要在强化诉讼原理上下工夫，注重刑事诉讼法的基本原理、基本原则和制度以及基本程序规则的研究与把握，提升程序意识和恪守法律程序的自觉性；另一方面要关注、参与刑事诉讼实践，密切关注生动活泼的刑事司法实践中呈现出来的新动向、新变化，了解社会现实，积极开展实践性活动，增强分析问题、解决问题的实际操作能力。

本书作为“21世纪普通高等学校（本科）法学精品教材”之一，依据教育部制定的刑事诉讼法教学指导纲要，在一批精干的中青年刑事诉讼法学者认真编著的基础上，经过了主编的把关、编委会的统一审定和出版社的精心编排，才得以面世。本书强调通用性、学术性和创建性，吸收了最新立法成就和理论研究成果，关注本学科的理论前沿和学术热点，注重司法实践中的问题与案例，因而具有语言简明通俗、内容丰富充实、知识新颖实用、体例生动活泼的特点。我们真诚地希望，本书的出版能够为我国21世纪的法学高等教育提供优质的教材，为正在改革中的中国刑事司法提供有价值的参考，从而促进我国刑事诉讼法的教学、研究、立法和司法等各方面工作的健康、全面地发展。

梁玉霞

2008年10月于广州

第二版前言

本书自2009年2月出版发行以来，因其清爽明朗的风格而受到内地、香港、澳门广大读者的好评，销量迅速攀升，日前已告售罄。为满足读者的需求，现决定再版。我们在遵从本书原有体例、风格和基本内容的基础上，根据国家立法的最新动态，对本书予以修订，增加了自2008年底以来国家新颁布的相关规范性文件的内容。尤其是近一年来，司法改革取得了不少的成果，国家最高司法机关就刑事诉讼发布了一些重要规章和规范性文件，致使刑事司法领域发生了一系列重大变化，因此，本书的修改具有特别重要的意义。

在此特别提醒读者注意下列重要文件：①最高人民法院、最高人民检察院、公安部、国家安全部、司法部联合发布的《关于办理刑事案件排除非法证据若干问题的规定》(2010年7月1日起施行)；②最高人民法院、最高人民检察院、公安部、国家安全部、司法部联合发布的《关于办理死刑案件审查判断证据若干问题的规定》（2010年7月1日起施行)；③最高人民法院、最高人民检察院、公安部、国家安全部、司法部联合印发的《关于规范量刑程序若干问题的意见（试行)》的通知（2010年10月1日起施行)；④最高人民法院发布的《人民法院量刑程序指导意见（试行)》(2010年10月1日起施行)；⑤最高人民检察院公诉厅发布的《人民检察院开展量刑建议工作的指导意见（试行)》(2010年2月23日发布）和《人民检察院量刑建议书格式样本（试行)》(2010年9月2日发布)。

为体现上述立法成果的重要内容，我们重点修订了以下章节：

第十章刑事诉讼证据，修改了第四节中我国刑事诉讼规则的内容，增加了第五节关于死刑案件证据的审查运用。

第十四章起诉程序，增加了第六节人民检察院的量刑建议。

第十五章审判概述，增加了部分内容。

第十六章第一审程序，增加了第四节法庭审判中的量刑程序。

第十七章第二审程序，增加了第四节死刑案件第二审程序。

我们希望与读者及时分享司法改革的成果，如因仓促而有不妥之处，敬请读者批评指正。如有任何建议或意见，欢迎联系我们。

E-mail：ymg209@126.com

梁玉霞

2011年3月于广州

目　录

第一章　刑事诉讼法概述

本章主要介绍刑事诉讼和刑事诉讼法的概念、特征、历史发展，刑事诉讼法与相邻部门法的关系等。学习重点是：刑事诉讼的概念、特征及其历史发展。学习难点是：刑事诉讼法的渊源。本章的学术热点是：程序法与实体法的关系。一种观点认为“程序法是实体法的侍女”，即主张程序法是保障实体法得以实施的法律，是一种工具法，本身并无独立价值；一种观点认为“程序法是实体法之母”，即认为从法律发展的历史来看，应纠纷解决而生的程序法应当早于实体法而出现，实体法的出现，是对若干程序法处理结果总结、抽象而成的。在这个意义上，程序法不仅孕育了实体法，而且构成实体法发展的源泉，因此，程序法应当独立并且优于实体法。

第一节　刑事诉讼与刑事诉讼法

一、刑事诉讼的概念

刑事诉讼，简而言之，就是国家实现刑罚权的法定程序，具体来说，则是指国家专门机关在诉讼参与人的参与下，依照法定的程序，对犯罪嫌疑人和被告人展开追诉、审判、刑罚执行的活动。在理论和观念上，刑事诉讼还存在“狭义的刑事诉讼”与“广义的刑事诉讼”之分。“广义的刑事诉讼”，涵盖从侦查，经起诉、审判到执行等整个程序流程，而“狭义的刑事诉讼”，则仅指其中的起诉和审判阶段。之所以存在这样的理论区分，主要是因为起诉和审判程序更符合控辩平等、审判中立的经典三角诉讼结构，更便于人们认识和描述刑事诉讼的特征。

从总体上而言，刑事诉讼具有以下几个特征：

1. 刑事诉讼是一种广义的社会纠纷解决机制

人类社会自身的存续和发展必然要求人类社会的总体结构和历史进程保持一定程度的一致性、连续性和确定性，这就是秩序。秩序的实现需要控制，人类社会对秩序的需求，促使人们自发地创设相应的社会解纷机制，以化解和消除衍生自社会生活中的各种纠纷。从本质上讲，诉讼机制，包括刑事诉讼，都是广义的社会纠纷解决机制中的一种，其存在的最根本目的就是解决各种社会纠纷，以达到维持社会秩序、实现人类社会和谐共存的目的，只不过与民事诉讼与行政诉讼不同，刑事诉讼是通过对犯罪行为的追究和惩罚，来维护社会的秩序和安全的。

2. 刑事诉讼是一种典型的“三方组合”机制

与人类社会的进化历程相联系，社会解纷机制的发展也经历了由野蛮到文明、由简单到复杂、由粗糙到精细的不断完善的过程。在人类社会的早期，社会公共权力较弱，社会控制能力低下，个人间的纠纷往往是由双方当事人以自决或和解的方式私自解决。从结构上分析，作为一种社会解纷机制，自决与和解都呈现出一种“两方组合”的结构特征。整个解纷机制直接由纠纷的双方当事人组合而成，纠纷的解决依赖于组合双方的交互作用包括使用暴力和妥协让步。然而，和解往往难以达成，自决又容易演变为弱肉强食的恶性循环，因此，随着社会控制能力的提升，社会力量必然介入纠纷的解决过程以引导和促进纠纷的解决，从调解到仲裁，直至诉讼的出现，社会力量对纠纷解决过程的介入不断深入和常态化，并最终实现了社会解纷机制由私力救济向公力救济的过渡。社会力量对纠纷解决过程的介入导致社会解纷机制发生结构性变革，本由纠纷双方当事人组合而成的“两方组合”演化为由纠纷双方和由社会力量扮演的第三方共同组合而成的“三方组合”。在内在运作机理上，这种“三方组合”对纠纷的解决依赖于第三方的中立地位与行为来引导和促成纠纷的解决，可以说，这种“三方组合”机制的基本结构和机理特征就是第三方中立。“第三方中立”就是要求第三方在纠纷解决过程中与纠纷的双方当事人保持同等的距离，对双方采取不偏不倚的态度和行为。诉讼自产生以来便逐渐成为最常规也是最规范的社会纠纷解决手段。从结构上分析，诉讼是典型的“三方组合”：原告、被告双方平等对抗，而法官作为审判者居中裁判，形成一个等腰三角形的几何结构，第三方中立在诉讼机制中具体表现为法官的审判中立。

3. 刑事诉讼作为一种公力救济机制，国家权力的运用主动、普遍而深刻

刑事诉讼作为一种公力救济机制，其典型特征之一便是国家介入纠纷解决过程以引导和促成纠纷解决，其具体形式是国家通过设立专门的追诉机构和审判机构来参与刑事诉讼。国家介入纠纷解决过程有其历史的和逻辑的必然性。马克思曾经指出，国家是社会在一定发展阶段上的产物。国家的产生是表示：这个社会陷入了不可解决的自我矛盾，分裂为不可调和的对立面而又无力摆脱这些对立面。而为了使这些对立面，即这些经济利益互相冲突的阶级，不至于在无谓的斗争中把自己和社会消灭，就需要一种表面上凌驾于社会之上的力量，这种力量应当缓和冲突，把冲突保持在“秩序”的范围以内；这种从社会中产生但又自居于社会之上并且日益同社会脱离的力量，就是国家。由此可见，国家本身是阶级矛盾不可调和的产物，缓和社会冲突（包括阶级冲突），维护现实统治秩序是国家产生和存在的基本目的，国家产生之后必然凭借其强制力强行介入社会冲突的解决过程，以干涉和约束各种社会冲突，将其控制在现实统治秩序允许的范围之内。但是，在不同的诉讼形态之中，国家权力介入的力度和广度是不完全相同的。其中，在刑事诉讼中，国家权力的介入是最为主动、普遍而深刻的。所谓主动性，是指刑事诉讼通常采取国家调查（侦查）和国家公诉的方式主动发动，从而区别于民事和行政诉讼是由有关的社会个体发动；所谓普遍性，是指在一般情况下，从案件调查（诉讼

准备）到提起诉讼，再到裁决和执行，都是国家权力行使的过程，而且在诉讼的每一阶段，都可能涉及国家权力的广泛使用；所谓深刻性，表现在国家权力的行使不是停留在诉讼的表面，而是深入其中，尤其表现在国家强制力量的使用上，包括对人的强制——逮捕、拘留等，对物的强制——扣押、搜查、强制性检查等。因此可以说，国家权力尤其是国家强制力量的广泛使用，是刑事诉讼最重要的特征之一，而刑事诉讼的这一特征，则是基于它的特殊性质和任务的要求。刑事诉讼，在具体功能上区别于民事诉讼和行政诉讼，是以实现国家刑罚权为使命。在刑事诉讼活动过程中，为了查明案件真相、保全证据，实现刑事诉讼的任务和目的，国家势必动用大量的强制性侦控手段，这些强制性侦控手段的运用可能会在较深程度上干预甚至剥夺犯罪嫌疑人、被告人的各项基本人权包括人身权和财产权。由此可见，国家强制力的广泛动用，构成了刑事诉讼的重要特征，可以说，国家发动刑事诉讼的整个过程，同时也就是一种强有力的国家权力行使和运作的过程。

4. 刑事诉讼，作为一种法定程序，法定性和合法化是其前提

正因为在刑事诉讼中，犯罪嫌疑人、被告人的基本人权面临着来自国家权力的干预，存在着被侵犯的可能，因而，必须通过法律来控制国家权力的运用，为此，在现代法治国家，都强调刑事诉讼的法定性和合法化，凡是涉及刑事司法机关权力配置及其追究犯罪、惩罚犯罪的程序，都必须获得法律的明确授权，法律没有明确赋予的职权，刑事司法机关不得行使，司法机关也不得违背刑事诉讼法所明确设定的程序规则而任意决定诉讼的进程。

二、刑事诉讼法的概念和渊源

刑事诉讼法，简而言之，就是规范刑事诉讼活动的法律。刑事诉讼法也存在广义与狭义之分。狭义的刑事诉讼法，仅指刑事诉讼法典，在我国即指《中华人民共和国刑事诉讼法》（以下简称《刑事诉讼法》）及其《修正案》；而广义的刑事诉讼法则包括所有规范刑事诉讼活动的正式和非正式的法律渊源。具体而言，主要包括以下内容：

1. 正式法源

制定法是刑事诉讼法解释的首要对象。在我国，作为刑事诉讼法正式法源的制定法形式包括：

（1）宪法。宪法中涉及刑事诉讼与被追诉人基本人权保障的条款，构成刑事诉讼法的正式渊源。

（2）刑事诉讼法典及其修正案。就目前而言，是指以 1979 年 7 月 1 日经第五届全国人民代表大会第二次会议通过、1980 年 1 月 1 日起施行的刑事诉讼法典，以及 1996 年 3 月 17 日第八届全国人民代表大会第四次会议修正、1997 年 1 月 1 日起施行的刑事诉讼法修正案。

（3）其他法律中涉及刑事诉讼的条文。主要包括四类：第一类是组织法，如《中华人民共和国人民法院组织法》（以下简称《人民法院组织法》）、《中华人民共和国人民检察院组织法》（以下简称《人民检察院组织法》）、《中华人民共和国监狱法》（以

下简称《监狱法》)；第二类是职业资格法，包括《中华人民共和国人民警察法》(以下简称《警察法》)、《中华人民共和国法官法》(以下简称《法官法》)、《中华人民共和国检察官法》(以下简称《检察官法》)、《中华人民共和国律师法》(以下简称《律师法》)；第三类是包含程序性规范的实体法，如《中华人民共和国刑法》(以下简称《刑法》)、《中华人民共和国国家安全法》(以下简称《国家安全法》)、《中华人民共和国未成年人保护法》(以下简称《未成年人保护法》)、《中华人民共和国未成年人预防犯罪法》(以下简称《未成年人预防犯罪法》) 等；第四类是全国人大及其常委会制定的补充性法律，如第六届全国人民代表大会常务委员会 1983 年 9 月 2 日通过的《关于国家安全机关行使公安机关的侦查、拘留、预审和执行逮捕的职权的决定》等。

(4) 民事诉讼法。任何诉讼程序本身均存在一定的共通性，因此，当刑事诉讼法对某一事项没有明文规定时，允许类推适用民事诉讼法的相关规定。此时，民事诉讼法也构成刑事诉讼法的法源之一。对此，我国澳门地区《刑事诉讼法》第 4 条 (漏洞之填补) 明确规定："如出现未有规定之情况，而本法典之规定亦不能类推适用，则遵守与刑事诉讼程序相协调之民事诉讼程序规定；如无此等规定，则适用刑事诉讼程序之一般原则。"由于诉讼程序的复杂性，可能会出现一些未为刑事诉讼法所规定的情况或事宜。为此，法律允许类推适用《刑事诉讼法典》。此外，任何诉讼程序本身均存在一定的共通性，当无法类推适用《刑事诉讼法典》解决诉讼程序中出现的未规定的问题时，有些刑事诉讼法则规定，应遵守与刑事诉讼程序相协调的民事诉讼程序的规定，即可以类推适用民事诉讼法的规定。

(5) 国务院及其主管部门为了执行国家法律、法令而颁布的行政法规中的有关刑事诉讼程序的规定，或就本部门业务工作中与刑事诉讼有关的问题所作的规定，如国务院制定的《看守所条例》、公安部制定的《公安部规定》等。

(6) 司法解释。最高人民法院和最高人民检察院就人民法院审判工作和人民检察院检察工作中如何具体运用法律、法令问题所作的解释、通知、批复等，如 1998 年 6 月 29 日最高人民法院《关于执行〈中华人民共和国刑事诉讼法〉若干问题的解释》(以下简称最高人民法院《解释》)，1998 年 12 月 16 日最高人民检察院的《人民检察院刑事诉讼规则》(以下简称最高检察院《刑事诉讼规则》) 等。

(7) 国际条约。根据国际法上的"条约神圣"原则，正式缔结的条约对当事国创设约束性的义务，国际条约一旦生效，各缔约国就应当善意地、严格地履行条约规定的义务而不得违背。因此，对于加入国来说，国际条约的签署可构成该国正式的法律渊源之一。在我国，国际条约要成为刑事诉讼法解释的客体，必须以我国已经批准或加入该国际条约为前提。从原理上讲，对于我国已经缔结或加入的国际条约中关于刑事诉讼程序的规定可以在我国领域内直接适用，并且具有高于我国现行刑事诉讼法的效力；现行刑事诉讼法与刑事诉讼国际标准相冲突的，应当适用国际公约的规定。对此，最高人民法院《解释》第 317 条明确规定："中华人民共和国缔结或者参加的国际条约中有关刑事诉讼程序具体规定的，适用该国际条约的规定。但是，我国声明保留的条款除外。"

2. 非正式法源

非正式法源主要是指国家的刑事政策、刑事诉讼程序的一般原则等。

(1) 国家刑事政策也是刑事诉讼法的非正式法源，是刑事司法机关执法的依据之一。例如，《德国刑事诉讼法典》第158条、160条和163条规定，一旦有犯罪行为嫌疑时，警察应当接受对犯罪行为的告发、告诉和启动侦查程序。但实际上对于一定案件，警察却往往不履行这个法定义务。如在家庭、朋友或者邻居等社会亲近范畴内发生了轻微的身体伤害、强迫或者侮辱情况的时候，警察往往是拒绝受理告发。这是因为面对这类情况时，警察并不视自己为一个犯罪行为追究机关，而更视自己是一个调解、安抚部门，它不愿意启动程序，以免进一步加深争执。[①] 在这里，警察作出决定的依据主要就是国家刑事政策。在我国，也存在类似的情形，例如，2005年浙江省高级人民法院、省检察院和省公安厅联合下发的《关于当前办理轻伤犯罪案件适用法律若干问题的意见》规定，在符合刑事诉讼法的前提下，可对轻伤犯罪案件适用法律作出明确规定，其中民间因纠纷引发的此类案件可以不再追究刑事责任。另外，2004年江苏无锡惠山区检察院开始探索"恢复性司法"模式，2006年烟台市检察院推行"平和司法"程序等，这些改革举措的法律依据主要就是"宽严相济"、"轻轻重重"、"便宜主义"等轻刑化刑事政策。

(2) 未明确规定于刑事诉讼法及其他法律文件中的刑事诉讼程序的一般原则，同样构成刑事诉讼法的渊源之一，并成为刑事司法机关适用和执行刑事诉讼法的依据。例如，在前面引用的我国澳门地区《刑事诉讼法》第4条关于刑事诉讼法漏洞补充的规定，当实践中出现一些未为刑事诉讼法所规定的情况或事宜，而又没有刑事诉讼法和民事诉讼法的相关条文可供类推适用时，应当适用刑事诉讼程序的一般原则。在司法者适用刑事诉讼程序的一般原则来作为刑事诉讼行为的依据时，该刑事诉讼程序的一般原则就应当成为刑事诉讼法的法源之一。

我国传统诉讼理论一般认为，刑事诉讼程序原则具有法律效力，在刑事诉讼中必须严格遵守和执行，但这是以宪法和法律明确规定为前提的。一言以蔽之，刑事诉讼程序原则要产生类似于法律规范的约束力，必须以法律（宪法或刑事诉讼法）规定为前提。立法没有明文规定的程序原则，对公、检、法机关并没有约束力。然而，这一观点与大多数法治国家的做法背道而驰，也不符合基本的法理。这是因为，刑事诉讼法原则虽然不具有规范的形式，但却往往具有规范的内容，德国学者约·阿希姆·赫尔曼曾经就此指出："刑事诉讼法原则并非是些具体的、可以以总结法从中直接获得裁判的法律规定。对刑事诉讼法原则，我们往往应当视其是一种指定方向，但保留余地的'最优化规定'。而刑事诉讼法也并非总是明确地规定了刑事诉讼法原则。"他将那种认为刑事诉讼法没有明文规定、刑事诉讼法原则就不能适用的观点称为"简单的法律证实主义思想"。他举例证明说，我国《刑事诉讼法》第35条规定，不允许仅仅依据被告人供述而判他人有罪。而在《德国刑事诉讼法典》中，我们读不到类似的规定。由于德国刑事诉讼法中缺少明确禁止只信口供的规定，中国读者也许就可能认为在德国刑事诉讼程序中口供

① [德] 约·阿希姆·赫尔曼. 德国刑事诉讼法典（中译本引言）. 李昌珂译 . 北京：中国政法大学出版社，1995

完全足以作为有罪判决的基础。其实不然，对德国法官来讲，查明实体法事实真相的刑事诉讼法原则，是标准性的指导原则。所以，只要无其他的证据可供审查供认的真伪性，德国法官对供认的处理，在结果上与中国法官一样，不会因此而判决有罪。这说明，尽管德国刑事诉讼法并未对该项原则作出规定，但该项原则仍然对法院认定证据、作出判决具有规范、约束作用，刑事诉讼程序原则的规范作用的发挥并不以刑事诉讼法作出明文规定为前提。

刑事诉讼程序的一般原则之所以在刑事诉讼法无明文规定的情况下仍然具有规范效力，是因为这些基础性原则反映了刑事诉讼程序的公理，是一种共识、一种“自然正义”，无须法律特别予以说明。因此，即使刑事诉讼法律文本没有明文规定，刑事诉讼程序的一般原则同样具有规范效力和法律拘束力，可以成为司法者适用和执行刑事诉讼法的依据，因而也应当成为刑事诉讼法解释的对象之一。

三、刑事诉讼法的任务

我国《刑事诉讼法》第 2 条明确规定：“中华人民共和国刑事诉讼法的任务，是保证准确、及时地查明犯罪事实，正确应用法律，惩罚犯罪分子，保障无罪的人不受刑事追究，教育公民自觉遵守法律，积极同犯罪行为作斗争，以维护社会主义法制，保护公民的人身权利、财产权利、民主权利和其他权利，保障社会主义建设事业的顺利进行。”它包括总体任务和具体任务两部分。具体分析如下：

1. 总体任务

我国《刑事诉讼法》的总体任务是维护社会主义法制，保护公民人身权利、财产权利、民主权利和其他权利，保障社会主义建设事业的顺利进行。

维护社会主义法制就是维护社会主义法制的尊严，做到“有法必依、执法必严、违法必究”。刑事诉讼法正是通过保证刑罚权的正确行使，从而使社会主义法制的尊严得到维护。

保护公民权利，包括保护公民的人身权利、财产权利、民主权利和其他权利，是社会主义法制的重要目标。刑事诉讼法通过保障国家刑罚权的有效行使，惩罚侵犯公民权利的犯罪行为，从而对公民的人身权利、财产权利、民主权利和其他权利提供直接的保护。刑事诉讼法保护公民权利的另一个方面，就是通过刑事程序法的规定限制国家专门机关权力的行使，以防止国家专门机关及其工作人员滥用权力或者权力失控，进而实现对公民权利的反向保护。

2. 具体任务

(1) 保证准确、及时地查明犯罪事实，正确适用法律，惩罚犯罪分子。准确、及时地查明犯罪事实，是正确适用法律，惩罚犯罪分子的基础和前提。所谓“准确”，就是要做到事实清楚，证据确凿；所谓“及时”，就是要在法定期限内提高诉讼效率，不延误、不拖延。准确与及时密切相连，相互作用，不可偏废。不准确的及时是盲目行动，可能冤枉无辜；不及时的准确，可能导致诉讼迟延，使得“迟来的正义非正义”。

正确适用法律，惩罚犯罪分子，就是根据刑法、刑事诉讼法及其他有关法律的规定对犯罪分子进行追诉和审判，并对案件作出正确的定罪量刑。只有既做到了准确、及时地查明案件事实，又正确地适用法律，才能保证案件处理的质量。

⑵ 保障无罪的人不受刑事追究。保证准确、及时地查明犯罪事实，正确适用法律的另一项要求是保障无罪的人不受刑事追究。这是指对于已经追究的无罪犯罪嫌疑人、被告人，应当撤销案件，或者不起诉，或者宣告无罪；对于尚未被追究刑事责任的无罪公民，不得无根据地追究其刑事责任。对于无罪的公民，法律不仅要保障他们不受司法机关的刑事追究，而且要保护他们不受任何机关、社会团体和个人的非法追究，切实保障公民合法的财产权利、民主权利、人身权利和其他合法权益不受侵犯。

⑶ 教育公民自觉遵守法律，积极同犯罪行为作斗争。教育公民自觉遵守法律，积极同犯罪行为作斗争，是我国刑事诉讼法独具特色的重要任务。我国刑事诉讼活动的过程，既是惩罚犯罪分子、保障无罪的人不受刑事追究的过程，同时又是对公民进行法制宣传教育的过程。

四、刑事诉讼法与其他部门法的关系

1. 刑事诉讼法与宪法的关系

宪法，作为规范国家与公民权利义务关系的根本大法，在实体法规范体系内具有至上性和优位性，这就是宪法优位原则。宪法优位原则具有两方面的意义：在消极意义上，任何国家行为包括立法行为在内，都不得违反宪法的明文规定；由于宪法规范显示基本价值，其本身多半是抽象的，往往需要具体化的基准，因此，宪法优位原则的积极意义在于，宪法所承载和体现的基本价值和基本原则应当成为所有法律的上位指导原则，其他法律必须积极地充实宪法规范的具体内涵。

在宪法与其下的部门法的关系中，刑事诉讼法与宪法的关系最为特殊，在法学理论研究中，刑事诉讼法往往被称为“应用宪法”。德国学者罗科信的传世名言：“刑事诉讼法乃宪法的测震仪”，正是对两者紧密联系的形象描述。刑事诉讼法与宪法的特殊关系，主要源于刑事诉讼法自身的特性，即刑事诉讼法是一部以强制性干预公民基本权利为内容的部门法，在刑事诉讼过程中，“刑事诉讼程序之进展及其目的的达成，不可能不以干预基本权为手段；事实上，环顾所有法律允许的基本权干预，就属刑事诉讼领域所允许的干预手段，最为严厉而彻底。若与羁押、监听及某些身体检查处分比较，拘提、逮捕、搜索、扣押等严重之基本权干预，在刑事诉讼程序之中，都还只能算是干预程度相对‘轻微’的强制处分。至于有罪判决之程序结果，甚而可能剥夺人之生命”。这样，刑事诉讼法的内容就与以保障公民基本权利为使命的宪法之间产生了高度的重合，以致人们得出这样的认识和判断，即刑事诉讼的立法以及实务如何反应、实践宪法的抽象规范，构成了检验一国宪法施行实情的关键指标；国家机关在刑事诉讼程序中滥用权力，将使宪法所保障的基本规范成为空文。因此，刑事诉讼法又被称为“应用宪法”、“宪法施行法”、“宪法的测震仪”或“依法治国的大宪章”。

2. 刑事诉讼法与刑法的关系

刑事诉讼法与刑法都属于刑事法律的范畴。刑法规定了犯罪与刑罚的问题，是刑事实体法；刑事诉讼法规定的则是追诉犯罪的程序，追诉、审判机关的权力范围，诉讼参与人的诉讼权利和相互之间的法律关系，是刑事程序法。刑事诉讼法与刑法之间存在着非常紧密的联系，两者是相互依存、密不可分、缺一不可的。

犯罪，之所以被视为是一种“恶”而受到社会的谴责和压制，是因为犯罪本身作为一种极端的反社会行为，对社会的秩序与安全构成了严重威胁。为了自卫，社会必然本能地对犯罪发起反击。由于犯罪与现实统治秩序之间的冲突激烈程度居于各种社会冲突的顶端，是对现实统治秩序威胁最大、最严重的冲突形态，为此，国家必然动用最严厉的惩罚手段——刑法予以矫正。然而，“徒法不足以自行，实体刑法虽然规范国家刑罚权产生的要件，但却不是一个能自我实现的法律。从实体刑法与刑事诉讼法的关系来看，刑事诉讼法正是确定并实现国家于具体刑事个案中对被告刑罚权的程序规范，实体刑法借此而得以实现”。[①] 因此，“在已实行的犯罪与刑罚之间，实际上有一场‘诉讼’（Process），这就是刑事诉讼”。“刑事诉讼是犯罪的必然的后续结果，是刑法的两个最基本要素——犯罪与刑罚之间一个必不可少的连接号。没有刑事诉讼，刑法的实体规则就得不到适用，犯罪也就不可能随之受到当处之刑罚。”[②] 由此可见，刑事诉讼的过程既是适用刑事诉讼法的过程，也是适用刑法的过程。如果只有刑法而没有刑事诉讼法，刑法的规定就不能得到正确的实施，刑法的任务也就不可能实现。反之也一样，如果只有刑事诉讼法而没有刑法，那么什么行为构成犯罪，什么行为应该受到刑事处罚，什么行为不应该受到刑事处罚等问题就都丧失了标准，定罪量刑活动将无所适从，刑事诉讼的任务也将无法实现。由于刑事诉讼法和刑法之间存在非常紧密的联系，因而，刑法和刑事诉讼法应当同样受到重视，不能厚此薄彼，更不能顾此失彼。

3. 刑事诉讼法与民事诉讼法的关系

作为现代国家纠纷解决机制的组成部分，刑事诉讼与民事诉讼之间存在着诸多共性特征：①在性质上，都属于“公力救济”，且在法律属性上都属于程序法，这就决定了两者在调整对象和技术方面的相似性；②在构造上，都采取“三方组合”的样式，即两造平等对抗、法官中立听审的三角结构；③在程序运作上，都采行直接言词、集中审理、公开审判、自由心证等程序技术和原则。刑事诉讼与民事诉讼之间的这种共性特征，决定了两者之间存在着相互衔接与转换的可能：在刑事诉讼法就某一问题缺乏规定的情况下，可以直接类推适用民事诉讼法的相关规定。我国最高人民法院《解释》第97条规定，人民法院审理刑事案件，除依照刑事诉讼法和本解释外，可以参照民事诉讼的有关规定。其实也是对这一规律的一种体现。

此外，刑事诉讼与民事诉讼虽然都是国家纠纷解决机制的一部分，具有诸多近似或相同的特点，但是，由于所涉及的诉讼标的（即所要解决的社会冲突的性质）不同，两者在目的和内容上仍然存在着重大差异：①所要解决的纠纷的性质不同。刑事诉讼所要解决的是国家与被追诉人之间就刑事责任问题产生的“争议”，涉及的是国家刑罚权的实现与被追诉人基本权利保障的重大问题，而民事诉讼则是以解决双方当事人之间的纠

---

① 林钰雄. 刑事诉讼法（上册）. 台北：元照出版有限公司，2004. 4

② ［法］卡斯东·斯特法尼. 法国刑事诉讼法精义. 罗结珍译. 北京：中国政法大学出版社，1999. 6

纷，涉及的是私人之间的利益甚至经常是金钱性质的利益纷争。②基于上述原因，两者在解决纠纷的程序技术方面产生了具体差异。例如，刑事诉讼采取无罪推定原则，证明责任始终由控方承担，而民事诉讼则需要根据案件的种类和类型，在当事人之间分担证明责任，甚至实行证明责任倒置。刑事诉讼遵行职权调查原则，即便控辩双方已经提出了各自的控辩资料，法院仍有权且有义务主动查明提交审判的事实，并以自己查明的事实作为裁判的基础，不受诉讼参与人声请和陈述的拘束，而民事诉讼程序中适用的是当事人进行主义，法官只能就当事人之主张、所提之证据及已经证明者作为裁判的基础。在民事诉讼中普遍承认当事人自认的效力，但在刑事诉讼中却强调的是“重证据、不轻信口供”，要求对犯罪嫌疑人、被告人的自白予以补强（单凭被告人口供不能定罪）。刑事诉讼拥有一些民事诉讼所不具备的证据手段，如逮捕、拘留等人身强制措施和勘验、搜查、扣押等证据保全措施；另外，刑事诉讼采行的“排除合理怀疑”的证明标准也要高于民事诉讼采用的“优势”证明标准等。这些差异的客观存在，决定了两种程序之间在运作过程和结果上存在着冲突的可能性。

第二节　刑事诉讼法的历史发展

一、内容上的发展：古典弹劾式诉讼—封建纠问式诉讼—控辩式诉讼

从历史上看，在奴隶制时期的弹劾式诉讼模式下，由于观念上将刑事犯罪与民事侵权同样视为私人间的纠纷，因而刑事诉讼与民事诉讼在结构上并无二致，都是原告对被告的“两造对抗”。刑事控诉由被害人或其近亲属作为原告向法院直接提起，法院本身不能在原告未起诉的情况下主动追究犯罪。原、被告双方在诉讼中地位平等、权利对等，通过相互间的对抗求证活动推动诉讼的进行，法官则居于其间，踞于其上，作为消极被动的纠纷仲裁者中立听审、居中裁判。在弹劾式诉讼模式下，两造对抗、审判中立的诉讼结构得以塑成。

随着封建制度的建立，国家为适应集权统治的需要而加强了对社会生活的全面干预，在统治阶级的观念中，刑事犯罪已不仅仅是对私人权益的侵犯，而且危及社会公共利益和现实统治秩序，因此国家被认为有义务主动地承担起追诉犯罪的责任。在这种观念的支配下，国家逐渐将刑事追诉权收归国有，追究犯罪的职责开始由个人向国家转移。但是在纠问式诉讼模式下，刑事追诉权的国有化却造成了刑事诉讼结构的扭曲变形。由于国家将刑事追诉权赋予本来就承担着审判职能的法官，致使法官在纠问式诉讼中集控诉与审判职能于一身，自侦自查、自诉自审，从而丧失了作为纠纷解决者的客观中立地位。法官审判中立性的丧失直接导致纠问式诉讼结构的扭曲变形，在这种诉讼结构中已无所谓原告与被告，而只有法官及其工作客体，控、辩、审三方互动的“三方组合”事实上演变为由法官及其工作客体构成的“两方组合”，诉讼结构的扭曲变形，导致纠问式诉讼的功能障碍。在纠问式诉讼模式下，法官往往先入为主，对被告人实行有

罪推定，一旦被告人拒不招供，就对被告人动用刑讯，结果往往导致被告人屈打成招，不但不能查明事实真相，惩罚犯罪，反而损害被告人的基本人权。

正因为此，资产阶级在革命胜利后即对纠问式诉讼模式进行了彻底改造，控审分离取代了控审合一，国家设立专门的起诉机构——检察院承担控诉职能，而使法院专司审判职责，以重塑法院中立、公正的形象；同时还确立了“不告不理”、“诉审（对象）同一”等程序原则以及相应的程序保障机制，以维护审判职能的中立性。审判中立结构的重新恢复为辩护职能的发展提供了空间，而辩护职能的充分发展则使控辩平等对抗成为可能。随着真正意义上的辩护职能的形成，以控辩平等、审判中立为基础的控、辩、审三方良性互动的现代刑事诉讼的基本结构得以塑成。尽管在具体模式上存在着职权主义诉讼与当事人主义诉讼的分别，但从诉讼机制运作的总体效应上看，刑事诉讼惩罚犯罪、保障人权的功能基本上得到协调和实现。

二、形式上的发展：诸法合体—附属于实体法—独立的刑事诉讼法典

在人类早期的原始社会中，不存在现代意义上的法律，调整部落氏族成员行为的规范依靠的是风俗习惯，当时的风俗习惯既有实体性的，也有程序性的。部落成员自觉遵守这些习惯，并以公众舆论、集体情感、与神明惩罚相联系的恐惧心理维系着习惯法的权威性。部落社会没有严格意义上的司法，法律是随着人类文明进程的推进，随着国家的产生而产生出来的。在法律产生的过程中，基于惩罚、遏制犯罪的需要而产生了实体法和程序法，实体法和程序法从总体上说是同步产生的。①

但是，程序法从产生的一开始并不是独立于实体法，而是附属于实体法的。立法者往往是在实体法中以专章专节的方式规定若干程序法的内容，呈现出程序法与实体法合体的特征。例如，现今可考的最初的罗马成文法典《十二铜表法》，共有105条，其中第一牌共9条，是关于法庭对诉讼当事人进行传唤的规定；第二牌共4条，是关于诉讼中审问的规定。程序法与实体法合体，一方面表明当时法律的划分以及立法技术尚不成熟，另一方面也表明当时的立法者对程序法的独立性与自治性认识不足，仍然仅仅将程序法视为保障实体法实施的工具。

近代以后，随着“天赋人权”等观念的提出，程序法尤其是刑事诉讼法在保障公民基本人权方面的重要性日益得到重视，许多新兴的资产阶级国家在革命后的宪法性文件中均确认了若干在刑事诉讼中保障人权的基本原则。例如，法国《人权宣言》第7条规定：“除非在法律所规定的情况下并按照法律所指示的手续，不得控告、逮捕、拘留任何人。”这是关于强制措施司法审查原则的确认。同法第9条规定：“任何人在其违背宣布为犯罪以前应被推定为无罪。”这是对无罪推定原则的确认，等等。

以此为基础，一些国家开始制定独立的刑事诉讼法典，这其中最具代表性的是《法国刑事诉讼法典》。法国大革命之后，拿破仑亲自主持法典的编纂。1804年12月16日公布的《法国刑事诉讼法典》，采取职权主义的诉讼程序，确立了起诉、预审、审判职

① 陈光中，王万华. 论程序法与实体法的关系. 诉讼法论丛（第1卷）. 北京：法律出版社，1998

权分立的原则和依重罪、轻罪、违警罪分设法院的司法体系，并确立了内心确信的证据制度和其他一系列具有现代精神的诉讼原则、制度和规则。《法国刑事诉讼法典》对欧洲大陆诸国产生了深远的影响，而且影响远及亚洲、非洲和美洲的许多国家，成为大陆法系国家刑事诉讼制度的奠基之作。此后，大陆法系其他国家纷纷制定本国的刑事诉讼法典。1865 年，意大利以《法国刑事诉讼法典》为蓝本制定了《意大利刑事诉讼法典》，1879 年，德国制定了《德国刑事诉讼法典》。

独立的刑事诉讼法典的出现，一方面是立法技术发达的结果，另一方面，更为重要的是，在当时的立法者的观念中，程序法尤其是刑事诉讼法，在保障公民基本人权方面的重要性得到了肯定。人们认识到，为了更好地保障公民人权，必须针对刑事诉讼程序单独立法，并通过立法实现刑事诉讼程序的法制化，在规制公权力滥用的同时，确保公民的基本人权。

案例分析

【案情】根据 2005 年 9 月 6 日《华商晨报》报道，沈阳首个民间举报网站——“中国举报网”被关闭了。辽宁省通信管理局认为，该网站“涉及以电子邮件形式，接受群众举报信息并转交有关职能部门，违反了《中华人民共和国刑事诉讼法》第 84 条规定：‘任何单位和个人发现有犯罪事实或犯罪嫌疑人，有权利也有义务向公安机关、人民检察院或者人民法院报案或者举报。个人无权受理公民举报和对举报内容进行核实’，属违法行为”。

【问题】作为一个行政机关，辽宁通信管理局是否有权根据刑事诉讼法作出行政处罚？

【解析】根据我国《刑事诉讼法》第 1 条和第 2 条的规定：“为了保证刑法的正确实施，惩罚犯罪，保护人民，保障国家安全和社会公共安全，维护社会主义社会秩序。根据宪法，制定本法。”“中华人民共和国刑事诉讼法的任务，是保证准确、及时地查明犯罪事实，正确应用法律，惩罚犯罪分子，保障无罪的人不受刑事追究，教育公民自觉遵守法律，积极同犯罪行为作斗争，以维护社会主义法制，保护公民的人身权利、财产权利、民主权利和其他权利，保障社会主义建设事业的顺利进行。”刑事诉讼法只能用于“保证刑法的正确实施”以及“查明犯罪事实，正确应用法律，惩罚犯罪分子，保障无罪的人不受刑事追究”的刑事诉讼活动，而不能作为行政处罚的根据；而且，辽宁通信管理局作为行政机关，也无权解释刑事诉讼法。

第二章　刑事诉讼的基本理论范畴

本章主要介绍刑事诉讼目的、价值、模式、职能、法律关系、诉讼阶段等基本范畴。学习重点是各理论范畴的基本内容。学习难点是：刑事诉讼目的、价值与模式。本章的学术热点有：①刑事诉讼目的。在刑事诉讼目的理论研究中存在着“犯罪惩罚论”、“惩罚犯罪与保障人权并重论”以及“人权保障优先论”等不同的学术观点。②刑事诉讼模式。一些学者认为对英美当事人主义和大陆职权主义诉讼模式的误读，已经严重影响到当前我国刑事诉讼制度的改革实践，因而主张从更为开放的视角来研究刑事诉讼模式问题，提出了“传统型／现代型”、“宪政型／集权型”等刑事诉讼模式理论。

第一节　刑事诉讼目的

刑事诉讼目的，是指国家创设刑事诉讼制度、进行刑事诉讼活动想要达到或实现的预期目标。刑事诉讼目的是一个国家主流的社会价值理念在刑事诉讼立法与司法活动中的具体体现，它对于一国的刑事诉讼立法和司法活动发挥着直接而现实的影响，并引领着该国刑事诉讼制度的发展和演变。传统的刑事诉讼法仅追求打击和控制犯罪的目的，而现代刑事诉讼法则同时兼顾实体真实与正当程序这两个诉讼目的。

一、实体真实

从根本上讲，国家设立刑事诉讼制度的最初目的，就是为了发现实体真实，即通过查明案件事实惩罚犯罪并进而达到控制犯罪、维护社会的秩序与安全的目的，因而发现实体真实是一切刑事诉讼制度得以建立的基本目的之一。

发现实体真实，蕴涵着正反两种含义：对于无辜的被告而言，只有当裁判结果确认并宣告其无罪时，才能称得上是发现了实体真实；而对于真正的犯罪人而言，只有当裁判结果确认其犯罪事实并依照刑法施加处罚时，才能说是达到了实体真实。所以，切不能将发现实体真实直接等同于“有罪必罚”，而是包含了“毋枉、毋纵”两层含义。

发现实体真实，是贯穿整个刑事诉讼活动的基本目的，它体现在刑事诉讼立法和司法活动的方方面面。例如，大陆法系国家往往赋予检察官客观公正的义务，检察官负有义务，应当公正、不偏袒地采取行动，特别是要全面地侦查事实真相，检察官不得单方面谋求证据证明被告人有罪。检察官在进行证据收集时，不仅应当收集对被告人不利的有罪证据，也应当收集对被告人有利的无罪证据。例如《德国刑事诉讼法典》第160条第2款规定："检察院不仅要侦查证明有罪的，而且还要侦查证明无罪的情况，并且负责提取有丧失之虞的证据。"第163条规定："被指控人请求收集对他有利的证据时，如果它们具有重要性，应当收集。"当然，由于法文化与司法传统的差异，对于何谓发现实体真实，也可能产生认识上的不同。例如，在英美法系国家，之所以采用对抗制审判，由控辩双方当事人主导庭审进行（法官保持消极中立），主要原因就在于，这被认为是发现案件真实的最佳手段；而大陆法系国家则认为，职业法官的审判才是保证案件真相得以揭示的关键，因此，庭审应当由法官主导，法官并保有依职权调查证据的权力。

二、正当程序

发现实体真实是刑事诉讼法的基本目的之一，但这并不意味着刑事诉讼发现实体真实的目的，就是一项绝对的、至上的目的，更不意味着刑事诉讼容许以不择手段、不问是非、不计代价的方法来发现实体真实。这是因为，作为一项社会控制工具的法律，为了有效地管理和控制具有多元利益和需求的现实社会，任何一项法律制度所追求的都不可能仅仅是一个单一的价值目标，而是一个多种目标兼容的价值目标体系，刑事诉讼法也不例外；尤其是近现代社会以来，人权思想的产生和发展已经深刻地影响到刑事诉讼制度的价值取向，近现代国家在设计刑事诉讼制度时，不得不更多地关注涉讼公民的基本人权保障。在此基础上，现代刑事诉讼理论提出：实体真实与正当程序构成了刑事诉讼所追求的双重目的。

在刑事诉讼中，被追诉人（包括犯罪嫌疑人、被告人）的人权随时面临着来自国家权力的威胁，存在着被侵犯的可能，因为司法机关为查明案件真相、保全证据所采取的措施，经常会指向被追诉人的基本人权，例如逮捕、拘留等人身强制措施，可能干预被追诉人的人身自由，而搜查、扣押等证据保全措施则以限制公民财产权为对象。"正当程序"作为刑事诉讼制度的目的之一，其基本含义就是指国家专门机关在追究犯罪、处罚犯罪的刑事诉讼活动中，必须遵循正当、合法的法律程序。正当程序理念的核心在于限制国家权力，防止国家权力的恣意滥用，保护涉讼公民的基本人权。

根据正当程序理念，刑事诉讼不仅应追求发现实体真实，而且应注重程序本身的正当性和合法性。它具体又包括两个方面的要求：一是程序必须最大限度地理性化，从而体现形式公正；二是程序必须人道。一项刑事诉讼程序即使有利于实体真实的发现，但如果它本身在设计上和运作过程中，有违理性、不人道或有损人的尊严，那么这样的程序仍然不是正当的法律程序。正当的法律程序本身必须有助于实现理性、人道、尊严等价值。

我国《刑事诉讼法》也在第1条中开宗明义地规定了立法的目的也就是刑事诉讼

目的，这就是："为了保证刑法的正确实施，惩罚犯罪，保护人民，保障国家安全和社会公共安全，维护社会主义社会秩序。"这一由法律明确表达的刑事诉讼目的，也应当理解为包含了"实体真实"与"正当程序"两个向度上的要求，其中所谓"保证刑法的正确实施"、"惩罚犯罪"、"保障国家安全和社会公共安全"、"维护社会主义社会秩序"等用语无疑清楚地表明了"发现实体真实"的刑事诉讼目的；而"保护人民"一语，则不仅应当解释为通过及时惩处犯罪人来保护公民的人身、财产和生命等权益，而且应当理解为包括国家保障刑事追诉人（犯罪嫌疑人、被告人）的基本人权，使之受到公正的追诉和审判，即坚持对被追诉人的正当程序保障。除了刑事诉讼目的，我国《刑事诉讼法》第 2 条还规定了我国刑事诉讼法的任务，这就是："中华人民共和国刑事诉讼法的任务，是保证准确、及时地查明犯罪事实，正确应用法律，惩罚犯罪分子，保障无罪的人不受刑事追究，教育公民自觉遵守法律，积极同犯罪行为作斗争，以维护社会主义法制，保护公民的人身权利、财产权利、民主权利和其他权利，保障社会主义建设事业的顺利进行。"从理论上讲，刑事诉讼法的任务是对刑事诉讼目的的进一步阐释及其要求的具体化。

第二节　刑事诉讼价值

所谓刑事诉讼价值，是指刑事诉讼活动通过满足社会及其成员的需要而对国家和社会所具有的效用和意义。理论上一般认为，现代刑事诉讼程序同时兼具外在价值和内在价值。

一、外在价值

刑事诉讼的外在价值，是指刑事诉讼程序对于确保刑法的正确实施以及刑罚的适用所具有的一种工具性价值。

刑法，作为一种实体法，本身并不能自动予以适用，必须经过一定的诉讼程序；另一方面，国家创设刑事诉讼程序的最初目的也是为了保证刑法的正确实施以及刑罚的正确适用，因而，指导刑事诉讼程序设计的一贯的中心思想就是如何确保案件处理结果的公正性。例如，刑事诉讼中之所以实行审级制度，就是希望通过"为法官设置法官"的方式来保证法官对案件认识的往复性，进而确保裁判结果的正确性和公正性。在这个意义上，我们说刑事诉讼程序是确保案件处理的结果公正、确保刑法正确实施以及刑罚正确适用的一种工具或者说手段。刑事诉讼程序的这种工具性价值，理论上称之为刑事诉讼的外在价值。

评判刑事诉讼外在价值的标准，是程序设计本身对于查明案件事实真相的具体效果和意义，换言之，一项程序是否具有外在价值，关键是看其是否有利于发现案件的实体真相。但这样一来，很容易陷入"程序工具主义"甚至"程序虚无主义"的泥潭，因为，完全以程序的外在价值，即完全以程序是否有利于发现案件真相为标准，来评判程序本身的价值，容易导致“以结果的正确性来证明手段的正当性”，发生“为了结果可以不择手段”的情形，甚至出现为了追求所谓的结果公正而完全抛开程序的“程序虚无主义”。例如，实践中之所以刑讯逼供禁而不绝，就是因为在部分办案人员的观念中“重实体、轻程序”的思想早已根深蒂固，认为只要犯罪嫌疑人、被告人的口供本身是真实的、能够证明案件事实，哪怕是采用刑讯的方式获取口供也是值得的。由此可见，对于刑事诉讼的外在价值的认识，一定不能过于绝对化。

二、内在价值

外在价值虽然是刑事诉讼的基本价值之一，但并非唯一价值，因为，从主体需求的角度而言，人们对诉讼的期望（或者说需要）不仅是获得最终的胜诉，更希望获得一个“满意”的判决，因而，诉讼的价值不仅体现在通过查明案件真相、发现实体真实，更重要的是从心理或行动上解决纠纷，而这就要求纠纷解决的过程必须保持一定程度的形式合理性，如刑事程序本身的组织结构必须具有中立性、平等性、公开性等，因为心理学的研究表明，即使法院最后的判决对其不利，但是只要程序本身是中立、平等、公开的，人们也趋向于接受判决的结果，程序本身的中立、平等、公开，有助于达成一个令人满意的判决。这说明，刑事诉讼除了外在价值外，还必须具备内在价值，即刑事程序本身必须具备形式理性，保持中立、平等、公开和参与性，这些内在价值实际上也是对人的需要的满足，因此也应当是构成刑事诉讼价值体系的重要组成部分。

从渊源上看，最早提出（刑事）诉讼具有内在价值理论的是美国学者萨默斯、贝勒斯等人。在美国法律现实主义思想的影响下，萨默斯、贝勒斯等人在对诉讼程序的实际运行状况进行调查研究后，提出了一种“程序内在价值”理论。他们认为，按照人们最初的观点，诉讼程序的设计应当是以确保判决的准确性为中心的，但是考察诉讼程序的实际结构，“即使公正、尊严和参与等价值并未能增进判决的准确性，法律程序也要维护这些价值”。这些价值是来自程序本身的、使人感到满意的东西，因此可以称为“程序内在价值”，而他们的研究方法也被称作“程序内在价值分析方法”。

刑事诉讼的内在价值理论强调程序除了具有致成结果公正的工具性价值之外，程序过程本身的结构和组织也具有某种独立的内在优秀品质。刑事诉讼的内在价值的提出具有重要的理论意义，它突破了单纯的外在价值理论所可能导致的“程序工具主义”的窠臼，揭示了刑事诉讼法作为一种程序性法律在价值追求上与实体性法律的区别与独特性，这就为我们全面认识刑事诉讼的价值体系提供了全新的视角。

刑事诉讼程序的运作，原则上应当兼顾程序的外在价值与内在价值的实现，但值得注意的是，由于诉讼资源（包括诉讼的时空条件、物质条件等）的有限性，刑事诉讼的外在价值与内在价值之间可能发生某种冲突。例如，违法侦查所获取的证据，对于查明案件真相而言可能是不可或缺的，因而具有外在价值，但该证据本身系违法所得，又不符合内在价值的要求，这样，程序的外在价值与内在价值之间就发生了某种冲突，而且这种价值冲突无法兼容，只能进行价值选择。目前，更多学者主张，在刑事诉讼的两种价值之间发生冲突且无法兼容的情况下，程序的内在价值应当优先于程序的外在价值。

第三节　刑事诉讼模式

所谓刑事诉讼模式（也被称为“刑事诉讼结构”或“刑事诉讼构造”），是指构成刑事诉讼程序的标准元素（程序主体）及其结构、组合样式，即刑事诉讼程序中各个程序主体之间的地位、组织及其相互关系。刑事诉讼模式理论涉及的主要是刑事诉讼体制问题，即刑事诉讼程序中主体的权力（利）配置问题，在不同的刑事诉讼模式下，将会形成不同的权力（利）配置方案，使刑事诉讼程序中的权力（利）冲突以完全不同的方式加以解决。这样，刑事诉讼模式的定位就直接关系到对国家专门机关权力的制约和对被追诉人人权的保障，也使得对刑事诉讼模式展开法理研究具有重要的理论价值和现实意义。

但是，刑事诉讼模式是一个历史的概念，在人类社会发展的不同时期，出现过不同类型的刑事诉讼模式，它们各具特色。

一、古典的弹劾式诉讼模式与纠问式诉讼模式

奴隶制社会实行古典弹劾式诉讼模式，当时由于观念上将刑事犯罪与民事侵权一样视为私人间的纠纷，因而刑事诉讼与民事诉讼在结构上并无二致，都是原告对被告的“两造诉讼”。刑事控诉由被害人或其近亲属作为原告向法院直接提起，法院本身不能在原告未起诉的情况下主动追究犯罪。原、被告双方在诉讼中地位平等、权利对等，通过相互间的对抗求证活动推动诉讼的进行，法官则居于其间，踞于其上，作为消极被动的纠纷仲裁者中立听审、居中裁判。

随着封建制度的建立，国家为适应集权统治的需要而加强了对社会生活的全面干预，在统治阶级的观念中，刑事犯罪已不仅仅是对私人权益的侵犯，而且危及社会公共利益和现实统治秩序，因此国家被认为有义务主动地承担起追诉犯罪的责任。在这种观念的支配下，国家逐渐将刑事追诉权收归国有，追究犯罪的职责开始由个人向国家转移。但是在纠问式诉讼模式下，刑事追诉权的国有化却造成了刑事诉讼结构的扭曲变形。由于国家将刑事追诉权赋予本来就承担着审判职能的法官，致使法官在纠问式诉讼中集控诉与审判职能于一身，自侦自查、自诉自审，从而丧失了作为纠纷解决者的客观中立地位。法官审判中立性的丧失直接导致纠问式诉讼结构的扭曲变形，在这种诉讼结构中已无所谓原告与被告，而只有法官及其工作客体，控、辩、审三方互动的“三方组合”事实上演变为由法官及其工作客体构成的“两方组合”，诉讼结构的扭曲变形，导致纠问式诉讼的功能障碍。在纠问式诉讼模式下，法官往往先入为主，对被告人实行有罪推定，一旦被告人拒不招供，就对被告人动用刑讯，结果往往导致被告人屈打成招，不但不能查明事实真相，惩罚犯罪，更不能保障被告人的基本人权。

二、现代的当事人主义诉讼模式与职权主义诉讼模式

资产阶级革命胜利后对纠问式诉讼模式进行了彻底改造，控审分离取代了控审合一，国家设立专门的起诉机构——检察院承担控诉职能，而使法院专司审判职责，以重塑法院中立、公正的形象；同时还确立了“不告不理”、“诉审（对象）同一”等程序原则以及相应的程序保障机制，以维护审判职能的中立性。审判中立结构的重新恢复为辩护职能的发展提供了空间，而辩护职能的充分发展则使控辩平等对抗成为可能。随着真正意义上的辩护职能的形成，以控辩平等、审判中立为基础的控、辩、审三方良性互动的现代刑事诉讼的基本结构得以塑成。

但是，由于法律文化和司法传统的差异，两大法系国家以控审分离原则为基础所构建的刑事诉讼模式在具体特征上又有所不同：英美法系国家实行当事人主义对抗式诉讼模式，而大陆法系国家则实行职权主义诉讼模式。

英美当事人主义对抗式诉讼模式的主要特征在于：在价值理念上，以人权保障为优位价值理念，注重的是程序正当性和形式公正性，且程序先于实体；在程序结构上，检察官和被告人作为当事人参加诉讼，双方处于对等的诉讼地位；原告行使控诉权，被告行使辩护权，原、被告双方当事人各为自己的诉讼主张陈述理由，并为此自由立证和辩论；法官的职责是居中聆听，一般不直接诘问，不直接调查证据，在形式上起公断作用；法官听取原、被告双方当事人的陈述和辩论后，就双方提供的事实和理由在自由心证的原则下确定案件事实，作出案件判决。

而大陆职权主义诉讼模式的主要特征则在于：以犯罪控制为指导性理念，甚至为此不惜在一定程度上牺牲对公民人权的保障，其程序运作也更为注重实体真实的发现；在程序构造上，大多数或全部刑事案件由检察机关代表国家提起公诉，检察机关依职权主动追究犯罪，法院为了查清案件事实也要主动调查收集证据和讯问被告人；注重发挥侦查机关、检察机关、法院在刑事诉讼中的职权作用，特别是法官在审判中的主动指挥作用，而不强调当事人在诉讼中的积极性；在庭审中，双方当事人虽然也采取平等对抗原则进行活动，但都缺乏主动性，都要服从和听命于法官的指挥。

独特的刑事诉讼模式的形成必然与该国司法传统和社会文化背景密切相关。分析不同的刑事诉讼模式的形成原因，可以发现：当事人主义诉讼模式与英美法国家独特的司法传统和社会文化观念密不可分，而职权主义诉讼模式则与大陆法国家独有的诉讼价值观和司法制度同样存在着某种内在关系。一般认为，大陆法有着更为深厚的国家主义传统，在历史和现实中公共权力比较强大，政府的作用广泛而积极，国民对国家权力也比较信任。刑事诉讼的重点在于找出事实真相，而在这方面作为国家公权力代表的司法机关显然比当事人更客观，更适合作为公正的调查人。因此，在职权主义诉讼模式中，国家专门机关的职权运用广泛而深刻。在侦查阶段，侦查权被视为国家侦查机关专有的权力，侦查程序由公正、客观的侦查官员主导进行；而在审判阶段，庭审程序则由法官主导进行。与大陆法国家不同的是，英美法国家有着传统的个人主义精神，基于对个人自由和权利的关注，英美法国家的国民对国家权力存在着一种根深蒂固的怀疑和不信任，

为了保障个人自由，国家权力的行使受到较多限制，除了对权力加以分立、制衡外，更为注重通过“权利制约权力”和“程序制约权力”。英美法国家实行的当事人主义诉讼的出发点就被认为是给个人提供强有力的抵制国家权力侵害的武器。在当事人主义诉讼模式中，侦查权并非国家机关的专属权力，当事人（嫌疑人及其辩护人）也行使着调查取证的权利。在侦查过程中，侦、辩双方都有权各自独立收集证据，不仅国家侦查机关作为控诉方有权展开罪案调查，辩护律师也可以聘请某些专门人员展开辩护性调查，侦查机关的罪案调查与辩护方的辩护调查同时展开并相互制约；而在审判阶段，则由控辩双方当事人主导着程序的推进，法官仅仅保持一种消极中立的姿态。

三、我国的刑事诉讼模式

我国近代以来的法制现代化变革一直深受大陆法系国家的影响，因此刑事审判模式的总体特征更接近于大陆职权式审判模式。1979 年刑事诉讼法所确立的刑事审判模式就是一种“强”职权式审判模式或者说“超”职权式审判模式：首先，由于 1979 年刑事诉讼法在起诉制度上实行全案移送制度，要求检察机关在起诉时必须向法院移送在侦查阶段形成的全部案卷和证据，法官在庭前就开始对案件书面材料进行实质性审查，并且进行积极主动的庭前活动。这样，法官往往在庭前即已形成预断，后续的庭审程序仅成为形式，审判结果早在庭前就已决定；其次，法官在庭审中处于绝对的主导地位。在法庭调查中，法官不仅可以主动讯问被告人、询问证人，而且还可以自行出示物证。这表明，原本应由控辩双方承担的提出和调查证据的责任，却几乎完全由法官包揽，控辩双方的地位和作用被消极弱化。

一个国家刑事审判模式的生成与该国特定的政治经济制度、司法传统和文化背景等社会大环境是密切相关的。我国的刑事审判模式之所以更接近于大陆职权式模式，是因为我国与欧洲大陆国家一样，有着尊重、信任、依赖公共权力的社会传统，刑事诉讼的任务和目的重在查明案件真相，惩罚和控制犯罪。从中国的国情来看，传统中国历来是一个重权力、轻权利的国家。在历史上，这种国家权力本位的观念早在青铜时代就有了相当的发展，秦、汉以后更是有增无减，专制主义集权日趋加强，家国一体、融家于国的情形可谓举世罕见。这种高度集中、统一的社会格局必然形成一种以国家利益和社会秩序的稳定为最高价值的国家权力本位观念，而与这种国家权力和观念的高度发达相对应的，是个人独立存在的价值与个人权益的基本丧失。新中国成立后，虽然从政治体制上废除了封建专制制度，但是传统观念的惯性作用却使“重权力、轻权利”的权力本位观念对现实的社会环境持续发挥着作用。加上我国在建国以后，长期以来又实行以高度集中、统一为特征的计划经济体制，这就使传统的国家权力本位主义观念，在新的社会结构形态下得以延续。在国家权力本位主义观念的关照下，只可能生成一种集权式的传统社会结构，而不可能产生以限制国家权力和保障个人权利为目的的、以“法治主义”和“以程序制约权力”为基础的现代社会结构。正是这样的政治、经济、文化背景，决定了我国刑事审判模式的基本特征。

随着 20 世纪 90 年代初社会主义市场经济体制的确立，我国的政治、经济体制以及文化观念开始发生根本转型，封闭的、集权的传统社会体制开始被打破，尊重和保障个人权利与自由的观念开始获得社会主流理念和公众的认同。为适应新形势的发展，1996年刑事诉讼法进行了重大修正。这次修正对刑事诉讼的价值观和诉讼结构进行了重要的调整。首先，在诉讼价值观上，新刑事诉讼法摒弃了传统的单一的犯罪控制观，而致力于寻求人权保障与犯罪控制的平衡；其次，鉴于诉讼价值观和诉讼结构的互动性，在刑事诉讼价值观发生嬗变后，我国刑事诉讼结构的调整也成为必然趋势。经过1996年刑事诉讼法修改后，传统的强职权主义诉讼模式已被彻底改造，一种吸收了英美当事人主义诉讼对抗制因素的新型诉讼结构开始形成。具体而言主要包括以下内容：①由于新刑事诉讼法废除了起诉全案移送主义和庭前实质审，转而采行起诉复印件主义和庭前程序审，困扰实践已久的“侦查中心主义”在一定程度上得到遏制。根据新刑事诉讼法的规定，检察机关在起诉时不得再向法院移送本案的全部证据和材料，而只能移送主要证据复印件或者照片。而人民法院对提起公诉的案件进行审查后，对于起诉书中有明确的指控犯罪事实并且附有证据目录、证人名单和主要证据复印件或者照片的，应当决定开庭审理。据此，法官在庭审前已经难以接触到侦查中获得的全案证据和材料，侦查和审判之间的联系在一定程度上被阻断，这就有利于避免“侦查中心主义”的出现，并通过弱化庭前审查程序确保了庭审程序的实质化。②新刑事诉讼法强化了庭审中控辩双方的对抗性，法官不再包揽提出和调查证据的责任，举证责任转由检察官承担。在庭审中，检察官和辩护人应当向法庭出示物证，让当事人辨认，对未到庭的证人的证言笔录、鉴定人的鉴定结论、勘验笔录和其他作为证据的文书，应当当庭宣读，法官仅仅保留必要的调查核实证据的权力。这样，新刑事诉讼法所确立的刑事审判程序的民主性和对抗性得到了显著增强。

但是，应当注意的是，1996年刑事诉讼法的修改，对于我国刑事诉讼模式的整体转型的推动意义仍然是有限的。虽然审判程序的结构作了一定的调整，但由于侦查程序的构造基本未变，审前程序中强制侦查措施的适用仍然缺乏中立的司法审查和司法救济，控辩双方地位不平等、力量不平衡的现状也没有得到实质性改观，因而，犯罪嫌疑人在侦查程序中的地位仍趋于客体化，实践中侦查机关违法侦查、取证的现象仍在一定程度上存在，改革后的对抗式审判程序也因为辩方实质举证能力的低下而难以充分开展，使得庭审改革效果大打折扣，等等。这些情况表明，我国的刑事诉讼模式在整体上仍然是一种超职权主义或者说强职权主义诉讼模式。

第四节　刑事诉讼职能

“职能”一词是一个功能主义用语，它被用来描述一种体制和行为类型在社会中所起的作用（或功能）以及它与其他社会性能之间的关联方式。在刑事诉讼领域，人们也经常借用“职能”一词来描述刑事诉讼中不同主体或“角色”所起的作用，因此所谓刑事诉讼职能，是指诉讼参与者在诉讼中依据各自的权能进行不同诉讼活动的方式及由此产生的不同结果。

刑事诉讼中之所以存在诉讼职能的划分，大概是因刑事诉讼作为一项国家活动，涉及国家刑事司法权（广义的国家刑事司法权包括审判权、控诉权和侦查权）的分配、组合，并围绕权力的分配、组合形成了不同的行为模式、义务和权利，即角色，对于这些角色在刑事诉讼中所起的作用或功能以及各个角色相互之间的关系加以描述的结果，就形成了不同的诉讼职能。但是，刑事诉讼毕竟不是国家权力单独作用的领域，作为一种冲突解决机制，刑事诉讼所要解决的刑事案件中涉及的是刑法与刑事诉讼法中国家与被告人的冲突。在刑事诉讼中，被追诉人（犯罪嫌疑人、被告人）个人权利的行使对于刑事诉讼的结果同样发挥着重要作用，被追诉人及其权利构成了刑事诉讼结构中的一个主要角色。尤其是随着现代刑事诉讼民主理念的确立以及民本色彩的增强，被追诉人的辩护权能受到更为广泛的关注和重视，人们开始将辩护列为一项与侦控机关的侦控职能和审判机关的审判职能相提并论的独立职能来看待。这样，现代刑事诉讼就初步形成了以控、辩、审三项诉讼职能为基础的诉讼构造。

关于诉讼职能的划分，我国目前的理论颇有分歧，比较典型的观点包括三职能说、四职能说、五职能说以及七职能说等。“三职能说”主张刑事诉讼由三种基本职能组成，即控诉、辩护和审判职能。“四职能说”主张提出刑事诉讼职能应当区分为控诉、辩护、审判和监督等四项职能。“五职能说”主张将监督和协助司法也作为刑事诉讼的职能之一，从而形成五职能说。“七职能说”则认为，刑事诉讼职能应当包括侦查、控诉、辩护、审判、执行、协助司法、诉讼监督等七项职能。

在这里，争论哪一种观点正确，哪一种观点错误，是没有理论价值和实际意义的，因为刑事诉讼作为一种复杂的社会功能系统，存在着建立各种分类研究体系的可能性，前面列举的关于诉讼职能的不同学说实际上是依据不同的标准对刑事诉讼职能进行分类研究后得出的结论，可以说都言之成理，都有其理论合理性。但问题的关键在于哪一种分类标准更为科学，更能反映刑事诉讼结构的本质特征和规律。

与我国不同的是，刑事诉讼职能理论在国外刑事诉讼理论中的地位和功能完全不同。从相关理论发展与演变来看，刑事诉讼职能是大陆法系国家的诉讼法学者在对现代刑事诉讼与纠问式诉讼进行比较研究时使用的概念，而提出“刑事诉讼职能”概念的主要目的，则是为了导出诉讼“职能区分”（或称“职能分开”）理论。根据国外学者的观点，“诉讼职能区分似乎是纠问式程序与控诉式程序（Accusatorial Procedure）之间的基本差异之一”①。在纠问式程序中，控诉、辩护和裁判这三项诉讼职能没有得到区分。控诉与裁判由同一司法机构承担，被告人只拥有极少的自我防御机会，辩护职能事实上并不存在。而现代控诉式诉讼程序则实行的是“职能分开”原则，所谓职能分开是指，“负责进行追诉的司法官（检察官）完全被排除出审判法院；同时，同一人在同一案件中不得既行使预审职能，又行使审判职能”②。日本学者田口守一也认为，从历史发展来看，现代刑事诉讼法的前提显然是控辩式诉讼构造。而从控辩式诉讼构造出发，可以明确现行法

① 陈瑞华. 刑事审判原理论. 北京：北京大学出版社，1997. 211

② [法] 卡斯东·斯特法尼. 法国刑事诉讼法精义. 罗结珍译. 北京：中国政法大学出版社，1999. 61

的几项根本性原则，其中之一就是采用国家追诉主义，诉讼程序由检察官的追诉行为开始。由此，法官与检察官的功能分离。因为法官不是追诉人，没有追诉的事实不能审理（不告不理原则），只有被起诉的被告人才是审判对象。[①] 由此可见，诉讼“职能区分”理论的核心是检察院、法院、被告人等诉讼主体在刑事诉讼中的功能分化，而“刑事诉讼职能”这一概念从其产生伊始就是用来描述检察院、法院、被告人等诉讼主体在刑事诉讼中的不同功能和作用的。刑事诉讼职能，实质上指的是检察院、法院、被告人等刑事诉讼主体在刑事诉讼中所具有的任务和职责，而不是泛指所有诉讼参与人在诉讼中的功能和作用。因此，通常所指的“刑事诉讼职能”实际上指的是刑事诉讼主体的职能，即刑事诉讼的基本职能。也正是在这个意义上，国外刑事诉讼理论往往只承认“三职能说”，并据此建构起经典的刑事诉讼三角结构理论。

第五节　刑事诉讼法律关系

刑事诉讼法律关系，是指法律在调整人们行为的过程中形成的权利、义务关系。在法理学上，根据法律关系所体现的社会内容的性质，可以将法律关系区分为：宪法法律关系、实体法律关系和诉讼法律关系。[②] 宪法法律关系是指由宪法或宪法性法律所确认或创立的、直接规定公民基本权利义务的法律关系。实体法律关系指的是由各种实体性法律所调整而形成的法律关系，其特点是在法律规范的基础上产生，并且直接调整社会关系，使社会关系的主体享有权利或承担义务。而诉讼法律关系则是指在程序规范的基础上产生，并且带有组织性和管理性，即规定实现主体权利义务的程序。据此，所谓刑事诉讼法律关系，就是指刑事诉讼法在调整参与诉讼的各方主体的行为过程中形成的权利义务关系。刑事诉讼法律关系的产生和形成是刑事诉讼法律规范调整的结果，本质上是一种程序性法律关系；它是在刑事诉讼法这一程序规范的基础上产生的，带有明显的组织性和管理性，规定了程序主体包括国家专门机关的组织结构及其与犯罪嫌疑人的权利（力）义务关系。

一般而言，刑事诉讼法律关系自刑事诉讼程序正式启动时发生，并随着刑事诉讼过程的不断进行而向前发展，当刑事法律关系因为判决的生效而最终得到确定、诉讼进程得以终结时，刑事诉讼法律关系也就随之消亡。

与其他法律关系一样，刑事诉讼法律关系是由刑事诉讼主体、客体和行为三个要素构成的。刑事诉讼法律关系就与刑事诉讼主体、刑事诉讼客体、刑事诉讼行为等理论范畴之间存在着不可分割的联系。掌握刑事诉讼法律关系的概念，首先必须把握刑事诉讼主体、刑事诉讼客体和刑事诉讼行为。

---

①［日］田口守一. 刑事诉讼法. 刘迪等译. 北京：法律出版社，2000. 16

②［俄］B. B. 拉扎列夫. 法与国家的一般理论. 王哲等译. 北京：法律出版社，1999. 170

一、刑事诉讼主体

刑事诉讼主体是刑事诉讼法律关系的参加者，即在刑事诉讼过程中享有诉讼权利或承担诉讼义务的人。刑事诉讼主体可分为两类：一是代表国家行使侦查权、起诉权和审判的国家专门机关（警察、检察官与法官）；二是当事人，即直接影响刑事诉讼进程并与诉讼结局有着直接关系的诉讼参与人，如被追诉人（犯罪嫌疑人、被告人）、自诉人等。

何谓“主体性”？在伦理学中，主体性是与客体性相对应的一个概念，是指某一个体作为一种道德主体所具有的区别于客体性的本质属性。在社会道德生活中，人的主体性主要体现在：其自身即为一种独立、自治的目的，而不是被他人乃至社会用来实现某种外在目标的手段；具有人的人格尊严，并在与他人交往中具有人格上的平等性和独立性。换言之，承认一个人的主体性，就等于承认他的目的性和人格的尊严，这是主体性原则的核心。主体性观念的产生是近代文艺复兴运动思想启蒙的产物，康德认为人的主体性就在于“人本身就是目的”，因此，人是最高的价值或尊严，“一个有价值的东西能被其他东西所代替，这是等价；与此相反，超越于一切价值之上，没有等价物可代替，人才是尊严”①。

主体性原则的核心要求是尊重人作为人的尊严和自主性，“既然人本身是最高价值，那么，不言而喻，对于任何人，不管他有多么坏，对于他的坏以及他给予社会和他人的损害，固然应予以相应的惩罚，应把他当作坏人看；但首先应因其是人，是最高价值而爱他、善待他、把他当人看”②。在刑事诉讼活动中，犯罪人因其“恶行”触犯国家刑事法，而必将招致国家的惩罚和制裁，刑事诉讼就是为追究犯罪人的刑事责任而设立的。但是，根据主体性原则的要求，国家在通过刑事诉讼程序追究犯罪人的刑事责任时，仍然应当尊重其主体性，保障其在刑事诉讼程序中的主体地位。具体而言，一方面，应当保障被追诉人拥有各项诉讼权利，有权自主和自愿地进行诉讼活动、实施各种诉讼行为，以维护自身的合法权益。对此，除法律规定的特殊情形外，国家不得加以任何限制或剥夺。另一方面，被追诉人在刑事诉讼程序中，应当受到人道的对待，不得对犯罪人使用刑讯逼供等不人道的侦查行为。

由此可见，刑事诉讼主体理论是主体性原则运用于刑事诉讼程序的体现，其主要目的是为了处理国家专门机关与被追诉人的关系问题而产生的，它要求解决被追诉人在刑事诉讼程序中的主体地位，要求居于被追诉者地位的犯罪嫌疑人和被告人相对于国家追诉机关的在法律地位上的平等性，强调后者对于前者程序主体地位的尊重和保障。在这一意义上，将刑事诉讼主体的范围限定为国家专门机关和当事人就是比较恰当的，也合乎刑事诉讼主体理论的初衷。

从历史上看，刑事诉讼主体的结构和内容经历了重要而深刻的变迁。在封建纠问诉

① ［德］康德. 道德形而上学原理. 上海：上海人民出版社，1986. 87

② 王海明. 公正、平等、人道——社会治理的道德原则体系. 北京：北京大学出版社，2000. 125

讼模式下，刑事诉讼主体仅仅是指权力主体即国家专门机关，被追诉人仅仅是国家权力指向的对象，法官（确切地说应当称为“纠问官”）集审判、控诉与侦查权于一身，既是审判主体，也是控诉和侦查主体。法官在自侦自查的基础上自诉自审，使得刑事诉讼主体结构呈现出一种单极化现象。在这一结构中，法官成为唯一的主体，被追诉人则是作为客体而非主体存在的。而近代以来，随着现代型诉讼模式对纠问式诉讼模式的全面取代，刑事诉讼主体的结构发生了嬗变，被追诉人因为在刑事诉讼程序中的权利得到充分而全面的保障而成为刑事诉讼程序的法定主体。

二、刑事诉讼客体

刑事诉讼客体就是刑事诉讼主体实施刑事诉讼行为、进行刑事诉讼活动所指向的对象，也就是刑事案件。刑事诉讼主体的一切活动均围绕一定的客体而进行，因而刑事诉讼客体在整个刑事诉讼法律关系中具有重要的地位。而从理论上提出刑事诉讼客体概念的目的，主要是为了解决案件的单一性和同一性问题，而案件的单一性和同一性问题是许多刑事诉讼基本制度构建的前提和基础。

例如，“一事不再理”原则适用的客观范围以“同一案件”为限：禁止检察机关就已经起诉的同一案件双重起诉；禁止检察机关就已经判决的同一案件再次起诉。那么，何谓“同一案件”？从法理上分析，刑事案件是由人的要素（即被告人）和物的要素（即犯罪事实）两部分所构成。所谓同一案件，是指被告人与犯罪事实均完全相同的案件，即同一被告人的同一犯罪事实。犯罪事实相同但被告人不同，或者被告人相同但犯罪事实不同的案件均非同一案件，不能适用“一事不再理”原则。具体而言，如甲犯罪后，找到乙为其顶罪，乙遂被检察机关起诉至法院，此时若甲被抓获而检察机关又对其提起控诉，那么法院也应当受理，因为乙系冒名顶替，与真正的罪犯甲并非同一被告人，因此两次起诉的并非同一案件，不适用“一事不再理”原则，不产生禁止双重起诉的效力；同样，不论乙最终是获得了有罪判决还是无罪判决，判决的既判力均不及于甲，检察机关仍可对甲再次起诉。

研究刑事诉讼客体、区分案件的单一性和同一性，具有重要的人权保障意义：一方面通过对作为刑事诉讼客体的案件的单一性和同一性的区分、界定，我们得以限定并锁定国家专门机关追诉行为指向的对象，这相当于划定了国家追诉权作用的空间范围，将其控制在法律允许的界限之内，从而可以防止追诉权的随意和过度扩张、损害公民合法权益；另一方面，对作为刑事诉讼的客体进行准确的区分和界定，也是对犯罪嫌疑人、被告人辩护权的保障，因为，国家追诉行为指向的对象同时也就构成了犯罪嫌疑人、被告人辩护防御的对象，明确地区分和界定刑事诉讼的客体和对象，同时也就明确了犯罪嫌疑人辩护防御的对象，这有利于犯罪嫌疑人、被告人有针对性地展开辩护活动，更有利于其辩护权的充分、有效行使。

三、刑事诉讼行为

刑事诉讼行为是指刑事诉讼主体在诉讼过程中为享有诉讼权利、承担诉讼义务所实施的法律行为。诉讼主体要达到自己的活动目标，行使诉讼权利，必须实施具体的诉讼行为。刑事诉讼行为是诉讼主体与诉讼客体发生关系的桥梁和纽带，也是刑事诉讼法律关系得以发生、发展和消亡的推动者。一种行为要成为刑事诉讼行为，必须由刑事诉讼主体在诉讼过程中实施，并可产生诉讼程序上的具体效果。

对于刑事诉讼行为，可以依据不同的标准作出分类，例如，依据行为主体可以分为国家专门机关的诉讼行为与诉讼参与人的诉讼行为；依据行为的内容可以分为申请行为与决定行为；依据行为的效力可以分为生效行为与无效行为等。

与一般的法律行为相同，刑事诉讼行为也由一定要素所构成，这些要素也成为衡量、决定一项诉讼行为是否有效的要件：

1. 主体要件

特定诉讼行为只能由特定主体实施方能有效，例如，只有法官才能实施审判行为、只有检察官才能提起公诉，等等；另外，主体要件合法还要求被告人必须具备诉讼行为能力，尤其是“接受审判的能力”，如果被告人在审判期间因为心智丧失或其他原因导致其无法进行意思表示时，那么其诉讼行为不产生诉讼法上的效力。

2. 内容要件

诉讼行为要生效，主体必须在自愿的情况下作出明确的意思表示，非自愿的意思表示或者说意思表示不明确，均不能产生诉讼法上的效力。

3. 形式要件

诉讼行为要生效，还必须具备法定的形式，如有的诉讼行为必须以书面的形式作出，有的诉讼行为必须在一定期间内作出，等等。诉讼行为要生效，必须遵循这些形式上的要件。

第六节　刑事诉讼阶段

现代刑事诉讼程序是一种按照法定的顺序和步骤对被追诉人的刑事责任问题作出权威性裁判、实现国家刑罚权的过程。在这一过程中，从受理案件到案件最终得到处理，需要经过若干个相对独立而又相互联系的环节，这就是刑事诉讼阶段。从案件的处理流程来看，现代刑事诉讼程序基本上可以划分为侦查、起诉、审判、执行等几个主要的诉讼阶段。其中，从侦查到审判的诉讼阶段构成了狭义上的刑事诉讼，而广义的刑事诉讼则包括了执行阶段。

刑事诉讼阶段理论的提出，将整个刑事诉讼流程划分为数个主要阶段，这些阶段各自形成了相对闭合的环节，围绕各自的阶段性目标，这些环节可能产生具有不同倾向性的任务和目的，同时又从整体上串联起整个刑事诉讼流程，形成了具有递进性的阶梯状程序构造。这样，国家专门机关必须依次、有序地按照诉讼阶段推进刑事诉讼程序，才能使案件得到正确的处理：一方面，国家专门机关首先必须按照各个诉讼阶段的任务和目的对案件进行处理，如立案阶段必须要达到法定的立案标准才能立案；另一方面，国家专门机关只有在达到各个诉讼阶段的任务和目的后，才能进入下一诉讼阶段，唯有如此，才能确保最终诉讼目的的实现，如侦查阶段要达到犯罪事实清楚、证据确凿充分，才能移送人民检察院审查起诉，等等。如果国家专门机关不依次遵循各个诉讼阶段的任务和目的来展开诉讼活动，而是“绕开”或者“规避”某一诉讼阶段，就将构成程序违法，并将会最终影响到案件的正确处理。

需要指出的是，“诉讼阶段论”与“审判中心论”并不矛盾。所谓“审判中心论”，是指在刑事诉讼流程的各个环节中，刑事审判阶段是中心和核心，侦查、起诉等审判前的程序都是为审判程序开启而进行的准备阶段，只有在审判阶段，诉讼参与人的合法权益才能得到最为充分的保障和维护。有学者认为，“诉讼阶段论”是对“审判中心论”的超越，传统的“审判中心论”应被“诉讼阶段论”所取代，这也是刑事诉讼制度今后的发展趋势。但是，我们认为，“诉讼阶段论”与“审判中心论”并不矛盾，“诉讼阶段论”是对刑事诉讼流程的纵向结构分析，而“审判中心论”则是对刑事诉讼程序的平面分析，两者的视角不完全相同，并不是说将刑事诉讼流程区分为侦查、起诉、审判、执行等诸环节，就是要求各环节之间平行对待、不分高低；在刑事诉讼诸环节中，审判由于其独特的功能和地位（审判程序是最为典型的“诉讼”，只有在审判中，才能完全具备控辩平等、审判中立的经典三角诉讼结构，而这正是案件得到公正处理的前提），明显处于中心地位，在刑事责任认定和人权保障方面发挥更为关键和重要的作用，并无可厚非。

因此，“诉讼阶段论”与“审判中心论”两者并不矛盾，恰恰相反，“诉讼阶段论”只有结合“审判中心论”才能弥补自身理论的缺陷，避免踏入“侦查中心论”的误区。所谓“侦查中心论”，是指侦查阶段成为刑事诉讼最主要、最关键的阶段，侦查构成了审判活动的前提和基础，带有极强的预备裁判性质；侦查中取得的证据和侦查阶段形成的结论通常即成为审判证据和审判结论，审判程序被架空、庭审成为“走过场”，案件的处理结果实际上早在侦查阶段就已经决定，法庭审判则成为根据侦查阶段形成的调查笔录作出判决的书面审理过程。所谓判决，不过是侦查结论的展示和推演。“诉讼阶段论”如果不与“审判中心论”相结合，就容易导向“诉讼阶段平行论”，进而滑向“侦查中心论”。这是我们尤其要防止的理论误区。

案例分析

【案情】佘祥林，湖北省京山县雁门口镇何场村人，系京山县公安局马店派出所原治安巡逻队队员，因涉嫌杀死妻子而被刑事拘留。曾被宣告判处“死刑”，后因证据不足，于1998年6月15日被京山县人民法院以故意杀人罪判处有期徒刑15年，剥夺政治权利 5 年。但在 2005 年 3 月 28 日，被佘祥林“杀害”达 11 年之久的妻子张在玉突然现身。该案最终被证明是冤案。佘祥林在接受采访时表示，当初自己之所以认罪，是因为遭到公安机关连续 10 天 11 夜的刑讯逼供。

【问题】请运用刑事诉讼基本范畴的相关理论对该案进行评析。

【解析】从刑事诉讼的目的来看，刑事诉讼应当兼顾实体真实与正当程序，刑讯逼供违背程序的人道性，属于违法侦查行为，应当予以否定；从刑事诉讼模式来看，我国现行的强职权主义诉讼模式，程序设计上偏重于国家公权力的运用，而对被追诉人的人权保障不够；从刑事诉讼阶段来看，我国司法实践中长期以来盛行的“侦查中心主义”是造成该冤案的重要原因之一。

第三章　刑事诉讼中的专门机关和诉讼参与人

本章主要介绍我国刑事诉讼中的专门机关和诉讼参与人。专门机关包括人民法院、人民检察院、公安机关和其他机关，它们在刑事诉讼中分别行使审判、检察、侦查和执行职能。诉讼参与人包括当事人和其他诉讼参与人。学习重点是：公、检、法机关在刑事诉讼中的组织与职权，当事人的诉讼地位与权利。学习难点是：人民法院、人民检察院的职权；犯罪嫌疑人、被告人的诉讼权利；单位诉讼当事人的地位与特点。本章的学术热点主要有：人民检察院的性质与诉讼地位；被害人的权利保障；基层人民法院改革等。

第一节　人民法院

一、人民法院的性质和任务

人民法院在性质上是国家专门的审判机关，代表国家独立行使审判权。我国《宪法》第123条规定："中华人民共和国人民法院是国家的审判机关。"我国《刑事诉讼法》第3条规定："审判由人民法院负责。"人民法院作为我国唯一的审判机关，代表国家集中行使对各种案件的审判权，以保卫人民民主专政政权，维护社会主义法制秩序，保护社会主义全民所有的财产、劳动群众集体所有的财产和公民私人所有的财产，保护公民的人身权利、民主权利和其他权利，保障社会主义建设事业的顺利进行，并教育公民自觉遵守宪法和法律。

人民法院在刑事诉讼中的主要任务是：通过刑事审判活动，调查核实证据，查明案件真实，确定被告人的行为是否构成犯罪、构成何种犯罪、是否判处刑罚、判处何种刑罚，并作出相应的判决和裁定。

二、人民法院的组织体系和领导体制

根据《人民法院组织法》的规定，我国人民法院的组织体系包括最高人民法院、

地方各级人民法院（见下图）和专门人民法院。

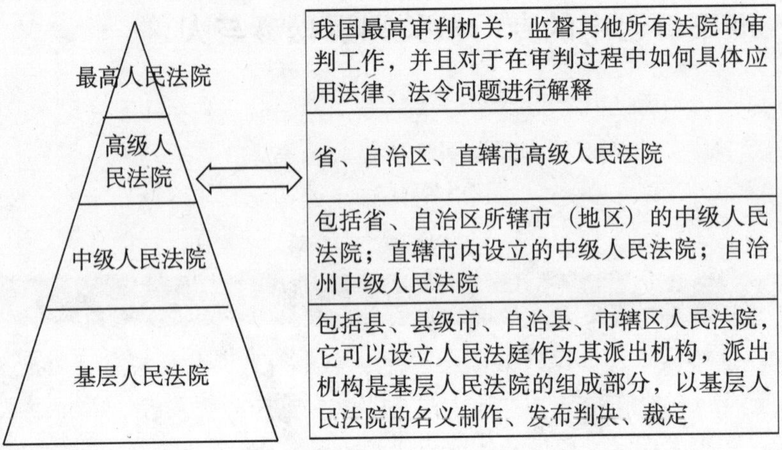

1. 最高人民法院

《人民法院组织法》第30条规定：“最高人民法院是国家最高审判机关”，负责监督地方各级人民法院和专门人民法院的审判工作，代表国家行使对各种案件的终审权。最高人民法院由院长、副院长、庭长、审判员等组成，内设刑事审判庭、民事审判庭、行政审判庭和根据需要设立的其他审判庭。最高人民法院在刑事诉讼中的主要职权有：审判法律、法规规定由它管辖的和它认为应当由自己审判的第一审刑事案件；对高级人民法院、专门人民法院判决和裁定的上诉案件、抗诉案件进行第二审审判；对依照审判监督程序提起的再审案件进行再审审判；对死刑案件进行复核。此外，最高人民法院还依法享有司法解释权，对审判过程中如何具体应用法律的问题进行权威解释。

2. 地方各级人民法院

地方人民法院分设三级，即高级人民法院、中级人民法院和基层人民法院。

(1) 高级人民法院。高级人民法院包括省高级人民法院、自治区高级人民法院和直辖市高级人民法院。高级人民法院负责审判法律、法令规定由它管辖的第一审案件；下级人民法院移送审判的第一审案件；对下级人民法院的判决和裁定提起上诉和抗诉的案件；人民检察院按照审判监督程序提起的抗诉案件；死刑复核案件等。

(2) 中级人民法院。中级人民法院包括省、自治区所辖市（地区）的中级人民法院；直辖市内设立的中级人民法院；自治州中级人民法院。中级人民法院负责审判的案件有：法律法令规定由它管辖的第一审案件；基层人民法院移送审判的第一审案件；对基层人民法院判决和裁定的上诉和抗诉案件；人民检察院按照审判监督程序提出的抗诉案件。

(3) 基层人民法院。基层人民法院包括县人民法院、县级市人民法院、基层自治县人民法院、市辖区人民法院。《人民法院组织法》第20条规定：“人民法院根据地区、人口和案件情况可以设立若干人民法庭。人民法庭是基层人民法院的组成部分，它的判决和裁定就是基层人民法院的判决和裁定。”基层人民法院一般在乡镇设有法庭，审理小额、简单的民事诉讼案件，如婚姻家庭纠纷、邻里纠纷等，乡镇法庭不审理刑事、行政诉讼案件。乡镇法庭所作出的判决和裁定，其法律效力等同于基层人民法院的判决、裁定，当事人如果不服，可以上诉到中级人民法院进行二审审理。

3. 专门法院

专门法院是在普通人民法院之外设立的专门性法院，包括军事法院、铁路运输法院和海事法院，其中海事法院只审理海事海商类民事案件，不审理刑事案件。军事法院分中国人民解放军军事法院、各大军区、军兵种军事法院和军区军事法院三级。铁路运输法院也分高级、中级和基层三级。铁路运输法院是计划经济时代的产物，其人、财、物都归属于企业，实行企业化管理，目前正面临着如何改制的问题。

4. 人民法院的权力来源和上下级关系

各级人民法院由本级人民代表大会产生，对本级人大及其常委会负责并报告工作，受其监督。最高人民法院院长由全国人民代表大会选举。副院长、庭长、副庭长、审判员由全国人民代表大会常务委员会任免。

人民法院上下级之间是业务上指导与被指导、监督与被监督的关系。上级人民法院指导、监督下级人民法院的审判工作，该指导、监督主要表现在：上级人民法院有权依法决定案件的管辖；上级人民法院有权依照第二审程序和审判监督程序重新对案件进行审判；最高人民法院、高级人民法院有权复核、核准死刑（含缓刑）案件；最高人民法院有权对如何具体应用法律进行解释等。需要特别指出的是，上下级人民法院之间不是领导与被领导的关系，上级人民法院只能按照法律规定的权限和程序指导、监督下级人民法院的审判工作，不能命令下级人民法院对某一具体案件作出某种具体处理。

三、人民法院的职权

为了保证人民法院实现其法律规定的任务，切实履行审判职能，《刑事诉讼法》和《人民法院组织法》赋予人民法院可以依法行使下列职权：

1. 案件受理或立案权

案件受理或立案权是人民法院行使审判权的第一步，是审判权的重要组成部分。该项职权包括对人民检察院提起公诉的刑事案件依法给予受理权，对直接受理的自诉案件决定立案权。

2. 对刑事案件的审理和裁判权

刑事审判权的核心是对刑事案件的审理和裁判，审理是一种了解和认识案情的过程，裁判则是一种处理决定或结果，所以，人民法院刑事审判权的重心是审理和裁判案件。作为一项具体的职权，案件审理权包括人民法院对刑事案件的审查、开庭审理、主持指挥法庭审判活动，以及对破坏法庭秩序的人给予惩戒的权力。裁判权具体是指人民法院依照法定程序，对受理的刑事案件具体作出的判决或裁定，如判决被告人有罪、无罪等。

3. 强制措施决定权

人民法院根据案件的需要，有权对犯罪嫌疑人、被告人决定采取拘传、取保候审、监视居住、逮捕等措施。

4. 调查核实证据权

为了正确行使审判权，人民法院有权调查核实证据，在必要的时候，可以进行询问、勘验、检查、扣押、鉴定、查询和冻结等调查活动。当然，人民法院的庭外调查取证权，自 1996 年刑事诉讼法规定实行对抗制庭审方式以来，受到了较大的限制，一般只在特殊情况下或者经当事人或其律师申请后才能使用。人民法院在法庭上的调查核实证据权也因为其中立立场而变成了补充性的，主要靠控辩双方进行调查、举证和质证，法官只在必要时对证据进行调查核实。

5. 赃款、赃物的收缴、处理权

对刑事案件所涉及的赃款、赃物及其孳息，有权依法予以收缴与处理。

6. 某些判决裁定的执行权

人民法院对部分生效刑事判决、裁定，如罚金刑、没收财产刑等，享有执行权。

第二节 人民检察院

一、人民检察院的性质和任务

根据我国《宪法》第 129 条的规定，人民检察院是国家专门的法律监督机关，代表国家行使检察权。人民检察院通过检察监督，维护宪法和法律在全国范围内的统一正确实施。

法学界对人民检察院的性质和诉讼地位存在争议。关于人民检察院的性质，有“法律监督机关说”和“公诉机关说”之争。前者认为，根据我国宪法的明确定性，人民检察院是我国专门的法律监督机关，代表国家独立行使检察权。检察权就是法律监督权，具体表现为侦查权、公诉权、诉讼监督权等；后者认为，法律监督权要高于公诉权，同时由检察机关行使是相互矛盾的。从我国现行法律对检察机关的权力配置看，法律监督权是虚置的，而公诉权是实际的，因此，人民检察院实际只是国家的公诉机关，代表国家追诉各种犯罪。关于人民检察院的性质还有司法机关说、行政机关说以及司法与行政双重属性说三种观点，不过，中央已在文件中正式明确了检察机关是司法机关。

人民检察院的任务是：通过行使检察职权，镇压一切叛国的、分裂国家的和其他危害国家安全的活动，追查犯罪分子，维护国家的统一，维护人民民主专政制度，维护社会主义法制，维护社会秩序、生产秩序、教学科研秩序和人民群众的生活秩序，保护国家财产和劳动群众集体所有的财产，保护公民私人所有的合法财产，保护公民的人身权利、民主权利和其他权利，保证社会主义现代化建设的顺利进行。

二、人民检察院的组织体系和领导体制

1. 人民检察院的组织体系

根据我国《宪法》和《人民检察院组织法》的规定，人民检察院的组织设置包括最高人民检察院、地方各级人民检察院和专门检察院。

(1) 最高人民检察院。最高人民检察院是我国的最高检察机关，是全国检察机关的领导机关，领导地方各级人民检察院和专门检察院的工作。最高人民检察院检察长领导最高人民检察院的工作。最高人民检察院内设反贪污贿赂总局、渎职侵权检察总局、侦查监督厅、公诉厅、民事行政检察厅、监所检察厅、职务犯罪预防厅、控告检察厅、刑事申诉检察厅、铁路运输检察厅等业务部门。

(2) 地方各级人民检察院。地方各级人民检察院包括：① 省、自治区、直辖市人民检察院；② 省、自治区、直辖市人民检察院分院，省辖市、自治州人民检察院；③ 县、县级市、自治县和市辖区人民检察院。省一级人民检察院和县级人民检察院，根据工作需要，经提请本级人民代表大会常务委员会批准，可以在工矿区、农垦区、林区等区域设立人民检察院，作为派出机构。此外，为适应检察工作的实际需要，地方各级人民检察院还先后在监狱、劳教所、看守所设立驻监、驻所检察室，在税务机关设立税务检察室等。

(3) 专门检察院。专门检察院是在特定的行业部门内设置的。我国的专门检察院有：军事检察院和铁路运输检察院。各专门检察院在体制上也有三级，与地方各级人民检察院的级别相对应。目前，专门检察院与专门法院面临的共同问题是内部人事编制与司法独立的矛盾。

2. 人民检察院的权力来源及上下级关系

人民检察院由人民代表大会产生，对人民代表大会及其常委会负责并报告工作。最高人民检察院对全国人民代表大会及其常委会负责，最高人民检察院检察长由全国人民代表大会选举和罢免，最高人民检察院副检察长、检察委员会委员和检察员，由最高人民检察院检察长报请全国人大常委会任免。省、自治区、直辖市人民检察院及其分院的检察长，由省、自治区、直辖市人民代表大会选举和罢免。自治州、省辖市、县、县级市、自治县人民检察院检察长，由本级人民代表大会选举和任免。下级人民检察院检察长的任免，须报上级人民检察院检察长提请其同级人大常委会批准。

我国人民检察院实行检察一体的领导体制——上级人民检察院领导下级人民检察院的工作，最高人民检察院领导全国的检察工作，检察长统一领导检察院的工作。上级人民检察院对下级人民检察院作出的决定，有权予以撤销或变更；上级人民检察院发现下级人民检察院已经办结的案件有错误时，有权指令下级人民检察院纠正。下级人民检察院对上级人民检察院的决定应予以执行，如果认为决定有错误，应当在执行的同时向上级人民检察院报告。

三、人民检察院的职权

人民检察院在刑事诉讼中的职权，主要体现为立案侦查权、公诉权和诉讼监督权，具体包括如下方面：

1. 自行立案侦查权

根据我国《刑事诉讼法》第 18 条第 2 款的规定，人民检察院对于国家机关工作人员的职务犯罪或者利用职务之便实施的犯罪，如贪污、贿赂、渎职、侵权等案件，有权直接立案侦查。人民检察院的自行立案侦查权原则上由反贪污贿赂局和渎职侵权检察局负责行使，但近年来，监所检察部门、民事行政检察部门也可以进行立案侦查或者启动司法调查，以整合检察机关内部力量，强化自行侦查权。

2. 公诉权

对于一切公诉案件，人民检察院享有提起公诉权和决定不起诉权。在刑事诉讼中，人民检察院代表国家行使控诉职能，对各种严重的刑事犯罪，依法进行刑事追诉，启动审判程序，以打击、惩罚犯罪。对于不需要刑事追究的，则应及时作出不起诉决定，以维护当事人的合法权益。公诉权中包含了起诉权与不起诉权两个方面。

3. 批捕权

对于公安机关侦查的案件，人民检察院有权依法决定批准逮捕或者不批准逮捕。批捕权是人民检察院对于涉及公民人身自由的强制措施，实行法律监督的具体权能，具有对逮捕行为发放司法令状的含义。

4. 立案监督权

人民检察院对于公安机关不立案的决定，有权予以监督，如果认为其不立案的决定有错误，有权要求公安机关立案。

5. 抗诉权

对于人民法院所作出的判决或裁定，无论是否已经生效，人民检察院如果认为确有错误，都有权提出抗诉，要求上级人民法院重新审判予以纠正。

6. 违法行为监督权

人民检察院对于公安机关的侦查活动，人民法院的审判活动，监狱、看守所的执行、监管活动以及有关机关在监外执行、减刑、假释方面的处理决定等，有权进行检察，如发现违法行为，有权要求相关机关及时予以纠正。

7. 检察建议权

基于法律监督职责，人民检察院对各机关、团体、企事业单位和个人，都可以提出检察建议，以防范违法犯罪行为的发生。

第三节　公安机关和其他专门机关

一、公安机关的性质、任务和组织体系

1. 公安机关的性质和任务

公安机关是国家的治安保卫机关，是武装性质的国家行政力量和刑事司法力量，是各级人民政府的组成部分，负责社会治安和国内安全保卫工作。

公安机关的职责涉及治安、户籍、交通、消防、边防等管理工作和刑事侦查多方面。在刑事诉讼中，公安机关的主要任务就是负责刑事案件的侦查，通过各种侦查手段和措施，收集证据，查明犯罪事实，查获犯罪嫌疑人，为公诉和审判奠定基础。我国《刑事诉讼法》第18条规定："刑事案件的侦查由公安机关进行，法律另有规定的除外。"在刑事诉讼中，绝大部分刑事案件由公安机关立案侦查，公安机关处在同犯罪作斗争的第一线，肩负着揭露犯罪、证实犯罪、查获犯罪嫌疑人的使命。

2. 公安机关的组织体系及领导体制

公安机关是各级人民政府的组成部分。在中央人民政府、国务院设立公安部，负责组织和领导全国公安部门的工作。公安部设有国际刑警组织中国中心局，负责与国际刑警组织和境外警方联络，打击跨国、跨境刑事犯罪和国际侦查协助。

地方各级人民政府分别设立负责本地公安工作的公安部门，省、自治区和直辖市设立公安厅（局）；省辖市设公安局；自治州设公安处；市辖区设公安分局；县、县级市和自治县设公安局。地方各级公安机关经批准可在本行政区内设立派出机构，公安厅可在地区行署设公安处，县公安局和区公安分局可在乡镇或街道等设公安派出所。此外，国家在铁路、民航、林业等具有行业特殊性的系统和大型企业、事业单位中设立公安局、处或具有派出机构性质的保卫处、科，负责本系统或者本单位的治安保卫工作。

作为各级人民政府的职能部门、公安机关实行双重领导体制。公安机关在接受本级人民政府领导的同时，下级公安机关还必须接受上级公安机关的业务领导。

各级行政机关	设立相应的公安机关
国务院	公安部
省、自治区、直辖市	公安厅、直辖市公安局
自治州	公安处（局）
省辖市、县、县级市、自治县	公安局
市辖区	公安分局
乡镇、街道办事处	公安派出所

二、公安机关的职权

在刑事诉讼中，公安机关的职权主要有：

1. 立案权

对于属于自己管辖的案件，公安机关有权决定是否立案。立案权是公安机关启动刑事诉讼程序，有效控制与打击犯罪的重要权力，我国的大部分刑事案件是由公安机关负责立案的。与立案权相对应的是撤案权。公安机关对于已经立案，但后来发现不应当或者不需要追究刑事责任的案件，有权作出撤销案件的处理。

2. 侦查权

公安机关是我国主要的刑事侦查机关，除了法律规定的少部分刑事案件由其他机关侦查外，公安机关担负着绝大多数刑事案件的侦查任务。这与我国公安机关作为国家的治安保卫机关的性质是相一致的。在侦查中，公安机关的职权主要有：有权依法讯问犯罪嫌疑人，询问证人、被害人；有权进行勘验、检查、搜查，扣押物证、书证，冻结存款、汇款，进行鉴定，通缉在逃案犯；有权对现行犯和重大嫌疑分子实施拘留，对犯罪嫌疑人采取拘传、取保候审、监视居住等强制措施，向人民检察院提请批准逮捕和执行逮捕。

3. 执行权

在刑事诉讼的执行阶段，公安机关负责对被判处管制、拘役、剥夺政治权利的罪犯的执行，以及对缓刑、假释、监外执行犯的监督与考察等。

三、其他专门机关及其职权

在我国的刑事诉讼中，承担诉讼职能的专门机关除公、检、法机关以外，还有国家安全机关、军队保卫部门、海关和监狱，因此，这些机关也是刑事诉讼中的专门机关，只是这些机关负责的案件范围较窄，职能较为单一。国家安全机关、军队保卫部门、海关和监狱在刑事诉讼中都有侦查职能，行使对某些刑事案件的立案侦查权，其侦查权的内容与公安机关的侦查权相同，所不同的只是立案侦查的案件有别。我国《刑事诉讼法》第 4 条规定：“国家安全机关依照法律规定，办理危害国家安全的刑事案件，行使与公安机关相同的职权。”该法第 225 条规定：“军队保卫部门对军队内部发生的刑事案件行使侦查权。对罪犯在监狱内犯罪的案件由监狱进行侦查。军队保卫部门、监狱办理刑事案件，适用本法的有关规定。”可见，国家安全机关、军队保卫部门和监狱也是具有诉讼职能的专门机关，它们在刑事诉讼中负责某些特殊案件的侦查。在许多时候，为了避免用语的烦琐，人们在一般情况下论及公安机关的职责权限时，所说的“公安机关”，其实是包括了国家安全机关、军队保卫部门、海关和监狱在内的。所以，“公安机关”的范围是有广义、狭义之分的。

国家安全机关负责立案侦查特务、间谍等危害国家安全的刑事案件。敌特案件，过去也是由公安部门立案侦查的，为适应改革开放的需要，1983 年国家成立了国家安全部，在省、市、自治区设立国家安全厅，专门负责对特务、间谍等案件的立案侦查和监控工作。1993 年 2 月 22 日，第七届全国人民代表大会常务委员会通过的《中华人民共和国国家安全法》规定，国家安全机关是国家安全工作的主管机关，对于涉及国家安全的刑事案件，依法行使立案侦查、拘留、预审和执行逮捕以及法律规定的其他职权。

军队保卫部门是武装力量内部设立的安全保卫机构，负责对军队内部发生的刑事案件的立案侦查。

海关负责对走私犯罪的立案侦查。从 1998 年开始，国家在各级海关设立走私犯罪侦查部门，专门负责对走私犯罪案件的立案侦查工作。海关总署下设“走私犯罪侦查总局”，下级海关设立“走私犯罪侦查局”，专门配备有缉私警察。海关在侦查活动中，享有与地方公安机关同样的权力，具有与公安机关同等的诉讼地位。

监狱在刑事诉讼中的职权分为两部分：立案侦查权和执行权。刑事诉讼法规定，对罪犯在监狱内犯罪的案件，由监狱进行侦查。监狱警察在侦查中，享有公安机关侦查案件的各种职权，如讯问犯罪嫌疑人、询问证人、勘验、检验、搜查、扣押、鉴定等。侦查终结后，监狱认为应当追究犯罪嫌疑人刑事责任的，写出起诉意见书，连同案卷材料、证据一并移送人民检察院审查起诉。监狱是执行法院生效刑事判决与裁定的场所，在我国，刑罚的执行也是刑事诉讼程序的重要组成部分，所以，监狱也是刑事诉讼中不可缺少的专门机关。监狱在刑罚执行过程中还有提出监外执行意见，减刑、假释建议等权力。

第四节　刑事诉讼参与人

刑事诉讼参与人，是指在刑事诉讼中除专门机关以外的，依法参加刑事诉讼活动并享有一定诉讼权利、承担一定诉讼义务的人。根据我国《刑事诉讼法》第 82 条的规定，我国刑事诉讼参与人主要包括当事人、法定代理人、诉讼代理人、辩护人、证人、鉴定人和翻译人员。诉讼参与人通过行使诉讼权利和承担诉讼义务，对刑事诉讼的进程和结局发挥着不同的影响和作用，从而保证刑事诉讼活动得以顺利进行。根据诉讼参与人与案件结局的利害关系以及对诉讼进程的影响，刑事诉讼参与人一般可以分为当事人和其他诉讼参与人。

<table>
<tr><td rowspan="12">诉讼参与人</td><td rowspan="5">当事人</td><td>犯罪嫌疑人、被告人</td></tr>
<tr><td>被害人</td></tr>
<tr><td>自诉人</td></tr>
<tr><td>附带民事诉讼的原告人</td></tr>
<tr><td>附带民事诉讼的被告人</td></tr>
<tr><td rowspan="2">单位诉讼当事人</td><td>单位犯罪嫌疑人、被告人</td></tr>
<tr><td>单位被害人</td></tr>
<tr><td rowspan="6">其他诉讼参与人</td><td>法定代理人</td></tr>
<tr><td>诉讼代理人</td></tr>
<tr><td>辩护人</td></tr>
<tr><td>证人</td></tr>
<tr><td>鉴定人</td></tr>
<tr><td>翻译人员</td></tr>
</table>

一、当事人

当事人是指与刑事案件的结局有直接利害关系，对诉讼进程有较大影响的诉讼参与人。刑事诉讼一旦开始，当事人的人身自由、财产，甚至于生命都处于待定状态，与诉讼结果有着密切关系。因此，与其他诉讼参与人相比，当事人享有更多的诉讼权利，也承担更多的诉讼义务。

根据我国《刑事诉讼法》第 82 条的规定，我国刑事诉讼的当事人包括犯罪嫌疑人、被告人、被害人、自诉人、附带民事诉讼的原告人和被告人。

案件	双方当事人	
公诉案件	被害人	被告人（起诉前称“犯罪嫌疑人”）
自诉案件	自诉人	被告人
附带民事诉讼案件	附带民事诉讼的原告人	附带民事诉讼的被告人

1. 犯罪嫌疑人和被告人

（1）犯罪嫌疑人、被告人的概念和诉讼地位。在刑事公诉案件中，犯罪嫌疑人和被告人是对因涉嫌犯罪而受到刑事追诉的人在诉讼过程的不同阶段的两种称谓，实质上指的是同一个人。以检察机关制作起诉书并向人民法院提起公诉为界限，受刑事追诉人在公诉以前被称为“犯罪嫌疑人”，公诉以后则被称为“被告人”。

刑事诉讼就是一个对犯罪嫌疑人和被告人的刑事责任进行认定的过程，因此，犯罪嫌疑人和被告人是刑事诉讼的中心人物，刑事诉讼中的一切活动都是围绕确定犯罪嫌疑人和被告人的刑事责任展开的，没有犯罪嫌疑人、被告人，就没有刑事诉讼。所以，犯罪嫌疑人和被告人在刑事诉讼中具有不可替代性。犯罪嫌疑人和被告人一旦死亡，刑事诉讼活动即告终止。犯罪嫌疑人、被告人的诉讼地位归纳起来为三个方面：① 享有诉讼权利、具有诉讼主体资格的当事人。犯罪嫌疑人、被告人的诉讼主体资格不是从来就有的，它是近现代人权运动和刑事诉讼制度文明的产物。其主体性表明，犯罪嫌疑人、被告人不再仅仅是被动接受追诉和审判，甚至会遭受合法刑讯、任人随意摆布的诉讼客体，而是可以积极进行诉讼防御，维护自己合法权益，并能够理智地参与、选择或决定自己诉讼命运的主人。② 与案件结局有直接利害关系的被追诉者。犯罪嫌疑人、被告人作为刑事诉讼中的中心人物，与案件的认定和处理结果有着直接的利害关系。刑事诉讼的过程就是确定其刑事责任的有无与大小的过程，而无论案件结果如何，都与其自由、财产、权利，甚至生命密切相关。作为被追诉者，在诉讼过程中的一些权利都可能受到限制或者剥夺。③ 重要的证据来源。犯罪嫌疑人、被告人对于自己是否实施了被指控的犯罪行为，通常是非常清楚的，所以，无论哪个国家，都会将犯罪嫌疑人、被告人的言词作为刑事证据对待的，所不同的只是该种证据的名称和证明力的大小。古代一些国家将口供视为“证据之王”，并因此衍生了刑讯逼供的滥觞。在我国，犯罪嫌疑人、被告人的供述和辩解是法定的七种刑事证据之一，具有证据价值但并非“最好”的证据。法律要求不能轻信口供。

(2) 犯罪嫌疑人、被告人的诉讼权利和义务。在现代诉讼制度下，法律为犯罪嫌疑人和被告人确立了一系列诉讼权利。根据权利的性质和作用不同，犯罪嫌疑人、被告人享有的诉讼权利可分为两类：

一是防御性权利，指犯罪嫌疑人、被告人为对抗追诉方的指控，抵消其控诉效果所享有的权利。根据我国《刑事诉讼法》的规定，犯罪嫌疑人和被告人在我国刑事诉讼中享有的防御性权利主要有：① 使用本民族语言进行诉讼的权利；② 及时获知被指控的罪名和理由的权利；③ 在被侦查机关第一次讯问后或者采取强制措施之日起，聘请律师提供法律咨询、代理申诉、申请取保候审的权利；④ 自行或者在辩护人协助下进行辩护的权利，该权利也包括拒绝辩护人继续为其辩护和另行委托辩护人；⑤ 有权拒绝回答侦查人员提出的与本案无关的问题；⑥ 核对讯问笔录，认为记载有遗漏或者差错的，有权要求补充和修改的权利；⑦ 在开庭前 10 日收到起诉书副本的权利；⑧ 参加法庭调查，就指控事实发表陈述，就书面证据发表意见，申请新的证人到庭，调取新的物证，申请重新鉴定或者勘验的权利；⑨ 参加法庭辩论，对证据和案件发表意见并互相辩论的权利；⑩ 向法庭作最后陈述的权利；⑪ 自诉案件的被告人对自诉人提出反诉的权利。

二是救济性权利，指犯罪嫌疑人、被告人对国家专门机关所作的对其不利的行为、决定或者裁判，要求另一专门机关予以审查并作出改变或撤销的权利。犯罪嫌疑人、被告人所享有的救济性权利主要包括：① 对于侦查、检察和审判人员侵犯其诉讼权利，侮辱其人格的行为，有权提出控告；② 对于公安机关、人民检察院、人民法院采取强制措施超过法定期限的，有权要求解除强制措施；③ 有权申请回避，对驳回申请回避的决定，有权向上级机关申请复议；④ 对法院的一审判决和裁定不服，有权提起上诉；⑤ 对人民法院已生效的判决、裁定，有权向人民法院、人民检察院提出申诉，等等。

在享有广泛的诉讼权利的同时，犯罪嫌疑人、被告人也必须履行一些诉讼义务，主要包括：① 如实回答公安、司法人员的讯问；② 在符合法定条件的情况下接受拘传、拘留、逮捕、监视居住、取保候审等强制措施，接受侦查人员的讯问、检查、鉴定、搜查、扣押等侦查行为；③ 不得伪造、毁灭证据或者串供，不得威胁、收买或以其他方式影响证人作证；④ 不得自杀或者逃跑；⑤ 依法按时出庭，等等。

2. 刑事被害人

刑事被害人是指其人身、财产及其他合法权益遭受犯罪行为直接侵害的人。权益遭到侵害一方包括：公诉案件的被害人、自诉人、附带民事诉讼的原告人。但依据我国《刑事诉讼法》第 82 条之规定，这里的被害人特指公诉案件的被害人。

刑事被害人的诉讼地位的确定，是一个较为重要的问题，在世界其他国家和我国都有一个发展变化过程。在古代弹劾式诉讼中，被害人担当着原告人的角色；在封建纠问式诉讼中，被害人则处于证人地位；在现代诉讼中，确立了被害人作为刑事诉讼当事人的地位，使其获得独立的启动诉讼（自诉）、申请回避、获知指控罪名及理由、有效参与法庭审判等诉讼权利，从而在审判过程中拥有了比较多的参与权，在诉讼中发挥着更大的作用。目前，我国刑事诉讼法也已明确确立了公诉案件被害人的当事人资格。

公诉案件中的被害人的地位比较复杂。被害人保护问题在“二战”后备受世界各国重视。在我国，被害人的地位可以从以下 4 个角度来阐述：

(1) 被害人是刑事诉讼当事人。由于受到犯罪的直接侵害，成为案件本身的当事人。当代刑事诉讼中，为了重视对被害人的保护，不少国家的诉讼法都赋予其当事人的地位。

(2) 被害人在刑事诉讼中行使控诉职能。被害人对犯罪有强烈的追诉愿望，有时还会要求民事赔偿，在刑事诉讼中，表达对犯罪的愤怒与控诉，与公诉人一道共同行使控诉职能。

(3) 被害人作为当事人，其权利受到一定限制。因为在公诉案件中，国家检察机关代表国家和被害人提起公诉，承担了主要的控诉职能，被害人作为当事人的部分诉讼权利，实际上已经转移给了公诉机关，被害人的当事人权利就不再完整。在我国，刑事被害人没有独立的诉讼权，包括没有起诉权，没有撤回起诉权，没有变更起诉权，没有与被告人进行和解的权利，也没有上诉权。

(4) 被害人是重要的证据来源。依据我国刑事诉讼法的规定，被害人陈述也是刑事诉讼七种证据之一。

我国刑事诉讼法赋予被害人广泛的诉讼权利。根据《刑事诉讼法》的规定，除了与其他当事人共同享有的诉讼权利外，被害人享有的特有诉讼权利主要有：①有权报案或者控告，要求专门机关进行立案；②自案件移送审查起诉之日起，有权委托诉讼代理人；③ 对于有关机关不依法立案的决定，有权获知原因，并申请复议；对于公安机关应立案而不立案的，有权向人民检察院提出，由后者要求公安机关说明理由，并予以纠正；④ 对于公安机关和人民法院不予追究的公诉案件，被害人可以自己向法院提起刑事诉讼；⑤ 对于人民检察院作出的不起诉决定，有权获得不起诉决定书，并向上一级检察院申诉；⑥ 对地方各级人民法院的第一审判决不服的，有权请求人民检察院提起抗诉。

3. 自诉人

自诉人是自诉刑事案件中依法直接向人民法院提起刑事诉讼的人。自诉人通常是权益受侵害一方，但在其死亡或者丧失行为能力的情况下，其法定代理人、近亲属有权向人民法院提起诉讼，担当自诉人的角色。在自诉案件中，自诉人的诉讼地位是原告，执行控诉职能，具有独立的诉讼地位。

4. 附带民事诉讼的原告人和被告人

附带民事诉讼原告人，是指因被告人的犯罪行为而遭受物质损失，并在刑事诉讼中提出赔偿请求的人。附带民事诉讼原告人通常是被害人，包括因被告人的犯罪行为直接遭受物质损失的公民、法人和其他组织；在被害人死亡，或者是无行为能力人，或者是限制行为能力人的情况下，被害人的近亲属、法定代理人可以成为附带民事诉讼原告人；如果是国家、集体财产遭受损失，人民检察院在提起公诉时，有权提起附带民事诉讼。当然，人民检察院在提起附带民事诉讼的情况下，是附带民事诉讼的原告人，或是公诉人，或是原告人的代理人，这些问题在理论上还存在争议。

附带民事诉讼被告人，是指在刑事诉讼中因其犯罪行为所造成的物质损失被起诉而承担民事赔偿责任的人。一般情况下，附带民事诉讼被告人就是刑事被告人本人。但根据法律规定，在某些情况下，附带民事诉讼被告人不是刑事被告人，而是刑事被告人的监护人、对被告人的犯罪行为负有经济赔偿责任的法人单位、未被追究刑事责任的共同侵害人、已被执行死刑的罪犯的遗产继承人等。

二、单位诉讼当事人

1. 单位犯罪嫌疑人、被告人

单位犯罪日益成为一种普遍的社会现象。我国《刑法》第 30 条规定：“公司、企业、事业单位、机关、团体实施的危害社会的行为，法律规定为单位犯罪的，应当负刑事责任。”第 31 条规定：“单位犯罪的，对单位判处罚金，并对其直接负责的主管人员和其他直接责任人员判处刑罚。本法分则和其他法律另有规定的，依照规定。”由此可见，我国对单位犯罪采取“双罚制”，既处罚单位，又处罚直接责任人员，但在刑法另行规定的情况下，可以单独处罚单位。

刑法中明确将单位作为犯罪的主体，但单位能否成为刑事诉讼的主体，当前立法中并没有解决。根据单位承担刑事责任的理论，单位构成犯罪是单位内部成员构成犯罪的前提和依据，也是对单位内部成员实施处罚的前提。因此，在所有单位犯罪案件中，不论是适用“单罚制”，还是适用“双罚制”，单位均应成为独立的犯罪嫌疑人、被告人，并以此身份参与诉讼活动。

至于单位参与刑事诉讼的方式，根据最高人民法院《解释》第 208 条规定，代表涉嫌犯罪单位参加诉讼的诉讼代表人，应当是单位的法定代表人或者是主要负责人；法定代表人或者主要负责人被指控为单位犯罪直接负责的主管人员的，应当由单位的其他负责人作为涉嫌犯罪单位的诉讼代表人参加诉讼。

被告单位的诉讼代表人代表单位进行诉讼活动，其权利来源于单位的正式授权，代表人不是作为个人嫌疑人或个人被告人为维护其本人的利益而参加诉讼活动，而是以单位的名义，代表单位的利益并在单位授权范围内从事诉讼活动，其本人一般也不承担诉讼后果，因而诉讼代表人不是犯罪嫌疑人、被告人。

诉讼代表人应是独立的诉讼参与人，具有独立的诉讼地位。其地位和特点如下：

(1) 诉讼代表人本人是单位的诉讼代理人。诉讼代表人在单位授权的范围内从事的诉讼行为，就视为单位的诉讼行为。其从事的诉讼行为对单位具有约束力。

(2) 诉讼代表人不是嫌疑人、被告人，不承担刑罚后果，但是其陈述是犯罪嫌疑人、被告人的供述和辩解，而不是证人证言。

(3) 有权代表单位嫌疑人、被告人行使各种诉讼权利，如辩护权、申请回避权、上诉权等，同时也负有程序义务，如无正当理由不到庭的，公、检、法机关可以对其采取必要的强制性措施，如传唤、拘传等。

(4) 如果故意提供虚假的陈述，将承担伪证责任。而犯罪嫌疑人、被告人故意作虚假陈述是不承担法律责任的。

2. 单位被害人

被害人一般是指自然人，但单位也可以成为被害人。首先，单位是能够作为民事法律关系主体的社会组织，有其特定的财产，在侵犯财产等刑事案件中也可能遭受犯罪行为的直接侵害，成为被害人。其次，根据《刑事诉讼法》第 77 条的规定，被害人在刑事诉讼中因犯罪行为遭受物质损失的，有权提起附带民事诉讼。因此，单位在其物质、财产利益受到损害的情况下，得以被害人的身份，提起附带民事诉讼。再次，允许单位以被告人的身份参加刑事诉讼，有利于保护国家、集体的合法利益，维护和发展社会主义市场经济。

单位被害人参与刑事诉讼时，应由其法定代表人作为代表参加诉讼。根据刑事诉讼法的规定，法定代表人也可以委托诉讼代理人参加诉讼，单位被害人在刑事诉讼中的诉讼权利和诉讼义务，与自然人作为被害人时大体相同。

三、其他诉讼参与人

其他诉讼参与人，是指除诉讼当事人以外的诉讼参与人，具体包括法定代理人、诉讼代理人、辩护人、证人、鉴定人和翻译人员等。他们在刑事诉讼中不是独立执行诉讼职能的诉讼主体，而是协助当事人或者专门机关进行诉讼活动的辅助人员。

1. 法定代理人

法定代理人，是指根据法律规定对被代理人负有保护义务并有权代理其进行诉讼活动的诉讼参与人。

2. 诉讼代理人

诉讼代理人，是指接受被害人、自诉人、附带民事诉讼的当事人及其法定代理人或者被害人近亲属的委托，代理委托人参加诉讼活动的诉讼参与人。与法定代理人所不同的是，诉讼代理人不是基于法律规定，而是基于被代理人的委托，依据委托协议，以被代理人的名义参加诉讼活动。其职责仅仅是帮助被代理人进行诉讼活动，并且必须在被代理人的授权范围内进行诉讼活动，既不能超越委托权限，也不能违背被代理人的意志。因此，诉讼代理人在诉讼中不具有独立的诉讼地位。

3. 辩护人

辩护人，是指受犯罪嫌疑人、被告人及其法定代理人或者近亲属的委托，或者受人民法院指定，帮助犯罪嫌疑人、被告人行使辩护权，依法维护其合法权益的诉讼参与人。辩护人在诉讼中具有独立的诉讼地位，既不从属于犯罪嫌疑人、被告人，也不从属于诉讼专门机关。辩护人在诉讼中的职责主要是根据事实和法律，提出证明犯罪嫌疑人、被告人无罪、罪轻或者应当减轻、免除其刑事责任的材料和意见，维护委托人的合法权益。

辩护人既可以是律师，也可以是人民团体或者犯罪嫌疑人、被告人所在单位推荐的人，还可以是犯罪嫌疑人、被告人的监护人、亲友。由律师担任辩护人，是委托辩护的主要形式。法律赋予辩护律师较其他辩护人更为广泛的诉讼权利。

4. 证人

证人，是指除当事人以外的了解案件情况而向专门机关作证的自然人。证人是独立的诉讼参与人，其本人同案件本身及案件审判结果没有任何直接的利害关系，但其提供的证言内容却会直接影响案件的审判结局。凡是知道案件情况的人，都有作证的义务。

在刑事诉讼中，证人必须具备以下条件：必须是案件的知情人，了解案件情况；必须是自然人；必须能够辨别是非和正确表达意思。

5. 鉴定人

鉴定人，是指受司法机关的聘请或者指派，运用自己的专门知识和技能对案件事实中的专门性问题作出书面鉴定结论的诉讼参与人。刑事诉讼鉴定人必须具备的资格是：具有解决案件中某些专门性问题的专业知识和技能；必须是自然人；必须与案件本身没有利害关系。

6. 翻译人员

翻译人员，是指受专门机关的聘请或者指派，在刑事诉讼中进行语言文字或者手势翻译的诉讼参与人。

案例分析

【案情】2001 年 12 月 31 日，22 岁的青岛人丁某谎称自己是中国人民公安大学学生，并以“许鹏”的名字通过上网聊天，结识了自称为“许诺”的程某（女，20 岁）。程某有一个强烈的心愿：想通过网络认识一个在部队或公安系统工作的男朋友。结果一上网便被冒称是“中国人民公安大学大四学生”的“许鹏”所吸引，经过短时间聊天，两人感情迅速升温。两人在当日中午见面时，因程某要求丁某拿出学生证，导致双方发生争吵。丁某怀恨在心，将程某骗上青岛市区东侧的浮山，用随身携带的领带意图将程某勒死并推下山崖。程某后获救并报案。警方发布了悬赏征求线索通告。2002 年 4 月

19 日，崂山警方在青岛市某区丁某的暂住处将其抓获。4 月 20 日，崂山区人民检察院批捕了涉嫌杀害程某的犯罪嫌疑人丁某。

【问题】

(1) 本案现有的诉讼参与人和专门机关有哪些？

(2) “犯罪嫌疑人”和“被告人”两种称谓有何区别？

(3) 犯罪嫌疑人、被告人在刑事诉讼中的地位是什么？

【解析】

(1) 本案现有的诉讼参与人有犯罪嫌疑人丁某和被害人程某，现有的专门机关有公安机关和人民检察院。

(2) 根据我国刑事诉讼法的规定，丁某在本案中的称谓将会是两个：犯罪嫌疑人和被告人。两个称谓的主要区别在于：①所处的诉讼阶段不同。在立案、侦查和审查起诉阶段，称为“犯罪嫌疑人”；在被起诉到法院之后就称为“被告人”。②犯罪嫌疑的程度不同。“犯罪嫌疑人”尚处于犯罪嫌疑较轻，犯罪还不能确定的状态；而“被告人”则意味着犯罪事实基本上可以确定，犯罪嫌疑基本上已经成立。③主要的诉讼权利有区别。公诉案件犯罪嫌疑人尽管在侦查阶段有权请律师提供法律帮助，在审查起诉阶段即可委托辩护人，但由于审前程序主要是国家专门机关单向侦讯的程序，相对封闭，因而，辩护权的行使在客观上受到一定的限制。进入审判程序后，有中立的审判机关主持，开庭审判的程序给予被告人及其辩护人进行充分抗辩、发表辩护意见的机会，辩护权能够得到充分的实现。

(3) 犯罪嫌疑人、被告人在刑事诉讼中的地位是共同的，主要表现在三个方面：① 都是享有诉讼权利、具有诉讼主体资格的当事人。② 都是与案件结局有直接利害关系的被追诉者。③ 都是重要的证据来源。

第四章　刑事诉讼法的基本原则

本章主要介绍我国刑事诉讼法的各项基本原则。学习重点是：刑事诉讼法的基本原则的概念与特征；我国刑事诉讼法的基本原则；刑事诉讼法的公理性原则。学习难点是：我国刑事诉讼法的基本原则的具体内容。本章的学术热点集中于我国刑事诉讼法规定的部分基本原则的合理性问题，如公、检、法三机关互相配合互相制约原则、检察监督原则等。一种观点认为，互相配合互相制约以及检察监督等基本原则，违背了刑事诉讼的基本规律，应当予以废除；另一种观点认为，上述原则是宪法明文规定的原则，符合我国现阶段的基本国情，不应轻言废除。

第一节　刑事诉讼法基本原则概述

所谓刑事诉讼法的基本原则，是指贯穿于刑事诉讼全过程，对刑事诉讼法的制定和实施具有普遍指导意义和规范作用的、国家专门机关和诉讼参与人在进行或参与刑事诉讼时必须遵循的行为准则。

就刑事诉讼法的基本原则而言，它不具有规范的形式，但却具有规范的内容。这就是说，法律原则虽然在形式上与一般法律规范（规则）有所区别，但它同样具有规范的效力，对其调整对象具有法律拘束力。刑事诉讼法的基本原则作为刑事诉讼法律规范体系的一部分，规范性当然是其基本属性。正是由于这种规范性，使得法律原则与其他法律规则一样成为人们进行法律行为的准则和法官制作裁判的直接或间接依据。

刑事诉讼法基本原则的规范作用主要通过以下两种途径得以发挥：

1. 在法律有明文规定的情况下，与普通条文一样被适用

从世界各国的立法来看，许多国家在其宪法或刑事诉讼法中对一些刑事诉讼法的基本原则作出了明确的规定，从而使刑事诉讼法的基本原则具有明确的规范形式，可以直接为法官在制作裁判时所援用。这种刑事诉讼法基本原则的法律效力是毫无疑问的。例如，我国澳门地区《刑事诉讼法典》第 178 条（适当及适度原则）规定：“（一）具体采用之强制措施及财产担保措施，对于有关情况所须之防范要求应属适当，且对于犯罪之严重性及预料可科处之制裁应属适度。（二）强制措施及财产担保措施之执行，不应

妨碍与有关情况所需之防范要求不相抵触之基本权利之行使。（三）仅当其他强制措施明显不适当或不足够时，方得采用羁押措施。”这一条款是关于相应性原则（比例原则）的规定，由于立法上将这一原则作了明确规定，从而使这一原则具有直接的司法裁判功能。在司法实践中，如果法官认为检控机关有违背此项原则的行为的，可以直接依据该条款作出裁判。再如许多国家在其宪法或刑事诉讼法中明确规定了无罪推定原则，司法官即可直接援引该原则解决“疑罪”的处理问题。在美国，法官直接依据宪法或宪法修正案中规定的刑事诉讼法的基本原则裁判案件已经是美国司法的一项传统和特色。

2. 在法律没有明文规定的情况下发挥规范作用

在这种情况下，刑事诉讼法的基本原则主要是为解释刑事诉讼法条文提供依据以及补充法律漏洞。刑事诉讼法并非总是明确地规定了刑事诉讼的基本原则，更为通常的情况是刑事诉讼法并未对刑事诉讼法的基本原则作出明确的规定，那么，在法律没有明文规定的情形下，刑事诉讼法的基本原则是否仍然具有规范性，具有法律拘束力呢？德国学者约·阿希姆·赫尔曼曾经指出，刑事诉讼法也并非总是明确地规定了刑事诉讼法的基本原则，而刑事诉讼法的基本原则也并非是些具体的、可以以总结法从中直接获得裁判的法律规定。对于刑事诉讼法的基本原则，我们往往应当视其是指定方向、但保留余地的“最优化规定”。他举例证明说，中国《刑事诉讼法》第46条第二句规定，“不允许仅仅依据被告人供述而判他有罪”。而在《德国刑事诉讼法典》中，我们看不到类似的规定。由于德国刑事诉讼法中缺少明确禁止只信口供的规定，中国读者也许就可能认为在德国刑事诉讼程序中口供完全足以作为有罪判决的基础。其实不然，对德国法官来讲，“查明实体法事实真相”的刑事诉讼法的基本原则，是标准性的指导原则。所以，只要无其他的证据可供审查供认的真伪性，德国法官对供认的处理，在结果上与中国法官一样，不会因此而判决有罪。这说明，尽管德国刑事诉讼法并未对该项原则作出规定，但该项原则仍然对法院认定证据、作出判决具有规范、约束作用，刑事诉讼法的基本原则的规范作用的发挥并不以刑事诉讼法明文规定为前提。[①] 我国澳门地区《刑事诉讼法典》第4条明确规定：“如出现未有规定之情况，而本法典之规定亦不能类推适用，则遵守与刑事诉讼程序相协调之民事诉讼程序规定；如无此等规定，则适用刑事诉讼程序之一般原则。”这里的“刑事诉讼程序之一般原则”就是指刑事诉讼法的基本原则。我国澳门地区《刑事诉讼法典》第4条关于适用刑事诉讼程序一般原则来弥补立法漏洞的规定，实际上是一种授权性规定，它明确赋予了刑事诉讼法基本原则在补充法律漏洞时的法律效力。这表明，即使法律文本没有明文规定，刑事诉讼法的基本原则一样具有规范效力和法律拘束力。

① ［德］约·阿希姆·赫尔曼．德国刑事诉讼法典（中译本引言）．李昌珂译．北京：中国政法大学出版社，1995

第二节　我国刑事诉讼法的基本原则

一、侦查权、检察权、审判权由专门机关依法行使原则

现代社会摒弃了传统的“私力救济”，而对社会冲突或纠纷的解决实行“公力救济”，即由国家对权益受到损害的公民提供救济的途径。犯罪发生后，不能再由被害人对犯罪者实施武力复仇或者动用私刑，而应该由国家专门机关遵循刑事诉讼法规定的追诉和审判程序，适用刑法对被告人定罪量刑。在这样的社会背景下，进行刑事诉讼的权力，包括侦查、控诉和审判权，就不应再由公民行使，而应由国家专门机关来依法行使。对此，我国《刑事诉讼法》第 3 条规定：“对刑事案件的侦查、拘留、执行逮捕、预审，由公安机关负责。检察、批准逮捕、检察机关直接受理的案件的侦查、提起公诉，由人民检察院负责。审判由人民法院负责。除法律特别规定的以外，其他任何机关、团体和个人都无权行使这些权力。”这一规定确立了侦查权、检察权、审判权由专门机关依法行使的原则。

侦查权、检察权、审判权由专门机关依法行使原则主要包含以下两个方面的内容：

1. 进行刑事诉讼的权力具有国家专属性

对刑事案件的侦查、起诉和审判的权力只能由公安机关、人民检察院和人民法院行使，其他任何机关、团体和个人，除法律有特别规定外，均不得行使。具体内容主要有：

(1) 侦查权主要由公安等机关行使。按照刑事诉讼法的规定，对刑事案件的侦查、拘留、执行逮捕以及预审的权力，属于公安机关。公安机关是我国主要的侦查权主体，除了刑事诉讼法规定由人民法院直接受理的自诉案件和人民检察院自行侦查的案件外，其他刑事案件的侦查工作均由公安机关承担。公安机关在侦查中，可以采用拘留等强制措施，对于经人民检察院批准和人民法院决定逮捕的案件，由公安机关负责执行。案件侦查后的预审工作也由公安机关负责，对于进行侦查后发现有证据证明有犯罪事实的案件，公安机关有权通过审讯嫌疑人和采取必要的侦查手段进一步核实证据，查清犯罪事实和证实犯罪人，最后依法作出移送审查起诉、撤销案件等处理决定。

除公安机关外，当法律有特别规定时，其他一些机关也有权行使侦查权。所谓法律有特别规定，是指根据《刑事诉讼法》第 4 条、附则以及其他规定：检察机关对贪污、贿赂犯罪、国家机关工作人员的渎职犯罪等犯罪行使侦查权；国家安全机关对危害国家安全的案件行使侦查权；军队保卫部门对军队内部发生的案件行使侦查权；监狱对罪犯在监狱内犯罪的案件行使侦查权；走私犯罪侦查机关对走私犯罪行使侦查权。

虽然我国《刑事诉讼法》规定，对于正在实行犯罪或者在犯罪后及时被发觉的、通缉在案的、越狱逃跑的或正在被追捕的人，任何公民都可以立即扭送公安机关、人民检察院或者人民法院处理。但这并非是指公民有权行使侦查权，而只是法律赋予公民在紧急情况下同犯罪行为作斗争的权利；公民“扭送”虽带有一定的强制性，但它并不是

刑事诉讼中的强制措施，也不具有诉讼性质。

(2) 检察权由人民检察院行使。检察权本身是一种复合性权力，它包括自侦权、批捕权、起诉权、诉讼监督权等。自侦权是指根据刑事诉讼法的规定，人民检察院有立案侦查贪污贿赂犯罪、国家机关工作人员的渎职犯罪以及国家机关工作人员利用职权侵犯公民民主权利、人身权利的犯罪的权力。经省级以上人民检察院决定，检察院也负责国家机关工作人员利用职权实施的其他犯罪案件的立案侦查。批捕权是指人民检察院对公安机关提请逮捕的案件按照刑事诉讼法的规定作出是否批准逮捕的决定的权力。起诉权是指人民检察院对于公安机关或人民检察院内部的自侦部门侦查终结、移送起诉的案件，有依法进行审查并决定是否提起公诉的权力。同时，人民检察院还依法享有对刑事诉讼法的贯彻实施进行监督的权力。

(3) 审判权由人民法院行使。对于人民检察院提起公诉的案件或者自诉人提起自诉的案件，由人民法院负责进行审理后作出判决。审判权包括初审权、复审权和再审权，它根据审级规定分别由不同的法院行使。案件经过初审后，初审法院的上级法院可以根据当事人的上诉或人民检察院的抗诉而对案件进行复审。由于我国实行两审终审制，复审判决即为终审判决。但是对于终审判决，人民法院在符合法定条件的情形下，仍然可以进行再审。

2. 公、检、法三机关之间在行使职权时，应当分工负责，相互之间不得出现权力配置和行使上的混同或合一

除非法律有规定，人民检察院不得对法定的自侦案件范围以外的案件展开侦查；人民检察院不能代行审判权，对案件进行任何实体性处置；无论如何，人民法院也不得代行控诉权、自诉自审，否则将导致人民法院集控、审职能于一身，出现职能混淆。在诉讼制度史上，在封建纠问式诉讼模式下，侦、控、审三大诉讼职能曾经集于纠问官一身，结果导致诉讼的集权化、被追诉人地位的客体化以及人权保障价值的严重受损，这些都是值得吸取的教训。确立侦查权、检察权、审判权由专门机关依法行使原则的重要意义之一，也就在于防止这一历史悲剧的重演。

二、严格遵守法律程序原则

我国《刑事诉讼法》第3条规定："人民法院、人民检察院和公安机关进行刑事诉讼，必须严格遵守本法和其他法律的有关规定。"这一规定确立了严格遵守法律程序的原则。须注意的是，这里所谓的"其他法律"是指规定了刑事诉讼程序的法律，包括刑法、人民法院组织法、人民检察院组织法等。

严格遵守法律程序原则是国际通行的程序法定原则在我国刑事诉讼法中的具体体现。现代程序法治要求社会主体对程序法的一体遵行。不仅公民应当遵守刑事诉讼法的规定，公安机关、人民检察院、人民法院作为行使刑事诉讼职权的国家机关，更应当带头遵守法律规定的程序。公、检、法机关在行使侦查权、检察权、审判职权时，必须严格遵守刑事诉讼法或其他法律的有关规定办案。进一步讲，刑事诉讼活动本质上是国家专门机关运用权力进行案件调查和事实查明的过程，为保证诉讼目的和任务的实现，国

家权力在刑事诉讼活动中的运用主动而深刻。如同其他权力形式一样，刑事诉讼活动中国家专门机关行使的权力具有较强的扩张性，国家权力的行使往往伴随着对公民个人权利的强制性侵犯，刑事诉讼活动的展开以及强制措施的采用几乎都是以限制甚至剥夺犯罪嫌疑人、被告人的人身和财产权益为前提的，不可避免地将会给涉讼公民的重要生活权益造成强制性损害。在这样的背景下，一方面必须通过完善的刑事诉讼立法、科学的刑事诉讼程序设置来限制国家权力的恣意行使；另一方面，对于已经制定出来的刑事诉讼法程序，公、检、法机关必须严格予以遵守，这样才有利于将刑事诉讼活动纳入法制的轨道，严格规范和控制国家专门机关及其工作人员权力的行使，防止其滥用职权、侵犯犯罪嫌疑人、被告人及其他诉讼参与人的合法权益。这就像为火车铺设铁轨，固定的铁轨为飞速行进的火车预定了行进的路线和终点，从而可以有效地防止火车的无意脱轨或有意越轨。

具体而言，严格遵守法律程序原则，包括以下两个方面的要求：

1. 公、检、法机关应当在法律规定的范围内行使职权，不得超出法律的规定而自行其是

法律没有明确赋予的职权，公、检、法机关不得行使；法律明确禁止的行为，公、检、法机关也不得进行。例如，我国刑事诉讼法明确规定严禁刑讯逼供和以威胁、引诱、欺骗以及其他非法的方法收集证据，那么，公、检、法机关在司法实践中就不能以非法方法收集证据。

2. 公、检、法机关在行使职权时，必须严格按照法律规定，保障法律赋予犯罪嫌疑人、被告人以及其他诉讼参与人的合法权益

公、检、法机关不得以行使职权为由，妨碍甚至剥夺诉讼参与人的合法权益，包括实体性权利和程序性权利。

三、人民法院、人民检察院依法独立行使职权原则

根据我国宪法的规定，人民检察院和人民法院是我国的司法机关，检察权、审判权都是一种司法权。与其他权力形式不同的是，司法权的运作是以事实为依据、以法律为准绳，其目的旨在实现社会公正。为此，必须保障其运行过程的独立性、免受其他机关的干扰和影响。我国《刑事诉讼法》第 5 条规定："人民法院依照法律规定独立行使审判权，人民检察院依照法律规定独立行使检察权，不受行政机关、社会团体和个人的干涉。"这一规定确立了人民法院、人民检察院依法独立行使职权的原则。

具体而言，人民法院、人民检察院依法独立行使职权原则主要包括以下几个方面：

1. 审判权和检察权的行使不受非法干涉

人民法院行使审判权、人民检察院行使检察权，应当独立自主进行，国家行政机关、社会团体和个人不得以任何非法的方式干扰、影响人民法院、人民检察院正常行使职权。但这并不意味着社会不能对人民法院和人民检察院的工作进行监督。社会舆论和人民群众对司法的监督是保证司法公正、防止司法腐败的重要条件，听取社会各方面对检察、审判工作的意见和建议是人民检察院和人民法院日常工作的重要内容。人民法院

和人民检察院应当自觉接受社会的监督，并对工作中的疏漏及时改进。刑事诉讼法所反对的是行政机关、社会团体和个人（主要是个别领导者）“以言代法”、“以权压法”等影响司法机关正常工作的非法干涉。

保障人民法院、人民检察院依法独立行使职权，并不排斥人民代表大会对司法工作的监督。根据我国宪法的规定，我国各级人民检察院和人民法院都是由同级人民代表大会选举产生，并对其负责。据此，各级人民检察院和人民法院应向同级人民代表大会报告工作，自觉接受人民代表大会的监督。人民代表大会对人民检察院和人民法院的监督，不同于一般社会监督，而是一种法律监督。它以法律规定为后盾，对人民检察院和人民法院而言具有法律效力；但同时必须注意的是，人民代表大会对人民检察院和人民法院工作的监督，应当依照法定程序进行，不得以监督为由干扰人民法院、人民检察院的正常办案，更不能代替人民检察院、人民法院行使检察权、审判权。

保障人民法院、人民检察院依法独立行使职权，还必须处理好执政党领导与司法机关独立行使职权的关系。按照现行宪法的规定，中国共产党是我国的执政党，也是我们一切工作的领导者和核心力量。中国共产党对司法工作的领导是其领导地位的重要体现，人民检察院、人民法院必须自觉服从中国共产党的领导。坚持党的领导是人民法院、人民检察院依法独立行使职权的前提。但是，党对司法工作的领导，应当是一种宏观领导，即通过指定党的政策、路线、方针来对司法工作进行宏观指导，各级党委不应干预个案的检控和审判情况，更不能由各级党委代替各级人民检察院、人民法院行使检察权、审判权。

2. 独立的检察权、审判权应当由人民检察院和人民法院集体行使

我国的人民法院、人民检察院依法独立行使职权原则，与国外的司法独立原则的一个很大不同之处，就在于司法独立强调的是“官员的个体独立”，而我国的人民法院、人民检察院依法独立行使职权原则更为强调“官厅的整体独立”，即人民检察院和人民法院作为一个组织整体，集体行使独立的检察权和审判权。具体体现这一点的便是检察委员会和审判委员会的设立。根据法律规定，检察委员会和审判委员会是对检察工作和审判工作实行集体领导的组织形式。检察委员会和审判委员会实行民主集中制，讨论、决定疑难、复杂、重大的案件。对于检委会和审委会的决定，检察员和合议庭必须服从。但是，从宪法的规定来看，人民法院、人民检察院依法独立行使职权与检察官和法官的个体独立并不矛盾。强调人民检察院和人民法院的整体独立，并不排斥尊重检察官和法官的个体独立意志。我们应当在强调人民检察院和人民法院整体独立性的前提下，通过主诉检察官制和审判长选任制的贯彻实施，切实保障检察官和法官独立行使职权。

四、分工负责、互相配合、互相制约原则

根据我国《刑事诉讼法》第7条的规定：“人民法院、人民检察院和公安机关进行刑事诉讼，应当分工负责，互相配合，互相制约，以保证准确有效地执行法律。”据此，公、检、法三机关分工负责、互相配合、互相制约原则是调整我国公、检、法三机关关系的指导性准则，也是我国配置侦、控、审三项刑事司法权力的基本原则。

根据现行法律的规定和理论上的通说，公、检、法三机关分工负责、互相配合、互相制约原则的内容包括以下三个方面：

1. 分工负责

它是指公安机关、人民检察院、人民法院在进行刑事诉讼活动时，根据法律应当有明确的分工，三机关应当在法律规定的职权范围内行使职权，各尽其职，各负其责。

公、检、法三机关之间职能不同，既不能互相取代，也不应互相推诿。分工负责的实质是分权，即将国家所独享的犯罪追究权根据功能的不同划分为三种相对独立的权力，即侦查权、起诉权、审判权，并将其分别赋予三个国家机关独立行使。分权的目的是通过权力的分立，将权威分散于不同的决策中心，以防止司法权的过分集中，造成司法权的专横擅断，且保障公民不受任意的司法追究。

根据我国刑事诉讼法的相关规定，分工负责在刑事诉讼中具体体现在：

(1) 诉讼职能分工，即公、检、法三机关分别承担不同的诉讼职能。具体而言，公安机关承担主要的侦查职能；人民检察院承担部分（自侦案件）侦查职能以及控诉职能；人民法院承担审判职能。

(2) 职能管辖分工，即公、检、法三机关在直接受理刑事案件上的权限划分。具体来说，人民法院直接受理自诉案件；人民检察院负责立案侦查贪污贿赂犯罪、国家机关工作人员的渎职犯罪以及国家机关工作人员利用职权侵犯公民民主权利、人身权利的犯罪，经省级以上人民检察院决定，检察院也负责国家机关工作人员利用职权实施的其他犯罪案件的立案侦查；公安机关负责人民法院直接受理的案件和人民检察院自侦案件以外的其他案件的立案侦查。

2. 互相配合

它是指公安机关、人民检察院、人民法院在进行刑事诉讼时，应当在分工负责的基础上，相互支持，协调一致，通力合作，共同完成追究犯罪、惩罚犯罪，保障涉讼公民的合法权益，保障无罪的人不受到刑事追究的任务。

在分工负责的基础上强调相互之间的配合，是基于公、检、法三机关诉讼任务的同向性。国家设立公检法机关的根本目的都是为了追究和惩罚犯罪，实现保护社会和保障公民合法权益的任务，因此，三机关的行为具有目标指向上的同一性。受这种目标指向同一性的支配，虽然公、检、法三机关在刑事诉讼中各负其责，但同时又必须紧密合作，互动协调，共同指向惩罚犯罪和保障人权的诉讼任务和目标，而不能各行其是，画地为牢，甚至互相抵消力量。在这个意义上，可以说分工负责是公、检、法三机关为了更好地完成共同的诉讼任务而在系统内部所作的必要的分工。公、检、法三机关互相配合的基础在于其性质的同一性。尽管公、检、法三机关在机构设置上分属不同的子系统，但是三者同为追究犯罪的国家专门机关。

从宏观上看，互相配合在刑事诉讼中体现为以下制度设计：

(1) 检、警配合。公安机关的立案、侦查，应为人民检察院审查批准、提起公诉做好准备；人民检察院对于公安机关提请逮捕而又符合逮捕条件的，应及时批准逮捕；人民检察院直接受理的自侦案件，若需要拘留、逮捕犯罪嫌疑人的，应由人民检察院作出决定后，由公安机关予以执行；人民检察院需要通缉被告人时，应当通知公安机关执行。

(2) 检、法配合。人民检察院的起诉应当为法院审判做好准备，法院对检察院提起的公诉，只要起诉书中有明确的犯罪事实和附有相关证据材料的，就应当及时开庭审判；人民法院审理公诉案件，人民检察院除特定情况外应当派员出席法庭支持公诉。

3. 互相制约

它是指公安机关、人民检察院、人民法院进行刑事诉讼应当按照职责分工，相互制约、相互平衡，以期及时发现工作中存在的问题或错误，并加以纠正，以保证法律的准确实施、正确惩罚犯罪、保障无辜公民不受刑事追究，做到不枉不纵、不错不漏。

分权制衡作为现代社会通行的一套权力制约机制，分权和制衡是两个不可分割的部分：分权是前提，制衡是基础，不实现权力的分立，就不能防止集中高压的权力。但是只进行简单的权力分立是不够的，只有分权，没有权力之间的相互制衡，仍不足以防止专断的权力，因此在分权的基础上，必须进而寻求权力之间的相互制约与平衡。同样，司法分权也不仅仅意味着公、检、法三机关在诉讼职能和管辖权限上的分工，而且要求三机关之间实现权力上的相互制衡。

根据学术界的共识，在我国，三机关互相制约具有以下两个特征：

(1) 制约的双向性，即承担侦查、控诉、审判职能的公、检、法三机关之间的制约具有相互性，每一个机关都对其他机关形成一定制约，同时它也成为其他机关制约和监督的对象。

(2) 制约形式的多样性，根据我国《刑事诉讼法》的规定，三机关之间的互相制约表现为：① 检、警制约。一是在立案权限上，检察院制约公安机关。人民检察院认为公安机关应当立案侦查的案件或者被害人认为公安机关对应当立案侦查的案件而不立案侦查，向人民检察院提出的，人民检察院应当要求公安机关说明不立案的理由。人民检察院认为公安机关不立案理由不成立的，应当通知公安机关立案，公安机关接到通知后应当立案。二是在逮捕权限上互相制约，公安机关逮捕犯罪嫌疑人，要提请人民检察院批准，如不批准，公安机关认为应当逮捕时，可以要求复议，如果检察院不接受，还可以向上一级人民检察院提请复核。三是在不起诉权限上互相制约，对于公安机关移送起诉的案件，人民检察院决定不起诉的应当将不起诉决定书送公安机关。公安机关认为应当起诉的，可以要求复议，如果意见不被接受，可以向上一级人民检察院提请复核。四是在侦查行为上，检察院制约公安机关。人民检察院对侦查活动实行监督，如果发现有违法情况，可通知公安机关纠正。② 检、法制约。一方面，人民法院经过审理，认为检察院的指控案件事实清楚，证据确实、充分，依据法律认定被告人有罪的，应当作出有罪判决；依据法律认定被告人无罪的，应当作出无罪判决。另一方面，人民检察院对人民法院的判决、裁定认为有错误时，有权按第二审程序或审判监督程序提出抗诉。这是检察院对人民法院的一种制约。

公、检、法三机关分工负责、互相配合、互相制约原则的三项内容是辩证统一的，分工负责是前提和基础，没有分工，配合和制约无从谈起；互相配合与互相制约则是一个问题的两个方面，两者不可偏废。

然而，作为一项政策性原则，配合制约原则并不一定完全反映了刑事诉讼发展的客观规律，这就使得配合制约原则虽然具备某种现实合理性，但却可能缺乏法理合理性。考察当前我国公、检、法三机关的关系，不难发现，在配合制约原则的指导下，我国公、检、法关系出现了某些错位、扭曲、缺位等不良现象。

以检警关系为例，从实践效果来看，我国现行的检警关系已经在司法实践中引发了严重的机制冲突即“检警冲突”，造成了诉讼关系的不顺、侦查机制的不畅。这突出表现在：由于检察院对公安机关的监督、控制能力不足，不能主导公安机关的侦查活动，导致检控力量的减损、诉讼效率的降低。我国检警关系的特征是强调检、警地位的平等性和制约的双向性，这就将公安机关提升至同检察院分庭抗礼的地位，导致公安机关地位过高、难以制约；公安机关往往脱离检控的要求自行其是，造成刑事侦查不能按照检控的要求实施，甚至导致双方“扯皮”、“内耗”，减损了检控的能力。例如，就检察院的立案监督权而言，根据我国《刑事诉讼法》的规定，公安机关不立案，检察院通知公安机关立案的，公安机关就应当立案，但在司法实践中，公安机关却用在立案后撤销案件的方法来消极应付，使检察院的这一权力虚置或落空。再如，根据规定，检察院有权向公安机关调阅案件材料，但司法实践中公安机关往往借种种理由予以拒绝；检察院要求公安机关协助侦查，公安机关也以各种借口推诿甚至干脆拒绝等。这些现象必然导致检控能力的受损、下降。但是，面对这种窘境，检察院却由于受制于配合制约原则而束手无策。

从大陆法系国家的情况来看，检警关系的实质是检警一体化，即检察院主导警察机关进行侦查。在检警一体化体制下，检察院不仅有权自行侦查，而且有权指挥、命令警察机关进行侦查。检察院集侦查权和控诉权于一身，检察院是法定的侦查权主体、形式上的侦查机关；而警察机关作为实质的侦查机关，仅仅是为帮助检察院行使侦查权而设的“辅助机关”，警察机关的任务就是协助检察院侦查犯罪或受检察院的指挥、命令侦查犯罪。在侦查程序中，承担控诉职能的检察院是主导和中心，检察院不仅可以自行侦查，而且可以命令、指挥警察机关侦查犯罪。在英美法国家，虽然不将警察机关视为检察院的辅助机关，但检察院与警察机关的关系同样非常密切，检察官不仅有权亲自进行侦查，而且有权对警察机关的侦查发表意见、进行指导。

检警一体化的法理基础在于侦、控职能的同质性和隶属性。从法理上说，侦查的最终目的是为控诉服务，侦查阶段查明案件事实、查获证据的目的都是为了在庭审阶段支持控诉，因此，侦查职能本身并不具有独立性，侦查职能往往被视为是控诉职能的一部分。在定位侦查职能和控诉职能的关系时，控诉职能无疑应当处于主导地位，而侦查职能仅仅是对控诉职能起辅助作用的诉讼职能，侦控关系本质上是一种主从关系。

五、人民检察院依法对刑事诉讼实行法律监督原则

人民检察院作为国家专门法律监督机关，有权对刑事诉讼法的贯彻实施实行法律监督，这一原则被称为人民检察院依法对刑事诉讼实行法律监督原则，简称检察监督原则。我国《刑事诉讼法》第8条规定：“人民检察院依法对刑事诉讼实行法律监督。”

检察监督原则是大陆法系国家检察官“国家权力双重控制”功能在我国的具体运用

和体现。众所周知，检察制度产生自大陆法系国家，是法国大革命的产物。在法、德等大陆法系国家，检察官的基本功能被定位为“国家权力之双重控制”。所谓“国家权力之双重控制”，是指“作为法律之守护人，检察官既要保护被告免于法官之擅断，亦要保护其免于警察之恣意”。[①] 即检察官既要监督法官，又要控制警察，对两者分别实施监督、制约。检察官的这种“国家权力之双重控制”功能，使得检察官不仅是刑事诉讼的参与者，更是程序的监督者，这突出表现在两个方面：一是在侦查程序中，检察官需对警察的侦查活动施以法律监督，防范警察滥用权力演变为权力不受制约的“警察国家”。在大陆法系国家，检察官监督、控制警察的一个最主要手段就是从法律上确立了一种“检主警辅”的侦查权力分配格局，即把检察官定位为侦查程序的主导者和控制者、刑事侦查权的法定主体，而将警察机关定位为检察官的辅助机关，从而使得检察官拥有了指挥、调度警察的权力，这样，即使警察权力再强大，它仍然要受检察权的节制，无法直接危害公民权利与自由。检察官成为侦查权主体，其重大的法治意义在于将检察官对警察的法律监督演变为一种“参与”式监督，而非“外在”式监督，这使得检察官更能够控制警察活动的合法性。二是在审判程序中，检察官的责任不仅是提出指控，并且负责监督法院遵守程序规则，防止法官专权擅断、枉法裁判。为此，一方面，检察官对法官的程序违法行为可以实施当庭监督，“在审判程序中，其需朗读起诉书。此外，检察官亦需注意，诉讼过程是否合法举行，其对于有违反刑诉法之情形时，异于辩护人，需立即对之加以更正”。[②] 另一方面，检察官认为法官的判决违法或不当的，可以通过提起控告或上诉的方式阻断其生效；即使是在判决生效之后，检察官如果认为有认定事实或法律适用错误的事由时，也可以提起再审或非常上诉，以此动摇生效判决的效力。

我国刑事诉讼法将检察机关的功能定位为“法律监督机关”，其实不过是对大陆法系国家检察官作为“国家权力之双重控制”功能的另一种表述和称呼，其在监督法律实施、保证法制统一、保障公民人权的基本功能方面并没有本质的不同。

根据我国《刑事诉讼法》的规定，刑事诉讼从侦查、起诉、审判到执行的整个过程，人民检察院都要实施法律监督。具体内容主要有：

1. 侦查监督

人民检察院在侦查阶段依法对公安机关实行监督，表现在：

(1) 立案监督。根据我国《刑事诉讼法》第 87 条规定，人民检察院认为公安机关应当立案而不立案或被害人认为公安机关应当立案侦查的案件而不立案侦查的，可以由人民检察院提出，人民检察院应当要求公安机关说明理由。人民检察院认为公安机关不立案的理由不能成立的应当通知公安机关立案，公安机关接到通知后应当立案。

(2) 侦查行为监督。即人民检察院对公安机关的侦查活动是否合法进行监督。同时，人民检察院还通过对公安机关提请批准逮捕的案件进行审查以监督公安机关的逮捕是否符合法律规定的条件，并对逮捕的执行情况进行监督。人民检察院决定批捕或不批捕的，公安机关应当立即逮捕或立即释放，并将执行情况及时通知人民检察院。

---

① 林钰雄. 刑事诉讼法（上册）. 台北：元照出版有限公司，2004. 117

② ［德］克劳斯·罗科信. 德国刑事诉讼法. 吴丽琪译. 北京：法律出版社，2003. 63

(3) 侦查结果监督。人民检察院对公安机关移送起诉的案件进行审查起诉，以监督公安机关的侦查结果是否符合法律规定。

2. 审判监督

人民检察院在审判阶段依法对法院的审判活动进行监督，这主要表现在：

(1) 审判行为监督。人民检察院有权对法院的审判活动是否合法进行监督，如果发现人民法院审理案件违反法律规定的诉讼程序，有权向人民法院提出纠正意见。

(2) 审判结果监督。对于人民法院的判决、裁定，人民检察院认为有错误的，可以按第二审程序或审判监督程序提出抗诉。

3. 执行监督

人民检察院在执行阶段依法对刑罚执行机关实行监督以及对执行过程中的减刑、假释活动和监外执行活动进行监督。根据法律规定，人民法院在交付执行死刑前，应当通知同级人民检察院派员临场监督。人民检察院认为人民法院减刑、假释活动和监外执行不当，应当提出书面纠正意见，有关机关应重新审查处理。人民检察院对执行机关执行刑罚的活动是否合法进行监督，如果发现有违法行为的，应当通知执行机关予以纠正。

六、各民族公民有权使用本民族语言文字进行诉讼原则

我国《刑事诉讼法》第9条规定："各民族公民都有用本民族语言文字进行诉讼的权利。人民法院、人民检察院和公安机关对于不通晓当地通用的语言文字的诉讼参与人，应当为他们翻译。在少数民族聚居或者多民族杂居的地区，应当用当地通用的语言进行审讯，用当地通用的文字发布判决书、布告和其他文件。"这一规定确立了各民族公民有权使用本民族语言文字进行诉讼的原则。该原则是我国宪法规定的"各民族一律平等"、"各民族都有使用和发展自己的语言文字的自由"等原则在刑事诉讼法中的具体反映和体现。

使用本民族语言文字进行诉讼原则主要包括以下含义：

(1) 各民族公民，无论是作为当事人还是作为其他诉讼参与人，在刑事诉讼中都有权使用本民族的语言文字从事诉讼行为。

具体而言，使用本民族的语言回答公安司法人员询（讯）问或在法庭上发表意见，用本民族文字书写关于案件事实的陈述、证人证言、鉴定结论、自诉状、上诉状、申诉书及其他诉讼文书。由于这是公民的一项基本诉讼权利，因此，如果诉讼参与人不通晓当地通用的语言文字，那么人民法院、人民检察院和公安机关有义务为其指定或聘请翻译人员为他们翻译。这一规定不仅适用于我国的少数民族公民，也适用于在少数民族地区参加诉讼的汉族公民，以及在我国参加诉讼的外国公民。

(2) 在少数民族聚居或者多民族的地区，公安司法机关应当使用当地通用的语言进行审讯，用当地通用的文字发布判决书、布告和其他文件。

我国目前实行民族区域自治制度，在少数民族聚居地实行民族区域自治。由于作为当地多数居民的少数民族习惯使用本民族语言文字，为方便公民参加诉讼，少数民族聚居或多民族杂居的公安司法机关有必要使用当地通用的语言进行审讯，并用当地通用的

文字发布判决书、布告和其他文件。

七、犯罪嫌疑人、被告人有权获得辩护原则

所谓辩护，是指在刑事诉讼中犯罪嫌疑人、被告人及其辩护人从事实和法律上反驳控诉，提出有利于犯罪嫌疑人、被告人的材料和意见的诉讼活动。保障犯罪嫌疑人、被告人的辩护权，是刑事诉讼法的一项基本原则。我国《刑事诉讼法》第11条规定："被告人有权获得辩护，人民法院有义务保证被告人获得辩护。" 这一规定确立了犯罪嫌疑人、被告人有权获得辩护的原则。

犯罪嫌疑人、被告人有权获得辩护原则包括以下含义：

1. 犯罪嫌疑人、被告人在刑事诉讼过程中既可以自行辩护，也可以委托辩护

由于我国刑事诉讼法将辩护人介入刑事诉讼的时间规定为自案件移送审查起诉之日起，因此，在侦查阶段，犯罪嫌疑人只能自行辩护。在移送审查起诉后，犯罪嫌疑人、被告人有权委托辩护，也有权自行辩护。

2. 犯罪嫌疑人、被告人在刑事诉讼全过程中均有权获得辩护

根据刑事诉讼法的规定，在侦查阶段，犯罪嫌疑人就有权得到律师提供的法律帮助。犯罪嫌疑人在被侦查机关第一次讯问后或者被采取强制措施之日起，可以聘请律师为其提供法律咨询，代理申诉、控告。犯罪嫌疑人被逮捕的，聘请的律师可以为其申请取保候审。2008年6月1日生效实施的《律师法》对刑事诉讼法规定的律师介入刑事诉讼的时间予以提前。该法第33条规定："犯罪嫌疑人被侦查机关第一次讯问或者采取强制措施之日起，受委托的律师凭律师执业证书、律师事务所证明和委托书或者法律援助公函，有权会见犯罪嫌疑人、被告人并了解有关案件情况。律师会见犯罪嫌疑人、被告人，不被监听。" 据此，自犯罪嫌疑人被侦查机关第一次讯问或者采取强制措施之日起，即有权聘请律师为其进行辩护。

3. 被告人因为经济困难或者其他原因而无力聘请辩护人时，有权获得国家的法律援助

根据我国刑事诉讼法的规定，法律援助适用于以下情形：

(1) 公诉人出庭的案件，被告人因经济困难或者其他原因没有委托辩护人的，人民法院可以指定承担法律援助义务的律师为其提供辩护。

(2) 被告人是盲、聋、哑或者未成年人而没有委托辩护人的，人民法院应当指定承担法律援助义务的律师为其提供辩护。

(3) 被告人可能被判处死刑而没有委托辩护人的，人民法院应当指定承担法律援助义务的律师为其提供辩护。

八、未经人民法院依法判决不得确定有罪原则

我国《刑事诉讼法》第12条规定："未经人民法院依法判决，对任何人都不得确定有罪。" 这就确立了未经人民法院判决不得确定有罪的原则。

未经人民法院依法判决不得确定有罪的原则主要包括以下两层含义：

1. 定罪权只能由人民法院统一行使

除人民法院以外，其他任何机关、社会团体和个人都无权确定被告人有罪。定罪权由法院统一行使，是审判权的应有之义，因为审判权的重要内容就是通过审理认定被告人是否应当承担刑事责任以及在何种程度上承担刑事责任。前者是定罪问题，后者是量刑问题。定罪权只能由人民法院行使，意味着承担侦查职能的公安机关和承担控诉职能的人民检察院，均不能行使定罪权。他们在刑事诉讼中只能对刑事案件作出程序性处理决定，案件的实体处理决定只能由人民法院进行。例如，公安机关在侦查阶段作出的撤销案件或移送起诉决定，以及人民检察院在审查起诉阶段作出的提起公诉或不起诉决定，都是一种程序性处理而非实体性处理。我国刑事诉讼法在修改之前，检察机关可以对被告人作出免予起诉的决定，这种免诉决定是以有罪认定为前提的，违背了定罪权由法院统一行使的要求，因此，在刑事诉讼法修改后，取消了检察机关的免予起诉权。

2. 未经人民法院依法判决，对任何人都不得确定有罪

这是要求在人民法院作出最终判决前，不得将犯罪嫌疑人、被告人视为有罪之人。为此：

(1) 应当区分“犯罪嫌疑人”与“被告人”的概念。公诉案件在人民检察院提起公诉前，应称为“犯罪嫌疑人”，提起公诉后才称为“被告人”，以防止在起诉前对犯罪嫌疑人产生有罪推定。

(2) 应当有控诉方承担证明责任。证明被告人有罪的责任应当由控诉方承担，被告人不负提供证据证明自己无罪的责任。不能因为被告人无法提供证据证明自己无罪，就推定被告人有罪。

(3) 疑罪从无。当控诉方因为不能提供证据证明被告人有罪时，或者提供的证据不足、不能认定被告人有罪的，应当作出无罪认定。在审查起诉阶段，经过两次补充侦查的案件，检察机关仍然认为证据不足的，应当作不起诉处理；在审判阶段，对于证据不足、不能认定被告人有罪的，人民法院应当作出证据不足、指控罪名不能成立的无罪判决。

关于“未经人民法院依法判决不得确定有罪”原则是否就是国际通行的“无罪推定”原则，理论上存有争议。权威机关的解释是：“按照《刑事诉讼法》的规定，我国的诉讼程序不是‘无罪推定’，也不是‘有罪推定’，而是以事实为根据，以法律为准绳。”[①]“我们坚决反对有罪推定，但也不是西方国家那种无罪推定，而是以客观事实为依据”，中国刑事诉讼法“没有规定，法院判决有罪前推定为无罪。因为，如果这样规定，在法院判决前推定为无罪，那么侦查机关为什么还要侦查？为什么还要采取强制措施？既然推定为无罪，那么检察机关为什么有的还要审查起诉？法院为什么还要开庭审理？我们坚持以事实为根据的原则，在法院判决有罪前，不能说是罪犯，但也不能说就没有犯罪嫌疑，而是实事求是，进行侦查，客观地依法收集有罪、无罪、罪重、罪轻的各种证据，是否犯罪，最后由法院根据事实来审判确定”[②]。但是，从法律解释的角度

① 1980年11月21日、12月10日张友渔、王汉斌答新华社记者问。

② 胡康生，李福成. 中华人民共和国刑事诉讼法释义. 北京：法律出版社，1996.15

讲，如果我们运用反对解释[①]的方法，却会得出与此相反的结论：我国《刑事诉讼法》第12条实际上就是关于无罪推定原则的表述。因为，犯罪嫌疑人、被告人在刑事诉讼中的法律地位只有两种：或者有罪，或者无罪。如果在法律上不能确定未受有罪判决的被告人有罪，则当然可以推定其在法律上无罪。既然《刑事诉讼法》第12条规定："未经人民法院依法判决，对任何人都不得确定为有罪"，那么其反对解释即为："未经人民法院依法判决，任何人都是无罪之人"，这正符合无罪推定原则的表述和意旨。

九、保障诉讼参与人的诉讼权利原则

我国《刑事诉讼法》第14条规定："人民法院、人民检察院和公安机关应当保障诉讼参与人依法享有的诉讼权利。对于不满18周岁的未成年人犯罪的案件，在讯问和审判时，可以通知犯罪嫌疑人、被告人的法定代理人到场。诉讼参与人对于审判人员、检察人员和侦查人员侵犯公民诉讼权利和人身侮辱的行为，有权提出控告。"这一规定确立了保障诉讼参与人的诉讼权利原则。

保障诉讼参与人的诉讼权利原则具有以下含义：

1. 国家专门机关承担诉讼关照义务

诉讼参与人所享有的诉讼权利，是诉讼参与人参加刑事诉讼、维护自身合法权益的必要条件。作为国家专门机关的人民法院、人民检察院和公安机关在进行刑事诉讼活动时，应当尊重和维护诉讼参与人的各种诉讼权利，对其不得以任何借口予以限制或剥夺。不仅如此，考虑到诉讼参与人并非法律专家，不一定完全清楚、了解自己所享有的诉讼权利和义务，因此，国家专门机关的工作人员负有关照和提醒的义务，这叫做诉讼关照义务。

2. 对于审判人员、检察人员和侦查人员侵犯公民诉讼权利和人身侮辱的行为，诉讼参与人有权提出控告，以伸张自己的权利，维护自己的权益

3. 保障诉讼参与人的诉讼权利，尤其是应当重视保护特殊主体的诉讼权利

例如，对于未成年人犯罪的案件，在讯问或审判时，可以通知犯罪嫌疑人、被告人的法定代理人到场。对于被告人是盲、聋、哑或者未成年人而没有委托辩护人的，人民法院应当指定承担法律援助义务的律师为其提供辩护。

十、具有法定情形不追究刑事责任原则

我国《刑事诉讼法》第15条规定，具有法定情形的，不追究刑事责任；已经追究的，应当撤销案件，或者不起诉，或者终止审理，或者宣告无罪。这一规定确立了具有法定情形不追究刑事责任的原则。

具体而言，具有以下法定情形时，不追究刑事责任：

① 所谓反对解释，是指根据刑事诉讼法条文的正面表述，推导其反面含义的解释方法。

1. 情节显著轻微、危害不大，不认为是犯罪的

根据《刑法》第 13 条的规定，情节显著轻微、危害不大的，不认为是犯罪。既然被告人的行为根据实体刑法尚不构成犯罪，那么就不应负刑事责任。以追究刑事责任为目的的刑事诉讼程序就没有必要发动，已经发动的，也应当立即停止。

2. 犯罪已过追诉时效期限的

从刑法学原理上讲，超过刑法规定的追诉时效期限的，国家即丧失刑罚权，那么在程序上也就不应当再对其追究刑事责任。根据我国《刑法》的规定，法定最高刑不满 5 年有期徒刑的，经过 5 年；法定最高刑为 5 年以上不满 10 年有期徒刑的，经过 10 年；法定最高刑为 10 年以上有期徒刑的，经过 15 年；法定刑为无期徒刑、死刑的，经过 20 年。超过上述追诉时效期限时，即不应再追究犯罪嫌疑人、被告人的刑事责任。但要注意的是，法定刑为无期徒刑、死刑的，经过 20 年后如果认为仍然必须追诉的，报请最高人民检察院核准后，仍然可以进行追诉。

3. 经特赦令免除刑罚的

特赦令具有特别法的效力，对经特赦令免除刑罚的人就不应再追究刑事责任。

4. 依照刑法告诉才处理的犯罪，没有告诉或者撤回告诉的

对于告诉才处理的犯罪，实行不告不理，有权告诉的人不告诉或告诉后又撤回的，国家专门机关不应主动追究行为人的刑事责任。根据我国《刑法》的规定，侮辱罪、诽谤罪、暴力干涉婚姻自由罪、虐待罪、侵占罪等告诉才处理的犯罪，以被害人的告诉作为追究刑事责任的前提条件，被害人及其法定代理人没有告诉或者告诉后又撤回告诉的，不予追究刑事责任。

5. 犯罪嫌疑人、被告人死亡的

我国刑法实行罪责自负原则，被告人如果已经死亡，那么刑事责任即告消灭，不应再进行刑事诉讼。

6. 其他法律规定免于追究刑事责任的

如果一个人的行为根据刑法规定虽已构成犯罪，但由于具有某些情节或特殊情况，其他法律规定免除刑事责任的，也不应追究其刑事责任。

根据刑事诉讼法的规定，具有上述法定情形的，不追究刑事责任；已经追究的，应当撤销案件，或者不起诉，或者终止审理，或者宣告无罪。具体而言：①在立案阶段中，如果认定具有上述六种情形的，就应当作出不立案的决定。②在侦查阶段，应由侦查机关作出撤销案件的决定。③在审查起诉阶段，应当由检察机关作出不起诉决定。但根据《人民检察院刑事诉讼规则》的相关规定，公安机关侦查的案件，检察机关在审查起诉阶段发现根本没有违法犯罪行为的，应当以书面说明理由将案卷退回公安机关处理；公安机关侦查的案件，检察机关在审查起诉阶段发现犯罪行为并非犯罪嫌疑人所为的，应当以书面说明理由将案卷退回公安机关处理并建议公安机关重新侦查；如果犯罪嫌疑人已经被逮捕，应当撤销逮捕决定，通知公安机关立即释放；检察机关侦查的案件，审查起诉部门发现有上述情形的，应当退回本院侦查部门建议作出撤销案件的处理。④在审判阶段，属于我国《刑事诉讼法》第 15 条规定的第一种情形的，应判决宣告无罪；属于其他五种情形的，应裁定终止审理，宣告不予追究刑事责任。但根据最高

人民法院《解释》的相关规定，如果根据已经查明的案件事实和认定的证据材料，能够确认已经死亡的被告人无罪的，人民法院应当判决宣告被告人无罪。

十一、追究外国人刑事责任适用我国刑事诉讼法原则

我国《刑事诉讼法》第 16 条规定："对于外国人犯罪应当追究刑事责任的，适用本法的规定。对于享有外交特权和豁免权的外国人犯罪应当追究刑事责任的，通过外交途径解决。"这就规定了追究外国人刑事责任适用我国刑事诉讼法基本原则。这一原则是国家主权在刑事司法领域的体现。

根据追究外国人刑事责任适用我国刑事诉讼法基本原则，外国人（包括无国籍人）犯罪，依照刑法规定应当追究刑事责任时，应当适用我国刑事诉讼法的规定，即按照我国刑事诉讼法规定的程序，由公安司法机关进行立案、侦查、起诉和审判，不应对外国人实行差别对待。外国人在刑事诉讼中承担与我国公民一样的诉讼义务，也享有我国公民根据刑事诉讼法所享有的一切诉讼权利。但是，享有外交特权和豁免权的外国人在我国犯罪应当追究刑事责任的，不适用我国刑事诉讼法的规定，而是通过外交途径解决。

所谓享有外交特权和豁免权的人员，其范围包括：外国驻中国使馆的外交代表以及与他们共同生活的配偶和未成年子女；来中国访问的外国国家元首、政府首脑、外交部长及其他具有同等身份的官员；途经中国的外国驻第三国的外交代表和与其共同生活的配偶及未成年子女；持有中国外交签证或者持有外交护照来中国的外交官员；经中国政府同意给予外交特权和豁免的其他来中国访问的外国人。

所谓"通过外交途径解决"，其方式包括：建议派遣国将其召回，依法予以处理；宣布为不受欢迎的人，令其限期出境；由我国政府宣布将其驱逐出境。

十二、刑事司法协助原则

我国《刑事诉讼法》第 17 条规定："根据中华人民共和国缔结或者参加的国际条约，或者按照互惠原则，我国司法机关和外国司法机关可以相互请求刑事司法协助。"这一规定确立了刑事司法协助原则，具体如下：

1. 刑事司法协助的条件

根据法律规定，进行刑事司法协助的前提条件是：有我国参加或者缔结的国际条约规定的，适用该条约规定，但是，我国声明保留的条款除外；无相应条约规定的，按照互惠原则通过外交途径办理。

2. 刑事司法协助的主体

刑事司法协助的主体是我国司法机关和外国司法机关。这里的司法机关是广义的，包括法院和检察机关。我国已于 1984 年加入了国际刑警组织，因此，我国公安机关与外国警察机关的协作通常通过国际刑警组织进行。司法部司法协助局作为我国对外进行司法协助的中央机关负责对外联系。

3. 刑事司法协助的内容

根据最高人民检察院《刑事诉讼规则》和最高人民法院《解释》的规定，国际刑事司法协助的内容包括：代为送达文书；代为调查取证；互相委托进行鉴定、勘验、检查、搜查和扣押；互相代为通知证人、鉴定人出庭；互相移交物证、书证等证据，以及法律和国际条约规定的其他司法协助事宜。司法机关对外进行司法协助，应当根据我国有关法律规定决定是否向外国提供司法协助和办理司法协助事务。依照国际条约的规定，在不违背我国法律规定的前提下，也可以按照请求方的要求适用请求书中所示的程序；外国有关机关请求的事项有损中华人民共和国的主权、安全或者社会公共利益以及违法中国法律的，应当予以驳回；不属于我国人民法院和人民检察院职权范围的，应当予以退回或移送有关机关，并说明理由。另外，广义的刑事司法协助，还包括引渡。所谓引渡，是指一国将当时在其境内而被他国指控犯有罪行或者判过刑的人，根据他国的请求，移送该国进行审判或者处罚的制度。我国与外国的引渡以与外国签订的引渡条约为依据。

第三节　联合国刑事司法最低限度准则

一、联合国刑事司法准则概述

刑事司法国际准则的产生和出现，是人权国际保护法律体系发展的必然结果。“二战”中，德国法西斯的残暴行径给人类带来了空前的灾难，战后，各国人民普遍提出了保护人权的要求，主张在国际上成立可以有效保护人权的国际法律制度，这就带动了人权国际保护法律体系的迅速发展。1945 年，在美、英、中、苏等战胜国的倡议下，成立了联合国，并通过了《联合国宪章》。《联合国宪章》虽然没有直接就刑事司法国际准则作出规定，但是它第一次将“人权”规定在一个普遍性的国际组织文件之中，成为会员国应当遵守的基本国际准则，这就为联合国后来制定刑事司法国际准则及其他人权规范奠定了基础。1948 年 12 月 10 日，联合国在刑事司法国际准则的制定方面取得重大突破，联合国大会通过了人权委员会起草的《世界人权宣言》。《世界人权宣言》虽然只是一部不具有法律效力而只有道义感召力的国际文献，但其在人权国际保护史上的意义却不容忽视，因为它作为第一个关于人权的专门性国际文件，在第 3 条至第 14 条中对无罪推定、不受任意逮捕和拘禁、公开审判、司法独立、辩护权以及平等权等刑事司法的基本原则作出了明确的规定，这就首次在一份国际文献中提出了进行刑事司法活动应当遵循的基本行为准则或者说最低限度标准。

1966 年 12 月 16 日，第 21 届联合国大会通过了包括《经济、社会和文化权利公约》、《公民权利和政治权利公约》以及《公民权利和政治权利国际公约任择议定书》在内的国际人权公约。国际人权公约的制定对于刑事司法国际准则的产生具有决定性意义，它不但标志着人权国际保护法律体系的正式形成，而且意味着作为人权国际保护法律体系一部分的刑事司法国际准则的产生，刑事司法国际准则因此而制度化、法律化，成为对各缔约国具有约束力的制度规范。尤其是《公民权利和政治权利公约》，它是目前为止最集中、全面规范刑事司法国际准则的国际法律文件，它在第2条、第6条、第7条、第9条、第10条、第14条中对进行刑事司法活动所必须遵循的各项最低限度正义原则作出了明确规定。《联合国宪章》、《世界人权宣言》、《经济、社会和文化权利公约》、《公民权利和政治权利公约》一起被国际社会合称为“国际人权宪章”，成为国际社会保护人权的纲领性文件，也是刑事司法国际准则的主要渊源。鉴于《公民权利和政治权利公约》本身的原则性和抽象性，在这之后，联合国大会及其下属组织又通过了一系列关于刑事司法的单项法律文书，对进行刑事司法活动的各个环节所必须遵循的基本准则作出了更为细密的规定，从而将《公民权利与政治权利公约》所确立的刑事司法国际准则予以具体化，使刑事司法国际准则成为一个具有操作性的制度规范体系。

刑事司法国际准则，是指联合国及其下属机构为各国刑事司法程序所建立的基本权利保障标准。它们一般以“原则”、“标准”或“准则”的形式存在于一系列由联合国通过的有关刑事司法活动的国际法律文书之中。作为一种最低限度意义上的正义要求，刑事司法国际准则蕴涵了以下价值和意义：一是普适性价值。从根本上说，刑事司法国际准则的生成是刑事诉讼制度自身演绎进化的结果，是诉讼发展文明化、民主化、科学化的世界性趋势的反映。它是在累积、总结、归纳各国刑事司法立法与司法经验的基础上，对刑事司法机制内在规律的揭示，是一种获得普遍承认的正当行为规则，具有普适性，可为世界各国所普遍采用。二是包容性价值。刑事司法国际准则的制定和贯彻充分估量和考虑到各国在诉讼制度和观念上的多元化和差异性，因此，它并不是以某一个国家或地区的司法制度和观念为绝对价值目标，而是一种以多元化与差异性为基础的包容性制度框架，具有“求同存异”的“共识”意义。三是底线控制意义。刑事司法国际准则作为一种最低限度的正义要求，它确立了现代刑事诉讼最基本、最优先的规则，为社会正义的实现提供了不可突破的底线标准。它所确立的基本权利保障标准，是一种绝对保护要求，是任何一个现代法治国家的刑事司法程序都必须具备的。作为一种基础性要求，它并不妨碍各国对更高标准的追求，各国可以在这些基础性标准之上设计和建构更加公正、科学、民主的程序和制度，但它却具有一种逻辑的优先性，不具备这些基本权利保障标准，就不符合一个现代法治国家的基本要求，就难以在国际交往中为其他法治国家所认同和接纳。对此，《世界刑法学协会第十五届代表大会关于刑事诉讼法中的人权问题的决议》宣称：“即使是反对恐怖主义和有组织犯罪的斗争也只能在最必要的程度上限制这些基本权利；上述文件所规定的基本权利与自由的基本内容，即使在发生战争或危机的时候也不能加以限制；有必要通过将各国的诉讼制度和实际情况具体化和定义化的方式来提高改革的标准，以超过上述保障的现有水平。”这就明确阐明了刑事司法国际准则的底线控制意义。从刑事司法制度发展的世界性趋势来看，刑事司法国际准则是否确立已经成为衡量一个国家刑事诉讼程序科学性、民主性，甚至是一个国家民主、法治、人权状况的重要标准。

二、最低限度刑事司法准则

作为进行刑事诉讼所必须遵循的最低限度要求，从内容上看，刑事司法国际准则涉及刑事诉讼流程的各阶段，以一系列相互独立而又关联的诉讼原则建构起现代刑事诉讼程序的基本框架。

1. 平等原则

平等原则是现代法治国家的立国根基。作为一项刑事诉讼国际准则，平等原则包含了两层含义：

一是所有的人在受到刑事指控时都有权接受一个依法设立的、独立的、不偏不倚的法院的公开、公正的审判。对此，《公民权利和政治权利公约》第 14 条第 1 项规定："人人在法庭和裁判面前一律平等。在判定时，对任何人提出的任何刑事指控或确定他在一件诉讼案中的权利、义务时，人人有资格由一个依法设立的、合格的、独立的和无偏无倚的法庭进行公正的和公开的审判。" 1966 年通过的《消除一切形式的种族歧视公约》第 5 条规定："缔约国依本公约第 2 条所规定之基本义务承诺禁止并消除一切形式种族歧视，保证人权，有权享受下列权利：在法庭上及其他一切司法裁判机关中平等待遇之权。"

二是指涉讼的双方当事人在刑事诉讼中的地位平等、权利对等，作为司法裁判者的法院应当保持中立、无偏无倚地对待双方当事人。在这方面，需要重视的是控辩平等，即作为国家追诉机关的检察院与作为公民个人的被告人在刑事诉讼中的地位平等、权利对等。根据现代法治国的理论，"法治"的基本含义之一便是法律必须平等地对待政府和公民，不能因为检察院是国家和政府的代表，就允许检察院凌驾于被告人之上。在刑事诉讼活动中，检察院仍然是作为一方当事人参与诉讼的，他在法律地位上同对方当事人完全平等。对此，《关于检察官作用的准则》明确规定：检察官与被告人在诉讼中应为平等的诉讼主体，享有平等的权利，与法官之间存在严格的审判距离，不能对法官施加任何与众不同的影响。

2. 司法补救原则

刑事程序不仅应当保障被告人的权利，也应当重视对被害人权利的保障。一个正义的法律制度应当在公民的基本权利遭受犯罪侵害时及时提供司法程序上的补救，以使被害人得到赔偿或补偿。《公民权利和政治权利公约》第 2 条第 3 项要求每一缔约国承担下列义务：① 保证任何一个公约所承认的权利或自由被侵犯的人，能得到有效的补救；② 保证由合格的司法、行政或立法当局或由国家法律制度规定的任何其他合格当局断定其在这方面的权利，并发展司法补救的可能性；③ 保证这种补救确能付诸实施。联合国大会 1985 年 11 月 29 日通过的《为罪行和滥用权利行为受害者取得公理的基本原则宣言》宣布，对待罪行受害者时应给予同情并尊重他们的尊严，他们有权向司法机构申诉，并特别指出，应考虑将为滥用权利受害者提供补救措施的规定纳入国家法律准则。

3. 程序人道性原则

刑事程序的基本目的不仅在于查明案件的事实真相、实现国家刑罚权，而且还应注重对被告人基本人权的保障包括保存和尊重其人格与尊严。因此，刑事程序本身不能有违理性、不人道或有损人的基本尊严，这便是程序人道性原则。刑讯逼供等刑事司法手段因为严重侵犯被告人的身心健康和人格尊严而有违程序的人道性，理应遭到禁止。《世界人权宣言》第5条宣称："对任何人不得加以酷刑，或施以残忍的、不人道的待遇或刑罚。"《公民权利和政治权利公约》第7条规定："对任何人均不得加以酷刑或施以残忍的、不人道的或侮辱性的待遇或刑罚。"从效力上看，禁止酷刑、不人道或有辱人格的待遇被视为是一项绝对保护要求，这意味着该原则在任何情况下——即使是在国家面临战争或危机等紧急情况下，也不能违背。

4. 强制措施法定原则

现代法治国家在观念上认为，国家权力具有扩张的本性，为防止公民个人权利遭受国家权力的侵犯，必须通过立法机关所制定的法律来约束和限制国家权力的扩张。虽然基于保障社会公共秩序的需要，允许国家以强制性手段侵犯公民权利，但是国家对公民权利进行强制性处分，必须根据法定条件、经由法定程序而作出。逮捕、拘禁等强制性措施的采用，虽然有利于保障刑事诉讼的顺利进行，但其实施以限制或剥夺公民的人身自由为代价，对公民人身自由与安全侵害甚巨。根据"保障人身自由权才是保障一切人权的基础"这一共识，刑事诉讼国际准则规定，逮捕、拘禁等强制性措施的执行必须依据法律规定的条件、遵循法定的程序进行，不得对被告人任意逮捕或拘禁。对此，《世界人权宣言》第3条、第9条宣称：人人享有自由和人身安全。对任何人不得加以任意逮捕、拘禁或放逐。《公民权利和政治权利公约》第9条规定：对任何人不得加以任意逮捕或拘禁，除非依照法律所规定的根据和程序，任何人不得被剥夺自由。同时，为防止错捕错拘、滥施逮捕、超期羁押等违法现象的出现，《公民权利和政治权利公约》还赋予公民在面对逮捕、拘禁时享有以下权利：① 知情权。任何被逮捕的人，在被逮捕时应被告知逮捕他的理由，并应被迅速告知对他提出的任何指控。② 迅速接受审判的权利。任何人被逮捕或拘禁的人，应被迅速带见审判官或其他经法律授权行使司法权力的官员，并有权在合理的时间内受审判或释放。③ 接受司法审查的权利。任何因刑事指控被逮捕或拘禁被剥夺自由的人有资格向法院提起诉讼，以便法庭能不拖延地决定拘禁他是否合法以及拘禁不合法时命令予以释放。④ 获得赔偿的权利。任何遭受非法逮捕或拘禁的受害者，有得到赔偿的权利。对此，其他一些国际法律文献如《执法人员行为守则》、《保护所有遭受任何形式拘留或监禁的人的原则》以及《联合国非拘禁措施最低限度标准规则》等国际法律文件也都予以了确认。

5. 司法独立原则

司法独立作为保证司法稳定性与公正性的必要措施，为现代国家的宪法和法律所普遍确认，已成为现代法治国家所遵循的一项基本法治原则。《公民权利和政治权利公约》将其提升为一项刑事诉讼国际准则，其第14条规定所有人受到刑事指控时，应由一个依法设立的、独立的、无偏倚的法院进行审判。但是，作为一项抽象的法律原则，司法独立原则要产生预期的效果，还有赖于相关保障措施的建立，对此，《关于司法机关独立的基本原则》中作出了专门规定。具体包括：①司法机关应享有充足的资源。司法机关只有获得充足的司法资源后，才能确保自身的存在和职责的履行，司法机关只有在司法资源的配置上不依赖于立法机关和行政机关，才能独立自主地行使职权。②司法人员应享有言论自由和结社自由。法官在审判中言论自由是法官依据自身的心证和判断作出判决的前提，只要无损于法官的职业尊严和独立性，法官的言论自由权应当得到保障。同时，法官还有权通过组织和参加法官社团组织的形式来增强整体的抗干扰能力，以维护自身独立和权益。③司法人员的资格、甄选和培训应有严格的要求。司法的功能对司法人员的技术能力和人格品行提出了较高的要求。一方面在技术能力方面，法官必须受过适当的法律训练并且精通法律、熟悉业务；另一方面在人格品性上，法官应当正直无私、自觉抵制各种干扰，恪守中立原则。这就需要加强对法官的甄选和培训。④司法人员应有良好的服务条件。为保障法官毫无顾虑地履行职务，必须为法官提供良好的服务条件，具体而言：一是法官任期固定。不可随意更换、调任法官，除非法官不称职或行为不端以致不适于继续任职，否则不得将法官停职或撤职。二是法官优薪制。法官应享有与其地位、尊严和职务责任相适应的薪金和退休金。三是法官晋升制。法官的晋升应以其能力、操守和经验为基础。四是法院内部事务自主。法院向属下的法官分配案件等内部事务，应由法院自主，行政机关不得干预。⑤司法人员应享有民事司法赦免权。只要不损害任何纪律惩戒程序或者根据国家法律上诉或要求国家补偿的权利的情况下，法官个人应免予因其在履行司法职责时的不行为或不当行为而受到要求赔偿金钱损失的民事诉讼。⑥司法人员的纪律惩戒应遵循公正的程序。对法官的任意惩戒将严重影响法官独立，因而对法官的惩戒必须遵循公正程序进行。

6. 控审分离原则

公正审判要求法院在控辩双方当事人之间保持客观中立、不偏不倚。而要在审判中做到不偏不倚，法院必须实现控审职能分离，因为控审职能不分将导致法院角色冲突、难以做到中立听审。《公民权利和政治权利公约》第 14 条第 1 项规定：“所有的人在法庭和裁判面前一律平等。在判定时，对任何人提出的任何刑事指控或确定他在一件诉讼案中的权利、义务时，人人有资格由一个依法设立的、合格的、独立的和无偏无倚的法庭进行公正的和公开的审讯。”这里的“无偏无倚的法庭”只能是实现了控审职能分离的公正法庭。《关于检察官作用的准则》中明确规定，检察官的职责应与司法职能严格分开。广义上的控审分离原则包括了两项要求：不但要实现法官与检察官的职能分离，而且要求实现庭前审法官与庭审法官的职能分离。《世界刑法学协会第十五届代表大会关于刑事诉讼法中的人权问题的决议》第 4 条宣称：在审理和判决时，无罪推定原则要求法官对诉讼双方公正不倚。为了使这种公正确实存在，必须严格区分起诉职能与审判职能。因此负责判决的法官必须是未参与预审的法官。最可取的办法是：负责判决的法官不应与接受对嫌疑人的起诉的法官为同一人。这一点在一些跨国性区域公约中也得到承认，如《欧洲人权公约》第 61 条规定：任何人都享有其诉讼案件由独立的、公正的法院公平审理权利。刑事案件中提出的任何控告是否有依据均应由法院决定之。欧洲的学者认为这一规定包含了“职能分开”的原则：负责进行追诉的司法官（检察官）完全被排除出审判法院；同时，同一人在同一案件中不得既行使预审职能，又行使审判职能。①

7. 公开审判原则

公开审判不仅意味着对当事人，而且意味着对所有社会公众公开审判的过程，如果媒体关注案件的发展，也可以进行报道。而“这无疑具有相当的价值，因为消息可能走漏，这一简单事实往往就足以阻止法院以非正统的方式作出判决。”②《世界人权宣言》第 10 条和《公民权利和政治权利公约》第 14 条第 1 项均规定，判定对任何人提出刑事指控或确定它在一件诉讼案中的权利和义务时，人人有资格由一个无偏无倚的、公正的和公开的法庭进行审讯。

8. 无罪推定原则

刑事诉讼人权保障的重心是被告人的人权保障，而被告人人权保障的核心问题是如何确立犯罪嫌疑人、被告人在诉讼中的地位。可以说，被告人在刑事诉讼中的地位变化直接体现着刑事诉讼文明化、民主化的进程。无罪推定原则是资产阶级在反封建斗争中针对封建司法专横、实行有罪推定而提出的，它的提出是人类司法文明的一大进步，联合国人权委员称其为“人权保障的基石”。《公民权利和政治权利公约》正式将无罪推定原则接纳为刑事诉讼国际准则之一，第 14 条第 2 项规定：“凡受刑事控告者，在未经依法证实有罪之前，应有权被视为无罪。”联合国人权委员会对此评论道：“无罪”的推定状态应当持续到该项指控被证明超过了合理的怀疑。无罪推定原则的基本含义是指在刑事诉讼中，任何受到刑事追究的人在未经司法程序最终判决为有罪之前，应推定其无罪。关于无罪推定原则的内容，联合国人权委员会在《对公民权利和政治权利公约的一般评论》中进一步指出，无罪推定原则具体包括两项内容：①证明责任由控诉方承担，被告人不承担证明自己无罪的责任；②当控诉方不能证实被告人有罪，审判者对被告人是否有罪、罪行轻重尚存怀疑、难以确证时，被告人有权获得对其有利的判决。

9. 有效辩护原则

辩护权的产生以无罪推定观念的确立为前提和基础。由于被告人在未经司法程序最终判定为有罪之前都应被视为是无罪之人，因此，他有权替自己进行充分有效的辩护。《世界人权宣言》第 11 条强调，受刑事控告者享有辩护权。同时为保障被告人辩护权的行使，《公民权利和政治权利公约》等国际人权文件中规定了相关保障措施：一是被告人可以自行辩护，《公约》第 14 条第 3 项第 4 目规定：被告人有权到庭受审、亲自辩护。第 5 目规定，被告人有权亲自或间接讯问对方证人，也有权申请法院传唤本方证人在与对方证人同等条件下出庭作证。为了保障被告人能够进行切实有效的辩护，《公约》还规定：第一，如果被告人不通晓或不能使用法院所用的语言，应当免费为其准备翻译予以协助；第二，被告人有获得律师帮助的权利，可以委托律师替自己进行辩护。《公约》规定：受刑事指控的人应有相当的时间和便利以准备辩护并与其委托的律师联络；到庭受审并亲自替自己辩护或经由他自己所选任的律师进行辩护；如果其没有委托

① [法] 卡斯东·斯特法尼. 法国刑事诉讼法精义. 罗结珍译. 北京：中国政法大学出版社，1999. 61

② [英] 詹宁斯. 法与宪法. 龚祥瑞，侯健译. 北京：三联书店，1997. 171

律师，要通知其享有这种权利；三是在被告人无力聘请律师的情况下，应当为其提供刑事司法援助。《公约》第14条第3项规定：法院在审判时认为有必要的，应为其指定辩护律师，如果被告人没有足够能力支付费用，可以免费。《关于律师作用的基本原则》中也指出：所有的人都有权请求由其选择的一名律师协助保护和确立其权利并在刑事诉讼的各个阶段为其辩护。如果其无力支付费用，可以免费。

10. 反对强迫自证其罪特权规则

反对强迫自证其罪的特权，即沉默权，本为无罪推定原则的应有含义。因为根据无罪推定原则，被告人在未经刑事程序最终判定为有罪之前，都应被视为无罪之人，证明被告人有罪的责任应由控诉方承担。据此，被告人不负证明自己无罪的责任，被告人在诉讼中有权保持沉默或者拒绝陈述，不能因为被告人的沉默而得出对被告人不利的结论。但是，为了避免争议，同时也是为了突出反对强迫自证其罪特权规则的重要性，《公民权利和政治权利公约》将其列为一项独立的刑事诉讼国际准则，《公民权利和政治权利公约》第14条第3项第7目规定：“任何人不被强迫作不利于他自己的证言或强迫承认犯罪。”联合国大会1985年11月29日通过的《联合国少年司法最低限度标准规则》（“北京规则”）14条规定，根据正当法律程序，保持沉默的权利是“公平合理审判”所应包括的基本保障之一，少年刑事被告人在诉讼中应享有“保持沉默的权利”。根据反对强迫自证其罪规则，被告人在诉讼中既有权保持沉默，也有权拒绝供述。

11. 有权上诉原则

基于公正理念，在审理法院作出判决后，感到不平的当事人应当得到申冤的机会，有权接受上级司法机关的复审。从根本上说，复审制度的设立是基于对刑事司法机制自身固有缺陷的反省，即受刑事司法主客观因素的影响，刑事诉讼中不可避免地会出现错案，因此，基于“宁可听任百名罪犯未受惩罚，也不可错判一个无辜”的现代人权保障思想，刑事诉讼机制为可能被错判有罪的被告人提供了救济的途径，这就是复审制度设立的初衷，即通过为法官设立法官来查错、纠错。《公民权利和政治权利公约》第14条第5项规定：“凡被判定有罪者，应有权由一个较高级法庭对其定罪及刑罚依法进行复审。”这就为被告人提供了审级保护。

12. 未成年人特别程序保障原则

平等原则的贯彻并不排斥对未成年人从程序上予以特别保障。《公民权利和政治权利公约》第14条第4项规定：对少年的案件，在程序上应考虑到他们的年龄和帮助他们重新做人的需要。基于此，未成年人的刑事诉讼程序在诸多方面区别于普通刑事程序，如对未成年人犯罪强调最低限度的司法干预，应当以预防为主、对未成年人进行处罚不仅要与犯罪本身的严重性相称，而且还要与少年的情况和需要以及社会的需要相称等。

13. 刑事错案国家赔偿原则

对于被告人来说，刑事错案的产生往往会对其人身和财产权利造成相应的损害，为了对被告人的权利进行救济，国家除了设立复审制度从法律制度层面上予以纠正以外，还应对被告人已经造成的权益损失进行赔偿。《公民权利和政治权利公约》第14条第6项规定：根据新的或新发现的事实确实表明发生误判，已有的定罪被推翻或被赦免的情况下，因这种定罪而受刑罚的人应依法得到赔偿。

14. 一事不再理原则

基于保障被告人基本人权和实现诉讼经济的需要，刑事程序必须及时终结并具有相当的安定性，为此，已经终结的刑事程序不得再次启动。不论是有罪判决还是无罪判决，作出产生法律效力的判决后不允许对同一行为再启动新的程序，此为一事不再理原则。《公民权利和政治权利公约》第 14 条第 7 项规定："任何人已依一国的法律及刑事程序被最后定罪或宣告无罪者，不得就同一罪名再予审判或者惩罚。"

15. 诉讼及时原则

现代刑事诉讼应当以正当、迅速解决刑事案件为目的，不仅要求查明案件的事实真相，惩罚犯罪和保障人权，而且要求迅速、及时地执行刑事程序，使案件在合理的时间内得到解决，以实现诉讼的高效化。诉讼的及时性已经成为衡量刑事程序科学性、公正性的一项重要标准，并被接纳成为一项刑事诉讼国际准则。《公民权利和政治权利公约》第 9 条明确规定："任何因刑事指控被逮捕或拘禁的人，应被迅速带见审判官或其他经法律授权行使司法权力的官员，并有权在合理的时间内受审判或被释放。"第 14 条第 3 项也规定：受刑事指控者，应当立即受审，不得无故稽误。但是，应当注意的是，所谓诉讼及时，是指刑事诉讼程序应当在必要且合理的时间内终结，不得无故拖延、稽误，而不是一味求快。"及时是草率和拖拉两个极端的折中。人们都不希望在无充足时间收集信息并思考其意义的情况下草率作出判决。"[①] 追求诉讼的及时进行也必须注意程序的正当性，应当给予被告人最低限度的权利保障。

16. 非法证据排除规则

为了保障被告人的反对强迫自证其罪特权，有必要确立相应的程序制约机制，这就是非法证据排除规则确立的最初动因。后来，随着法治观念的进步，人们逐渐将非法证据排除规则视为是法治国家限制公共权威机关权力的一项基本要求，从而使非法证据排除规则获得了相对独立的地位。联合国大会 1975 年 12 月 9 日通过的《保护人人不受酷刑和其他残忍、不人道或有辱人格待遇或处罚宣言》（以下简称《宣言》）正式将非法证据排除规则确立为一项刑事诉讼国际准则。《宣言》第 12 条规定："如经证实是因为受酷刑或其他残忍、不人道或有辱人格的待遇或处罚而作的供词，不得在任何诉讼中援引为指控有关的人或其他人的证据。"联合国大会 1984 年 12 月 10 日通过并签署的《禁止酷刑和其他残忍、不人道或者有辱人格待遇或处罚公约》（以下简称《公约》）第 15 条进一步完善了上述规定："每一缔约国应确保在任何诉讼程序中，不得援引任何业经确定系以酷刑取得的口供为证据，但这类口供可用作被控施用酷刑者刑讯逼供的证据。"

需要注意的是，世界各国对于非法证据排除规则的适用范围本有着不同的认识，如美国主张证据排除规则适用的范围包括言词证据和通过违法搜查、扣押获得物证、书证，而德、日等国则主张言词证据应绝对予以排除，至于物证和书证是否排除则应加以具体权衡。基于刑事诉讼国际准则作为最低限度正义要求的"共识"意义，《宣言》和

① ［美］迈克尔·D. 贝勒斯. 法律的原则——一个规范的分析. 张文显等译. 北京：中国大百科全书出版社，1996. 32

《公约》中确立的非法证据排除规则仅将证据排出的范围限于言词证据，并未包括违法搜查、扣押获得的物证、书证。

案例分析

【案情】1999年3月25日至27日，4月1日至3日，重庆市第一中级人民法院公开审理了由重庆市检察院第一分院提起公诉的綦江"虹桥"垮塌案。该案的审判全程由于通过中央电视台向全国进行了现场直播，因而造成了相当大的社会影响，"公正不仅得以实现，而且以人们看得见的方式得以实现"，在大力提倡依法治国的现代中国，其社会效果和现实意义不可低估。但是，客观地说，作为新刑事诉讼法实施以来对庭审改革效果的一次集中检视，"虹桥"案的审理也暴露出一些问题，特别是在"虹桥"第一案中，法院在检察院起诉指控被告人赵祥忠犯玩忽职守罪的情况下，却对赵祥忠作出了工程重大安全事故罪的判决。事后，法院的这一判决引发了学术理论界的广泛争议，关于法院能否变更起诉指控的罪名这一问题因此也成为学术理论界关注的焦点。目前，国内学术理论界关于这一问题的争论仍在继续，并初步形成了两种针锋相对的观点：一种观点认为法院不是"量刑工具"，法院有权变更起诉指控的罪名；另一种观点则认为法院无权变更起诉指控的罪名，法院变更指控罪名是不诉而审，无辩而判。

【问题】请联系公、检、法三机关"互相配合、互相制约"原则的内涵对该案试作评析。

【解析】根据公、检、法三机关"互相配合、互相制约"原则，检察院虽然与法院要遵循互相配合的原则，但是两机关工作上的互相配合是以职能上的互相制约为前提的。在现代刑事诉讼中，法院与检察院职能分工不同，法院承担审判职能，检察院承担控诉职能，这就要求：一方面，检察院不起诉，法院不能审理；另一方面，检察院起诉书所指控的对象，就是法院审判的对象，检察院未指控的被告人和犯罪事实，法院不得主动予以审判。

第五章　刑事诉讼基本制度

本章主要介绍刑事辩护制度、刑事代理制度和回避制度。学习重点是：刑事辩护、代理制度以及回避制度的具体内容。学习难点是：辩护人与侦查阶段律师的区别；回避的法定情形及其具体程序。本章的学术热点是：辩护律师权利的保障。当前我国律师权利保障的不足，突出体现在“三难”，即“会见难”、“阅卷难”、“调查取证难”，学术界的热点聚焦于如何确保法定的律师权利落到实处。

第一节　辩护制度

一、辩护的概念与种类

刑事辩护是指犯罪嫌疑人、被告人及其辩护人针对控诉方的指控而进行的论证犯罪嫌疑人、被告人无罪、罪轻、减轻或免除罪责的反驳和辩解，以保护犯罪嫌疑人、被告人合法权益的诉讼行为。辩护是与控诉相对应的一种诉讼职能，它以辩护权的存在为基础，没有辩护权，就没有辩护。

依据我国《刑事诉讼法》第 32 条、第 34 条的规定，我国刑事诉讼中的辩护种类有三种，即自行辩护、委托辩护和指定辩护。具体内容如下：

1. 自行辩护

自行辩护是犯罪嫌疑人、被告人自己针对控诉方的指控进行的反驳和辩解，是自己为自己所作的辩护。这种方式贯穿在刑事诉讼的整个过程，无论是刑事案件的侦查、起诉还是审判阶段，犯罪嫌疑人、被告人都有权自行辩护。自行辩护是犯罪嫌疑人、被告人实现其辩护权的最基本的方式。犯罪嫌疑人、被告人是刑事诉讼的中心人物，是被追究刑事责任的对象。而且，他们对于自己是否实施了犯罪、如何实施的以及犯罪的后果最清楚。为保护自己不受非法追究或者是罚当其罪，他们会竭力提供对自己有利的各种事实和证据，证明自己无罪、罪轻和应当或者可以从轻、减轻、免除处罚。

2. 委托辩护

在刑事案件的审查起诉阶段和审判阶段，犯罪嫌疑人、被告人除自行辩护以外，依法还有权委托辩护人为其辩护。即犯罪嫌疑人、被告人为了更有效地维护其合法权益，在自行辩护的同时，还可以委托辩护人帮助其进行辩护。犯罪嫌疑人、被告人依法可以委托律师、人民团体及其所在单位推荐的人或者其监护人、亲友作为辩护人。这种委托依犯罪嫌疑人、被告人的意愿进行，是其重要的诉讼权利。三种辩护方式中，委托辩护较之其他两种方式，作用较大，是犯罪嫌疑人、被告人实现其辩护权的主要和重要的方式。

根据我国《刑事诉讼法》第 32 条规定，犯罪嫌疑人、被告人除自己行使辩护权以外，还可以委托一至二人作为辩护人。辩护人在刑事诉讼中与犯罪嫌疑人、被告人一起共同承担辩护职能。

同时,我国《刑事诉讼法》第 32 条第 1 款规定了可以被委托担任辩护人的人，包括：①律师。这里需要注意的是，并非所有取得律师资格或法律职业资格的人都可以被委托担任辩护人。这里的律师是指取得律师资格或法律职业资格且经过登记注册，持有律师执业证的人。②人民团体或者犯罪嫌疑人、被告人所在单位推荐的人。立法作此规定，是考虑到我国当前律师队伍发展的不均衡状况。为有效保护犯罪嫌疑人、被告人的合法权益，工会、妇联等人民团体或犯罪嫌疑人、被告人所在单位可以推荐公民担任辩护人。③犯罪嫌疑人、被告人的监护人、亲友。

另外，根据我国《刑事诉讼法》第 32 条第 2 款以及相关司法解释的规定，下列人员不能被委托担任辩护人：①正在被执行刑罚的人。应当注意的是正在执行的刑罚包括主刑，也包括附加刑。主刑已被执行完毕，但仍在执行剥夺政治权利的，也不得担任辩护人。被宣告缓刑的人也不得担任辩护人。②依法被剥夺、限制人身自由的人。③无行为能力或者限制行为能力的人。④人民法院、人民检察院、公安机关、国家安全机关、监狱的现职人员。⑤本法院的人民陪审员。⑥与本案审理结果有利害关系的人。⑦外国人或者无国籍人。⑧法官、检察官从人民法院、人民检察院离任后 2 年内，不得以律师身份担任诉讼代理人或者辩护人。⑨法官、检察官从人民法院、人民检察院离任后，不得担任原任职法院或检察院办理案件的诉讼代理人或者辩护人。⑩法官、检察官的配偶、子女不得担任该法官或检察官所任职法院或检察院办理案件的诉讼代理人或者辩护人。但是，应当注意的是，对属于上述不得担任辩护人范围中第 4—7 项的人员，如果是犯罪嫌疑人或者被告人的近亲属或者监护人，并且不属于第 1—3 项情形的，可以由犯罪嫌疑人或者被告人委托担任辩护人。

至于委托辩护人介入刑事诉讼的时间，区分为两种情况：①公诉案件自案件移送到人民检察院审查起诉之日起，犯罪嫌疑人有权委托辩护人。如果是人民检察院自行侦查的案件，应自人民检察院的刑事侦查部门将案件移送至审查起诉部门之日起，犯罪嫌疑人有权委托辩护人。人民检察院自收到移送审查起诉的案件材料之日起 3 日以内，应当告知犯罪嫌疑人有权委托辩护人。②自诉案件的被告人有权随时委托辩护人，也就是说，自诉案件的被告人一旦知道自己被人告发到人民法院以后，即可以委托辩护人。人民法院自受理自诉案件之日起 3 日以内，应当告知被告人有权委托辩护人。

人民法院决定开庭审理后，应当将人民检察院的起诉书副本最迟在开庭 10 日前送达被告人。对于被告人未委托辩护人的，告知被告人可以委托辩护人。

犯罪嫌疑人、被告人可以自己委托辩护人，也可以由其法定代理人、家属或者所在单位为其委托辩护人。

3. 指定辩护

指定辩护是当刑事案件进入审判阶段，在遇有法定情形时，人民法院指定承担法律援助义务的律师为被告人进行辩护。指定辩护是法律的强制性规范，一经法院指定，便具有强制辩护的效力，被告人有权拒绝自己认为不称职的律师为其辩护，也可要求另行指定其他辩护律师，但是被告人不得拒绝法院的依法指定。通过法律援助为被告人指定辩护，有利于提高辩护质量，同时有利于我国刑事司法与国际刑事司法准则的接轨。联合国《关于律师作用基本原则》规定："任何没有律师的人在司法需要的情况下，均有权获得按犯罪性质指派给他的一名有经验和能力的律师以便得到有效的法律援助，如果他无足够力量为此种服务支付费用，可不交费。"我国的辩护制度从整体上来看也体现了该原则的精神。

我国刑事诉讼中的指定辩护只适用于刑事案件的审判阶段，人民法院指定的辩护人，只能是依法承担法律援助义务的律师，因此指定辩护又称刑事法律援助。

根据法律规定和相关司法解释，被告人没有委托辩护人而具有下列情形之一的，人民法院应当为其指定辩护人：①盲、聋、哑人或者限制行为能力的人；②开庭审理时不满 18 周岁的；③可能被判处死刑的人。

同时，根据有关司法解释的规定，被告人没有委托辩护人而具有下列情形之一的，人民法院可以为其指定辩护人：①符合当地政府规定的经济困难标准的；②本人确无经济来源，其家庭经济状况无法查明的；③本人确无经济来源，其家属经多次劝说仍不愿为其承担辩护律师费用的；④共同犯罪案件中，其他被告人已委托辩护人的；⑤具有外国国籍的；⑥案件有重大社会影响的；⑦人民法院认为起诉意见和移送的案件证据材料可能影响正确定罪量刑的。

被告人坚持自己行使辩护权，拒绝人民法院指定的辩护人为其辩护的，人民法院应当准许，并记录在案，但在被告人系盲、聋、哑人，限制行为能力人，开庭审理时不满 18 周岁的人或可能被判处死刑的人的时候，被告人若拒绝人民法院指定的辩护人为其辩护，有正当理由的，人民法院应当准许，但被告人需另行委托辩护人，或者人民法院应当为其另行指定辩护人。上述规定意味着在我国当被告人是盲、聋、哑人，限制行为能力人，开庭审理时不满 18 周岁的人或可能被判处死刑的人的时候，在审判阶段必须有辩护人为其辩护。这主要是从保证被告人权利的角度考虑。

人民法院决定开庭审判后，应当将人民检察院的起诉书副本至迟在开庭 10 日以前送达被告人。对于被告人未委托辩护人的，告知被告人可以委托辩护人，或者在必要的时候指定承担法律援助义务的律师为其提供法律援助。

二、辩护人的诉讼地位

我国《刑事诉讼法》第 82 条第 4 项规定，"诉讼参与人"是指当事人、法定代理人、诉讼代理人、辩护人、证人、鉴定人和翻译人员。由此可见，辩护人在刑事诉讼中的法律地位是独立的诉讼参与人，是犯罪嫌疑人、被告人合法权益的专门维护者。具体而言：

1. 辩护人具有独立的诉讼参与人身份，依自己的意志依法进行辩护，独立履行职务，不受犯罪嫌疑人、被告人意志左右

辩护人与诉讼代理人有着明显区别，即辩护人在接受委托以后，将会取得独立的诉讼地位，在诉讼过程中，他是以自己的名义，根据对事实的掌握和对法律的理解，独立进行辩护，而不受犯罪嫌疑人、被告人意思表示的约束。

2. 辩护人具有独立的诉讼参与人身份，不受公诉人意见的左右

辩护人与犯罪嫌疑人、被告人共同承担辩护职能，这一诉讼职能独立于控诉职能和审判职能。辩护人与出庭支持公诉的检察人员诉讼地位应是平等的，双方各自履行相应的职能。

关于在实践中，辩护律师在履行辩护职责过程中获悉犯罪嫌疑人、被告人还犯有未被指控的犯罪行为，经教育仍不愿意坦白，辩护人应作何处置，是否有义务检举揭发？对于这一问题，我国刑事诉讼立法上并未予以明确规定。《律师法》虽然规定律师应当保守在执业活动中知悉的国家秘密和当事人的商业秘密，不得泄漏当事人的隐私。但是，《律师法》并没有明确规定对于律师在履行职责过程中获悉的不利于犯罪嫌疑人、被告人的事实和证据，是否应当保密。学界对此也观点不一，有的认为辩护人应拒绝为其辩护并向公安司法机关举报。在我国司法实践中曾不止一次出现过这样的情形：一名律师担任被告的辩护人，被告人出于信赖律师的心理，将其还未被司法机关发现的罪行向律师作了透露，谁知律师在法庭上公开揭露被告罪行，导致被告对律师破口大骂。出现这种尴尬情形的原因，就在于我国立法上并未赋予律师以“职业守密义务”，而是要求律师有揭露犯罪的义务。但是，这一作法有悖于司法伦理，因为律师这一职业本是为辅助被告人行使辩护权而生，而律师要有效帮助被告人，必须要获得有关案件的真实情况，这不能完全靠查阅案卷来实现，许多细节需要被告人的亲口相授，而这就需要律师获得被告人的信赖。可以说，律师与被告人之间的信赖关系是律师制度得以存续的基石。如果要求律师泄露其在执业中所获悉的有关被告人的秘密，那么无疑将会破坏律师与被告人之间的这种信赖关系，从而使律师制度的基石完全坍塌。更何况，社会秩序的维护，并不能只靠惩罚犯罪来实现，没有家庭成员之间的信赖和家庭的稳定，没有执业者如律师、医生与客户之间的信赖，社会的秩序与安定终究也难以实现。因此，更多的学者主张确立辩护律师的“职业守密义务”，即辩护律师在履行职责过程中知悉的不利于被告人的情形，一般情况下有责任保密，而没有举报之义务。

3. 辩护人依法独立履行职务，维护的是犯罪嫌疑人、被告人的合法权益

对于犯罪嫌疑人的非法利益，辩护人没有义务进行维护，因此，辩护人不能为犯罪嫌疑人、被告人谋取非法利益，更不得教唆、帮助犯罪嫌疑人、被告人翻供或威胁、引诱证人改变证言以及进行其他有碍诉讼的活动。

应当指出的是，由于律师在侦查阶段的活动内容具有特定性，即只能为犯罪嫌疑人提供法律咨询，代理申诉、控告、申请取保候审。因此，我国理论界关于律师在侦查阶段的诉讼地位存有争议。有人认为，既然刑事诉讼法并未明确赋予律师在侦查阶段是“辩护人”，那么所谓侦查阶段律师的法律帮助就不属于辩护的内容，因此，接受聘请为犯罪嫌疑人提供法律帮助的律师并非辩护人，律师在侦查阶段也不具有辩护人的地位。我们认为，刑事诉讼法虽然并未赋予侦查阶段律师以“辩护人”的称呼，但是，律师在侦查阶段的刑事法律帮助在本质上仍然属于刑事辩护活动，是律师在侦查阶段帮助犯罪嫌疑人行使辩护权的一种形式，因此，侦查阶段的律师仍然具有辩护人的诉讼地位，其权利受法律保护。

三、辩护人的权利、义务

1. 辩护人的权利

辩护人依法享有诉讼权利和履行诉讼义务是正确开展辩护活动的重要保障。需要注意的是，在刑事诉讼中，律师与其他辩护人的诉讼权利不同，辩护人在不同诉讼阶段的诉讼权利也不同。根据我国《刑事诉讼法》和《律师法》的相关规定，辩护人依法享有以下权利：

(1) 人身自由不受侵犯。《律师法》第 37 条规定：“律师在执业活动中的人身权利不受侵犯。”律师在参与诉讼活动中因涉嫌犯罪被依法拘留、逮捕的，拘留、逮捕机关应当在拘留、逮捕实施后的 24 小时内通知该律师的家属、所在的律师事务所以及所属的律师协会。

(2) 法庭上言论豁免权。《律师法》律师在法庭上发表的代理、辩护意见不受法律追究。但是，发表危害国家安全、恶意诽谤他人、严重扰乱法庭秩序的言论除外。

(3) 独立进行辩护权。辩护人依据证据、自己对案件事实的看法和对法律的理解，独立进行辩护，不受任何机关和个人的干涉，其人身权利和诉讼权利受法律保护。

(4) 阅卷权和会见通信权。根据我国现行《刑事诉讼法》第 36 条规定，辩护律师自人民检察院对案件审查起诉之日起，可以查阅、摘抄、复制本案的诉讼文书、技术性鉴定材料，可以同在押的犯罪嫌疑人会见和通信。其他辩护人经人民检察院许可，也可以查阅、摘抄、复制上述材料，同在押的犯罪嫌疑人会见和通信。辩护律师自人民法院受理案件之日起，可以查阅、摘抄、复制本案所指控的犯罪事实的材料，可以同在押的被告人会见和通信。其他辩护人经人民法院许可，也可以查阅、摘抄、复制上述材料，同在押的被告人会见和通信。但是，为了克服实践中律师阅卷难的问题，2008 年 6 月 1 日生效实施的《律师法》对刑事诉讼法规定的阅卷权作了一定程度的修正。根据《律师法》第 34 条的规定：“受委托的律师自案件审查起诉之日起，有权查阅、摘抄和复制与案件有关的诉讼文书及案卷材料。受委托的律师自案件被人民法院受理之日起，有权查阅、摘抄和复制与案件有关的所有材料。”这样，辩护律师在审查起诉阶段的阅卷权的范围就由“诉讼文书”、“技术性鉴定材料”扩大到“与本案有关的诉讼文书及案卷材料”，而在审判阶段的阅卷范围则由“本案所指控的犯罪事实的材料”扩大到“与案件有关的所有材料”。

(5) 调查取证权。根据我国《刑事诉讼法》第 37 条规定，辩护律师经证人或者其他有关单位和个人同意，可以向他们收集与本案有关的材料，也可以申请人民检察院、人民法院收集、调取证据，或者申请人民法院通知证人出庭作证。辩护律师经人民检察院或者人民法院许可，并且经被害人或者其近亲属、被害人提供的证人同意，可以向他们收集与本案有关的材料。但由于在司法实践中，辩护律师调查取证权未能得到有效保障，救济程序作用微弱，辩护律师难以正常收集证据。因此，自2008年6月1日生效实施的《律师法》对刑事诉讼法规定的律师调查取证权作了修正，根据《律师法》第35条的规定："受委托的律师根据案情的需要，可以申请人民检察院、人民法院收集、调取证据或者申请人民法院通知证人出庭作证。律师自行调查取证的，凭律师执业证书和律师事务所证明，可以向有关单位或者个人调查与承办法律事务有关的情况。"这样，律师凭借律师执业证书和律师事务所证明，就可以向有关单位或个人调查取证。

(6) 提出辩护意见权。根据我国《刑事诉讼法》第139条规定，人民检察院审查案件，应当讯问犯罪嫌疑人，听取被害人和犯罪嫌疑人、被害人委托的人的意见。根据这条规定，辩护人在审查起诉阶段就可向检察机关提出辩护意见，行使辩护权。

(7) 获取出庭通知权。我国《刑事诉讼法》第151条第4项规定，人民法院决定开庭审判后，应当在开庭3日以前将出庭通知书送达辩护人。

(8) 参加法庭调查权。我国《刑事诉讼法》第155条规定，在法庭审理过程中，辩护人经审判长许可，可以向被告人发问；根据第156条规定，辩护人经审判长许可，可以对证人、鉴定人发问；根据第159条规定，在法庭审理中，辩护人有权申请通知新的证人到庭，调取新的物证，申请重新鉴定或者勘验。

(9) 参加法庭辩论权。我国《刑事诉讼法》第160条规定，经审判长许可，公诉人、当事人和辩护人、诉讼代理人可以对证据和案件情况发表意见并且可以互相辩论。根据第175条规定，在适用简易程序审理的公诉案件中，人民检察院派员出席法庭的，经审判人员许可，被告人及其辩护人可以同公诉人互相辩论。根据第176条规定，适用简易程序审理自诉案件，宣读起诉书后，经审判人员许可，被告人及其辩护人可以同自诉人及其诉讼代理人互相辩论。

(10) 经被告人同意，代为上诉的权利。我国《刑事诉讼法》第180条第1款规定，被告人的辩护人，经被告人同意，可以提出上诉。根据这款规定，被告人在经过被告人同意的情况下，有权对一审尚未发生法律效力的裁判提出上诉。

(11) 申请解除犯罪嫌疑人、被告人强制措施的权利。根据我国《刑事诉讼法》第75条规定，犯罪嫌疑人、被告人及其法定代理人、近亲属或者犯罪嫌疑人、被告人委托的律师及其他辩护人对于人民法院、人民检察院或者公安机关采取强制措施超过法定期限的，有权要求解除强制措施。人民法院、人民检察院或者公安机关对于被采取强制措施超过法定期限的犯罪嫌疑人、被告人应当予以释放、解除取保候审、监视居住或者依法变更强制措施。

(12) 拒绝辩护权。刑事诉讼中的拒绝辩护，根据主体不同，可分为犯罪嫌疑人、被告人拒绝辩护和辩护人拒绝辩护。前者是指犯罪嫌疑人、被告人可以拒绝辩护人的继续辩护，这种拒绝辩护无须理由；后者是指辩护人基于法定的理由拒绝继续为犯罪嫌疑人、被告人辩护，这种拒绝辩护需要依据法定理由，根据《律师法》第29条第2款规定，法定理由是指"委托事项违法"、"委托人利用律师提供的服务从事违法活动"或者"委托人隐瞒事实"。

2. 辩护人的义务

辩护人的义务主要有：

(1) 根据事实和法律，提出证明犯罪嫌疑人、被告人无罪、罪轻或者减轻、免除其刑事责任的材料和意见。

(2) 会见在押犯罪嫌疑人、被告人时，应当遵守看管场所的规定。

(3) 参加法庭审判时要按时出庭，履行辩护职责并遵守法庭规则。

(4) 辩护人不得帮助犯罪嫌疑人、被告人隐匿、毁灭、伪造证据或者串供，不得威胁、引诱证人改变证言或者作伪证以及进行其他干扰司法机关诉讼活动的行为。

(5) 辩护律师在接受委托或指定后，有义务为犯罪嫌疑人、被告人辩护，无法定理由不得拒绝辩护。

(6) 其他义务。根据《律师法》的有关规定，辩护律师还有如下义务：律师应当保守在执业活动中知悉的国家秘密和当事人的商业秘密，不得泄露当事人的隐私；不私自接受委托，私自向委托人收取费用，收受委托人的财物；不利用提供法律服务的便利牟取当事人有争议的权益，或者接受对方当事人的财物；不违反规定会见法官、检察官；不向法官、检察官以及其他有关工作人员请客送礼或者行贿，或者指使、诱导当事人行贿；不提供虚假证据，隐瞒事实或者威胁、利诱他人提供虚假证据，隐瞒事实以及妨碍对方当事人合法取得证据；不扰乱法庭秩序，不干扰诉讼、仲裁活动的正常进行。

四、律师在侦查阶段对犯罪嫌疑人的法律帮助

1. 律师对犯罪嫌疑人的法律帮助的概念和意义

律师对犯罪嫌疑人的法律帮助，是指在侦查阶段律师接受犯罪嫌疑人的申请，为其提供法律咨询，以及代理申诉、控告、申请取保候审等活动。

根据刑事诉讼法的规定，律师在侦查阶段对犯罪嫌疑人的法律帮助具有以下特点：

(1) 发生在侦查阶段。我国 1996 年修正《刑事诉讼法》的一个重大突破就是将律师介入刑事诉讼的时间提前到侦查阶段。

(2) 提供法律帮助的只能是律师。与公诉和审判阶段委托辩护人不同，在侦查阶段为犯罪嫌疑人提供法律帮助的只能是律师。

(3) 律师在侦查阶段的活动内容是特定的。即只能为犯罪嫌疑人提供法律咨询，以及代理申诉、控告、申请取保候审等活动。

2. 侦查阶段犯罪嫌疑人聘请律师的程序

根据我国《刑事诉讼法》第 96 条及相关司法解释，侦查中犯罪嫌疑人聘请律师的基本程序是：

(1) 犯罪嫌疑人在第一次被讯问后或采取强制措施之日起，可以聘请律师为其提供法律帮助。律师在侦查阶段有权为犯罪嫌疑人提供法律咨询；代理申诉、控告；了解犯罪嫌疑人涉嫌的罪名；会见在押的犯罪嫌疑人；向犯罪嫌疑人了解有关案件情况；犯罪嫌疑人被逮捕的，聘请的律师可以为其申请取保候审；强制措施超过法定期限的，犯罪嫌疑人聘请的律师还有权为其申请解除强制措施。但是，自 2008 年 6 月 1 日生效实施

的《律师法》对刑事诉讼法的规定作了重大修正，根据《律师法》第33条规定："犯罪嫌疑人被侦查机关第一次讯问或者采取强制措施之日起，受委托的律师凭律师执业证书、律师事务所证明和委托书或者法律援助公函，有权会见犯罪嫌疑人、被告人并了解有关案件情况。律师会见犯罪嫌疑人、被告人，不被监听。"这样，犯罪嫌疑人在侦查阶段聘请律师的时间就提前到"侦查机关第一次讯问之日"。

(2) 公安机关在对犯罪嫌疑人依法进行第一次讯问或者采取强制措施之日起，应当告知犯罪嫌疑人有权聘请律师为其提供法律咨询、代理申诉、控告，并记录在案。

(3) 犯罪嫌疑人聘请律师的，可以自己聘请，也可以由其亲属代为聘请。在押的犯罪嫌疑人提出聘请律师的，看守机关应当及时将其请求转达办理案件的有关侦查机关，侦查机关应当及时向其所委托的人员或者所在的律师事务所转达该项请求。犯罪嫌疑人仅有聘请律师的要求，但提不出具体对象的，侦查机关应当及时通知当地律师协会或者司法行政机关为其推荐律师。

(4) 对于涉及国家秘密的案件，犯罪嫌疑人聘请律师以及律师会见在押的犯罪嫌疑人，都应当经侦查机关批准。对于不涉及国家秘密的案件，犯罪嫌疑人聘请律师以及律师会见在押的犯罪嫌疑人不需要经过批准。根据2008年6月1日生效实施的《律师法》的规定，受委托的律师只需要凭律师执业证书、律师事务所证明和委托书或者法律援助公函，就有权会见犯罪嫌疑人。所谓涉及国家秘密的案件，是指案情或者案件性质涉及国家秘密，不能因刑事案件侦查过程中的有关材料和处理意见需保守秘密而将其作为涉及国家秘密的案件。

(5) 在侦查阶段，律师会见在押的犯罪嫌疑人，侦查机关根据案件情况和需要可以派员在场。审查起诉阶段和审判阶段，案件已经侦查终结，辩护律师和其他辩护人会见在押的犯罪嫌疑人、被告人时，人民检察院、人民法院不得派员在场。但是，2008年6月1日生效实施的《律师法》对刑事诉讼法的规定作了修正，根据《律师法》第33条规定："犯罪嫌疑人被侦查机关第一次讯问或者采取强制措施之日起，受委托的律师凭律师执业证书、律师事务所证明和委托书或者法律援助公函，有权会见犯罪嫌疑人、被告人并了解有关案件情况。律师会见犯罪嫌疑人、被告人，不被监听。"这里的"不被监听"，应当理解为律师与犯罪嫌疑人之间的会见交流保密，侦查机关一律不得派员在场（但可以在"看得见、听不见"的地方进行监视）。

(6) 对于不涉及国家秘密的案件，律师提出会见犯罪嫌疑人的，侦查机关应当在48小时内安排会见，对于组织、领导、参加黑社会性质组织罪，组织、领导、参加恐怖活动组织罪或者走私犯罪、毒品犯罪、贪污贿赂犯罪等重大复杂的两人以上的共同犯罪案件，律师提出会见犯罪嫌疑人的，应当在5日内安排会见。

五、刑事法律援助制度

刑事法律援助是指刑事案件中的犯罪嫌疑人、被告人，如果符合法律规定的具体条件，可以申请援助或者直接由国家减免收费，提供法律帮助的一项司法救济保障制度。法律援助实质上是受国家法律保护并以国家强制力为后盾的一种国家义务行为。确立法律援助制度，旨在保障人人获得法律服务，体现“法律面前，人人平等”。

2003年7月16日国务院颁布了《法律援助条例》（以下简称《条例》），2003年9月1日已经施行。该条例第3条规定，法律援助是政府的责任，县级以上人民政府应当采取积极措施推动法律援助工作，为法律援助提供财政支持，保障法律援助事业与经济、社会协调发展。《条例》规定的主要内容如下：

1. 刑事法律援助的形式

刑事法律援助，既包括诉讼法律援助（如刑事辩护），也包括非诉讼的法律援助（如法律咨询），而且在刑事诉讼中，《法律援助条例》还将公民接受法律援助的时间提前到了被侦查机关第一次讯问后或者采取强制措施之日，并将公诉案件中被害人以及其法定代理人或者近亲属、自诉案件中的自诉人以及其法定代理人作为法律援助的对象。

2. 刑事法律援助的范围

从刑事法律援助的受援对象来看，既包括经济困难符合法律援助条件者，也包括法律有特别规定的残疾者、弱者。例如，对于刑事被告人是盲、聋、哑或者未成年人而没有委托辩护人的、被告人可能被判处死刑而没有委托辩护人的，人民法院应为其指定承担法律援助义务的律师为其提供辩护。受援对象所涉及的是经济困难的弱势人群。根据《法律援助条例》第11条规定，刑事诉讼中有下列情形之一的，公民可以向法律援助机构申请法律援助：①犯罪嫌疑人在被侦查机关第一次讯问后或者采取强制措施之日起，因经济困难没有聘请律师的；②公诉案件中的被害人及其法定代理人或者近亲属，自案件移送审查起诉之日起，因经济困难没有委托诉讼代理人的；③自诉案件的自诉人及其法定代理人，自案件被人民法院受理之日起，因经济困难没有委托诉讼代理人的。根据最高人民法院《解释》第36条规定，被告人系盲、聋、哑人，限制行为能力的人，开庭审理时不满18周岁的或可能被判处死刑的人，没有委托辩护人，由法院指定辩护人时，法律援助机构应当提供法律援助。

3. 刑事法律援助的程序

刑事诉讼中需要申请法律援助的，应当向审理案件的人民法院所在地的法律援助机构提出申请。被羁押的犯罪嫌疑人的申请由看守所在24小时内转交法律援助机构，申请法律援助所需提交的有关证件、证明材料由看守所通知申请人的法定代理人或者近亲属协助提供。

对于完全民事行为能力人，由其本人提出申请。对于无民事行为能力和限制行为能力人，由其法定代理人代为提出申请。无民事行为能力人或者限制民事行为能力人与其法定代理人之间发生诉讼或者因其他利益纠纷需要法律援助的，由与该争议事项无利害关系的其他法定代理人代为提出申请。

法律援助申请应当采用书面形式，填写申请表；以书面形式提出申请确有困难的，可以口头申请，由法律援助机构工作人员或者代为转交申请的有关机构工作人员作书面记录。法律援助机构收到法律援助申请后，应当进行审查；认为申请人提交的证件、证明材料不齐全的，可以要求申请人作出必要的补充或者说明，申请人未按要求作出补充或者说明的，视为撤销申请；认为申请人提交的证件、证明材料需要查证的，由法律援助机构向有关机关、单位查证。对符合法律援助条件的，法律援助机构应当及时决定提供法律援助；对不符合法律援助条件的，应当书面告知申请人理由。申请人对法律援助机构作出的不符合法律援助条件的通知有异议的，可以向确定该法律援助机构的司法行政部门提出，司法行政部门应当在收到异议之日起5个工作日内进行审查，经审查认为申请人符合法律援助条件的，应当以书面形式责令法律援助机构及时对该申请人提供法律援助。

由人民法院指定辩护的案件，人民法院在开庭10日前将指定辩护通知书和起诉书副本或者判决书副本送交其所在地的法律援助机构；人民法院不在其所在地审判的，可以将指定辩护通知书和起诉书副本或者判决书副本送交审判地的法律援助机构。

法律援助机构可以指派律师事务所安排律师或者安排本机构的工作人员办理法律援助案件；也可以根据其他社会组织的要求，安排其所属人员办理法律援助案件。对人民法院指定辩护的案件，法律援助机构应当在开庭3日前将确定的承办人员名单回复作出指定的人民法院。

4. 刑事法律援助人员的义务

办理法律援助案件的人员，应当遵守职业道德和执业纪律，提供法律援助不得收取任何财物。

第二节　刑事代理制度

一、刑事代理概述

所谓刑事代理，是指在刑事诉讼中，代理人接受公诉案件的被害人及其法定代理人或者近亲属、自诉案件的自诉人及其法定代理人、附带民事诉讼的当事人及其法定代理人、申诉案件的当事人及其法定代理人的委托，以被代理人名义，在被代理人授权范围内进行诉讼活动，由被代理人承担代理行为法律后果的一项法律制度。

刑事诉讼中的代理可分为法定代理和委托代理两种。法定代理，是基于法律规定而产生的代理；委托代理，则是基于被代理人的委托、授权而产生的代理。刑事诉讼中的代理人可以是律师，也可是律师之外的其他公民。根据我国《刑事诉讼法》第41条规定，委托诉讼代理人的范围与辩护人的范围相同，即律师；人民团体或者被代理人所在单位推荐的人；被代理人的监护人、亲友。不能充当辩护人的人，也不能被委托为诉讼代理人。

根据有关司法解释的规定，律师担任诉讼代理人后，可以查阅、摘抄、复制与本案有关的材料，了解案情。其他诉讼代理人经人民法院准许，也可以查阅、摘抄、复制本案有关材料，了解案情。代理律师向证人或者其他有关单位和个人收集、调取与本案有关的材料，因证人、有关单位和个人不同意时，可以申请人民法院收集、调取，人民法院认为有必要的，应当同意。代理律师直接申请人民法院收集、调取证据，人民法院认为代理律师不宜或者不能向证人或者其他有关单位和个人收集、调取，并确有必要的，应当同意。人民法院根据代理律师的申请收集、调取证据时，申请人可以在场。人民法院根据代理律师的申请收集、调取的证据，应当及时复制并移送申请人。

诉讼代理人的责任是根据事实和法律，维护被害人、自诉人或者附带民事诉讼当事人的合法权益。无论是律师代理还是其他人的代理，代理人都必须在代理权限范围内进行代理活动，代理人在代理权限范围内的诉讼行为和法律行为与委托人自己的诉讼行为和法律行为具有同等效力，其法律后果由被代理人承担。

诉讼代理人应当向人民法院提交由被代理人签名或者盖章的委托书；如果被代理人是附带民事诉讼当事人的，诉讼代理人应当向人民法院提交由被代理人签名或者盖章的授权委托书。

二、刑事代理制度的种类

1. 公诉案件被害人的代理

公诉案件被害人的代理是指律师或其他公民依法接受公诉案件被害人及其法定代理人或者近亲属的委托，担任诉讼代理人参加诉讼。

我国《刑事诉讼法》第 40 条规定，公诉案件的被害人及其法定代理人或者近亲属，附带民事诉讼的当事人及其法定代理人，自案件移送审查起诉之日起，有权委托诉讼代理人。人民检察院自收到移送审查起诉的案件材料之日起 3 日以内，应当告知被害人及其法定代理人或者其近亲属有权委托诉讼代理人。公诉案件的被害人及其法定代理人或者近亲属有权委托诉讼代理人，也就是当被害人是一个完全行为能力人的时候，由被害人自己委托诉讼代理人。如果被害人是无行为能力人，或者是限制行为能力人的时候，则由其法定代理人来决定诉讼代理人，法定代理人有权以自己的名义委托诉讼代理人，但是被委托的代理人是被害人的代理人而不是法定代理人的代理人，因为法律要求法定代理人必须亲自参加诉讼，如果法定代理人因为重病不能参加诉讼，那么就必须更换法定代理人，而不能由法定代理人再为自己委托一个代理人。如果被害人死亡，则由其近亲属来委托诉讼代理人，因为被害人已经死亡，因此近亲属必须以自己名义委托，但被委托的代理人仍然是被害人的代理人，因为近亲属不能取代被害人地位参加诉讼。

公诉案件被害人的代理人行使的是控诉职能，这一点与辩护人的辩护职能是截然相反的。公诉案件被害人的代理人行使的权利来自被害人的全部或部分诉讼权利。代理人的权利有： 有权向公安司法机关进行控告；对检察机关决定不起诉的案件，代理人有权在被害人收到不起诉决定后的 7 日内向检察机关申诉或直接向法院起诉；代理人经审判长许可，可以向被告人、证人、鉴定人发问；有权申请通知新的证人到庭，调取新的物证，申请重新鉴定或勘验；有权参加法庭辩论；有权代为请求检察机关抗诉；有权代为提起附带民事诉讼。具体代理权限须以代理协议中的约定为准，可以特别授权行使全部权利，也可授权行使部分权利。

2. 自诉案件的代理

自诉案件的代理是指在刑事自诉案件中，律师或其他公民接受自诉人及其法定代理人的委托，作为代理人参加诉讼。

我国《刑事诉讼法》第 40 条规定：自诉案件的自诉人及其法定代理人，附带民事诉讼的当事人及其法定代理人，有权随时委托诉讼代理人。人民法院自受理自诉案件之日起 3 日以内，应当告知自诉人及其法定代理人有权委托诉讼代理人。由此可见，在刑事自诉案件中，有权委托诉讼代理人的只能是自诉人或其法定代理人，这与公诉案件被害人委托代理人不同，自诉人的近亲属在自诉案件中是不能为自诉人委托诉讼代理人的。

自诉案件中自诉人及其诉讼代理人行使的是控诉职能，但由于自诉案件的被告人在诉讼过程中可以进行反诉，在被告人反诉后，自诉人及其诉讼代理人又必须要进行辩护，这时，自诉人的诉讼代理人就要行使双重职能，即控诉职能和辩护职能。相应地，自诉案件被告人的诉讼代理人，在被告人反诉后也要行使双重职能。为了使自诉案件的诉讼代理人的作用充分发挥，在被告人反诉的情况下，应当办理双重委托手续，明确权限，从而能够有效行使控诉职能和辩护职能。

3. 附带民事诉讼的代理

附带民事诉讼的代理是指诉讼代理人接受附带民事诉讼当事人及其法定代理人的委托，在委托的权限范围内，代理进行诉讼。附带民事诉讼代理是刑事公诉案件与自诉案件中诉讼代理的重要组成部分。

我国《刑事诉讼法》规定：附带民事诉讼案件的当事人及其法定代理人，自案件移送审查起诉之日起，有权委托诉讼代理人，同时还规定人民检察院自收到移送审查起诉的案件材料之日起 3 日以内，应当告知附带民事诉讼的当事人及其法定代理人有权委托诉讼代理人。

附带民事诉讼代理在本质上属于民事诉讼代理。因此，附带民事诉讼代理人在附带民事诉讼中应当行使与其在一般民事诉讼中同样的权利，即享有民事诉讼代理人的权利，如有权收集、调取证据，全面了解案情，在法庭上可以参与附带民事诉讼部分的调查和辩论，并提出代理意见。附带民事诉讼当事人的诉讼代理人，其责任是依法在授权范围内维护委托方当事人的合法权益。当事人授权可以分为一般授权和特别授权两种。前者只能代为处分一般的诉讼行为，后者可代为处分实体权利，如与对方当事人和解、撤诉、反诉等。特别授权的事项和权限必须在委托书中明确载明。

第三节　回避制度

一、回避的概念和意义

刑事诉讼中的回避制度，是指侦查人员、检察人员和审判人员，因与案件或案件的当事人具有某种利害关系或其他特殊关系，可能影响刑事案件的公正处理，而不得参加对该案进行的诉讼活动的一项诉讼制度。

回避制度的基本内容是要求法官与案件有利益牵涉时，不得担任本案的审判官。因为现代心理学的研究早已表明，利益牵涉将影响裁判者作出决定时的客观公正性。回避制度设立的目的就旨在保证法官与案件利益无涉，从而防止法官在审判中因利益牵涉而丧失裁判者的中立性。“利益牵涉应当回避”是一项古老的诉讼原则，早在古罗马时期的“自然正义”原则中就明确规定：一方面任何人不得作为自己案件的法官，另一方面应听取双方之词，任何一方之词未被听取时不得对其裁判。按照第一项要求，假如法官与判决结果有任何法律上或金钱上的利害关系，或者法官是当事一方的亲戚或涉案机构的成员，从而会导致偏见的现实可能性或迹象，那么，法官就应回避。[①] 美国学者戈尔丁也指出中立应当包括以下三项要求：① 任何人不能作为自己案件的法官；② 结果中不应包含纠纷解决者个人的利益；③ 纠纷解决者不应有支持或反对某一方的偏见。[②]

建立回避制度的法治意义在于确保案件处理的实体公正和程序公正：一方面，回避制度有利于保证案件在实体上得到客观公正的处理。刑事司法工作者如果与案件或当事人存在某种利害关系或其他关系，就可能对案件产生先入为主的预断或偏见，甚至徇私舞弊、枉法追诉或裁判。建立回避制度，切断那些与案件或当事人存有法定利害关系，或者其他可能影响案件公正处理关系的司法工作人员与案件处理结果之间的关系，才能保证案件在实体上得到客观公正的处理。另一方面，回避制度有利于保证案件处理程序的公正性。回避制度通过构建一个“利益无涉”的诉讼空间，既避免了当事人各方免受到偏袒、歧视或其他不公正对待，从而平等地、充分地享受诉讼权利、参与诉讼活动，也使得当事人以及社会公众从心理上更为认同司法工作人员的最终处理决定，从而有利于息讼。

二、回避的种类、理由和人员

1. 回避的种类

根据我国刑事诉讼法的规定，回避可以分为自行回避、申请回避和指令回避三种。

(1) 自行回避，是指审判人员、检察人员、侦查人员等在诉讼过程中遇有法定回避情形时，自行主动地要求退出刑事诉讼活动的制度。自行回避的特征在于其主动性，即通过司法工作人员的职业自律和自我约束，主动避嫌事先退出诉讼活动，以消除导致案件得到不公正处理的可能性。

(2) 申请回避，是指案件当事人及其法定代理人认为审判人员、检察人员、侦查人员等具有法定回避情形，而向他们所在的机关提出申请，要求他们回避的制度。这是当事人及其诉讼代理人的一项诉讼权利。因此，公安司法机关有义务保证当事人及其法定代理人在刑事诉讼的各个阶段充分有效地行使申请回避权。

(3) 指令回避，是指审判人员、检察人员、侦查人员等遇有法定的回避情形而没有自行回避，当事人及其法定代理人也没有申请其回避时，法院、检察机关、公安机关等有关组织或行政负责人有权作出决定，令其退出诉讼活动。由此可见，指令回避是回避制度的重要组成部分，是对自行回避和申请回避的必要补充。

---

① [英] 戴维·M．沃克．牛津法律大辞典．李双元等译．北京：法律出版社，2003．787

② [美] 马丁·P．戈尔丁．法律哲学．齐海滨译．北京：三联书店，1987．240

2. 回避的理由

回避的理由，是指法律明确规定的实施回避所必备的事实根据。在国外，回避分为有因回避和无因回避。其中，无因回避是指无须提出任何理由，只要当事人提出回避申请，有关司法工作人员（在国外主要是指陪审团成员）即应当回避。我国刑事诉讼法没有规定无因回避，所有回避申请都必须附有理由，当事人及其法定代理人提出回避申请，必须提供证据证明司法工作人员具有法定的回避理由。

根据我国《刑事诉讼法》和相关司法解释对回避理由的规定，具体而言有如下几种：

(1) 本案的当事人或者当事人的近亲属。即任何人不得担任自己为当事人的案件的裁判者。这里的“当事人”，是指本案的被害人、自诉人、犯罪嫌疑人、被告人、附带民事诉讼的原告人和被告人。这里的“近亲属”，根据我国《刑事诉讼法》第82条的规定，指的是“夫、妻、父、母、子、女及同胞兄弟姐妹”。同时，有关司法解释还对此作了进一步的扩大解释，规定“是本案的当事人或者与当事人有直系血亲、三代以内旁系血亲及姻亲关系的”审判人员，都应当回避；“与本案的诉讼代理人、辩护人有夫妻、父母、子女或者同胞兄弟姐妹关系的”审判人员，也应当回避。

(2) 本人或者他的近亲属和本案有利害关系的。侦查、检察或者审判人员本人或者他们的近亲属如果与本案有某种利害关系，也可能因为利益牵涉而影响案件的公正处理，因此，具备这一情形的司法工作人员也应当回避。

(3) 担任过本案证人、鉴定人、辩护人或者诉讼代理人的。证人具有不可替代性，如果审判、检察或侦查人员在本案中曾担任过证人、鉴定人，或者为案件提供过证言或鉴定结论，那他就可能对案件事实或案件的实体结局产生了预断，无法保证客观公正的立场，容易导致先入为主甚至误判。另一方面，如果上述人员同时担任过本案的辩护人或诉讼代理人，就可能与委托过他们的当事人发生某种特殊关系，从而对案件事实有所了解，这样，就无法保证他们公正、客观地进行刑事诉讼活动。因此，司法工作人员遇到这些情形时，应当回避。

(4) 与本案当事人有其他关系，可能影响案件公正处理的。该项属于兜底条款，即审判、检察或侦查人员如果与当事人存在上述三种情形以外的“其他关系”，以至于“可能影响案件公正处理的”，也应当回避。

(5) 违反规定会见当事人及其委托代理人或者接受其请客送礼的。我国《刑事诉讼法》第29条规定：“审判人员、检察人员、侦查人员不得接受当事人及其委托的人的请客送礼，不得违反规定会见当事人及其委托的人。审判人员、检察人员、侦查人员违反前款规定的，应当依法追究法律责任。当事人及其法定代理人有权要求他们回避。”根据这一规定，司法工作人员接受当事人及其委托人的“请客送礼”，违反规定会见当事人及其委托人，也构成回避的法定事由。应当注意的是，最高人民法院出台的有关司法解释，对该条款作了扩张性解释，据此，审判人员具有下列情形之一的，当事人及其法定代理人只要能提供相关证据材料，有权要求其回避：①未经批准，私下会见本案一方当事人及其代理人、辩护人的；②为本案当事人推荐、介绍代理人、辩护人，或者为律师、其他人员介绍办理该案件的；③接受本案当事人及其委托的人的财物、其他利益，或者要求当事人及其委托的人报销费用的；④接受本案当事人及其委托人的宴请，或者参加由其支付费用的各项活动的；⑤向本案当事人借款、借用交通工具、通讯工具或者其他物品，或者接受当事人及其委托的人在购买商品、装修住房以及其他方面给予的好处的。

(6) 重新审判案件的回避。我国《刑事诉讼法》第192条规定："原审人民法院对于发回重新审判的案件，应当另行组成合议庭，依照第一审程序进行审判。"第206条规定："人民法院按照审判监督程序重新审判的案件，应当另行组成合议庭进行。"根据上述规定，对于第二审法院经过第二审程序裁定发回重审的案件，原审法院负责审理此案的原合议庭组成人员不得再参与对案件的审理；对于人民法院按照审判监督程序重新审判的案件，原负责审判此案的合议庭组成人员也不得再参与对该案的审理。对此，最高人民法院的有关司法解释又进一步作了扩张性解释，即"凡在一个审判程序中参与过本案审判工作的审判人员，不得再参与该案其他程序的审判"。据此，该司法解释将程序回避的适用对象扩张到了所有的诉讼阶段。

除了上述诉讼回避制度外，实践中还存在着一种与此类似的任职回避制度，具体包括：①参加过本案侦查的侦查人员，如果调至人民检察院工作，不得担任本案的检察人员。②参加过本案侦查、起诉的侦查、检察人员，如果调至人民法院工作，不得担任本案的审判人员。③审判人员及法院其他工作人员离任2年内，担任诉讼代理人或者辩护人的，人民法院不予准许；审判人员及法院其他工作人员离任2年后，担任原任职法院审理案件的诉讼代理人或者辩护人，对方当事人认为可能影响公正审判而提出异议的，人民法院应当支持，不予准许本院离任人员担任诉讼代理人或者辩护人。但是作为当事人的近亲属或者监护人代理诉讼或者进行辩护的除外。我国《法官法》第17条也作了类似的规定，即法官从人民法院离任后2年内，不得以律师身份担任诉讼代理人或者辩护人。法官从人民法院离任后，不得担任原任职法院办理案件的诉讼代理人或者辩护人。法官的配偶、子女不得担任该法官所任职法院办理案件的诉讼代理人或者辩护人。我国《检察官法》第20条也规定，检察官从人民检察院离任后2年内，不得以律师身份担任诉讼代理人或者辩护人。检察官从人民检察院离任后，不得担任原任职检察院办理案件的诉讼代理人或者辩护人。检察官的配偶、子女不得担任该检察官所任职检察院办理案件的诉讼代理人或者辩护人。

3. 回避适用的人员

回避的适用人员是指在法律明确规定的情形下应当回避的司法工作人员的范围。根据我国《刑事诉讼法》第28条、第31条的规定，适用回避的人员包括审判人员、检察人员、侦查人员以及参加侦查、起诉、审判活动的书记员、翻译人员和鉴定人。具体而言，主要内容包括：

(1) 审判人员。审判人员包括各级人民法院的助理审判员、审判员、副庭长、庭长、审判委员会委员、副院长、院长。在人民法院任职或者聘任的人民陪审员、书记员、翻译人员、司法鉴定人员、勘验人员的回避问题，参照审判人员回避的有关内容执行。

(2) 检察人员。检察人员包括各级人民检察院的助理检察员、检察员、检察委员会委员、副检察长和检察长。

(3) 侦查人员。侦查人员包括所有侦查机关的侦查人员（如检察机关自侦部门的侦查人员），以及对侦查工作进行组织指挥的部门负责人。

(4) 书记员。书记员包括公安机关、人民检察院、人民法院的书记员，以及在侦查、起诉、审判阶段从事诉讼活动记录工作的书记员。

(5) 翻译人员。翻译人员包括公安机关、人民检察院、人民法院各自指派或聘请的以及在侦查、起诉、审判各个阶段指派或聘请的翻译人员（即法庭审判阶段担任翻译工作的人员以及在侦查、起诉阶段讯问被告人和询问证人、被害人时担任翻译工作的人员）。

(6) 鉴定人。鉴定人包括公安机关、人民检察院、人民法院各自指派或聘请的以及在侦查、起诉、审判各个阶段指派或聘请的，就案件中某些专门问题进行鉴定并提供鉴定意见的人员。

三、回避的程序

1. 回避的期间

所谓回避的期间，是指回避适用的诉讼阶段范围。根据刑事诉讼法的规定，申请回避是当事人及其法定代理人的一项基本诉讼权利，回避适用于审判人员、检察人员和侦查人员，因此回避期间包括刑事诉讼的各个阶段，涵盖侦查、起诉和审判等整个刑事诉讼流程。对此，我国《刑事诉讼法》以及相关司法解释分别对审判阶段、侦查和起诉阶段的回避问题作出了专门规定。同时，作为当事人及其法定代理人所享有的一项基本权利，刑事司法机关有义务予以保障，因此，审判人员、检察人员和侦查人员在各自刑事诉讼活动开始时，即应向犯罪嫌疑人、被告人等当事人及其法定代理人告知其享有申请回避的权利。对此，我国《刑事诉讼法》第154条规定，开庭的时候，审判长应告知当事人有权对合议庭组成人员、书记员、公诉人、鉴定人和翻译人员申请回避。同理，在侦查和审查起诉阶段，侦查人员、检察人员也应当及时告知当事人及其法定代理人有权申请回避。

2. 回避的申请、审查与决定

(1) 回避申请的提出。自行回避或申请回避，均可以通过书面或口头的方式提出，不论哪一种方式，都必须说明理由，以口头方式提出回避申请的，应当记录在案。如果根据我国《刑事诉讼法》第29条的规定（即办案人员接受当事人及其委托人的请客送礼，违反规定会见当事人及其委托的人）提出回避申请的，还应当向申请机关提供有关证明材料。

回避申请提出以后，在回避决定作出前，诉讼程序的进行一般应暂时停止。但是，对侦查人员的回避作出决定前，侦查人员不能停止对案件的侦查工作。这是因为，刑事侦查工作具有特殊性和时效性，暂停侦查工作将对查获、抓捕嫌疑人和证据的收集、调查工作带来妨碍。因此，法律规定对侦查人员的回避作出决定前，侦查人员不能停止对案件的侦查。对于回避决定作出以前所收集的证据或者已进行的诉讼行为的效力问题，法律没有明文规定，但是，根据有关司法解释的规定，被决定回避的公安机关负责人、侦查人员、鉴定人、记录人和翻译人员，在回避决定作出以前所进行的诉讼活动是否有效，由作出决定的机关根据案件情况决定；因符合法定情形回避的检察人员，在回避决定作出以前所取得的证据和进行的诉讼行为是否有效，由检察委员会或者检察长根据案件具体情况决定。同时，我国《刑事诉讼法》第191条规定：第二审人民法院发现第一审人民法院的审理如果违反回避制度的，应当裁定撤销原判，发回原审人民法院重新审判。从该条的立法精神来看，也是对违反回避制度所进行的诉讼活动的合法性持否定态度的。

(2) 回避申请的审查和决定。我国《刑事诉讼法》第30条规定："审判人员、检察人员和侦查人员的回避，应当分别由院长、检察长、公安机关负责人决定；院长的回避，由本院审判委员会决定；检察长和公安机关负责人的回避，由同级人民检察院检察委员会决定。"具体内容主要有以下几方面：

第一，人民法院审判人员、法庭书记员、翻译人员和鉴定人的回避，由人民法院院长决定；如果当事人及其法定代理人申请人民法院院长回避或者院长自行回避的，应当由副院长主持审判委员会讨论决定，并将决定告知申请人，院长不得参加讨论；应当回避的上述人员，本人没有自行回避，当事人和他们的法定代理人也没有申请其回避的，院长或者审判委员会应当决定其回避。

第二，人民检察院检察长的回避，由副检察长主持本院检察委员会讨论决定，检察长不得参加；检察人员、书记员、司法警察以及人民检察院聘请或者指派的翻译人员、鉴定人的回避由本院检察长决定；当事人及其法定代理人在法庭上对出庭的检察人员、检察院书记员提出回避申请的，人民法院应通知指派该检察人员出庭的人民检察院，由该院检察长或者检察委员会决定；对于应当回避的检察人员，本人没有自行回避，当事人和他们的法定代理人也没有申请其回避的，检察长或者检察委员会应当决定其回避。

第三，公安机关侦查人员以及公安机关聘请或者指派的记录人、翻译人员和鉴定人的回避，由公安机关负责人决定；县级以上公安机关负责人的回避，由同级人民检察院检察委员会决定；当事人及其法定代理人要求公安机关负责人回避，应当向公安机关同级的人民检察院提出，由检察长提交检察委员会讨论决定；公安机关负责人、侦查人员具有法定回避情形，本人没有自行回避，当事人及其法定代理人也没有申请他们回避的，应当由同级人民检察院检察委员会或者县级以上公安机关负责人决定他们回避。

3. 对驳回申请回避决定的复议

为保障当事人的回避申请得到及时救济，法律和相关司法解释规定，在人民法院审判阶段，当事人及其法定代理人对驳回回避申请的决定有异议的，可以当庭申请复议一次。如果申请回避人当庭申请复议，合议庭应当宣布休庭，待作出复议决定后，决定是否继续法庭审理。但是，对于不属于我国《刑事诉讼法》第28条、第29条所列情形的回避申请，由法庭当庭驳回，并不得申请复议。

在人民检察院审查起诉阶段和侦查阶段，作出驳回申请回避的决定后，应当告知当事人及其法定代理人，如不服本决定，可以在收到决定书后5日内向原决定机关申请复议一次。当事人及其法定代理人对驳回申请回避的决定不服，申请复议的，决定机关应当在3日以内作出复议决定并书面通知申请人。

案例分析

【案情】被告人吴某，男，33岁，个体工商户。2004年11月与其隔壁开杂货店的张某、田某夫妇发生纠纷，并将张某头部颅骨打伤，后抢救无效死亡；田某受轻微伤。在侦查阶段，田某委托诉讼代理人向公安机关提出赔偿要求，经调解，由吴某一次性付给田某人民币5万元。人民检察院对吴某以故意伤害罪向中级人民法院提起公诉。此时田某同时向人民法院提起了附带民事诉讼，人民法院受理了该案。附带民事诉讼的原告田某要求被告人吴某赔偿因犯罪行为造成自己身体伤害所支付的医药费5 600元，张某的丧葬费7 800元，抚养费、赡养费52 000元，精神损失费及与厂家未能签成一份购销合同带来的经济损失共计人民币20万元。一审人民法院组成合议庭开庭审理了此案。吴某提出审判员甲是被害人张某的侄子，要求其回避。合议庭认为张某已经死亡，不是本案的当事人，故不符合刑事诉讼法规定的回避条件，驳回了吴某的回避申请。

【问题】

(1) 田某委托诉讼代理人的时间是否符合法律规定？为什么？

(2) 本案中人民法院驳回吴某的回避申请是否正确？为什么？

【解析】

(1) 田某委托诉讼代理人的时间不符合法律规定。田某作为附带民事诉讼当事人，不能在侦查阶段委托诉讼代理人。

(2) 本案中人民法院驳回吴某的回避申请不正确，因为张某虽死亡，但田某与张某的侄子有姻亲关系，也即存在利害关系，可能影响公正审判。

第六章　刑事管辖

本章主要介绍人民法院、人民检察院、公安机关三者在立案管辖上的分工和人民法院的审判管辖分工。审判管辖又包括级别管辖、地区管辖、专门管辖。学习重点是：检察院的立案管辖；中级人民法院的管辖；地区管辖。学习难点是：管辖冲突的解决；涉外管辖。本章的学术热点是：自诉案件的范围；区际刑事管辖等。

第一节　管辖概述

一、管辖的概念

刑事诉讼中的管辖，是指国家专门机关在受理刑事案件职权范围上的分工，是对刑事诉讼中公权力运行边界的一种限定。在我国，刑事管辖具体指公安机关、人民检察院和人民法院相互之间以及人民法院内部在受理或审判刑事案件范围上的权限划分。我国刑事管辖所要解决的问题有两个：一个是公安机关、人民检察院和人民法院在直接受理刑事案件上如何分工；另一个是人民法院系统内部，各级、各地人民法院之间，普通人民法院与专门法院之间在审判第一审刑事案件上如何进行分工。刑事管辖从对象来看，是对案件范围的划分，要具体明确哪些案件归哪个机关直接立案受理；从主体来看，则是处理案件的司法权力的划分，这种权力称为管辖权。我国公、检、法三机关的司法管辖权是不同的，各机关只能在法律规定的权限范围内进行司法活动，对于不属于自己管辖的案件，则无权受理。

二、管辖的划分根据

由于管辖的划分关系到刑事诉讼能否顺利的开展和进行，也关系到刑事诉讼的公正与效率的实现，因此，如何确定具体案件的管辖权，确定管辖应考虑哪些因素，是立法工作首先必须要思考的问题。刑事管辖的划分绝不是立法者的随心所欲。从有利于刑事诉讼顺利进行，有利于完成刑事诉讼任务的角度考虑，刑事管辖通常是根据如下因素来划分与确定的：

(1) 确保办案的质量。案件质量也就是案件办理的对与错，是刑事司法的生命线，它与国家法治和社会稳定密切相关，更直接关乎公民的生命、自由、财产和权利的存废得失。因此，刑事管辖的划分，首先必须考虑要保证案件的质量，尽可能防止或减少差错。为此，在管辖的确定上，一是突出办案的专业性，如国家安全机关侦查危害国家安全的案件，海关侦查走私犯罪案件，都能充分发挥其侦查的专业优势，比原来由公安机关侦查效果会更好。二是保证大、要案要适当提高办理机关的级别。一般来说，案件性质恶劣的，罪行情节严重的，案件复杂、涉及面广的，或者可能判处重刑的刑事案件，就由较高级别的公安、司法机关管辖，普通的案件就由基层机关管辖。

(2) 依据部门职能权限进行合理分工。管辖的划分必须要与公、检、法各机关的职责权限相适应，分工要合理，如检察机关就不适宜侦查普通刑事犯罪案件，法院也不宜负担案件的侦查工作。同时，各专门机关在刑事诉讼中的工作量还要均衡、协调，以有利于它们有效地履行各自的职责，准确、及时地查明犯罪事实，正确适用法律，保证办案质量，提高办案效率，完成刑事诉讼法规定的惩罚犯罪，保护人民的根本任务。因此，公、检、法三机关的立案管辖就较好地体现了兼顾职责、合理分工的精神。

(3) 提高诉讼效率。效率是司法的第二生命，失去效率的公正在许多时候是没有意义的。刑事管辖的划分，还必须要体现诉讼的效率，要能够使案件迅速及时地得到解决，避免拖延和造成司法资源的浪费。如犯罪地管辖原则及其延伸的最初受理地管辖原则，就体现了对诉讼效率的追求。

(4) 便利诉讼。便利诉讼既包括诉讼参与人参加诉讼的便利，也包括公安、司法机关进行立案侦查、起诉和审判等刑事诉讼活动的便利。便利诉讼既是刑事诉讼民主化、人性化的表现，也有利于提高诉讼效率，节省财力和时间，还有利于群众参加或旁听案件，将司法置于人民群众的监督之下，从而扩大办案的社会效果。大量的普通刑事案件由基层人民法院管辖，扩大自诉案件的范围，实行犯罪地原则或居住地原则，都是刑事诉讼法在立法上便利诉讼的体现。

(5) 原则性与灵活性相结合。刑事管辖既然是一种权力范围的划分，就应当具有刚性，能够确保法律规定的各项管辖原则得以实现，否则，管辖的划分就是没有意义的。但是，现实中的情况又是千变万化的，制度如果缺少灵活性就缺少了张力。因此，刑事管辖既要有原则性的规定，又要具有一定的灵活性，以应对特殊情况的发生。例如我国《刑事诉讼法》第23条关于上下级人民法院之间变通管辖的规定，第26条关于地区管辖中可以由上级人民法院指定管辖的规定，都体现了在依法管辖的前提下适度灵活的原则，即原则性与灵活性相结合，以利于处理管辖中的争议和例外情况。

三、管辖的意义和分类

管辖是刑事诉讼中一项重要的制度，属于程序范畴，但会直接影响案件的实体处理结果。实践中存在的公安、司法机关争夺管辖权，或者当事人对管辖提出异议的情况，都说明了管辖的重要性。刑事诉讼法明确了刑事案件的管辖具有重要的意义，具体表现为：

1. 有利于明确专门机关的权力和责任

明确刑事案件管辖权，可以使公、检、法三机关在受理和审判刑事案件上分工清楚，责任明确，有助于充分发挥它们各自的职能作用，各司其职，各尽其责，增强它们处理刑事案件的自主性和责任感，防止因权力与职责不明而可能出现的互争管辖或者互相推诿的现象发生，从而保证刑事诉讼活动能够顺利开展。

2. 有利于各级、各地的公安司法机关统筹协调

在管辖明确的情况下，各级、各地、各相关部门之间就容易进行协调沟通，发现刑事案件就可以及时迅速地依照管辖权限予以分工与配合，特别是对于涉及面广的大案、要案，各地都能够迅速反应，通力合作，将原则性与灵活性相结合，保证案件得到正确、及时的处理。

3. 有利于机关、团体等单位和公民个人按照管辖范围进行控告、报案或者举报、自首

管辖明确，也便于社会各界进行控告、报案、举报或者自首，调动人民群众同犯罪作斗争的积极性，防止告状无门；同时也可以避免或者减少因控告、报案或者举报、自首不符合管辖规定而引起的案件移送环节的增多，有利于节省诉讼资源，便于公、检、法三机关调查取证和公民参加诉讼。

管辖的分类是指对管辖从不同的角度所进行的划分。依据法律规定，我国刑事诉讼管辖分为立案管辖和审判管辖两大类。审判管辖又分为普通管辖和专门管辖；普通管辖又进一步分为级别管辖、地区管辖和指定管辖。这样便形成了一套科学的、行之有效的管辖制度和管辖体系。

第二节　立案管辖

一、立案管辖的概念

立案管辖又称部门管辖或职能管辖，是人民法院、人民检察院和公安机关之间，在直接受理刑事案件的职权范围上的分工。立案管辖的根据是部门之间的职责权限。具体地讲，也就是哪些案件由人民法院直接受理审判；哪些案件由人民检察院直接受理立案侦查；哪些案件由公安机关进行立案侦查。立案管辖主要是根据公安、司法机关在刑事诉讼中的职责分工，以及刑事案件的性质、案件的轻重、复杂程度等不同情况确定的。有关立案管辖的法律规定，除了《刑事诉讼法》比较粗略的表述以外，还有最高人民法院、最高人民检察院、公安部、国家安全部、司法部、全国人大常委会法制工作委员会《关于刑事诉讼法实施中若干问题的规定》，最高人民法院、最高人民检察院和公安部也分别以《解释》、《规则》、《规定》的形式，对其加以细化，以指导司法实践。

二、公安机关立案管辖的案件

公安机关立案管辖的案件，也就是公安机关进行立案侦查的案件。从趋势上看，随着市场经济的建立与发达，各种新类型的案件的增多，刑事侦查权正在向专业化方向分化，如国家安全机关、海关、监狱等开始行使相关案件的侦查权，以减缓公安机关面对包罗万象的各种刑事犯罪案件所显示出的专业能力上的局限和警力的不足。侦查权分化的趋势有可能会继续。目前，公安机关立案管辖的刑事案件范围还是非常庞杂的，主要是危害社会治安和公共秩序的普通刑事犯罪，具体来说，是除了法律规定的其他机关立案管辖以外的其他所有的刑事犯罪案件。

这里的其他机关包括人民法院、人民检察院、国家安全机关、军队保卫部门、海关、监狱。凡是这些机关负责立案管辖的案件，公安机关就不管辖，除此之外的其他刑事案件，都归公安机关管辖。从整体看，大多数刑事案件的立案侦查任务还是由公安机关承担的，这是由公安机关的性质与职能所决定的。因为公安机关是国家的治安保卫机关，它拥有相对严密的组织系统，良好的侦查设备、技术设备和人员配备，这又为其承担绝大多数的立案侦查奠定了基础。

依照刑事诉讼法，除了法院和检察院立案的案件以外，享有公安机关侦查职权的其他机关及其立案侦查范围是：①国家安全机关。负责立案侦查危害国家安全的案件。②军队保卫部门。负责立案侦查军队内部的刑事案件。③监狱警察。负责立案侦查监狱内发生的犯罪案件。④海关缉私警察局。负责立案侦查走私犯罪案件。

1996 年《刑事诉讼法》及相关规定，对公、检、法三机关原来的立案管辖分工作了部分调整。具体包括：①涉税犯罪、破坏社会主义市场经济秩序犯罪，由公安机关立案管辖，人民检察院不再受理。②伪证罪、拒不执行判决裁定罪，由以前的法院直接受理改为公安机关立案侦查。③不需要侦查的轻微刑事案件，被害人向人民法院起诉后，人民法院认为证据不足可由公安机关受理的，应当移送公安机关立案侦查。

《公安机关办理刑事案件程序规定》对公安机关内部以及地方公安机关与军队保卫部门之间的立案管辖范围，也作了相对明确的划分。具体包括：

1. 地方公安机关与铁路、交通、民航公安机关之间的管辖分工

铁路、交通、民航系统的机关，厂、段、院、校、所、队、工区等单位发生的刑事案件，车站、港口、码头、机场工作区域内和列车、轮船、民航飞机内发生的刑事案件，铁路建设施工工地发生的刑事案件，铁路沿线、水运航线发生的盗窃或者破坏铁路、水运、通讯、电力线路和其他重要设施的刑事案件，以及内部职工在铁路、交通线上执行任务中发生的案件，分别由发案地铁路、交通、民航公安机关管辖。

2. 地方公安机关与林业公安机关的管辖分工

林业系统的公安机关负责其辖区内的盗伐、滥伐林木，危害陆生野生动物和珍稀植物等刑事案件的侦查；大面积林区的林业公安机关还负责辖区内其他刑事案件的侦查。未建立专门林业公安机关的，由所在地公安机关管辖。

3. 公安机关和军队互涉刑事案件的管辖分工

(1) 军人在地方作案的，当地公安机关应当及时移交军队保卫部门侦查。

(2) 地方人员在军队营区作案的，由军队保卫部门移交公安机关侦查。

(3) 军人与地方人员共同在军队营区作案的，以军队保卫部门为主组织侦查，公安机关配合；共同在地方作案的，以公安机关为主组织侦查，军队保卫部门配合。

(4) 现役军人入伍前在地方作案，依法应当追究刑事责任的，由公安机关侦查，军队保卫部门配合。

(5) 军人退出现役后，发现其在服役期间在军队营区作案，依法应当追究刑事责任的，由军队保卫部门侦查，公安机关配合。

(6) 军人退出现役后，在离队途中作案的，以及已经批准入伍尚未与军队办理交接手续的新兵犯罪的，由公安机关侦查。

(7) 属于地方人民武装部门管理的民兵武器仓库和军队移交或者出租、出借给地方单位使用的军队营房、营院、仓库、机场、码头，以及军队和地方人员混居的军队宿舍区发生的非侵害军事利益和军人权益的案件，由公安机关侦查，军队保卫部门配合。

(8) 军队在工商行政管理部门登记注册，实行企业化经营管理的公司、厂矿、宾馆、饭店、影剧院，以及军队和地方合资经营的企业发生的案件，由公安机关侦查，军队保卫部门配合。

(9) 公安机关和武装警察部队互涉刑事案件的管辖分工依照公安机关和军队互涉刑事案件的管辖分工的原则办理。列入武装警察部队序列的公安边防、消防、警卫部门，以及武警黄金、交通、水电、森林部队人员的犯罪案件，由公安机关管辖。

三、人民检察院立案管辖的案件

人民检察院立案管辖的案件：
- ①贪污贿赂犯罪
- ②国家机关工作人员的渎职犯罪
- ③国家机关工作人员利用职权实施的侵犯公民人身权利和民主权利的犯罪
- ④国家机关工作人员利用职权实施的其他重大的犯罪案件

我国《刑事诉讼法》第18条第2款规定：“贪污贿赂犯罪，国家工作人员的渎职犯罪，国家机关工作人员利用职权实施的非法拘禁、刑讯逼供、报复陷害、非法搜查的侵犯公民人身权利的犯罪以及侵犯公民民主权利的犯罪，由人民检察院立案侦查。对于国家机关工作人员利用职权实施的其他重大的犯罪案件，需要由人民检察院直接受理的时候，经省级以上人民检察院决定，可以由人民检察院立案侦查。”据此，人民检察院直接受理并自行侦查的案件有以下四类：

1. 贪污贿赂犯罪案件

贪污贿赂案件是指我国刑法分则第八章规定的犯罪和其他章明确规定依照《刑法》第八章相关条文定罪处罚的犯罪案件。具体包括贪污案、挪用公款案、受贿案、行贿案、单位行贿案、对单位行贿案、介绍贿赂案、单位受贿案、巨额财产来源不明案、隐瞒境外存款案、私分国有资产案、私分罚没财物案等。

2. 国家机关工作人员的渎职犯罪案件

渎职犯罪的主体在我国《刑事诉讼法》第18条中是“国家工作人员”，随着《刑法》的修订而被改为“国家机关工作人员”。由检察机关立案侦查的渎职犯罪案件，是指我国刑法分则第九章规定的犯罪，如滥用职权案，玩忽职守案，民事、行政枉法裁判案，私放在押人员案，徇私舞弊不移交刑事案件案，国家机关工作人员签订、履行合同失职被骗案，故意或过失泄露国家秘密案等。

3. 国家机关工作人员利用职权实施的侵犯公民人身权利和民主权利的犯罪案件

此类案件包括非法拘禁案、非法搜查案、刑讯逼供案、报复陷害案、暴力取证案、虐待被监管人案、破坏选举案、非法剥夺宗教信仰自由案、侵犯少数民族风俗习惯案等。

4. 国家机关工作人员利用职权实施的其他重大的犯罪案件，需由人民检察院直接受理的，经省级以上人民检察院决定，可以由人民检察院立案侦查

此类案件由人民检察院立案管辖，需要具备四个条件：①必须是国家机关工作人员利用职权实施的；②是上述三类犯罪案件以外的重大的犯罪案件；③需要由人民检察院立案管辖；④经过省级以上人民检察院审查决定。刑事诉讼法这一规定，既可以弥补立案管辖上可能的疏漏，又可以限制人民检察院在立案管辖上权力的肆意扩张，体现了立案管辖中原则性和灵活性的结合。

从上述内容看，人民检察院直接受理侦查的刑事案件，都是国家机关工作人员职务方面的犯罪或者利用职权实施的犯罪案件，体现了人民检察院的法律监督职能。

最高人民检察院对于检察机关自行立案侦查的案件，又作了更为具体的规定。包括两个方面：一是上下级检察机关之间的分级立案侦查的制度。分级立案侦查的规定是：最高人民检察院负责全国性的重大案件；省级人民检察院负责全省性的重大案件；州、市人民检察院负责辖区内的重大案件；基层人民检察院负责辖区内的案件。上级人民检察院在必要时，可以直接侦查或组织指挥、参与下级人民检察院管辖的案件侦查工作，也可以将自己管辖的案件交由下级人民检察院侦查，下级人民检察院也可以请求将自己管辖的案件移送上级人民检察院侦查。二是同级人民检察院之间的立案管辖分工。其规定是：对于国家机关工作人员职务犯罪案件，一般由犯罪嫌疑人工作单位所在地的人民检察院管辖，其他人民检察院管辖更为适宜的，也可以由其他人民检察院管辖。遇有管辖权争议的，报由共同的上级人民检察院指定管辖。

四、人民法院立案管辖的案件

人民法院立案管辖的案件，是指不需要经过公安机关或人民检察院立案侦查，不经人民检察院提起公诉，而由自诉人或其法定代理人或者近亲属直接向人民法院起诉，由人民法院立案后直接给予审判的案件。在刑事诉讼中，被害人及其法定代理人或其近亲属直接向人民法院提起诉讼的案件，称为自诉案件。人民法院直接立案管辖的案件也只限于自诉案件。因为公诉案件在由人民检察院向法院提起公诉时，就已经经过公安机关

或人民检察院的立案和侦查，不需要人民法院再立案；而自诉案件不同，自诉案件只是起诉到法院之后才立案进入刑事诉讼程序，此前没有经过立案，所以需要人民法院给予立案管辖。自诉案件包括以下三类：

1. 告诉才处理的犯罪案件

告诉才处理的犯罪案件又称不告不理案，是指被害人或其法定代理人向人民法院提起控告或起诉，人民法院才受理的案件。这类案件实行不告不理原则，即没有被害人或其代理人的控告，或者被害人撤回控告的，人民法院不予受理。这类案件要求告诉或者称起诉、控告，必须是被害人或其法定代理人真实的意思表示，如果被害人因受到强制、威胁或行动不便等原因而无法告诉的，人民检察院或被害人的亲友也可以代为告诉。这类案件包括：侮辱、诽谤案，暴力干涉婚姻自由案，虐待案，侵占案。

2. 被害人有证据证明的轻微刑事犯罪案件

这类案件是自诉、公诉两可的案件，也就是说，可以由被害人一方直接向人民法院提起自诉，由法院立案审判，也可以由公安机关立案侦查。这类案件使自诉案件的范围得到了很大的扩展，既增强了被害人的自主性和程序选择权，又节省了诉讼资源，提高了刑事诉讼的效率。作为自诉案件的理由是，案件事实清楚明了，情节轻微，被告人明确并且没有逃跑，被害人有证据证明犯罪事实，因而不需要公安机关立案侦查。如果犯罪轻微但需要侦查，被害人提出要求的，则应由公安机关立案侦查，由人民检察院提起公诉。

依据最高人民法院、最高人民检察院、公安部、国家安全部、司法部、全国人大常委会法制工作委员会《关于刑事诉讼法实施中若干问题的规定》，被害人有证据证明的轻微刑事犯罪的案件包括：①故意伤害案（轻伤）；②重婚案；③遗弃案；④妨害通信自由案；⑤非法侵入他人住宅案；⑥生产、销售伪劣商品案件（严重危害社会秩序和国家利益的除外）；⑦侵犯知识产权案件（严重危害社会秩序和国家利益的除外）；⑧属于刑法分则第四章、第五章规定的，对被告人可以判处 3 年有期徒刑以下刑罚的其他轻微刑事案件。

上述所列八项案件中，被害人直接向人民法院起诉的，人民法院应当依法受理。对于其中证据不足，可由公安机关受理的，或者认为对被告人可能判处 3 年有期徒刑以上刑罚的，应当移送公安机关立案侦查。被害人向公安机关控告的，公安机关应当受理。被害人无证据或者证据不充分的，人民法院应当说服其撤诉或者裁定驳回起诉。必要时，人民法院也可以将案件移送公安机关处理。

3. 公诉转自诉的案件

公诉转自诉的案件，即被害人有证据证明对被告人侵犯自己人身、财产权利的行为应当依法追究刑事责任，而公安机关或者人民检察院不予追究被告人刑事责任的案件。这类自诉案件是 1996 年刑事诉讼法首次确定的，是在国家放弃刑事追诉权之后将起诉权交还被害人的开明之作。其意义在于，一方面可以有效保护刑事被害人的诉讼参与权，体现其诉讼的主体性，切实维护其合法权益；另一方面监督、制约国家侦查权、公诉权的实施。用自诉权监督公诉权、补充公诉权，以有效地打击刑事犯罪。

明确公诉转自诉的条件是衔接好公诉、自诉程序转换的关键。公诉转自诉案件需要具备四个条件：一是被害人应当提供证据证明确实存在犯罪事实；二是被告人的行为依法应当追究刑事责任，即不属于我国《刑事诉讼法》第15条规定的不予追究刑事责任的情形；三是被告人侵犯的是被害人自己的人身权利或财产权利；四是公安机关或人民检察院不予追究被告人的刑事责任，即公安机关、人民检察院已经作出了不立案、撤销案件、不起诉等不予追究被告人刑事责任的书面决定。

五、公、检、法三机关立案管辖的衔接

刑事诉讼法关于立案管辖的规定，明确划分了公安机关、人民检察院、人民法院和其他机关在立案受理刑事案件范围上的权限分工，各机关都必须严格认真执行，既不能越权、侵权，也不能懈怠渎职。但是，由于公民在控告、举报、报案时，并不总能够与法律规定的各机关的立案管辖权限相对应，如到公安机关举报的案件可能并不属于公安机关立案管辖，到法院控告的案件并不属于自诉案件，为了及时有效地发现和打击犯罪，鼓励人民群众积极与犯罪行为作斗争，我国《刑事诉讼法》第84条第3款对立案管辖作了变通规定："公安机关、人民检察院或者人民法院对于报案、控告、举报，都应当接受。对于不属于自己管辖的，应当移送主管机关处理，并且通知报案人、控告人、举报人；对于不属于自己管辖而又必须采取紧急措施的，应当先采取紧急措施，然后移送主管机关。"

六、公、检、法三机关的管辖冲突

立案管辖冲突是指在立案管辖上，两个以上的机关同时对某一个案件享有管辖权的情况。实践中如果存在立案管辖冲突的情况，应当按照六部委《关于刑事诉讼法实施中若干问题的规定》中的第6条办理：

⑴ 公安机关侦查刑事案件涉及人民检察院管辖的贪污贿赂案件时，应当将贪污贿赂案件移送人民检察院。人民检察院侦查贪污贿赂案件涉及公安机关管辖的刑事案件时，应当将属于公安机关管辖的刑事案件移送公安机关。

⑵ 在案件不可分别办理的情况下，应当协商解决。一般由对主要犯罪享有管辖权的机关为主侦查，如果难以区分主罪与次罪，则由最先受理的机关为主侦查。如果涉嫌主罪属于公安机关管辖，由公安机关为主侦查，人民检察院予以配合；如果涉嫌主罪属于人民检察院管辖，由人民检察院为主侦查，公安机关予以配合。换句话说，就是分清主罪和次罪（性质较严重或者刑罚较重的为主罪）后再确定管辖。比如犯贪污罪和故意伤害罪，如果贪污罪刑罚较重，则主要由人民检察院管辖；如果故意伤害罪刑罚较重，则主要由公安机关管辖。

第三节 审判管辖

审判管辖，是指普通人民法院之间、普通人民法院与专门法院之间以及专门法院之间在审判第一审刑事案件上的权限分工。法院有上下级和地区之分，审判管辖就是解决不同法院之间的管辖分工。根据《刑事诉讼法》第 19—27 条的规定，我国刑事审判管辖可分为普通管辖和专门管辖，而普通管辖又分为级别管辖、地区管辖和指定管辖。

一、级别管辖

级别管辖是指各级人民法院在审判第一审刑事案件上的权限划分。级别管辖所要解决的是上下级人民法院各自审判哪些第一审案件的问题，因此，级别管辖也称为审判管辖权的纵向划分。我国刑事审判实行四级两审制，“四级”是指人民法院从高到低分为四级，有最高人民法院、高级人民法院、中级人民法院和基层人民法院，“两审”是指我国的刑事审判实行两审终审制。级别管辖是确定刑事案件的第一审由哪一级法院负责，确定一审法院之后，二审法院就非常明确了，就是一审法院的上一级法院。我国刑事诉讼法对级别管辖的具体分工是：

级别管辖
- 最高法院：全国性重大案件
- 高级法院：全省性重大案件
- 中级法院：共有四类案件 →
  - 危害国家安全的案件
  - 死刑、无期徒刑案件
  - 外国人犯罪的案件
  - 海关侦查的犯罪案件
- 基层法院：上述以外的案件

1. 基层人民法院管辖的第一审刑事案件

基层人民法院管辖的第一审刑事案件是除了上级人民法院管辖的第一审刑事案件以外的其他所有的普通刑事案件。我国《刑事诉讼法》第 19 条规定：“基层人民法院管辖第一审普通刑事案件，但是依照本法由上级人民法院管辖的除外。”基层人民法院实际上承担着绝大多数刑事案件的审判任务，这是因为基层人民法院的任务单一，只是审判案件，在人民法院组织体系中数量也最多，而且案件的发生地都在其辖区内，由其进行审判，便于诉讼参与人参加诉讼，便于法院调查核实证据和审判，也便于人民群众旁听审判，接受法制教育。

2. 中级人民法院管辖的第一审刑事案件

根据我国《刑事诉讼法》第 20 条的规定，中级人民法院管辖的第一审刑事案件有四类：①危害国家安全的犯罪案件；②可能判处无期徒刑、死刑的普通刑事案件；③外国人犯罪的案件[①]；④海关侦查的犯罪案件。

上述四类案件或是性质严重、案情重大、影响面广，或是涉及国家的外交政策和国际关系，或是量刑较重，由中级人民法院进行第一审审判，有利于确保办案质量，实现法律效果与社会效果的统一。从数量上看，中级人民法院审判的第一审刑事案件不多，这是因为，中级人民法院还承担有第二审审判和审判监督审的任务，还要对下级人民法院的工作进行指导、检查与监督。

3. 高级人民法院管辖的第一审刑事案件

高级人民法院管辖的第一审刑事案件是全省（自治区、直辖市）性的重大刑事案件。包括两个特征：第一，在全省（自治区、直辖市）有重大影响；第二，犯罪特别严重。这一管辖范围是很原则、模糊的，完全由高级人民法院或者最高人民法院斟酌把握。高级人民法院可以自行决定按照一审程序审理或不审理某个案件，最高人民法院也可以指令高级人民法院一审审理某个案件或者将某个案件移交其他法院进行一审审判。从实践中看，高级人民法院审判的一审刑事案件数量很少，一般仅为涉及党和国家高级干部如省部级或国家级干部犯罪的案件。我国刑事诉讼法虽然没有根据被告人的身份级别划分管辖，但被告人的身份级别往往决定着刑事犯罪危害性的大小和案件影响力的范围，如果是省级领导干部涉嫌犯罪，其影响就可能是全省性的。

4. 最高人民法院管辖的第一审刑事案件

最高人民法院管辖的第一审刑事案件是全国性的重大刑事案件。事实上，由最高人民法院审判的第一审刑事案件十分罕见，自新中国成立后，最有影响的是林彪、“四人帮”反革命集团案件是由最高人民法院设置特别审判庭进行一审审判的。最高人民法院是国家最高审判机关，主要任务是监督地方各级人民法院和专门法院的审判工作，并负责对在审判过程中如何具体应用法律的问题进行解释，还要审判对下级人民法院、专门法院裁判的上诉、抗诉案件和最高人民检察院按照审判监督程序提出的抗诉案件，核准死刑案件等，工作量十分繁重。因此，立法上要求最高人民法院审理的第一审刑事案件，仅为全国性的重大刑事案件。

5. 级别管辖的变通

我国刑事诉讼法在对人民法院的级别管辖作出原则性规定后，为保证案件正确及时的处理，又赋予人民法院在级别管辖中一定的变通处置权，从而将原则性与灵活性有机地结合起来。最高人民法院在司法解释中又进一步对一些特殊情况的级别管辖作了规定。这些变通办法具体有如下方面：

(1) 上级人民法院在必要的时候可以审判下级人民法院管辖的第一审刑事案件；下级人民法院认为案情重大复杂，需要由上级人民法院审判的第一审刑事案件时，可以请求移送上一级人民法院审判。这里的灵活性体现为管辖权“上移”而不能“下移”，即只能提高审级，将本属于下级人民法院管辖的第一审刑事案件转由上级人民法院审判，以确保审判质量，防止上级人民法院将其审判的一审案件大量下放。在程序上，上级人

① 刑事自诉案件的自诉人、被告人一方或者双方是在港、澳、台居住的中国公民或者其住所地是在港、澳、台的单位的，由犯罪地的基层人民法院审判。

民法院需要审理下级人民法院管辖的第一审刑事案件的，应当向下级人民法院下达改变管辖决定书，并书面通知同级人民检察院。

(2) 基层人民法院对已经受理的公诉案件，如认为可能判处死刑、无期徒刑的，应当请求移送中级人民法院审判。请求移送的，应当经合议庭报请院长决定后，在案件审理期限届满 15 日以前书面请求移送。中级人民法院应当在接到移送申请 10 日内作出决定。

中级人民法院不同意移送的，应当向该基层人民法院下达不同意移送决定书，由该基层人民法院依法审判；同意移送的，应当向该基层人民法院下达同意移送决定书，并书面通知同级人民检察院。基层人民法院接到上级人民法院同意移送决定书后，应当通知同级人民检察院和当事人，并将起诉材料退回同级人民检察院。

(3) 有管辖权的人民法院因案件涉及本院院长需要回避等原因，不宜行使管辖权的，可以请求上一级人民法院管辖；上一级人民法院也可以指定与提出请求的人民法院同级的其他人民法院管辖。

(4) 人民检察院认为可能判处无期徒刑、死刑而向中级人民法院提起公诉的普通刑事案件，中级人民法院受理后，认为不需要判处无期徒刑以上刑罚的，可以依法审判，不再交由基层人民法院审理。

(5) 一人犯数罪、共同犯罪和其他需要并案审理的案件，只要其中一人或者一罪属于上级人民法院管辖的，就应当全案交由上级人民法院管辖。

二、地区管辖

地区管辖是指同级人民法院之间在审判第一审刑事案件上的权限划分。这是对审判管辖权的横向划分，所要解决的是第一审刑事案件审判权的最终地点问题。我国刑事诉讼法确定的地区管辖的原则是：

1. 犯罪地人民法院管辖为主，被告人居住地人民法院管辖为补充

我国《刑事诉讼法》第 24 条规定，刑事案件由犯罪地的人民法院管辖。如果由被告人居住地的人民法院审判更为适宜的，可以由被告人居住地的人民法院管辖。

所谓犯罪地，是指犯罪行为发生地，一般包括犯罪行为预备地、犯罪行为实施地、犯罪结果发生地和销赃地等。按照最高人民法院的司法解释，以非法占有为目的的财产犯罪，犯罪地包括犯罪行为发生地和犯罪分子实际取得财产的犯罪结果发生地。

在确定地区管辖时之所以首先考虑犯罪地，以犯罪地法院管辖为主，是因为犯罪地是进行犯罪活动的地方，便于公安、司法机关就地调查、核实证据，正确及时地处理案件，便于诉讼参与人参加诉讼活动，便于当地群众旁听，也便于结合案件进行法制宣传教育。由于我国地域辽阔，人口流动较大，案件情况复杂，犯罪分子流窜作案、结伙作案、多次作案呈增长趋势，因此，仅规定犯罪地人民法院管辖原则，有时难以解决地区管辖问题，特别是在犯罪地不明的情况下。所以，刑事诉讼法规定在更为适宜时，也可以由被告人居住地的人民法院管辖。所谓更为适宜，一般是指：①被告人流窜作案，主要犯罪地难以确定，而居住地群众更为了解其犯罪情况的；②被告人在居住地民愤极

大，当地群众要求在居住地进行审判的；③可能对被告人适用缓刑、管制或者单独适用剥夺政治权利等刑罚，因而需要在其居住地执行的，等等。

单位犯罪的管辖。单位犯罪的刑事案件，由犯罪地的人民法院管辖。如果由被告单位住所地的人民法院管辖更为适宜的，可以由被告单位住所地的人民法院管辖。最高人民检察院在《刑事诉讼规则》中规定："国家工作人员职务犯罪案件，由犯罪嫌疑人工作单位所在地的人民检察院管辖；如果由其他人民检察院管辖更为适宜的，可以由其他人民检察院管辖；对管辖权有争议的，由共同的上级人民检察院指定管辖。"

2. 在几个同级人民法院都有权管辖的情况下，由最初受理的人民法院审判；在必要的时候，可以移送主要犯罪地的人民法院审判

该原则只适用于在几个同级人民法院都有管辖权的情况下。几个同级人民法院都有管辖权的情形包括：犯罪地人民法院与被告人居住地人民法院不在一地的；一个案件同时存在几个犯罪地的。在几个同级人民法院都有管辖权的情况下，刑事诉讼法进一步规定，案件由最初受理的人民法院审判。最初受理的人民法院既可以是犯罪地的人民法院，也可以是被告人居住地的人民法院，法律在此没有给予限定。由最初受理的人民法院审判，既可以避免因管辖争议或者相互推诿而耽误审判的及时进行，又符合诉讼经济原则，因为最初受理的人民法院对案件情况有所了解并进行了部分的审理工作。但在必要的时候，最初受理的人民法院也可以把案件移送主要犯罪地的人民法院审判。所谓必要的时候，是指对查清主要犯罪事实以及及时处理案件更为有利的时候。主要犯罪地，既包括案件涉及多个地点时对该犯罪的成立起主要作用的行为地，也包括一人犯数罪时主要罪行的实施地，还可指一个犯罪中主要情节的发生地。

3. 特殊地区管辖

(1) 我国参加的国际条约所规定的罪行，由被告人抓获地的中级人民法院管辖。

(2) 中国公民在驻外的中国使馆内犯罪的，由该公民主管单位所在地或其原户籍所在地的人民法院管辖。

(3) 中国公民在中国领域外犯罪的，由该公民离境前的居住地或原户籍地人民法院管辖。

(4) 外国人在中国领域外对中国公民犯罪应受处罚的，由该外国人入境地的中级人民法院管辖。

(5) 在中国领域外的中国船舶内的犯罪，由该船舶最初停泊的中国口岸所在地的人民法院管辖。

(6) 在中国领域外的中国航空器上的犯罪，由该航空器在中国的最初降落地人民法院管辖。

(7) 在国际列车上的犯罪，按我国与相关国家签订的协定确定管辖。没有协定的，由犯罪后该列车最初停靠的中国车站所在地或目的地的铁路运输法院管辖。

(8) 刑事自诉案件的自诉人、被告人一方或双方是在港、澳、台居住的中国公民或单位的，由犯罪地的基层人民法院审判。港、澳、台同胞告诉的，应当出示港、澳、台居民身份证、回乡证或者其他能证明本人身份的证件。

(9) 发现漏罪的管辖。发现正在服刑的罪犯在判决宣告前还有其他犯罪没有受到审

判的，由原审人民法院管辖；如果罪犯服刑地或者新发现罪的主要犯罪地的人民法院管辖更为适宜的，可以由服刑地或者新发现罪的主要犯罪地的人民法院管辖。正在服刑的罪犯在服刑期间又犯罪的，由服刑地的人民法院管辖。

(10) 发现新罪的管辖。正在服刑的罪犯在服刑期间犯罪的，由服刑地人民法院管辖；在脱逃期间，如果是在犯罪地发现并抓获的，由犯罪地人民法院管辖；如果是缉捕押解回监狱后发现的，由服刑地人民法院管辖。

三、指定管辖

在实践中，有时会发生人民法院因管辖界限不明而出现争议或者推诿，或者有管辖权的法院不宜行使管辖权的现象，为了使案件得到及时、公正的审判，立法上赋予了上级人民法院指定管辖的权力。我国《刑事诉讼法》第26条规定："上级人民法院可以指定下级人民法院审判管辖不明的案件，也可以指定下级人民法院将案件移送其他人民法院审判。" 最高人民法院在司法解释中要求：对管辖权发生争议的，应当在审限期内协商解决；协商不成的，由争议的人民法院分别逐级报请共同的上一级人民法院指定管辖。

实践中常见的指定管辖有以下几种情形：

(1) 地区管辖不明的刑事案件。例如，犯罪案件发生在两个法院管辖范围的交界处，或者犯罪地不能确定，被告人又无固定居住地的，为避免因地区管辖不明造成案件没有法院受理的情况，这类案件可由它们的共同上级法院指定某个下级人民法院审判。

(2) 无管辖权的人民法院错误管辖而需要移送有管辖权的法院的。

(3) 有管辖权的几个同级人民法院因移送案件发生争议的。

(4) 有管辖权的人民法院由于特殊原因不能行使管辖权的。

(5) 上级人民法院认为由其他人民法院审判更有利于正确、及时处理案件的。

(6) 对于共同犯罪不在同一地区抓获的犯罪嫌疑人，原则上应并案处理，由主犯抓获地人民法院就整个案件进行审判；主犯从犯难以确认的，可由主要犯罪地人民法院审判；发生争执的，报其共同上级法院指定。

上级人民法院指定管辖的，应当将指定管辖决定书分别送达被指定管辖的人民法院和其他有关的人民法院。

原受理案件的人民法院，在收到上级人民法院指定其他人民法院管辖决定书后，不再行使管辖权。对于公诉案件，应当书面通知提起公诉的人民检察院，并将全部案卷材料退回，同时书面通知当事人；对于自诉案件，应当将全部案卷材料移送被指定管辖的人民法院，并书面通知当事人。

四、专门管辖

专门管辖是指专门法院之间、专门法院与普通人民法院之间审判第一审刑事案件的权限划分。我国有权审理刑事案件的专门法院有：军事法院和铁路运输法院。

1. 军事法院管辖的刑事案件

军事法院管辖的刑事案件，主要是违反军人职责罪案件、现役军人的犯罪案件、在军队编制服务的无军职人员的犯罪案件、普通公民危害与破坏国防军事利益的犯罪案件。

如果现役军人（含在编职工）和非军人共同犯罪的，分别由军事法院和地方人民法院管辖。但涉及国家军事秘密的，则全案由军事法院管辖。如下案件应由地方人民法院或其他专门法院管辖：非军人、随军家属在部队营区犯罪的案件，军人办理退役手续后犯罪的案件，现役军人入伍前犯罪的（需与服役期内犯罪一并审判的除外）案件，退役军人在服役期内实施的军人违反职责罪以外的犯罪案件。

军队与地方互涉的刑事案件，由军队保卫机关与地方公安机关联合侦查，在查清事实的基础上，军人交由军队司法机关审判，地方人员交由地方司法机关审判。

2. 铁路运输法院管辖的刑事案件

铁路运输法院管辖的刑事案件主要是铁路运输系统公安机关负责侦破的刑事案件。如危害和破坏铁路交通和安全设施的犯罪案件，铁路职工职务上犯罪的案件，在铁路沿线道轨内、火车内、站台上发生的犯罪案件等。铁路运输法院与地方法院因管辖不明而发生争议的，一般由地方各级人民法院管辖。

案例分析

【案情】张某、李某二人合伙作案，先在甲县盗窃一辆大巴车，然后沿着一条公路实施抢劫，在乙县和丙县境内各抢劫作案一次，最后在丁市销赃时被抓获。

【问题】此案应由哪个地方的哪些机关受理？

【解析】本案涉及多个地方，显然，应当首先确定审判管辖的地点。按照刑事诉讼法的规定，刑事案件的地区管辖划分是：A. 一般由犯罪地的法院管辖，必要时可由被告人居住地法院管辖。B. 在几个同级法院都有权管辖的情况下，由最初受理地或者主要犯罪地的法院管辖。当然应当优先考虑 A，然后再考虑 B。那么具体到本案，我们可这样分析：

第一，甲、乙、丙三地是犯罪行为地，丁地是销赃地，四地都是犯罪地，因此四地的法院对此案都有管辖权。

第二，四个地方都是犯罪地，且没有告诉被告人居住地，因此，根据犯罪地原则和居住地原则均无法具体地确定管辖。

第三，本案涉及一次盗窃，二次抢劫，犯罪行为严重程度无明显轻重之分，即主要犯罪地不明显，因此，本案由最初受理地的法院审判较为合适，即本案应由丁市的法院进行一审。

第四，我们对案件的分析到此还没完，我们还应该将级别管辖考虑进去。这是一个连续多次实施盗窃、抢劫的恶性案件，属于《刑法》第 263 条抢劫罪的加重情形之四：

多次抢劫或者抢劫数额巨大的；第 264 条盗窃罪的盗窃数额特别巨大的情形，有可能会判处无期徒刑以上刑罚，因而，根据级别管辖的规定，该案应由丁市所在地的中级人民法院进行一审审判。

第五，法律虽然只规定审判管辖，但实际上也连带了侦查和审查起诉的管辖。在确定了管辖的一审法院后，相应地，对该案的侦查和审查起诉，也就由管辖法院对应的公安、检察机关负责。该案属于普通刑事犯罪案件，其侦查机关是地方公安机关。综合运用刑事管辖的知识，可以得出的结论就是：本案应该由丁市所在地的地市级公安机关立案侦查，由地市级人民检察院审查起诉，由当地的中级人民法院进行一审审判。

第七章　刑事强制措施

本章主要内容是刑事强制措施的概念、特征和适用原则，拘传、取保候审、监视居住、拘留、逮捕五种刑事强制措施。学习重点是：刑事强制措施的适用原则；取保候审的适用情形及要求；拘留的适用情形和程序；逮捕的适用条件与程序。学习难点是：拘留的条件；拘留的期限；逮捕的程序；逮捕与拘留的区别。本章的学术热点是：令状主义和司法审查制度；协调“两指”、“双规”[①]与刑事强制措施之间的关系；刑事强制措施的改革等。

第一节　刑事强制措施概述

一、刑事强制措施的概念和特征

1. 刑事强制措施的概念

刑事诉讼中的强制措施，是指公安机关、人民检察院、人民法院为了保证刑事诉讼的顺利进行，依法对犯罪嫌疑人和被告人采用的限制或剥夺人身自由的各种强制方法。在我国，刑事强制措施与强制性措施是不同的，强制性措施包括一切具有强制特性的诉讼措施，如搜查、扣押、查封、冻结、强制性的人身检查等。而这里所讲的强制措施，仅仅是针对人身所采用的部分措施，包括拘传、取保候审、监视居住、拘留和逮捕五种。

2. 刑事强制措施的特征

我国的刑事强制措施具有如下特征：

(1) 有权适用强制措施的主体仅限于公安机关（包括法律规定的其他侦查机关）、人民检察院和人民法院。除公安机关、人民检察院和人民法院之外，任何其他国家机

① 我国《监察法》第20条规定：监察机关在调查违反行政纪律行为时，可以根据实际情况，责令有违反行政纪律嫌疑的人员在指定的时间、地点就调查事项涉及的问题作出解释和说明，但是不得对其实行拘禁或变相拘禁，此即所谓的“两指”。在党纪检查文件中，类似的规定被表述为规定的时间、规定的地点，此即所谓的“双规”。参见陈光中，张小玲. 中国刑事强制措施制度的改革与完善. 政法论坛，2003，21(5)：131

关、社会团体和个人都无权实施强制措施，否则就构成对公民权利的侵犯，严重的将构成犯罪。在我国，纪检监察机关、政法委、人大、司法行政机关等都无权采用强制措施，警察、法官、检察官以个人名义也不得采用。

(2) 强制措施适用的对象仅限于犯罪嫌疑人、被告人。由于强制措施涉及对公民人身自由的限制或者剥夺，因此，只能适用于特定的对象，不得扩大适用范围，不得对其他诉讼参与人或者案外人适用。

(3) 强制措施适用的目的是为保证诉讼的顺利进行，防止犯罪嫌疑人或被告人逃跑、自杀、毁灭罪证或者继续犯罪，而不是对其进行惩罚。在我国，刑事诉讼没有缺席审判制度，若被告人逃跑，审判就无法进行。强制措施的适用只是为了防止发生危险，而不具有惩罚性，与刑罚和行政处罚具有本质上的区别，因此在实践中，用“公捕大会”的形式公开实施拘留或逮捕的做法是错误的。

(4) 强制措施的形式是对人身自由的限制或剥夺。我国的刑事强制措施仅限于对人身自由的限制或临时性剥夺，不包括对物的强制如查封、扣押、冻结等。

(5) 强制措施是刑事法定措施。刑事强制措施只适用于刑事诉讼中，而且，强制措施的种类、适用主体、适用对象、适用条件和程序等，都由法律给予明确规定，因此，必须按照法律严格执行。

二、刑事强制措施与刑罚、行政拘留的区别

1. 刑事强制措施与刑罚的区别

从形式上看，刑事强制措施与刑罚在对人身自由予以限制或剥夺方面，具有相似之处。强制措施中的逮捕、拘留也是羁押，与剥夺自由的刑罚如徒刑在强制的程度上相同，因此，在法院判处刑罚之后，先行羁押的期间是要折抵刑罚的，先行羁押一日折抵刑期一日。但是，刑事强制措施与刑罚是有本质上的区别的，主要区别在于：

(1) 性质不同。刑事强制措施是一种程序性预防措施，不具有惩罚的意义或作用；而刑罚则是一种严厉的惩罚手段，是犯罪者所承担的一种法律责任或后果。

(2) 对象不同。刑事强制措施适用于未决犯，是针对犯罪嫌疑人、被告人采用的；而刑罚适用于已决犯，是对被法院判决有罪的罪犯采用的。

(3) 目的不同。刑事强制措施适用的目的是为了确保刑事诉讼的顺利进行；而刑罚的目的则是为了惩罚和教育罪犯。

(4) 法律依据不同。刑事强制措施依据的是《刑事诉讼法》；而刑罚依据的则是《刑法》。

(5) 适用的机关不同。刑事强制措施适用的主体是公安机关（包括其他依法享有侦查权的机关）、人民检察院和人民法院；而刑罚则只能由人民法院依照法定程序判处。

(6) 适用阶段不同。刑事强制措施适用于审前程序中；而刑罚则只适用于法院判决生效之后。

(7) 稳定程度不同。刑事强制措施是一种临时性措施，随着诉讼的进程和情势的变化可随时改变，甚至撤销；但刑罚则相对稳定，在法院裁判生效后，非依法定程序不得

改变。

(8) 法律后果不同。刑事强制措施不是一种法律责任，因此，被采取过刑事强制措施的情况不会成为“犯罪前科”而记入档案；而刑罚则是一种处罚，会成为“犯罪前科”而成为个人档案中的污点。在再次犯罪的情况下，就可能成为从重处罚的依据。

2. 刑事强制措施与行政拘留的区别

行政处罚有多种，其中的行政拘留与刑事强制措施中的刑事拘留非常相似，因此，对二者加以区别是很有必要的。刑事拘留与行政拘留的主要区别在于：刑事拘留只是一种临时性的预防措施，不具有惩罚性，只能适用于刑事诉讼过程中，由刑事诉讼的权力主体包括公安机关（及其他侦查机关）、人民检察院和人民法院依照刑事诉讼法的规定适用；而行政拘留则是一种行政性质的处罚，是对行政违法行为的惩处，只能由享有行政处罚权的行政机关包括公安机关依照行政法采用。

三、刑事强制措施的适用原则及变更

强制措施是刑事诉讼顺利进行不可缺少的制度保障，但若适用不当就可能侵犯公民的人身权利，因而，适用时必须坚持如下原则：

1. 必要性原则

必要性原则也称经济性原则或比例原则，有两层含义：①强制措施只在必要时适用，可用可不用时就不能适用，以免浪费有限的社会资源；②能适用较轻的措施达到目的，就不用较重的措施。一是因为强制措施的适用首先带来的是被强制者社会信誉的降低或者说是名誉的损害；二是被羁押者本人及其亲属心理上的担惊受怕；三是在拘留、逮捕的情况下，一方面减少了被羁押者积极创造的社会价值收益，另一方面又增加了羁押所带来的经济成本和被拘留、被逮捕者精神污染的可能性。因此，刑事强制措施必须在确有必要的情况下，恰当地适用。

2. 合法性原则

由于强制措施的适用直接影响到公民的人身自由权，因此它的适用必须严格依照法定的条件、方式、期限等程序要求进行，不能违法适用以侵犯公民的人身权利。人身自由和不受非法逮捕，是宪法确立的公民最基本的权利之一，人身自由和不受非法逮捕与拘禁的宪法原则，是我国刑事诉讼法关于人身强制措施的法律基础。所以，适用强制措施必须严格按照法定条件和程序，必须由法定机关实施，其他机关、团体和个人在无法律授权的情况下，不得擅自适用强制措施。适用强制措施除紧急情况下对现行犯采取紧急处置外，均应执行审批程序，并严格恪守执行强制措施必须持有由有权机关签发的法律文件的程序。通过正确运用强制措施，贯彻和执行宪法保障公民人身权利的原则，维护社会主义法制。

3. 人道主义原则

刑事强制措施的适用要体现人道主义，对于患有严重疾病的人、正在怀孕的或正在哺乳婴儿的妇女，一般不采取羁押措施，以保障患病者及时得到治疗，怀孕妇女母子健康，婴儿能得到母乳喂养。

4. 可变更原则

刑事强制措施的适用不是一成不变的，要根据案件具体情况的变化予以灵活的变更，以达到最佳的运用效果。例如，起先采取了某种强制措施，后来认为不需要采用即可解除强制。又如，先行采取的措施过轻，根据需要可以变更为较重的措施，或者相反。

四、刑事强制措施的意义

强制措施是刑事诉讼制度的重要组成部分，在保障刑事诉讼顺利进行和保障人权方面发挥了重要的作用。其意义表现在：

1. 可以防止犯罪嫌疑人、被告人逃避侦查、起诉和审判

趋利避害是人的本能。犯罪分子实施犯罪后，为了逃避法律的追究，就极有可能逃跑、躲避，甚至会逃亡境外，给侦查、起诉和审判带来困难。因此，及时地采用刑事强制措施控制犯罪嫌疑人、被告人，就可以有效地保障刑事诉讼的顺利开展。

2. 可以防止犯罪嫌疑人、被告人毁灭、伪造证据或者串供

证据是证明犯罪的根据。有些犯罪分子作案后，往往会想办法损毁犯罪现场，销毁物证书证，或者伪造证据，制造假象，或者与同案犯订立攻守同盟，威胁、收买证人等，以期掩盖犯罪事实真相，逃避法律的追究。刑事强制措施的一个重要作用是通过对犯罪嫌疑人、被告人人身自由的限制或者剥夺，防范其破坏证据，减少调查取证、证实犯罪的难度。

3. 可以防止犯罪嫌疑人、被告人继续犯罪

有些犯罪分子，特别是那些罪大恶极的亡命徒，在实施犯罪后，如果不加以及时控制，就有可能继续行凶作恶，进行新的犯罪活动，给社会造成更大的危害。

4. 可以防止犯罪嫌疑人、被告人自杀及其他意外情况的发生

犯罪人实施犯罪后自杀的情形也常常发生，自杀也是逃避法律责任的行为。为了保证刑事诉讼活动的正常开展，维护法律应有的权威，也为了挽救不应当死亡的生命，在刑事诉讼中对于那些有自杀倾向的犯罪嫌疑人、被告人，也要采取强制措施加以控制。此外，强制措施的采用，有时也可起到保护犯罪嫌疑人、被告人不受外来伤害或威胁的作用，特别是在黑社会性质的犯罪或者集团犯罪中，可以有效地防范犯罪组织实施杀人灭口，从而保障刑事侦查、起诉和审判的顺利进行。

五、强制措施与司法令状主义

在西方国家，警察对公民采取强制性侦查手段，通常是要先向司法官提出书面申请，获得许可令之后才可以依法进行，这被称为司法令状主义。无论是英美法系国家，还是大陆法系国家，警察若要限制当事人的自由以及采取其他强制性手段，除非紧急情况，一般都必须是由司法官进行或者要获得司法官的许可。在德国，侦查由检察官主导，检察官如果认为需要对犯罪嫌疑人采取审前羁押措施，就必须向法官提出申请，由法官签发书面许可令状，然后由检察官或者警察执行。当然，紧急情况下也可以实施临

时逮捕，但必须在逮捕后立即将被捕人带到法官面前。侦查讯问由法官进行。德国法律规定，所有涉及限制公民自由、财产、隐私权的强制性措施，一般都必须接受法院的司法审查。在法国，强制性侦查措施是由司法警官、检察官或者预审法官才得以实施的，他们都属于司法官员。美国警察实施的搜查、逮捕等行为，除非情况紧急，都必须向治安法官提出申请，在获得签署的搜查令或者逮捕令的情况下，才可进行。大多数司法区的立法和司法规则都要求，在逮捕后，应将被捕者尽快地解送到地方法官或治安法官面前接受讯问，也就是说，讯问是由法官进行的。英国的搜查、逮捕都分为有证与无证两种情况。有证搜查和逮捕，就要求警察必须事先向治安法官提出书面申请，由其签发搜查证或逮捕证之后，才可进行。

司法令状的实质意义在于用司法权控制警察权的扩张和滥用，让警察的强制侦查权接受司法审查或监督，以保障公民的人身自由和其他权利不受任意的剥夺或限制，这是现代刑事法治和正当程序的共同体现和要求。

我国学者对司法令状主义普遍持肯定态度，认为我国应当予以借鉴，以适当限制公安机关过于强大的侦查权。在我国刑事诉讼中，强制措施和其他强制性措施，除了逮捕以外，多数是不受司法审查的，都是由侦查机关自行决定和执行，导致权力的不受约束甚至滥用，因而受到非议。但在司法令状应当由哪个司法机关签发的问题上，存在着争议。对此问题有两种观点：一种主张由人民法院负责签发司法令状，因为法院是中立方，多数国家也都如此；另一种主张由人民检察院负责签发司法令状。理由是：法院签发令状一旦发生错误，就可能被法院维护从而产生错误的判决或裁定；我国法院没有预审法官，而检察院一直有批准逮捕的专门机构，可以将强制性措施的审查批准权都由检察机关行使，这也与检察机关法律监督的职责相一致。

第二节 拘 传

一、拘传的概念和特点

拘传是指公安机关、人民检察院和人民法院对于未被羁押的犯罪嫌疑人、被告人，依法强制其到案接受讯问的一种强制方法，是我国刑事强制措施中最轻的一种。

拘传的强制性只在于强制就讯，其特点是：①拘传的对象是未被羁押的犯罪嫌疑人、被告人。对于已经被羁押的犯罪嫌疑人、被告人，可以随时进行讯问，不存在拘传的必要。在我国，对被害人、证人不得实施拘传。②拘传的目的是强制到案接受讯问。必要时可以动用械具。拘传没有羁押的效力，在讯问完毕后，应当让被拘传人自由离去，不得以拘传的名义剥夺当事人的人身自由。③拘传的时间不得超过 12 小时，并且不得连续拘传。

拘传不同于传唤。拘传和传唤虽然都是要求犯罪嫌疑人、被告人到案接受讯问的方法，但两者有原则区别：拘传是一种强制措施，只能适用于犯罪嫌疑人、被告人，如果犯罪嫌疑人、被告人抗拒拘传，则可以对其使用械具；而传唤是通知的性质，要求犯罪嫌疑人、被告人于指定的时间内自行到案接受讯问，它不是强制措施，不得对被传唤人使用强制手段。司法实践中，一般是先行传唤，犯罪嫌疑人、被告人无正当理由不到案接受讯问时，才适用拘传。当然，必要时也可不经传唤直接进行拘传。

二、拘传与警察留置的区别

依照《人民警察法》，公安机关对于有违法犯罪嫌疑的人员，可以进行留置盘问，留置时间不超过 24 小时，特殊情况下，经县级以上公安机关批准，可以延长至 48 小时。在公安机关，拘传和留置这两种措施可以衔接使用。也就是说，公安机关可以先采用留置，再用拘传、拘留等。拘传与警察留置主要有以下不同：

1. 性质不同

拘传是刑事措施，警察留置是行政措施。

2. 适用的机关不同

拘传是公安机关、人民检察院和人民法院三机关都可适用的，警察留置只是公安机关的警察适用的措施。

3. 对象不同

拘传的对象是犯罪嫌疑人、被告人，警察留置则适用于涉嫌违法者或者犯罪嫌疑人。

4. 阶段不同

拘传是在刑事诉讼过程中适用的，警察留置则是在诉讼程序外适用。

5. 期限不同

拘传期限为 12 小时，警察留置的期限是 24 小时，特殊情况下可延长至 48 小时。

三、拘传的程序

根据《刑事诉讼法》和公安部、最高人民检察院、最高人民法院的有关规定，实施拘传应当遵循如下程序：

1. 批准

拘传必须经过人民法院院长、人民检察院检察长、县级以上公安机关负责人批准，签发《拘传证》(法院称《拘传票》)，上面填写被拘传人的姓名、性别、年龄、籍贯、住址和工作单位，拘传的理由等内容。

2. 执行

拘传应当由侦查人员或者司法警察执行，执行人员不得少于两人。拘传时必须向被拘传人出示《拘传证》，如果被拘传人抗拒拘传，执行人员可以使用警棍、警绳、手铐等械具强制其到案。

3. 范围

拘传应当在被拘传人所在的市、县范围内进行。到本辖区范围以外拘传犯罪嫌疑人、被告人的，应当通知当地对应的公安机关、人民检察院或人民法院，当地的机关应当予以协助。

4. 讯问

拘传到案后，应该责令被拘传人在《拘传证》上填写到案时间，然后立即进行讯问。讯问要制作笔录并要被拘传人核对签字。讯问后，根据情况如果需要采取其他强制措施的，应依照程序变更为其他强制措施，不需要采取其他强制措施的，就将其放回。

5. 期限

一次拘传持续的时间最长不得超过 12 小时。对于拘传次数，法律没有规定，由公、检、法三机关根据具体情况掌握，但不得以连续拘传的形式变相羁押犯罪嫌疑人、被告人。

第三节　取保候审和监视居住

一、取保候审

1. 取保候审的概念

取保候审是指在刑事诉讼过程中，公安机关、人民检察院和人民法院根据需要，不羁押犯罪嫌疑人、被告人，但责令其提供担保，保证不逃避、妨碍侦查、起诉、审判，并随传随到的一种强制措施。

在国外，与我国取保候审制度近似的是保释制度。保释是指被羁押待审查或待审判的犯罪嫌疑人、被告人，向公安、司法机关提供担保并履行必要的手续后，获得释放，同时被要求在随后的司法程序中按照指定的时间和地点出庭或到场的一种诉讼制度。保释制度起源于英国，是英国刑事诉讼中适用非常普遍的一种刑事诉讼方法，后广泛应用于英美法系国家。“二战”之后，随着国际人权运动的推进，保释作为犯罪嫌疑人、被告人的一种刑事诉讼权利，逐渐被大陆法系各国所采纳，并成为国际人权公约的重要内容。联合国 1966 年通过的《公民权利和政治权利国际公约》第 9 条第 3 款规定：“等待审判的人们被拘禁不应该是一般的规则，但是释放应保障能出席审判……”联合国大会 1988 年 12 月 9 日通过的《保护所有遭受任何形式羁押或监禁的人的原则》第 39 条规定：“除了在法律规定的特殊案件中，经司法机关根据司法利益决定羁押的以外，被追诉者有权在等待审判的过程中被释放。”联合国大会 1985 年通过的《少年司法最低标准规则》（《北京规则》）规定：青少年被羁押等待审判仅应作为万不得已的手段适用，而且时间应尽可能短，如有可能应采取其他替代办法。上述国际公约确立的准则主要表现在以下三个方面：①保释是被追诉者在刑事诉讼中享有的基本权利，这项权利应当得到世界各国立法和司法机关的尊重和保障；②青少年的保释权应当格外予以重视；③保释不是绝对的，尽管羁押不是一般的规则，但是保释不能保障出席审判的，应当拒绝保释请求。

从取保候审和保释的方法及采用的效果看，两者基本相同，都是将犯罪嫌疑人、被告人交保释放，并要求其按照指定的时间和地点出庭或到场的一种诉讼方法。因此，有人认为，我国的取保候审与国外的保释制度相同，只是名称有别。但更多的学者认为，取保候审与保释存在着原则性的区别，主要是：①保释是犯罪嫌疑人、被告人普遍享有的一种诉讼权利，而取保候审则是一种刑事诉讼的保障措施，两者存在着价值趋向上的分殊。②保释的根据是人生而自由的天赋人权理论和无罪推定的宪法规定，而取保候审的根据是国家追究犯罪的客观需要，目的在于保障刑事诉讼的顺利进行。③在实行保释制度的国家，保释是常态，不予保释是例外。如英国不予保释的情形是：叛国罪；逃犯；有所控罪行相同的前科；曾被保释但违反保释规定而未按时到庭的受审者。美国的保释可适用于除谋杀罪以外的各种犯罪嫌疑人、被告人。而在我国，羁押是常态，取保候审则是例外，取保候审适用的范围非常有限。④对于法院不批准保释申请的，当事人有权提出上诉等，以寻求权利救济，而对于不批准取保候审申请的，当事人不享有司法救济权。

2. 取保候审适用的对象

根据我国《刑事诉讼法》第 51 条和其他有关条款，以及最高人民检察院的规定，取保候审适用的对象，可以是具有下面任何一种情形的犯罪嫌疑人、被告人：

(1) 罪行较轻，可能被判处徒刑以下刑罚的。如判处管制、拘役或者独立适用附加刑的。

(2) 罪行较重，可能被判处徒刑以上刑罚，但采取取保候审不致发生社会危险性而没有逮捕必要的。

(3) 应当逮捕，但患有严重疾病或者是正在怀孕、哺育婴儿的妇女。

(4) 拘留后需要逮捕而证据不足的，或者是超过法定羁押期限但仍需继续侦查的。

(5) 持有有效护照和有效出入境证件，可能出境逃避侦查，但不需要逮捕的。

另外，根据公安部《公安机关办理刑事案件程序规定》第 64 条规定：对累犯、犯罪集团的主犯以自伤、自残办法逃避侦查的犯罪嫌疑人，危害国家安全的犯罪，暴力犯罪，以及其他严重犯罪的犯罪嫌疑人，不得取保候审。依据最高人民检察院《刑事诉讼规则》第 38 条的规定：对于严重危害社会治安的犯罪嫌疑人以及其他性质恶劣、情节严重的犯罪嫌疑人，也不得取保候审。

3. 取保候审的种类

我国刑事诉讼法规定的取保候审分两种：保证人担保和保证金担保，简称人保和财产保。

(1) 保证人担保。保证人担保是指公安机关、人民检察院和人民法院责令犯罪嫌疑人、被告人提出保证人并出具保证书，由保证人担保被保人在取保候审期间不逃避和妨碍侦查、起诉、审判，并随传随到的保证方式。人保的保证责任由保证人承担，保证人是由犯罪嫌疑人、被告人提出，经公安机关、人民检察院、人民法院审查符合条件才能成为保证人。

最高人民法院在司法解释中规定：对于符合取保候审条件，具有下列情形之一的被告人，人民法院决定取保候审时，可以责令其提供一至二名保证人：①无力交纳保证金的；②未成年人或者具有其他不宜收取保证金情形的。

根据我国《刑事诉讼法》第 54 条规定，取保候审保证人必须具备如下条件：①与本案无牵连；②有能力履行保证责任；③享有政治权利；④人身自由未受限制；⑤有固定的住处和稳定的收入。对于符合条件的保证人，办案人员应当通知其与被取保候审人一起到办案机关履行对保手续。办案人员须当面向保证人说明担保的内容和保证人必须履行的义务，以及违反义务将要承担的法律责任。在保证人明确表示愿意为被保证人担保后，就要在《保证书》上签名或盖章。被保证人应在《取保候审决定书》上签字。取保手续完成。

保证人的保证义务包括：①监督被保证人遵守法律、法规的规定和公安司法机关的要求；②发现被保证人可能发生或已经发生违反规定的行为，应当及时向执行机关报告；③保证人未履行保证责任或未及时报告的，执行机关可对保证人处以 1 000 元以上 2 万元以下的罚款；④构成犯罪的，依法追究保证人的刑事责任；根据最高人民法院的司法解释，认为已经构成犯罪的被告人在取保候审期间逃匿的，如果保证人与该被告人串通，协助其逃匿以及明知藏匿地点而拒绝向司法机关提供的，对保证人应当依照刑法有关规定追究刑事责任；⑤承担连带赔偿责任。具有上述情形，如果取保候审的被告人同时也是附带民事诉讼的被告人，保证人还应当承担连带赔偿责任，但应当以其保证前附带民事诉讼原告人提起的诉讼请求数额为限。

如果需要更换保证人，则责令被取保候审人重新提出保证人，并办理对保和取保手续。

(2) 保证金担保。保证金担保是指公安司法机关责令被取保候审人交纳保证金，以保证其遵守取保候审的规定并随传随到的保证方式。现阶段，保证金的种类仅限于现金，不包括有价证券和其他贵重物品。根据公安部和最高人民检察院的规定，保证金的数额应当根据当地的经济发展水平、犯罪嫌疑人的经济状况、案件的性质、情节、社会危害性以及可能判处刑罚的轻重等情况，综合考虑，由决定机关确定，但不得低于 1 000 元。保证金向公安机关指定的银行专户交纳，由公安机关统一收取和保管。

保证人担保和保证金担保二者只能选择其一，不得同时并用。这是六部委《规定》第 21 条明确的。采用保证金担保目前使用者较多，这是因为在经济转轨时期，我们正面临着社会信用缺失、拜金主义盛行的景况，保证金担保比保证人担保更为可靠，对被取保候审人能够起到更强的制约作用。

4. 取保候审的期限和要求

取保候审的期限最长不得超过 12 个月。在取保候审期间，不得中断对案件的侦查、起诉或者审理。法律对取保候审者的要求是：①未经执行机关批准，不得离开其所居住的市、县；②在传讯的时候及时到案；③不得以任何形式干扰证人作证；④不得毁灭、伪造证据或者串供。

如果被取保候审人在取保候审期间违反了上述规定，将要承担如下不利的后果：①所交的保证金将视情节轻重被部分或者全部没收，保证人如果有过错将根据其情节被处以罚款或者被追究刑事责任；②责令被取保候审人具结悔过，重新交纳保证金或者提供保证人；③不适宜再取保候审的，改为逮捕羁押等。如果被取保候审人遵守各项规定，取保候审结束时，由原决定机关制作《解除取保候审决定书》，由执行机关及时解除取保候审措施并通知当事人。如果是保证金担保的，如数退还保证金。如果发现不应当追究刑事责任或者取保候审期限届满的，当事人及其法定代理人、近亲属、律师等，都有权提出申诉或申请，请求解除取保候审。

在没收保证金或处罚了保证人之后，人民法院仍然决定取保候审的，取保候审的期限应当连续计算。在侦查和审查起诉阶段采取了取保候审、监视居住的，案件起诉到法院后，法院对于符合条件的，应当依法对被告人重新办理取保候审、监视居住手续，期限重新计算。

二、监视居住

监视居住是指人民法院、人民检察院和公安机关依法责令犯罪嫌疑人、被告人不得擅自离开住处或者指定居所，并对其活动加以监视的一种强制措施。

监视居住适用的对象与取保候审相同。因其监控措施比取保候审稍为严厉一些，因而，监视居住的期限短于取保候审，最长不得超过6个月。

我国《刑事诉讼法》第57条规定，被监视居住的人在被监视居住期间，必须遵守如下规定：①未经执行机关批准不得离开住处，无固定住处的，未经批准不得离开指定的居所。②未经执行机关批准不得会见他人。这里的他人是指与被监视居住人共同居住的家庭成员和聘请的律师以外的人。被监视居住人会见他人，应经执行机关批准。③在传讯的时候及时到案。④不得以任何形式干扰证人作证。⑤不得毁灭、伪造证据或者串供。

目前，由于监视居住可操作性差，没有具体的人能对被监视居住者实施监督，因此，实践中一般不予采用。

第四节　拘　留

一、拘留的概念和特点

刑事诉讼中的拘留是指公安机关、人民检察院在侦查过程中，遇到法定的紧急情况时，对于现行犯或者重大嫌疑分子所采取的临时剥夺其人身自由的强制方法。

拘留具有以下特点：

1. 拘留的主体是公安机关和人民检察院

人民法院没有刑事拘留权。公安机关和人民检察院的拘留权也有区别，表现在：公安机关有权决定采取拘留措施，并有权直接执行该拘留决定，也就是不受其他机关的制约；而人民检察院在自侦案件的侦查中，如果需要对犯罪嫌疑人采取拘留措施，可以依法作出拘留的决定，但不能自行实施拘留，而应当交由公安机关执行。当然，在实践中，由于公安机关的繁忙或其他原因，人民检察院自己执行拘留的也不在少数。

2. 公安机关决定拘留的对象是现行犯或者重大嫌疑分子，人民检察院决定拘留的对象是犯罪嫌疑人

3. 拘留是紧急情况下采取的一种措施

紧急情况是刑事拘留适用的前提，《刑事诉讼法》第 61 条规定的七种情况都属于紧急情况。正是由于情况紧急，才来不及采用其他措施。

4. 拘留是一种临时性、过渡性措施

拘留的时间不长，拘留后要根据案件的情况及时转换强制措施，或者释放犯罪嫌疑人。

二、刑事拘留与司法拘留、公民扭送的区别

司法拘留在我国是专指在民事诉讼中，人民法院对实施了严重妨碍民事诉讼行为的诉讼参与人和案外人采取的一种强制措施。

1. 刑事拘留与司法拘留的区别

刑事拘留与司法拘留的区别在于：①法律性质不同。刑事拘留是一种预防性措施，仅具有程序意义，是为保证刑事诉讼的顺利进行而适用。司法拘留则是具有实体和程序的双重意义，既是对违反民事诉讼法的行为所给予的惩罚和警告，又是对妨害民事诉讼行为的排除，以保证民事诉讼能够顺利进行。②决定机关不同。刑事拘留是由享有侦查权的公安机关或人民检察院决定，司法拘留则是由人民法院决定和使用。③羁押期限不同。刑事拘留最长可达 37 日，司法拘留则为 15 日。④适用对象不同。刑事拘留适用于现行犯、重大嫌疑分子或犯罪嫌疑人，司法拘留的对象是严重妨害民事诉讼的行为人。⑤对判决的效力不同。刑事拘留的羁押期限可折抵刑期，而司法拘留的羁押期限与民事判决没有关系，对判决不产生效力。

2. 刑事拘留与公民扭送的区别

依靠群众是我国刑事诉讼法的基本原则之一。为了发动群众积极与犯罪行为作斗争，我国《刑事诉讼法》规定，任何人发现下列案犯，都可以将其扭送到公安、司法机关。扭送的对象是：正在实行犯罪或者在犯罪后即时被发觉的；通缉在案的；越狱逃跑的；正在被追捕的。公民扭送只是公安、司法机关发现案犯的一种途径，是民间行为，它本身不是刑事强制措施，更不是对案犯的惩罚手段，与刑事拘留是不同的。

三、拘留的条件

刑事拘留必须同时具备两个条件：

1. 拘留的对象是现行犯、重大嫌疑分子或犯罪嫌疑人

现行犯是指正在实施犯罪或者犯罪后当场抓获的人，抓获者能够确认该现行犯就是实施犯罪的人。重大嫌疑分子是指有迹象表明极有可能是犯罪人的人。“重大嫌疑”在这里一般没有确实的证据，是根据侦查经验所作的判断。如在一个多年没有发生过刑事案件的山村，猛然间连续出现了两起盗窃案，恰好此阶段有一外地人在村里亲戚家住，该外地人就可能作为“重大嫌疑分子”而受到重点审查。现行犯和重大嫌疑分子是公安

机关在侦查阶段的两种特别称谓，放在整个诉讼程序中，就是法律上的“犯罪嫌疑人”。

2. 情况紧急

情况紧急只适用于侦查阶段。审查起诉和审判阶段一般相对平稳，不需要特殊手段应对，所以，刑事拘留只侦查机关有权适用。依据我国《刑事诉讼法》第 61 条之规定，公安机关遇有下列七种情形都属于情况紧急，对任何一种情形都可考虑给予拘留。这些情形是：①正在预备犯罪、实施犯罪或者在犯罪后即时被发觉的；②被害人或者在场亲眼看见的人指认他犯罪的；③在身边或者住处发现有犯罪证据的；④犯罪后企图自杀、逃跑或者在逃的；⑤有毁灭、伪造证据或者串供可能的；⑥不讲真实姓名、住址，身份不明的；⑦有流窜作案、多次作案、结伙作案重大嫌疑的。

人民检察院在自侦案件中，根据我国《刑事诉讼法》第 132 条的规定，对如下两种情形可以决定拘留：①犯罪后企图自杀、逃跑或者在逃的；②有毁灭、伪造证据或者串供可能的。

四、拘留的程序

(1) 公安机关依法需要拘留犯罪嫌疑人的，由县级以上公安机关负责人批准，签发《拘留证》。由提请批准拘留的单位负责执行。人民检察院决定拘留的案件，应当由检察长决定。决定拘留的案件，人民检察院应当将《拘留决定书》送交公安机关，由公安机关负责执行。

(2) 对特殊人员的拘留，要遵循特别的审批程序。根据《刑事诉讼法》、《全国人民代表大会组织法》和《地方各级人民代表大会和地方各级人民政府组织法》以及有关司法解释的规定，公安机关、人民检察院在决定拘留下列有特殊身份的人员时，需要报请有关部门批准或者备案：

第一，县级以上各级人民代表大会的代表如果是因现行犯被拘留，决定拘留的机关应当立即向其所在的人民代表大会主席团或者常务委员会报告；因为其他原因需要拘留的，决定拘留的机关应当报请该代表所属的人民代表大会主席团或者常务委员会许可。最高人民检察院规定，对本级人大代表的拘留，直接向本级人大主席团或者常委会报告或者报请许可；拘留下级人大代表，可以直接向该代表所属的人大主席团或常委会报告或者报请许可，也可由其同级的人民检察院报告或者报请许可；但拘留上级人大代表，则要层报与该代表所属人大同级的人民检察院，由该检察院向人大报告或者报请许可。如果拘留的犯罪嫌疑人担任两级以上人大代表，则要按规定分别报告或者报请许可。

第二，决定对不享有外交特权和豁免权的外国人、无国籍人采用刑事拘留时，要先征求省、直辖市、自治区外事办公室和外国人主管部门的意见，然后报请省、直辖市、自治区公安厅（局）或者国家安全厅（局）审核批准。案件发生在边防地区或者出入境口岸，因特殊情况来不及报批的，可以边执行边报告。执行拘留后，要逐级报公安部或安全部备案。

第三，对外国留学生采用刑事拘留时，在征求地方外事办公室和高教厅、局的意见后，报公安部或国家安全部审批。

⑶ 公安机关执行拘留时，必须出示拘留证，并责令被拘留人在拘留证上签名（盖章）、按指印。被拘留人如果抗拒拘留，执行人员有权使用强制方法，包括使用械具。

⑷ 公安机关在异地执行拘留的时候，应当通知被拘留人所在地的公安机关，被拘留人所在地的公安机关应当予以配合，包括提供人员、车辆、查找被拘留人等方面的便利。

⑸ 决定拘留的机关对于被拘留的人，应当在拘留后的 24 小时以内进行讯问。在发现不应当拘留时，必须立即释放，并发给释放证明。对需要逮捕而证据还不充足的，可以取保候审或者监视居住。对被拘留的犯罪嫌疑人需要逮捕的，应当办理逮捕手续。

⑹ 拘留后，除有碍侦查或者无法通知的情形以外，决定拘留的机关应当把拘留的原因和羁押的处所，在 24 小时以内，通知被拘留人的家属或者其所在单位。所谓有碍侦查的情形是指：同案的犯罪嫌疑人尚未被抓获，走漏了消息他们可能逃跑、隐匿、毁灭或者伪造证据；被拘留人不讲真实姓名、住址，身份不明无法通知；被拘留人的家属或工作单位同本案有牵连，可能会打草惊蛇等。

五、拘留的期限

我国《刑事诉讼法》第 69 条规定，公安机关对被拘留的人认为需要逮捕的，应当在拘留后的 3 日以内，提请人民检察院审查批准。在特殊情况下，经县级以上公安机关负责人批准，提请审查批准的时间可以延长 1—4 日。对于流窜作案、多次作案、结伙作案的重大嫌疑分子，经县级以上公安机关负责人批准，提请审查批准的时间可以延长至 30 日。人民检察院应当自接到公安机关提请批准逮捕书后的 7 日内，作出批准逮捕或者不批准逮捕的决定。人民检察院不批准逮捕的，公安机关应当在接到通知后立即释放犯罪嫌疑人，并且将执行情况及时通知人民检察院。对于需要继续侦查，并且符合取保候审、监视居住条件的，依法取保候审或者监视居住。

人民检察院对自侦案件中被拘留的人，认为需要逮捕的，应当在 10 日内作出决定。在特殊情况下，决定逮捕的时间可以延长 1—4 日。对于不需要逮捕的，应当立即释放。对于需要继续侦查，并且符合取保候审、监视居住条件的，依法取保候审或者监视居住。

综上所述，一般情况下，公安机关刑事诉讼拘留的期限最长为 14 日。流窜作案、多次作案、结伙作案的重大嫌疑分子，拘留期限最长为 37 日。人民检察院刑事拘留的期限最长为 14 日。

第五节　逮　捕

一、逮捕的概念和条件

在我国，逮捕是在刑事诉讼中，公安机关、人民检察院和人民法院为了防止犯罪嫌疑人、被告人逃避或妨碍侦查、起诉和审判的进行，或者发生社会危险性，而依法剥夺其人身自由予以羁押的强制方法，是强制措施中最为严厉的一种。逮捕的严厉性体现在：一方面它剥夺了被捕者的人身自由，将其羁押于专门的看守场所，脱离工作学习以及家人朋友等正常的社会活动和关系，与社会隔离；另一方面，逮捕羁押的期限一般较长，除了少数因不需要追究而释放或变更为其他强制措施的以外，通常要持续到法院判决生效为止。逮捕是国际社会普遍采用的一种刑事强制措施，对于控制严重犯罪的或者人身危险性极大的犯罪嫌疑人逃跑、自杀、毁灭罪证或者继续犯罪，能够发挥重要的保障作用。但是，由于逮捕剥夺了当事人的人身自由，如果使用不当，错捕滥捕，就可能伤害无辜，侵犯公民的人身权利和民主权利。所以，必须要坚持“少捕”、“慎捕”的刑事政策，严把事实和法律关，确保逮捕必须是有根据的和合法的。

我国《刑事诉讼法》第60条第1款规定：“对有证据证明有犯罪事实，可能判处徒刑以上刑罚的犯罪嫌疑人、被告人，采取取保候审、监视居住等方法，尚不足以防止发生社会危险性，而有逮捕必要的，应立即依法逮捕。”这一规定明确了逮捕必须同时具备三个条件，缺一不可，这三个条件是：

1. 有证据证明有犯罪事实

这是要求逮捕必须有犯罪证据作为根据，是逮捕的事实要件。有证据证明有犯罪事实存在，才可以考虑逮捕，没有犯罪事实或者虽然发生了犯罪，但没有证据证明是何人所为，也就不存在逮捕的问题。那么，如何理解“有证据证明有犯罪事实”？根据六部委的解释，有证据证明有犯罪事实是指同时具备下列情形：①有证据证明发生了犯罪事实；②有证据证明犯罪事实是犯罪嫌疑人实施的；③证明犯罪嫌疑人实施犯罪行为的证据已有查证属实的。

犯罪事实可以是犯罪嫌疑人实施的数个犯罪行为中的一个，即犯罪嫌疑人在犯有数罪的情况下，只要其中一个犯罪事实有证据证明，即可考虑对其实施逮捕。最高人民检察院规定，对实施多个犯罪行为或者共同犯罪案件的犯罪嫌疑人，符合本规则第86条的规定，具有下列情形之一的，应当批准或者决定逮捕：①有证据证明犯有数罪中的一罪的；②有证据证明实施多次犯罪中的一次犯罪的；③共同犯罪中，已有证据证明有犯罪事实的犯罪嫌疑人。

2. 可能判处徒刑以上刑罚

这是逮捕的罪责要件，是要求拟逮捕的犯罪嫌疑人、被告人的罪行，要达到刑法规定的可能判处徒刑以上刑罚的严重程度。逮捕是一种严厉的强制措施，在我国，逮捕就是羁押。逮捕对人的强制性与徒刑相当，因此，逮捕的期限可以折抵刑期。正是逮捕的这种严厉性使其不能适用于仅仅犯有轻罪的犯罪嫌疑人、被告人，否则就会造成强制措施的过度适用，从而侵犯当事人的合法权益。所以，根据犯罪嫌疑人、被告人的罪行和刑法的相关规定分析，如果犯罪嫌疑人、被告人实施的犯罪有可能只被判处拘役、管制或独立适用附加刑，或者有可能被判处徒刑缓刑，就不能予以逮捕，以体现刑事诉讼对人权的尊重。

3. 有逮捕必要

这是逮捕的程序要件，体现了诉讼经济的原则。逮捕的适用必须是在采取取保候审、监视居住等方法，尚不足以防止发生社会危险性，而确有必要时方可实施。反过来说，如果采用其他措施能够防止犯罪嫌疑人、被告人逃跑、自杀、毁灭罪证、继续犯罪或者其他危险，就不能适用逮捕。实践中，该要件是最难把握和操作的，因为犯罪嫌疑人、被告人人身危险性的大小在许多时候是潜在的，并不容易衡量，这使得不同的办案人员在此问题上的看法往往会有很大的差异。由于刑事诉讼法没有硬性要求捕与不捕，加上有错案责任追究的压力，办案人员通常都会选择“有逮捕必要”而实施逮捕——毕竟，将犯罪嫌疑人、被告人羁押起来是最安全的程序防御，最后只要能给被捕者定罪，办案人员就不会受到错案追究。这种倾向无疑成为我国逮捕率过高的重要原因之一。

最高人民检察院《刑事诉讼规则》第 68 条规定：下列违反监视居住规定的行为，属于情节严重，对犯罪嫌疑人应当予以逮捕：①故意实施新的犯罪行为的；②企图自杀、逃跑，逃避侦查、审查起诉的；③实施毁灭、伪造证据或者串供、干扰证人作证行为，足以影响侦查、审查起诉工作正常进行的；④未经批准，擅自离开住处或者指定的居所，造成严重后果，或者两次未经批准，擅自离开住处或者指定的居所的；⑤未经批准，擅自会见他人，造成严重后果，或者两次未经批准，擅自会见他人的；⑥经传讯不到案，造成严重后果，或者两次经传讯不到案的。

在上述三个条件中，第三个条件是逮捕的必要要件。也就是说，前两个条件是采用强制措施的基础，可以在此基础上实施取保候审或监视居住，也可实施逮捕，而第三个条件才是实施逮捕所独有的要件。对于逮捕而言，这三个条件必须同时具备，缺一不可。

二、逮捕的主体及批决程序

根据我国《刑事诉讼法》第 59 条规定：“逮捕犯罪嫌疑人、被告人，必须经过人民检察院批准或者人民法院决定，由公安机关执行。”这就是说，在我国，逮捕的权力主体是公安机关、人民检察院和人民法院。具体地说，逮捕的批决权属于人民检察院和人民法院，执行权在公安机关。

1. 人民检察院批准逮捕

人民检察院对公安机关侦查的案件行使批准逮捕权。根据我国《刑事诉讼法》第 69 条的规定，公安机关在侦查中需要逮捕犯罪嫌疑人的时候，应当写出《提请批准逮捕书》，连同案卷材料、证据一并移送同级人民检察院审查批准。检察机关在收到公安机关移送的案件后，应进行审查，对于符合刑事诉讼法规定的逮捕条件的，应作出批准逮捕决定，并制作《批准逮捕决定书》，交由公安机关执行；对于不符合逮捕条件的，或者具有《刑事诉讼法》第 15 条规定的情形之一的，则应作出不批准逮捕的决定，制作《不批准逮捕决定书》，并通知公安机关。

对于已拘留的犯罪嫌疑人，人民检察院应当自接到公安机关《提请批准逮捕书》后的 7 日内，作出批准逮捕或者不批准逮捕的决定。人民检察院不批准逮捕的，公安机关应当在接到通知后立即释放被拘留的犯罪嫌疑人，并且将执行情况及时通知人民检察院。对于需要继续侦查且符合取保候审、监视居住条件的，依法取保候审或者监视居住。

对于未被拘留的犯罪嫌疑人，人民检察院应当在接到公安机关的《提请批准逮捕书》后的15日内，作出是否批准逮捕的决定，重大复杂的案件，不得超过20日。公安机关对人民检察院不批准逮捕的决定，认为有错误时，可以要求复议，但必须将被拘留的人立即释放。如果意见不被接受，可以向上一级人民检察院提请复核。

2. 人民检察院决定逮捕

人民检察院决定逮捕的情形有两种：①在自侦案件中有权决定逮捕。人民检察院对于直接受理的自侦案件中的犯罪嫌疑人，认为需要逮捕的，由侦查部门填写《逮捕犯罪嫌疑人审批表》，连同案件材料和证据一起移交侦查监督部门审查，然后报主管检察长审批。对重大、疑难、复杂案件的犯罪嫌疑人的逮捕，须提交检察委员会讨论决定。是否逮捕应当在拘留后的10日以内作出决定，在特殊情况下，决定逮捕的时间可以延长1—4日。对不需要逮捕的，应当立即释放。对于需要继续侦查，并且符合取保候审、监视居住条件的，依法取保候审或者监视居住。②对公安机关侦查终结移送起诉的案件，人民检察院认为需要逮捕犯罪嫌疑人的，由公诉部门填写《逮捕犯罪嫌疑人审批表》，连同案卷材料和证据，移送侦查监督部门审查后，报检察长或检察委员会决定。决定逮捕由检察长签发《决定逮捕通知书》，通知公安机关执行。

3. 人民法院决定逮捕

人民法院决定逮捕也有两种情况：①人民法院直接受理的自诉案件中，需要逮捕被告人的，由人民法院决定。② 对于检察机关提起公诉的案件，审判阶段需要逮捕被告人的，由人民法院决定逮捕。人民法院决定逮捕被告人时，由承办法官填写《逮捕决定书》，提交法院院长审批，重大、疑难、复杂案件的逮捕，须提交审判委员会讨论决定。决定逮捕的，由法院院长签发《决定逮捕通知书》，通知公安机关执行，并通知公诉机关或者自诉人。

三、对特殊逮捕对象的审批程序

1. 逮捕对象如果是人大代表，逮捕就须报请该级人民代表大会或其常务委员会许可

如果被逮捕的犯罪嫌疑人、被告人是县级以上人大代表时，无论是批准逮捕，还是决定逮捕，都应当报请该人大代表所在的人民代表大会主席团或者常务委员会许可。被逮捕的犯罪嫌疑人、被告人是乡、镇一级人大代表时，应当向乡、镇人民代表大会报告。如果是两级或多级人大代表，则需要分别向各级人大报告，不得省略。之所以这样做，是刑事诉讼法对各级人大代表履行代表职责的特殊保护。

2. 逮捕对象如果是外国人、无国籍人，逮捕就需要在征求外事部门意见后，由省级或者最高人民检察院批准或者决定

根据《人民检察院刑事诉讼规则》第94条规定：外国人、无国籍人涉嫌危害国家安全犯罪的案件或者涉及国与国之间政治、外交关系的案件以及在适用法律上确有疑难的案件，需要逮捕犯罪嫌疑人的，由分、州、市人民检察院审查并提出意见，层报最高人民检察院审查。最高人民检察院经征求外交部的意见后，决定批准逮捕。经审查认为

不需要逮捕的，可以直接作出不批准逮捕的决定。外国人、无国籍人涉嫌本条第 1 款规定以外的其他犯罪的案件，由分、州、市人民检察院审查并提出意见，报省级人民检察院审查。省级人民检察院经征求同级政府外事部门的意见后，决定批准逮捕，同时报最高人民检察院备案。经审查认为不需要逮捕的，可以直接作出不批准逮捕的决定。

四、逮捕的执行程序

逮捕的执行程序具体包括以下几个方面：

(1) 逮捕犯罪嫌疑人、被告人，一律由公安机关执行。公安机关在接到执行逮捕通知书后，由公安机关负责人签发《逮捕证》，立即执行逮捕，并将执行的情况及时通知人民检察院或人民法院。

(2) 公安机关执行逮捕时，执行人员不得少于两人。执行时，要向被逮捕人出示《逮捕证》，宣布逮捕，要求被逮捕人在《逮捕证》上签名、盖章或按指印，注明执行逮捕的日期以便备查。被逮捕人拒绝签字盖章或按指印的，执行人员应在《逮捕证》上注明。

(3) 公安机关到异地执行逮捕的，应当通知被捕人所在地的公安机关。执行的公安机关应当携带《批准逮捕决定书》或其他有效文书及其副本、《逮捕证》、介绍信、被逮捕人犯罪的基本材料等，商请当地公安机关协助执行，当地公安机关应当予以协助。

(4) 逮捕后，必须在 24 小时内进行讯问和通知。对犯罪嫌疑人、被告人逮捕后，应当由具体的办案机关，在 24 小时以内对被逮捕人进行讯问，如果发现不应当逮捕时，必须立即释放，并发给释放证明。逮捕后除有碍侦查或者无法通知的情形外，应当把逮捕的原因和羁押的处所，在 24 小时以内通知被逮捕人的家属或者其所在单位。如果是公安机关经检察机关批准逮捕的，由公安机关进行讯问和通知；如果是人民检察院、人民法院决定逮捕的，则由人民检察院、人民法院进行讯问和通知。

另外，公安机关释放或变更措施的，应当通知原批准逮捕的人民检察院。公安机关执行逮捕时，如果由于被逮捕人死亡、逃跑或者有其他原因，不能执行逮捕或者未能捕获的，应当立即通知原批准逮捕或者决定逮捕的人民检察院或者人民法院。

五、逮捕与拘留的异同

逮捕与拘留都是剥夺人身自由的强制方法，实施的目的都是为了防止继续发生社会危险性，从而保证侦查、起诉和审判工作的顺利进行。但逮捕与拘留又是两种不同的强制措施，两者之间的区别有：

1. 实施的时间不同

拘留只适用于侦查阶段，逮捕则可适用于侦查、审查起诉和审判三个阶段。

2. 实施的主体不同

拘留发生在侦查阶段，所以，公安机关和人民检察院有权适用。逮捕可在审前各阶段适用，因而实施的主体就包括公安机关、人民检察院和人民法院三个机关。另外，对于拘留，公安机关有权自行决定，自己执行，但对于逮捕，公安机关却只有执行权，没有批决权，公安机关如果要逮捕犯罪嫌疑人，就必须提请人民检察院审查批准。

3. 需要的条件不同

拘留的条件比逮捕宽松，逮捕的要求就相对严格。拘留是在出现了法定的七种紧急情形之一时就可适用的，而逮捕必须同时达到三个条件。这些条件是：有证据证明有犯罪事实；可能判处徒刑以上的刑罚；有逮捕必要。三者缺一不可。

4. 羁押的期限不同

拘留的羁押期限，一般为10日，最多不超过37日；而逮捕后的羁押期限，在多数情况下都较长，数月或数年不等，直到判决或裁定生效为止。

案例分析

【案情】王某系某市人大代表、企业家，为打击竞争对手而雇凶杀人。案情败露后，王某携款外逃途中被本市的公安机关抓获，经讯问，王某交代了雇凶杀人的全过程，并告知公安人员张某说他是人大代表。张某说：管你是什么代表，杀了人就要伏法。于是，对王某办理了拘留手续。因为拘留之前王某就已经作了全面的交代，所以，公安机关就没有再讯问王某，也没有通知王某的家属或单位，而是将主要精力用于抓捕尚在逃的杀人凶手“二毛子”。两个月后，“二毛子”被抓获。公安机关就将王某和“二毛子”一并向市人民检察院提请批准逮捕。检察院审查发现，公安机关严重违反了诉讼程序，要求其尽快纠正。

【问题】本案中公安机关有哪些程序错误?

【解析】本案中公安机关的程序错误主要有：

(1) 王某系市人大代表，根据我国刑事诉讼法和司法解释的相关规定，公安机关应当向该市人民代表大会主席团或者常务委员会报告或者报请许可，方可实施拘留。而本案中公安机关未履行这一程序。

(2) 根据刑事诉讼法的要求，犯罪嫌疑人被拘留后，决定拘留的公安机关应当在24小时内对其进行讯问，并且，除了有碍侦查或者无法通知的情形以外，还必须在24小时之内将拘留的原因和羁押的处所，告知被拘留人的家属或者工作单位。而本案中公安机关拘留王某后，既没有及时讯问，也没有通知其家人或工作单位。

(3) 刑事诉讼法规定，公安机关对被拘留的人，认为需要逮捕的，应当在拘留后的3日内提请人民检察院审查批准，在特殊情况下，可延长1—4日。对于流窜作案、结伙作案和多次作案的嫌疑分子，提请审查批准的时间可延长至30日。而本案对王某拘留后，超过两个月才向人民检察院提请审查批准逮捕，是严重的违法超期羁押。

第八章　附带民事诉讼

本章主要介绍附带民事诉讼的概念、特点、意义，附带民事诉讼的成立条件，附带民事诉讼当事人，附带民事诉讼的提起与审理。通过学习掌握有关附带民事诉讼的法律规定和司法解释。学习重点是：附带民事诉讼的审理。学习难点是：附带民事诉讼的提起。本章的学术热点是：附带民事诉讼中能否提起精神损害赔偿。法学界对此主要有两种观点：被害人只可以按照民事诉讼程序另行起诉。① 被害人可以提起附带民事诉讼，也可以单独提起民事诉讼。②

第一节　附带民事诉讼的概念和意义

一、附带民事诉讼的概念

附带民事诉讼又称刑事附带民事诉讼，是指司法机关在刑事诉讼过程中，在依法解决被告人刑事责任的同时，附带解决被害人由于被告人的犯罪行为而遭受的物质损失的赔偿问题所进行的诉讼活动。

附带民事诉讼作为一项诉讼制度，是有关附带民事诉讼的当事人、赔偿范围、提起和审理程序等问题的法律规范的总称。我国《刑事诉讼法》第 77 条规定："被害人由于被告人的犯罪行为而遭受物质损失的，在刑事诉讼过程中，有权提起附带民事诉讼。如果是国家财产、集体财产遭受损失的，人民检察院在提起公诉的时候，可以提起附带民事诉讼。人民法院在必要的时候，可以查封或者扣押被告人的财产。"这一规定是附带民事诉讼的主要法律依据。《刑事诉讼法》第 78 条还对附带民事诉讼的审理原则进行了规定。最高人民法院《解释》、最高人民法院关于附带民诉的《批复》和最高人民法院关于附带民诉的《规定》等司法解释中关于附带民事诉讼的规定是刑事诉讼法规定的具体化，具有很强的可操作性，是司法实践中重要的执法依据。

---

① 李洪江. 刑事附带民事诉讼若干争议问题研究. 法制资讯，2008（2）

② 曲新久. 论刑事附带民事诉讼中公权与私权的协调. 法学，2003（8）

二、附带民事诉讼的特点

附带民事诉讼从本质上讲是民事诉讼，但又不同于一般的民事诉讼。附带民事诉讼是由犯罪行为引起的，是在刑事诉讼过程中提起并同刑事案件一并解决的，其成立与解决都依附于刑事诉讼，同刑事诉讼紧密联系、不可分割，因此附带民事诉讼是一种依附于刑事诉讼的特殊的民事诉讼。具体来讲，附带民事诉讼具有以下几个特点：

1. 附带民事诉讼性质的特殊性

附带民事诉讼就其解决的问题的性质而言，是平等主体之间的经济损害赔偿问题，和民事诉讼中的损害赔偿是一样的，属于民事诉讼性质。但它和一般的民事诉讼损害赔偿又有所不同，因为这种赔偿是由犯罪行为引起的，是在刑事诉讼过程中提起的，由审判刑事案件的审判组织审理，所以它又是刑事诉讼的一部分，是一种特殊性质的民事诉讼。

2. 附带民事诉讼法律依据的复合性

由于附带民事诉讼所解决的是刑事犯罪行为所引起的民事赔偿责任，所以解决这一问题的法律依据具有复合性特点。在实体法上，对损害事实的认定，不仅要遵循刑法关于具体案件犯罪构成的规定，而且要受民事法律规范调整；在程序法上，除刑事诉讼法有特殊规定的以外，应当适用民事诉讼法的规定。如诉讼原则、强制措施、诉讼证据、先行给付、诉讼保全、调解和解、撤诉反诉等，都要遵循民事诉讼法的有关规定，所以最高人民法院《解释》第100条规定："人民法院审判附带民事诉讼案件，除适用刑法、刑事诉讼法外，还应当适用民法通则、民事诉讼法有关规定。"

3. 附带民事诉讼处理程序的相对依附性

附带民事诉讼以刑事案件的成立为前提，必须在刑事诉讼过程中提起，刑事诉讼尚未开始或者已经终结，附带民事诉讼也就无从谈起；附带民事诉讼部分的判决不得同刑事部分的判决相抵触；附带民事诉讼的诉讼时效、上诉期限、管辖法院等都取决于刑事案件的情况。

三、附带民事诉讼的意义

附带民事诉讼是刑事诉讼中一项重要的诉讼制度。其意义主要体现在以下几个方面：

1. 有利于维护国家、集体和公民个人的合法经济利益

犯罪行为往往给被害人造成经济损失，犯罪人除了承担刑事责任外，还要承担经济赔偿责任，以保障国家、集体和公民个人的经济损失得到补偿和挽回。附带民事诉讼是实现这种保障的有效途径。附带民事诉讼制度的设立，可以使被害人通过附带民事诉讼程序，得到经济损害赔偿。

2. 有利于打击和制裁犯罪活动

附带民事诉讼制度，从根本上否定了"打了不罚，罚了不打"的陈旧观念，它意味

着给他人造成物质损害的犯罪分子不仅要承担刑事责任，而且还要承担附带民事赔偿责任。这对于打击和制裁犯罪活动，教育和改造犯罪分子具有重要意义。

3. 有利于公安司法机关全面、正确地处理案件

附带民事诉讼制度的设立，要求公安司法机关在刑事诉讼过程中，既要查明本案中的犯罪事实，还要查明被告人的犯罪行为给被害人造成的物质损失以及被告人对承担损害赔偿责任的态度。这对于正确认定案件事实，判断被告人认罪态度和悔罪表现，从而正确定罪量刑，具有重要的参考价值。

4. 有利于保证人民法院审判工作的统一性和严肃性

由于附带民事诉讼是由审理刑事案件的同一审判组织进行审理的，这有利于保证对案件事实认识的统一性，避免因不同审判组织分别进行审判可能对同一案件在认定事实和适用法律上作出相互矛盾的裁判，维护法院和法律的权威。

5. 有利于节约诉讼成本，提高诉讼效率

附带民事诉讼在刑事诉讼过程中附带解决被害人物质损失的赔偿问题，在一个诉讼中同时解决被告人的刑事责任和民事责任，避免因同一案件事实而再次进行诉讼，一方面，避免了公安司法机关的重复劳动，节约了司法资源，提高了诉讼效率；另一方面，又方便了当事人及其他诉讼参与人参与诉讼，减少他们重复出庭、重复举证等活动，减轻了他们的讼累。

第二节　附带民事诉讼成立的条件

一、以刑事案件的成立为前提

附带民事诉讼是由刑事诉讼所派生的，是在追究被告人刑事责任的同时，附带追究被告人的损害赔偿责任。因此，附带民事诉讼必须以刑事案件和刑事诉讼的成立为前提，如果被告人的行为本身不构成犯罪，刑事案件和刑事诉讼不成立，附带民事诉讼也就失去了存在的基础。需要注意的是，这里是以刑事案件和刑事诉讼成立为前提，而不是以是否对被告人科处刑罚为标准。一般情况下，被告人的行为构成犯罪都要根据法律科处刑罚，但在某些情况下，被告人的行为虽然构成犯罪，根据法律却不需要判处刑罚或者可以免除刑罚。在这些案件中，犯罪行为给被害人造成物质损失的，被害人仍然可以提起附带民事诉讼。

二、犯罪行为给被害人造成了物质损失

我国《刑事诉讼法》第 77 条第 1 款规定：“被害人由于被告人的犯罪行为而遭受物质损失的，在刑事诉讼过程中，有权提起附带民事诉讼。”最高人民法院关于附带民诉的《规定》第 1 条规定：“因人身权利受到犯罪侵犯而遭受物质损失或者财物被犯罪

分子毁坏而遭受物质损失的，可以提起附带民事诉讼。对于被害人因犯罪行为遭受精神损失而提起附带民事诉讼的，人民法院不予受理。”最高人民法院关于附带民诉的《批复》规定：“对于刑事案件被害人由于被告人的犯罪行为而遭受精神损失提起的附带民事诉讼，或者在该刑事案件审结以后，被害人另行提起精神损害赔偿民事诉讼的，人民法院不予受理。”根据以上我国刑事诉讼法和司法解释的规定，提起附带民事诉讼必须是由于被告人的犯罪行为给被害人造成了物质损失或者经济损失，这也是附带民事诉讼成立的必备条件。所谓物质损失，是相对于精神损失而言的，它是指可以用金钱计算的损失，通常包括两大类：一是犯罪行为侵害被害人的财产权利造成的经济损失，比如盗窃案件中盗窃的现金、物品等；二是犯罪行为侵害被害人的人身权利造成的经济损失，比如伤害案件中被害人因身体被伤害进行医治而支出的医药费、住院费、营养费等费用。

三、被害人遭受的物质损失必须是由被告人的犯罪行为直接造成的

被害人提起附带民事诉讼要求赔偿的损失，必须是被告人的犯罪行为直接造成的，也就是说，被告人的犯罪行为与被害人所遭受的物质损失之间必须存在直接的因果关系。最高人民法院关于附带民事诉讼的《规定》第 2 条规定：“被害人因犯罪行为遭受的物质损失是指被害人因犯罪行为已经遭受的实际损失和必然遭受的损失。”据此，犯罪行为直接造成的物质损失，既包括犯罪行为已经给被害人造成的物质损失，这种损失又称积极损失，例如盗窃案件中已经被盗走的财物，伤害案件中被害人的医药费、住院费和营养费；也包括被害人将来必然要遭受的物质损失，这种损失又称消极损失，例如伤害案件中因伤残减少的劳动收入，今后继续医疗的费用，故意毁坏公私财物案件中被毁坏的丰收在望的庄稼等。但是，不包括今后可能得到的或通过努力才能争取到的物质利益，比如超产奖、发明奖、加班费等。如果被害人的物质损失不是被告人造成的，而是由被害人自己的过错造成的，或者是由他人造成的，则不应由被告人承担。

理解这一条件时，还需要注意的是，在现实生活中，有许多刑事案件是由民事纠纷激化而成的，附带民事诉讼不能用来解决刑事案件发生以前所存在的民事纠纷。

四、权利方提起了附带民事诉讼请求

附带民事诉讼在程序上需要有法律规定的权利人的提起，正如任何民事诉讼一样，没有起诉就没有审判。只有当权利人提出了附带民事诉讼的请求，人民法院才可能受理。这是附带民事诉讼成立的程序要件。

第三节　附带民事诉讼的当事人

附带民事诉讼的当事人，是指附带民事诉讼的原告人和被告人。

一、附带民事诉讼的原告人

附带民事诉讼的原告人是指因被告人的犯罪行为而遭受物质损失并在刑事诉讼中提出赔偿请求的诉讼参与人。根据刑事诉讼法以及最高人民法院司法解释的规定，在我国，可以作为附带民事诉讼原告人的包括：

1. 因为犯罪行为而遭受物质损失的公民

任何公民（自然人）由于被告人的犯罪行为而遭受物质损失的，在刑事诉讼过程中，都有权提起附带民事诉讼。这是附带民事诉讼中最常见的原告人。

2. 因犯罪行为而遭受物质损失的法人和其他组织

我国《刑事诉讼法》第77条规定的“被害人”作为犯罪侵害的对象，应当从广义上去理解，不仅包括自然人，也应当包括单位，因为两者都是可能受到犯罪侵害的权利主体。比如在伤害罪、杀人罪等以侵害特定人身权利为对象的犯罪中，被害人当然只能是自然人；但在诸如盗窃、贪污、抢劫、纵火等犯罪活动中，被害人显然应包括企业、事业单位、机关、团体等法人和其他组织，这些案件的受害单位显然应当有权向人民法院提起附带民事诉讼，要求得到赔偿。

3. 已死亡被害人的近亲属

根据刑事诉讼法的规定，近亲属是指夫、妻、父、母、子、女、同胞兄弟姐妹。被害人的近亲属与被害人之间具有血缘关系或者婚姻关系，而且是被害人的法定继承人，依法享有继承被害人财产的权利。被害人已死亡的，其民事权利能力终止，但其民事权利仍应依法得到保护，因犯罪而遭受的物质损失，已转化为其继承人的损失。因此，其近亲属为了挽回遭受的经济损失，有权向人民法院提起附带民事诉讼，要求得到赔偿。

4. 无行为能力人或者限制行为能力人的法定代理人

在被害人是未成年人、精神病患者等无行为能力或者限制行为能力的情形下，由于其个人能力的限制，仅靠自己的力量难以维护其合法权益，因而法律规定，他们的法定代理人可以代为提起附带民事诉讼。

5. 人民检察院

如果是国家财产、集体财产遭受损失，受损失的单位没有提起附带民事诉讼，人民检察院在提起公诉时，可以提起附带民事诉讼。这里的“可以”应当同第二种情况联系起来理解，即当国家财产、集体财产遭受损失，而被害单位没有提起附带民事诉讼时，人民检察院作为国家利益的维护者，有责任提起附带民事诉讼。当检察机关一并提起附带民事诉讼时，它既是公诉机关，又是民事原告人，享有民事原告人的诉讼权利，但是无权就赔偿问题同被告人通过调解达成协议或自行和解。当然，关于人民检察院在提起附带民事诉讼时，属于什么身份，学术界还有两种观点，即公诉人说与原告代理人说。

二、附带民事诉讼的被告人

附带民事诉讼的被告人是指在刑事诉讼中对刑事被告人的犯罪行为造成的物质损失

负有赔偿责任的诉讼参与人。根据刑事诉讼法以及最高人民法院《解释》的规定，在我国，附带民事诉讼中负有赔偿责任的被告人包括：

1. 刑事被告人及没有被追究刑事责任的其他共同致害人

附带民事诉讼的被告人通常就是刑事诉讼的被告人，即可能实施了犯罪行为、依法被追究刑事责任的人。这里的被告人不限于自然人，不仅包括公民，也包括企业、事业单位、机关、团体等法人和其他组织。后一种情形主要是指数人共同犯罪案件中，有的被告人被追究刑事责任而交付人民法院审判，有的被公安机关作出劳动教养处理或行政拘留处分，有的被人民检察院作出不起诉决定，在这种情况下，被作出其他处理的同案人都应当作为附带民事诉讼的被告人。因为数人共同造成他人物质损失的行为是一个不可分开的整体行为，造成物质损失结果的原因是共同的加害行为，各加害人都应对物质损失共同承担民事赔偿责任。

2. 已被执行死刑的罪犯的遗产继承人

在刑事被告人被判处死刑并且已经被执行死刑的情况下，遗产继承人本人虽然没有实施犯罪行为，也不承担刑事责任，但其既然继承了犯罪人的财产，就意味着也要承担犯罪人应当承担的赔偿责任。因此，已被执行死刑的罪犯的遗产继承人是附带民事诉讼的被告人，应当对犯罪行为造成的物质损失承担赔偿责任。

3. 共同犯罪案件中，案件审结前已死亡的被告人的遗产继承人

案件审结以前被告人死亡的，虽然不追究刑事责任，但是其犯罪行为给被害人造成的物质损失，仍然需要赔偿。刑事被告人本人虽然死亡无法承担赔偿责任，但其遗产继承人继承了被告人的遗产，自然应当承担刑事被告人应当承担的赔偿责任，因而是附带民事诉讼的被告人。

4. 其他对刑事被告人的犯罪行为依法应当承担民事赔偿责任的单位和个人

这里的单位应作广义的理解，既可以是法人组织，也可以是非法人单位。另外，附带民事诉讼的未成年被告人应当承担赔偿责任的，如果其近亲属自愿代为承担，司法机关应当准许。

第四节　附带民事诉讼的提起和审理

一、附带民事诉讼的提起

1. 附带民事诉讼的起诉条件

根据最高人民法院《解释》第 88 条规定，附带民事诉讼的起诉条件是：

(1) 提起附带民事诉讼的原告人、法定代理人符合法定条件。提起附带民事诉讼的原告人、法定代理人必须符合法律规定的条件，即必须是因犯罪行为遭受物质损失的被害人本人（包括被害公民和被害法人及其他组织）、已死亡被害人的近亲属、无行为能力或者限制行为能力被害人的法定代理人、人民检察院，只有这些个人或机关才能依法

向人民法院提起附带民事诉讼。

(2) 有明确的被告人。提起附带民事诉讼，必须有明确的被告人，也就是说，向人民法院起诉时必须明确指出侵犯自己合法权益或者依法负有赔偿责任的对方当事人。只有提出明确的被告人，诉讼才能形成和进行。

(3) 有请求赔偿的具体要求和事实根据。提起附带民事诉讼，必须有请求赔偿的具体要求，即要求人民法院予以保护的具体内容。原告人起诉如果没有具体的诉讼请求，没有要求保护的具体合法权益，起诉也就难以成立。事实根据是指提出诉讼请求所依据的事实和理由，即有关案件事实情况及必要的证据，以便在诉讼中证明其诉讼请求是正当的。

(4) 被害人的物质损失是由被告人的犯罪行为造成的。如前所述，提起附带民事诉讼的前提是被告人的犯罪行为给被害人造成了物质损失，即被害人的物质损失与被告人的犯罪行为之间有因果关系。如果被害人的物质损失不是由被告人的犯罪行为造成的，而是由被告人的合法行为造成的，则不能提起附带民事诉讼要求赔偿，只能通过一般的民事诉讼解决。

(5) 属于人民法院受理附带民事诉讼的范围。提起附带民事诉讼的案件必须是属于人民法院受理附带民事诉讼案件的范围，即必须是人民法院主管和管辖的案件，法院才能依法受理。如果案件是归法院以外的其他机关主管的，法院就不能对其行使审判权；如果案件应由其他有管辖权的法院管辖，该法院也不能受理。

2. 提出附带民事诉讼请求的时间

附带民事诉讼，应当在刑事案件立案之后，第一审判决宣告以前提起。有权提起附带民事诉讼的人在第一审判决宣告以前没有提起的，不得再提起附带民事诉讼。但可以在刑事判决生效后另行提起民事诉讼。

在侦查、预审、审查起诉阶段，有权提起附带民事诉讼的人向公安机关、人民检察院提出赔偿要求，已经公安机关、人民检察院记录在案的，刑事案件起诉后，人民法院应当按附带民事诉讼案件受理；经公安机关、人民检察院调解，当事人双方达成协议并已给付，被害人又坚持向法院提起附带民事诉讼的，人民法院也可以受理。

人民法院受理刑事案件后，可以告知因犯罪行为遭受物质损失的被害人（公民、法人和其他组织）、已死亡被害人的近亲属、无行为能力或者限制行为能力被害人的法定代理人，有权提起附带民事诉讼。有权提起附带民事诉讼的人放弃诉讼权利的，应当准许，并记录在案。如果是国家财产、集体财产遭受损失，受损失的单位未提起附带民事诉讼，人民检察院在提起公诉时提起附带民事诉讼的，人民法院应当受理。

3. 提起附带民事诉讼的方式

提起附带民事诉讼一般应当提交附带民事诉状，即通过书面的方式提起。如果书写诉状确有困难，可以口头起诉。审判人员应当对原告人的口头诉讼请求详细询问，并制作笔录，向原告人宣读；原告人确认无误后，应当签名或者盖章。不论以书面方式还是口头方式，都应当说明附带民事诉讼原告人、被告人的姓名、年龄、职业、住址等个人基本情况，控告的罪行，以及因犯罪行为而遭受物质损失的程度和具体的诉讼请求等内容。

人民检察院在提起公诉时一并提起附带民事诉讼的，只能以书面方式，即制作附带民事诉状，写明：被告人的基本情况，被告人的犯罪行为给国家、集体财产造成损失的情况，代表国家、集体要求被告人赔偿损失的诉讼请求和适用的法律根据。

4. 对附带民事诉讼请求的审查和受理

人民法院收到附带民事诉状后，应当进行审查，并在 7 日内决定是否立案。符合刑事诉讼法和司法解释规定的起诉条件的，应当受理；不符合规定的，应当裁定驳回起诉。

二、附带民事诉讼的审理

1. 附带民事诉讼审理的一般原则

我国《刑事诉讼法》第 78 条规定了附带民事诉讼审判的一般原则，即附带民事诉讼应当同刑事案件一并审判，只有为了防止刑事案件审判的过分迟延，才可以在刑事案件审判后，由同一审判组织继续审理附带民事诉讼。根据这一原则，一般情况下，附带民事诉讼应当同刑事诉讼一并审理并作出判决，这样便于全面查清案件事实，也节省了诉讼成本，提高了诉讼效率。但由于刑事案件的审判是有时间限制的，如果附带民事部分同刑事部分一并审判，会影响刑事部分在法定时间内审结时，也可以先审判刑事部分，后审判附带民事部分。对此，最高人民法院《解释》第 99 条规定："对于被害人遭受的物质损失或者被告人的赔偿能力一时难以确定，以及附带民事诉讼当事人因故不能到庭等案件，为了防止刑事案件审判的过分迟延，附带民事诉讼可以在刑事案件审判后，由同一审判组织继续审理。"但是在分别审判时要注意：①只能先审理刑事部分，后审理附带民事部分，而不能先审理附带民事部分，后审理刑事部分；②必须由审理刑事案件的同一审判组织继续审理附带民事部分，不得另行组成合议庭。如果同一审判组织的成员确实无法继续参加审判的，可以更换审判组织成员；③附带民事诉讼部分的判决对案件事实的认定不得同刑事判决相抵触；④附带民事诉讼部分的延期审理，一般不影响刑事判决的生效。

2. 附带民事诉讼的具体审理程序

根据刑事诉讼法、最高人民法院《解释》和关于附带民诉的《规定》、《批复》等司法解释的规定，附带民事诉讼的审理，应当遵循以下具体程序：

(1) 审理前的准备工作。

人民法院受理附带民事诉讼后，应当在 5 日内向附带民事诉讼的被告人送达附带民事起诉状副本，或者将口头起诉的内容及时通知附带民事诉讼的被告人，并制作笔录。被告人是未成年人的，应当将附带民事起诉状副本送达其法定代理人，或者将口头起诉的内容通知其法定代理人。

人民法院送达附带民事起诉状副本，或者通知口头起诉的内容时，应当根据刑事案件审理的期限，确定被告人或者其法定代理人提交民事答辩状的时间。

(2) 举证责任的承担。

在附带民事诉讼中，举证责任的承担原则上实行"谁主张，谁举证"的原则，即附带民事诉讼案件的当事人对自己提出的主张，有责任提供证据。但根据最高人民法院《关于民事诉讼证据的若干规定》第7条和第8条的规定，在法律没有具体规定，依本规定及其他司法解释无法确定举证责任时，人民法院可以根据公平原则和诚实信用原则，综合当事人的举证能力等因素确定举证责任的承担。诉讼过程中，一方当事人对另一方当事人陈述的案件事实明确表示确认的，另一方当事人无须举证。

(3) 附带民事诉讼的财产保全和先予执行。

人民法院审理附带民事诉讼案件，为了保证作出赔偿经济损失的判决能够顺利执行，在必要时，可以决定查封或者扣押被告人财产。这里的查封和扣押，即是附带民事诉讼中的财产保全措施。人民法院采取财产保全措施一般是根据附带民事诉讼原告人的请求。如果认为必要，也可依职权作出财产保全决定。对被告人的财产采取财产保全措施应以其个人的财产为限，查封、扣押的数量，应以足够赔偿为限。

附带民事诉讼的先予执行，是指人民法院受理附带民事诉讼之后、作出判决之前，根据民事原告人的请求决定民事被告人先行支付民事原告人一定款项或者特定物品并立即执行的措施。附带民事诉讼的先予执行必须具备法定的理由，即犯罪行为给被害人造成了极大的困难。最高人民法院关于附带民事诉讼的《批复》规定："对于附带民事诉讼当事人提出先予执行申请的，人民法院应当依照民事诉讼法的有关规定，裁定先予执行或驳回申请。"决定先予执行时，既要考虑被害人的需要，又要兼顾附带民事诉讼被告人的实际支付能力。先予执行的数额应当折抵附带民事判决中所确定的赔偿数额。

(4) 附带民事诉讼的调解和判决。

审理附带民事诉讼案件，除人民检察院提起的以外，可以调解。调解应当在自愿合法的基础上进行。经调解达成协议的，审判人员应当及时制作调解书。调解书经双方当事人签收后即发生法律效力。

调解达成协议并当庭执行完毕的，可以不制作调解书，但应当记入笔录，经双方当事人、审判人员、书记员签名或者盖章即发生法律效力。

经调解无法达成协议或者调解书签收前当事人反悔的，附带民事诉讼应当同刑事诉讼一并判决。

人民法院认定公诉案件被告人的行为不构成犯罪的，对已经提起的附带民事诉讼，经调解不能达成协议的，应当一并作出刑事附带民事判决。

第二审人民法院审理对附带民事诉讼部分提出上诉的案件，原告一方要求增加赔偿数额，第二审人民法院可以依法进行调解。调解未达成协议或者调解书送达前一方反悔的，第二审人民法院应当依照刑事诉讼法、民事诉讼法的有关规定作出判决或者裁定。

(5) 赔偿与量刑的关系。

处理附带民事诉讼的情况，可以作为人民法院量刑时予以考虑的情节。最高人民法院关于附带民事诉讼的《规定》第4条规定："被告人已经赔偿被害人物质损失的，人民法院可以作为量刑情节予以考虑。"第5条规定："犯罪分子非法占有、处置被害人财产而使其遭受物质损失的，人民法院应当依法予以追缴或者责令退赔。被追缴、退赔的情况，人民法院可以作为量刑情节予以考虑。"

(6) 附带民事诉讼的撤诉。

附带民事诉讼在审结之前，原告人要求撤诉的，人民法院应当准许。但是，国家、集体财产遭受损失，被告人又有赔偿能力的，人民检察院或者受损害单位不能要求撤诉，因为对国家、集体财产，任何人无权随意处置。

附带民事诉讼审理过程中，附带民事诉讼的原告人经人民法院传票传唤，无正当理由拒不到庭，或者未经法庭许可中途退庭的，应当按自行撤诉处理。

(7) 附带民事诉讼的上诉和抗诉。

第一审判决、裁定作出后，附带民事诉讼的当事人和他们的法定代理人如果对判决、裁定不服，可以对地方各级人民法院第一审判决、裁定中的附带民事部分提出上诉。人民检察院可以对第一审判决、裁定中的附带民事部分提出抗诉。

对附带民事部分的上诉和抗诉不影响刑事部分的生效，但是第二审人民法院应当对第一审判决、裁定中的刑事和民事部分全面审查，审查后仅对附带民事部分作出终审判决或裁定。第二审人民法院对附带民事部分上诉或抗诉的案件进行审理时，如果发现刑事部分有错误，必须予以纠正的，可以按照审判监督程序处理。

对判决的刑事部分提起上诉或抗诉的案件，附带民事部分没有上诉或抗诉的，该部分判决也不能生效。也就是说，刑事部分的上诉或抗诉，对附带民事部分有连带上诉的作用。这是因为刑事部分认定的案件事实适用于附带民事部分，刑事部分的事实认定如果有错误，势必影响民事部分的判决。

(8) 附带民事诉讼判决、裁定的执行。

附带民事诉讼的判决、裁定生效后，应当按照民事诉讼法规定的执行程序执行。《民事诉讼法》第216条规定："发生法律效力的判决、裁定，当事人必须履行。一方拒绝履行的，对方当事人可以向人民法院申请执行，也可以由审判员移送执行员执行。"

人民法院对附带民事诉讼案件作出判决之后，查明被告人确实没有财产可供执行的，应当裁定中止或终结执行。

(9) 诉讼费的收取。

人民法院审理刑事附带民事诉讼案件，不收取诉讼费。

案例分析

【案情】某甲，男，25岁。某乙，男，23岁。某甲因投资办厂向某乙借现金5 000元。一年后，某乙要求某甲还款，某甲因经营不善无力还款。某日，乙约甲到其家中商谈还款事宜，甲想赖账，带了几个人到乙家，声称乙根本未曾借钱给他，双方遂发生口角，继而大打出手。某乙被某甲及其随行人员打成重伤，家中的家具和生活用品也多数被损坏。在双方的互相殴打中，某甲又不慎用拳头击中前来劝架的邻居某丙（男，19岁）的头部，但其经县医院初步检查，未发现受伤。

该县人民检察院依法对某甲提起公诉时，被害人某乙提起附带民事诉讼，要求某甲赔偿医疗费5 650元，家中物品的经济损失4 200元，精神损失费5万元，并要求法院判决某甲归还所借的5 000元欠款，共计64 850元。该县法院在一审中，曾就附带民事诉讼部分进行调解，但未达成协议，遂判决某甲有期徒刑3年，赔偿某乙医疗费和物品损失费共计8 230元，但对精神损失和归还借款的请求不予支持。某甲不服一审判决，提出上诉。某丙因后来查出颅内有内伤，在上诉期间提出附带民事诉讼。第二审法院一并予以受理，经审理，除维持一审对某甲所判的刑罚和某甲应向乙赔偿的经济损失以外，另判决某甲赔偿某丙3 000元。

【问题】

(1) 第一审法院附带民事诉讼部分的判决是否正确?

(2) 第二审法院的做法是否正确?

【解析】

(1) 第一审法院对附带民事诉讼的判决是正确的。这是因为：①虽然本案中某乙主张赔偿的医疗费和家中的物品损失费共计9 850元，但这只是当事人的请求数额，法院最终认定的时候，还是要依靠证据，所以法院的判决数和当事人的请求数不一致是完全正常的。②法院对某乙要求精神损害赔偿和归还借款的请求不予支持也是正确的。因为根据现行法律规定，在附带民事诉讼中不能提起精神损害赔偿，只能要求被告人赔偿物质损失；同时，这种物质损失还必须是被告人的行为直接造成的。本案中的借款行为属于民事纠纷，发生在刑事案件之前，理应另行通过民事诉讼解决，而不应当通过附带民事诉讼方式处理。

(2) 第二审法院的做法是错误的。根据最高人民法院《解释》的规定，附带民事诉讼应当在第一审宣告判决前提起。只有这样，才具备合并审理的基础，附带民事诉讼的级别管辖也才能和刑事案件的管辖相一致。而本案中，某丙在上诉期才提起附带民事诉讼，这种情况下，第二审法院应当告知某丙另行向第一审法院提起民事诉讼，而不应当直接受理并作出判决，以至于造成附带民事诉讼部分实际上是一审终审的不合理局面。

第九章　期间和送达

本章主要介绍刑事诉讼中期间、期日、期限的概念、意义，期间的计算、延长、恢复和重新计算，送达的概念、意义，以及诉讼文书的送达程序等。通过学习全面掌握有关期间、送达的法律规定。学习重点是：期间的计算。学习难点是：期间的延长和重新计算。本章的学术热点是：对法定期间和送达方式的修改完善，如建议将“年”作为期间计量单位；[①] 刑事诉讼中是否可以适用公告送达[②] 等。

第一节　期间、期日、期限

一、期间、期日、期限概述

期间、期日、期限虽然都是指司法机关或人民法院规定的诉讼主体及其他诉讼参与人进行诉讼活动的时间，但三者所指的诉讼活动的时间是有区别的。

1. 期间的概念和意义

在刑事诉讼中，公安机关、人民检察院、人民法院和诉讼参与人进行刑事诉讼活动是有期限性的，这就是法律规定的诉讼期间问题。所谓刑事诉讼的期间，是指公安司法机关和诉讼参与人完成某项刑事诉讼行为必须遵守的法定期限。刑事诉讼期间一般由法律明确规定，称作法定期间；个别情况下可以由公安司法机关指定，称作指定期间。

确定刑事诉讼期间的长短不是随意的，它需要考虑以下因素：保证查明犯罪事实，正确处理案件；能够及时惩罚犯罪，尽快实现刑罚效应；保障公民依法行使诉讼权利；督促司法机关提高办案效率，保障公民的合法权利。刑事诉讼法规定期间的意义在于：

(1) 刑事诉讼法规定了期间，无论是公安司法机关，还是诉讼参与人都必须在法定的期限内完成刑事诉讼活动，这样可以防止诉讼拖延，保证刑事诉讼活动的顺利进行。

---

① 陈光中，严端. 中华人民共和国刑事诉讼法修改建议稿与论证. 北京：中国方正出版社，1999. 236

② 刘新闻. 公诉案件中被害人告知送达方式的适用. 检察理论研究，转引自陈卫东. 刑事诉讼法资料汇编. 北京：法律出版社，2005. 332

(2) 刑事诉讼法关于期间的规定，尤其是对司法机关办案时间上的要求，能够促使司法机关尽快办结案件，及时惩罚犯罪。

(3) 有利于保障当事人等诉讼参与人的合法权益。这主要体现在以下三个方面：①通过及时惩罚犯罪，迅速保护被害人的合法权益。许多被害人被犯罪侵害，心理上受创伤，物质上受损失，只有通过对犯罪的及时处理，才能使被害人在精神和物质上迅速得到安慰和赔偿。②案件处理不及时则侵犯犯罪嫌疑人、被告人的人身自由等权利。比如，刑事诉讼法所规定的羁押期间，能够避免对犯罪嫌疑人、被告人“以捕代罚”和“久押不决”。③保障诉讼参与人行使诉讼权利。诉讼参与人行使诉讼权利有赖于在法定期间内被告知，以便提前准备，按时参加诉讼。例如，我国《刑事诉讼法》第151条规定的向被告人送达起诉书副本的期间，有利于被告人行使辩护权。

2. 期日、期限的概念

期日是“期间”的对称，是指人民法院和当事人以及其他诉讼参与人会合进行诉讼行为的某一特定的具体日期。可分为准备程序期日、证据调查期日、开庭审理期日、调解期日、裁判宣告期日等。一般须由法院或侦查、检察机关预先指定，然后按照法定程序和方式送达当事人及其他诉讼参与人。

期限是指法律规定或当事人约定的具体时间。它是某种必然要到来的法律事实，通常可附加于法律行为，构成附期限的法律行为。期限可以采取期日形式，也可采取期间形式；前者如法院送达的司法文书中指明的诉讼当事人参加诉讼的具体的月、日，后者如侦查羁押期限。

期日和期间不同：①期间是人民法院与诉讼参与人进行某种诉讼行为的期限；而期日则是各诉讼主体会合进行诉讼行为的时间。②期间有始点和终点；而期日只规定开始的时间，不规定终止的时间。③期间分为法定期间和指定期间两种；而期日完全由人民法院指定。④期间中的法定期间，人民法院和当事人都无权变更；而期日则可以由人民法院决定变更。⑤期间开始后至届满前，诉讼参与人所为的诉讼行为都是有效的，只要不逾期，就不会产生不利的法律后果；而期日开始后，必须依法为一定的诉讼行为，否则，应当承担一定的法律后果。

二、期间的计算

1. 期间的计算单位

《刑事诉讼法》第79条规定：“期间以时、日、月计算。”据此，期间的计算单位有时、日、月三个。至于年、分钟等其他时间计算单位不是刑事诉讼期间的计算单位。

2. 期间的计算方法

期间的计算方法涉及两个技术问题，一是起算，即期间从什么时候算起；二是届满，即期间到什么时候终止。根据《刑事诉讼法》第79条第2款、第3款和有关的司法解释的规定，期间的计算方法是：

以时为计算单位的期间，从期间开始的下一时起算，期间开始的时不计算在期间以内。它的届满以法定期间时数的最后一时结束为止。例如，某犯罪嫌疑人在某日9时被逮捕，那么通知其家属或所在单位的期间，则从10时开始计算，到次日9时结束，即10时整届满。如果期间的开始遇到有分钟的情况，其下一时如何确定呢？如上例中的犯罪嫌疑人是在9时25分被逮捕的，只能以“时”计算，那么开始的时为9时，下一时为10时，即期间从10时算起，而不能以10时25分起算。

以日为计算单位的期间，从期间开始的次日起算，期间开始的日不计算在期间以内。它的届满以法定期间日数的最后一日完了为止。例如，某被告人是在4月16日10时接到一审判决书的，它的上诉期间从4月17日开始计算，向后数10日，到4月26日届满。

以月为计算单位的期间，从什么时候起算，《刑事诉讼法》没有规定。但最高人民法院《解释》第103条第3款对此作出了明确规定：“以月计算的期限，自本月某日至下月某日为1个月，如本月1日收案至下一个月1日、本月最后一日至下一个月最后一日为1个月的审理期限；半月一律按15日计算期限。”例如，某犯罪嫌疑人于2004年6月5日被逮捕，其侦查羁押期限为两个月，即6月6日至7月5日为一个月，7月6日至8月5日为一个月，届满日为8月5日。

3. 期间计算中的特别规定

(1) 期间的最后一日为节假日的，以节假日后的第一日为期间届满日期。节假日包括公休日（星期六、星期日）和法定假日（新年、春节、清明节、劳动节、端午节、中秋节、国庆节）。如果节假日不是期间的最后一日，而是在期间的开始或中间则均应计算在期间以内。另外，为了保障犯罪嫌疑人、被告人的人身权利，最高人民法院《解释》和六部委《规定》同时规定，对于犯罪嫌疑人、被告人或者罪犯在押期间，应当至期间届满之日为止，不得因节假日而延长在押期限至节假日后的第1日。

(2) 上诉状或者其他文件在期满前已经交邮的，不算过期。这就是说，通过邮寄的上诉状或者其他文件，只要是在法定期间内交邮的，即使司法机关收到时已过法定期限，也不算过期。上诉状或其他文件是否在法定期限内交邮以当地邮局所盖邮戳为准。

(3) 法定期间不包括路途上的时间。对刑事诉讼法的这一规定如何理解，有不同的认识：一种意见认为，路途上的时间是指上诉书或其他文件在邮寄过程中的时间，不包括人在路途上的时间。另一种意见认为，应当包括人在路途上所需要的时间。后一种意见符合立法本意，因为《刑事诉讼法》第79条第3款规定的“法定期间不包括路途上的时间”，并没有规定仅指不包括“上诉状或者其他文件”邮寄的时间。其后所规定的“上诉状或者其他文件在期满前已经交邮的，不算过期”，强调的是交邮的时间，并不是用来限定“法定期间不包括路途上的时间”范围的。再从诉讼实践来看，由于路途遥远影响诉讼行为进行的情况还是存在的，在法定期间中将人在路途上的时间加以扣除是合情合理的。

(4) 犯罪嫌疑人不讲真实姓名、住址、身份不明的，侦查羁押期限自查清其身份之日起计算，但是不得停止对其犯罪行为的侦查取证。

(5) 对犯罪嫌疑人作精神病鉴定的期间不计入办案期限。犯罪嫌疑人、被告人在押的案件，除对犯罪嫌疑人、被告人的精神病鉴定时间不计入办案期限外，其他鉴定时间都应当计入办案期限。对于因鉴定时间较长，办案期限届满仍不能终结的案件，自期限届满之日起，应当对被羁押的犯罪嫌疑人、被告人变更强制措施，改为取保候审或者监视居住。

三、期间的延长和重新计算

1. 期间的延长

期间的延长是指司法机关在规定的办案期限内不能完成应予完成的诉讼行为，而向后续展期限的办法。期间的延长仅适用于司法机关办案期限，对诉讼参与人的有关诉讼期限，如上诉期限等不能延长。刑事诉讼法对期间的延长规定了两个办法：一是允许司法机关自动延长并明确规定延长时间的上限。例如，我国《刑事诉讼法》第 138 条规定，人民检察院对于公安机关移送起诉的案件，应当在 1 个月以内作出决定，重大、复杂的案件，可以延长半个月。法律规定了人民检察院可以自动延长办案期间，但延长的时间不能超过半个月。二是报经一定机关批准或决定延长。例如，我国《刑事诉讼法》第 124 条规定，对犯罪嫌疑人逮捕后的侦查羁押期限不得超过 2 个月。案情复杂、期限届满不能终结的案件，可以经上一级人民检察院批准延长 1 个月。对于第二种方法，刑事诉讼法一般都明确规定了批准或决定的机关及其批准延长时间的权限。但有例外情况，如《刑事诉讼法》第 125 条规定，因为特殊原因，在较长时间内不宜交付审判的特别重大复杂的案件，由最高人民检察院报请全国人民代表大会常务委员会批准延期审理。这里没有规定延长羁押的具体期限。

2. 期间的重新计算

期间的重新计算，是指由于发生了法定的情况，原来已进行的期间归于无效，而从新发生情况之时起计算期间。重新计算期间的规定也仅适用于司法机关的办案期限。期间的重新计算有以下几种：①在侦查期间，发现犯罪嫌疑人另有重要罪行的，自发现之日起依照《刑事诉讼法》第 124 条的规定重新计算侦查羁押期限；②人民检察院审查起诉的案件，改变管辖的，从改变后的人民检察院收到案件之日起计算审查起诉期限；③人民检察院审查起诉中退回公安机关补充侦查的案件，补充侦查完毕移送人民检察院后，人民检察院重新计算审查起诉期限；④人民法院改变管辖的案件，从改变后的人民法院收到案件之日起计算审理期限；⑤人民检察院补充侦查的案件，补充侦查完毕移送人民法院后，人民法院重新计算审理期限；⑥第二审人民法院发回原审人民法院重新审判的案件，原审人民法院自收到发回的案件之日起，重新计算审理期限。

《刑事诉讼法》规定期间的延长和重新计算的目的，在于使司法机关有充足的办案时间，从而确保办案质量。

四、期间的耽误和恢复

期间的耽误是指司法机关或诉讼参与人没有在法定期限内完成应当进行的诉讼行为。而期间的恢复是指当事人由于不能抗拒的原因或者有其他正当理由而耽误期限的，在障碍消除后 5 日以内，可以申请继续进行应当在期满以前完成的诉讼活动的一种补救措施。

在刑事诉讼中，耽误期间的情况是客观存在的。既有司法机关的耽误，也有诉讼参与人的耽误；既有正当理由的耽误，也有无正当理由的耽误。刑事诉讼法对司法机关耽误期间应承担什么责任和采取什么补救措施未作规定。当事人如果耽误了期间，就要承担一定的法律后果。如被告人耽误了上诉期，就失去了上诉权，就要承担判决、裁定生效的后果。鉴于当事人耽误期间的原因中确有不可抗拒的原因和其他正当理由的情况，为充分保护当事人的合法权益，刑事诉讼法对当事人有正当理由耽误期间的，规定了一条补救措施——期间的恢复。根据我国《刑事诉讼法》第 80 条的规定，期间的恢复必须具备以下条件：

第一，只有当事人才能提出恢复期间的申请。刑事诉讼法将提出申请期间恢复的主体限定为当事人，而不是所有的诉讼参与人。然而，由于不可抗拒的原因或有其他正当理由耽误期限的不只是当事人，还有其他诉讼参与人，因此，刑事诉讼法将期间恢复的申请权既赋予当事人，又给予其他诉讼参与人，将会更加完善。

第二，期间的耽误是由于不能抗拒的原因或有其他正当理由。例如发生地震、洪水、台风、滑坡、泥石流、战争、大火等当事人本身无法抗拒的自然和社会现象或者是当事人发生车祸、突患严重疾病等情况，使当事人无法进行诉讼行为。

第三，当事人的申请应当在障碍消除后的 5 日以内提出。这是对当事人申请恢复期间的时间要求。

第四，期间恢复的申请经人民法院裁定批准后才能恢复期间。当事人的申请是否准许，需经人民法院裁定。对有些当事人的申请，人民法院可能认为不符合法定条件，于是作出裁定不予批准。由此可见，当事人只有申请权，而人民法院有批准权。根据刑事诉讼法规定，对于申请是否批准，只能由人民法院裁定。但是，由于期间恢复问题不仅发生在审判阶段，而在其他诉讼阶段也可能发生，例如在提起公诉阶段，对不起诉决定，当事人就可能提出期间恢复的申请。所以，刑事诉讼法应当将期间恢复的决定权赋予相应的司法机关。

第二节　送　达

一、送达的概念和意义

刑事诉讼中的送达，是指人民法院、人民检察院和公安机关依照法定程序和方式，将诉讼文件送交诉讼参与人、有关机关和单位的诉讼活动。送达是一项有法律意义的诉讼活动，从形式上看是向收件人交付某种诉讼文件，实质上是司法机关的告知行为。

根据刑事诉讼法的规定，送达具有以下特点：①送达是公、检、法三机关所进行的诉讼活动。诉讼参与人向司法机关送交的自诉状、上诉状、答辩状等诉讼文件的行为，不属于法定的送达。②送达必须依照法定的程序和方式进行。刑事诉讼法对送达的程序和方式有具体的规定。送达机关违反法定程序和方式送达诉讼文件的，不能产生法律效力。③送达的内容是各种诉讼文件。刑事诉讼中需要送达的诉讼文件是多种多样的。如传票、通知书、起诉书、不起诉决定书、裁定书、判决书，等等。④送达的收件人可以是公民个人，也可以是机关、单位。例如，接受判决书的被告人、接受开庭通知的人民检察院等都可以成为收件人。

送达是刑事诉讼法规定的刑事诉讼不可缺少的诉讼活动，是刑事诉讼的有机组成部分。送达在刑事诉讼中的意义是：首先，能够保证刑事诉讼的顺利进行。收件人只有及时收到诉讼文件，了解诉讼文件的内容，才能依法参加诉讼活动，行使诉讼权利，履行诉讼义务，从而使刑事诉讼活动得以顺利进行。其次，送达能够保障司法机关和诉讼参与人履行职责或行使诉讼权利。送达可以使司法机关和诉讼参与人了解诉讼的进程，做好参加诉讼活动的准备，以便更好地履行职责或行使诉讼权利。例如，公诉机关收到开庭通知书后，应在开庭前认真准备，按时出席法庭，充分履行其支持公诉和法律监督的职责；被告人收到一审判决书后，在上诉期内可以针对判决写出上诉书，行使上诉权。

二、送达回证

送达回证是司法机关依法将诉讼文件送达收件人的凭证。有关司法解释要求，送达诉讼文件必须有送达回证。

在司法实践中，送达回证印制有固定的格式。其内容包括送达诉讼文件的机关，收件人的姓名，送达诉讼文件的名称，送达的时间、地点、方式，送达人、收件人的签名、盖章，签收日期，等等。送达回证的使用方法是：司法机关送达诉讼文件时，向收件人出示送达回证，由收件人、代收人在送达回证上记明收到日期，并且签名或者盖章；遇到拒收或拒绝签名、盖章等，在实施留置送达程序中，送达人应当在送达回证上记明拒绝的事由、送达的日期，并且签名或者盖章。送达程序进行完毕后，将送达回证带回入卷。采用委托送达、转交送达的也必须按照上述程序进行，并将送达回证退回承办案件的司法机关。邮寄送达的，应当将送达回证和诉讼文件一起挂号邮寄给收件人，送达回证由收件人退回。在这种情况下，收件人在送达回证签收的日期可能与挂号回执上注明的日期不一致，司法机关应在送达回证上作出说明，并以挂号回执上注明的日期为送达日期。

送达回证是司法机关依法送达诉讼文件的证明文件，是计算期间的根据，是送达程序的必要形式。因此，在送达诉讼文件时必须使用送达回证，并且将送达回证入卷归档。

三、送达的方式和程序

根据我国《刑事诉讼法》第 81 条和最高人民法院《解释》第 104 条至第 108 条规定，送达的方式有以下几种：

1. 直接送达

直接送达是指司法机关派员将诉讼文件直接交给收件人。直接送达的特点是承办案件的司法机关将诉讼文件直接送达收件人，而不通过中介人或中间环节。根据法律规定，直接送达的程序是：送达人员将诉讼文件交给收件人本人，收件人本人在送达回证上记明收到日期，并且签名或者盖章。如果收件人本人不在，由其成年家属或所在单位的负责收件人员代收，代收人也应当在送达回证上记明收到日期，并且签名或者盖章。收件人本人或者代收人在送达回证上签收的日期为送达的日期。

2. 留置送达

留置送达是指收件人本人或者代收人拒绝接收诉讼文件或者拒绝签名、盖章时，送达人员将诉讼文件放置在收件人或代收人的住处的一种送达方式。留置送达必须具备一定条件，即收件人或代收人拒绝接受诉讼文件或者拒绝签名、盖章时才能采用。找不到收件人，同时也找不到代收人时，不能采用留置送达。留置送达的程序是在收件人本人或者代收人拒绝接收或者拒绝签名、盖章的情况下，送达人员邀请他的邻居或者其他见证人到场，说明情况，在送达回证上记明拒收的事由和日期，由送达人、见证人签名或者盖章，并将诉讼文书留在收件人或者代收人住处或者单位后，即视为送达。诉讼文件的留置送达与交给收件人或代收人具有同样的法律效力。

3. 委托送达

委托送达是指承办案件的司法机关委托收件人所在地的司法机关代为送达的一种方式。委托送达一般是在收件人不住在承办案件的司法机关所在地，而且直接送达有困难的情况下所采用的送达方式。其程序是：委托送达的司法机关应当将委托函、送达的诉讼文件及送达回证，送收件人所在地的司法机关。受委托的司法机关收到委托送达的诉讼文件后，应当登记，并由专人及时送交收件人，然后将送达回证及时退回委托送达的司法机关。受委托的司法机关无法送达时，应当将不能送达的原因及时告知委托的司法机关，并将诉讼文件及送达回证退回。

4. 邮寄送达

邮寄送达是司法机关将诉讼文件挂号邮寄给收件人的一种送达方式。邮寄送达一般是在直接送达有困难的情况下采用的送达方式。其程序是：司法机关将诉讼文件、送达回证挂号邮寄给收件人，收件人签收挂号邮寄的诉讼文件后即认为已经送达。挂号回执上注明的日期即为送达的日期。

5. 转交送达

转交送达是指对特殊的收件人由有关部门转交诉讼文件的送达方式。特殊的收件人是指军人、正在服刑的犯人和正在被劳动教养的人。根据有关司法解释，转交送达的程序是：诉讼文件的收件人是军人的，应当通过其所在部队团以上单位的政治部门转交；收件人正在服刑的，应当通过所在监所或者其他执行机关转交；收件人正在劳动教养的，应当通过劳动教养单位转交。代为转交的部门、单位收到诉讼文件后，应当立即交收件人签收，并将送达回证及时退回送达的司法机关。采取转交送达的方式主要是考虑到收件人的特殊情况。收件人是军人的，通过转交送达有利于维护部队的机密，同时还有利于部队政治机关及时了解情况，做好收件人的思想工作，保持部队的稳定。对服刑和正在被劳动教养的人通过转交送达，有利于有关单位了解情况，及时掌握收件人的思想、情绪动向，从而防止发生意外情况。

案例分析

【案情】被告人单晓雷（男，23岁，汉族）因涉嫌故意杀人于2007年6月2日经某县人民检察院批准，被某县公安局依法逮捕，并在当天通知了他的家人。1个月后，某县公安局侦查终结，将本案移送县人民检察院审查起诉。7月17日，县检察院向县人民法院提起公诉。县人民法院依法将此案移送给某市中级人民法院审理。某市中级人民法院经过审理，于8月28日依法作出判决，以故意杀人罪判处被告人单晓雷死刑，剥夺政治权利终身。9月2日，单晓雷向某省高级人民法院提起上诉。9月15日，某省高级人民法院经过审判，作出裁定，驳回单晓雷的上诉，维持原判，并报请最高人民法院核准。某市中级人民法院于10月21日收到由某省高级人民法院转交的最高人民法院执行死刑的命令。5日后，单晓雷被执行死刑。

【问题】司法机关在本案中是否严格遵守了有关法定期间的规定？指出其中几种主要的法定期间，并分别作出说明。

【解析】本案中，司法机关严格遵守有关法律规定，依法办案，没有出现违法行为。其中，至少出现了六种涉及法定期间的诉讼活动：

(1) 公安机关逮捕被告人的行为属于强制措施，与之相联系的法定期间是强制措施期间。根据我国《刑事诉讼法》的规定，逮捕（或者拘留）犯罪嫌疑人、被告人后，除有碍侦查或者无法通知的情形以外，公安机关应当把逮捕（或者拘留）的原因和拘押处所，在24小时之内，通知被逮捕人（或者被拘留人）的家属或其所在单位。本案中县公安局于逮捕当日通知其家人是合法的。

(2) 从逮捕犯罪嫌疑人到向同级检察机关移交案件这段时间，是公安机关的侦查羁押期间。我国《刑事诉讼法》规定，对犯罪嫌疑人逮捕后的侦查羁押期限最长为2个月。案情复杂、期限届满不能终结的案件，可经上一级检察院批准延长1个月。比较重大复杂的案件（包括重大的犯罪集团案件）在上述期限内不能侦查终结的，经省一级检察院批准或者决定，可以延长2个月。对犯罪嫌疑人可能判处10年有期徒刑以上刑罚，按照前述规定延长2个月后仍不能侦查终结的，可以再延长2个月。若因特殊原因，在较长时间内不宜交付审判的特别重大复杂的案件，由最高人民检察院报请全国人大常委会批准延期审理。本案中的实际侦查羁押期间为1个月，并未超期。

(3) 本案在检察机关的半个月时间属于实际的审查起诉期间。依据法律规定，检察机关对于公安机关移送审查的案件，应在1个月内作出是否起诉的决定，重大复杂的案件，可以延长半个月。如需补充侦查，应在1个月内侦查完毕，且以两次为限。

(4) 中级人民法院审理本案的期间为一审诉讼活动期间。一审公诉案件应当在受理后1个月内宣判，至迟不得超过1个半月。对于重大复杂的案件确实还难以审结的，经省一级检察院批准或者决定，可再延长1个月。因此，第一审诉讼活动期间最长可延续两个半月。

(5) 上诉期限：不服一审判决的上诉期限为 10 日，不服一审裁定的上诉（或抗诉）期限为 5 日。本案中，被告人是在上诉期限内的第 5 日依法提起上诉的，因而取得了再次为自己辩护的机会。

(6) 中级人民法院在收到最高人民法院执行死刑的命令后的第 5 日执行死刑，其法律依据是我国《刑事诉讼法》的第 211 条：下级人民法院接到最高人民法院执行死刑的命令后，应当在 7 日内交付执行。此即死刑执行期间，其上限为 7 日。

第十章 刑事诉讼证据

本章主要介绍刑事诉讼证据概述、刑事诉讼证据的种类、刑事诉讼证据的分类和刑事诉讼证据规则。学习重点是：刑事诉讼证据的概念和特征、我国刑事诉讼法规定的七种证据、刑事诉讼证据的分类及其划分标准、我国刑事诉讼证据规则。学习难点是：刑事诉讼证据的特征；证据能力；证明力；我国刑事诉讼中每种证据的特点；刑事诉讼证据规则。本章的学术热点是：如何界定刑事诉讼证据；刑事诉讼证据有何特征；我国应当建立什么样的刑事诉讼证据规则等。

第一节 刑事诉讼证据概述

一、刑事诉讼证据的概念

古汉语中虽然也有“证据”一词，例如，唐代文豪韩愈的《柳子厚墓志铭》中就有“议论证据今古，出入经史百子”之句，但是，现代意义上的诉讼证据在古代法律典章中通常被称之为“证”。例如，《唐律·断狱》中就有“据众证定罪”的规定，清代法律中也有“众证明白，即同狱成”的规定。自20世纪初，“证据”一词愈益频繁地出现在法律文献中。例如，南京临时政府于1912年3月2日颁布的《大总统令内务、司法两部通饬所属禁止刑讯文》中规定：“不论行政司法官署，及何种案件，一概不准刑讯。鞫狱当视证据之充实与否，不当偏重口供。”[①] 在现代汉语中，“证据”是常用的词语之一，但如何界定“证据”，在学术界有不同的学说。例如，证据是法官确认案件事实的原因；证据是举证与调查的结果；证据是认定案件事实的方法；证据是对案件事实的反映；证据是与案件事实有关的信息。具有较大影响的有事实说、根据说、材料说、统一说，具体如下：

1. 事实说

这种学说主张将证据界定为一种用作证明的事实。例如，英国著名法学家边沁认

① 陈一云. 证据学. 北京：中国人民大学出版社，1991. 77

为："在最广泛意义上，把证据假定为一种真实的事实，把它看成是一种成为相信另一种事实存在或者不存在的理由的当然事实。"[①] 美国证据法学家威格莫尔指出，证据"是任何一件或一组可知的事实，而不是法律的或伦理的原理"。[②] 苏联法学家安·扬·维辛斯基也认为："诉讼证据——这是通常的事实，是生活中出现的同样的现象、同样的事物、同样的人，人们同样的行为。只要它们已归入诉讼程序的范围，成为一种判明法院和侦查机关所关切的情况，解决法院和侦查机关所关切的问题的手段，它们便是诉讼证据。"[③] 从我国《刑事诉讼法》第 42 条第 1 款"证明案件真实情况的一切事实，都是证据"来看，我国刑事诉讼法在规定"证据"时，也坚持了事实说的观点。

2. 根据说

这种学说主张把证据界定为证明案件事实的根据。主张根据说的学者认为，证据与事实之间不能画等号，证据可以证明事实，但证据本身并不等于事实；如果将证据界定为事实，那么证据就一定是属实的，但是，我国《刑事诉讼法》第 42 条第 3 款又规定"以上证据必须经过查证属实，才能作为定案的根据"，这里显然是说，证据未必是属实的。

3. 材料说

这种学说主张把证据界定为证明案件事实的材料。英国证据法学家摩菲认为，证据是"能够说服法官认定某个案件事实为真实或者可能的任何材料"。[④]《辞海》也将证据界定为："法律用语，据以认定案情的材料。"使用"材料"这个中性词给证据定位，表明这些学者不赞成将证据界定为"事实"的观点，试图在界定证据概念时回避证据真实性的问题。

4. 统一说

这种学说强调了证据内容与证据形式的统一。由于侧重点不同，有的可以看作是对"根据说"的完善，有的可以视为对"事实说"的补充。例如，有学者认为，"诉讼证据，是审判人员、检察人员、侦查人员等依照法定的程序收集并审查核实，能够证明案件真实情况的根据"，"从证据所反映的内容方面看，证据是客观存在的事实；从证明关系看，证据是证明案件事实的凭据，是用来认定案情的手段；从表现形式看，证据必须符合法律规定的表现形式，诉讼证据是客观事实内容与表现形式的统一"。[⑤] 有的学者认为，"证据是证据的内容（事实材料）与证据的形式（证明手段）的统一"，"证据是以法律规定的形式表现出来的能够证明案件真实情况的一切事实"。[⑥]

我们认为，要科学地界定刑事诉讼证据，就必须将我国现行刑事诉讼证据法中常见的三个法律术语即"证据材料"、"证据"、"定案根据"联系起来考虑。我国《刑事诉讼法》第 42 条规定："证明案件真实情况的一切事实，都是证据。证据有下列七种：……以上证据必须经过查证属实，才能作为定案的根据。"第 89 条规定："公安机关对于已

① 何家宏，刘品新. 证据法学. 北京：法律出版社，2007. 110

② 王以真. 外国刑事诉讼法学. 北京：北京大学出版社，1994. 215

③ 何家宏，刘品新. 证据法学. 北京：法律出版社，2007. 110

④ [英] Peter Murphy. *A Practical Approach to Evidence*（4th Ed）. London: Blackstone Press Ltd.1993.1–2.

⑤ 樊崇义. 证据法学. 北京：法律出版社，2001. 45～46

⑥ 卞建林. 证据法学. 北京：中国政法大学出版社，2000. 70

经立案的刑事案件，应当进行侦查，收集、调取犯罪嫌疑人有罪或者无罪、罪轻或者罪重的证据材料。”第90条规定：“公安机关经过侦查，对有证据证明有犯罪事实的案件，应当进行预审，对收集、调取的证据材料予以核实。”对于“证据材料”、“证据”、“定案根据”的界定，主流的观点认为，符合法律规定形式的物证、书证、证人证言等各个种类的证据，在未经查证属实以前，是证据材料（或者称证据的原始素材），证据材料有可能真实也可能不真实，需要经过审查判断才能确定；证据材料经过查证属实，就是真正的证据，当然就能够作为定案的根据。①换言之，符合法律规定的形式，是“证据材料”、“证据”、“定案根据”三者的共同点，证据材料是未经查证属实的证据，定案根据是已经查证属实的证据。笔者认为，主流观点并不能解决立法和司法实践中将“证据材料”、“证据”、“定案根据”三者混淆的问题。例如，最高人民法院《解释》第61条的规定就与主流观点相矛盾。按照主流观点，《解释》第61条规定的“证人证言、被害人陈述、被告人供述”是符合我国《刑事诉讼法》第42条规定形式的证据材料，只要经过查证属实，“就是真正的证据，当然就能够作为定案的根据”，不需要去关心这些证据材料是不是采用刑讯逼供或者威胁、引诱、欺骗等非法的方法取得的；而《解释》第61条却明确规定：“凡经查证确实属于采用刑讯逼供或者威胁、引诱、欺骗等非法的方法取得的证人证言、被害人陈述、被告人供述”等证据材料，无论经查证其是否属实均“不能作为定案的根据”。

可以认为，只有确立我国刑事诉讼证据的可采性规则体系，才能在理论上厘清“证据材料”、“证据”、“定案根据”三者各自的界限，使之泾渭分明，从而使立法术语规范化，避免在立法和司法实践中出现的将“证据材料”、“证据”、“定案根据”三者混淆的问题。具体来讲，在确立我国刑事诉讼证据的可采性规则体系后，凡是有取证权的机关收集的用以证明待证案件事实或者当事人提供的用以证明其诉讼主张的材料，都是“证据材料”；换言之，对“证据材料”的唯一要求是用以证明待证案件事实或者其诉讼主张，并不要求其符合法律规定（包括法定形式和法定方法），更不要求其“经查证属实”；“证据材料”是合法与非法、真与伪并存的粗糙材料。

凡是符合我国刑事诉讼证据可采性规则的“证据材料”就是“证据”；换言之，对“证据”的要求有二，即在“用以证明待证案件事实或者其诉讼主张”这一要求的基础上，增加一项“符合我国刑事诉讼证据可采性规则”（即具有可采性，或者说是“合法性”②）的要求。“证据”是排除了不具有可采性的非法的“证据材料”后沉淀下来的具有可采性的合法的“证据材料”，但是“证据”仍然是真与伪并存的。只有经过法定程序查证属实的“证据”方能成为“定案根据”；换言之，“定案根据”是排除了不具有可采性的非法的、虚伪的“证据材料”后沉淀下来的具有可采性的、合法的、真实的“证据材料”。照此界定，最高人民法院《解释》第61条中提到的“定案的根据”应变更

---

① 陈光中. 刑事诉讼法学. 北京：中国政法大学出版社，1996. 148；陈卫东. 新刑事诉讼法通论. 北京：法律出版社，1996. 201；卞建林. 刑事诉讼法学. 北京：法律出版社，1997. 219；曹贵乾. 刑事诉讼法教程. 北京：警官教育出版社，1998. 123

② 这里所谓的“法”仅仅是指我国刑事诉讼证据可采性规则，并不包括对刑事诉讼证据进行“查证属实”的程序规范（即核证规则）。

为“证据”；经过这一变更后，最高人民法院《解释》第61条的相关规定就成为我国刑事诉讼证据可采性规则的非法证据排除规则的组成部分。

在理论上明确“证据材料”、“证据”、“定案根据”三者各自的概念，不是简单的咬文嚼字，而是对我国的刑事司法改革具有重大的理论价值。

首先，“证据材料”是否“符合我国刑事诉讼证据可采性规则”，即是否具有可采性从而能否取得“证据”资格，就需要在刑事诉讼法中规范其审查程序和审查主体。虽然证据的可采性由在法律上形成体系的证据可采性规则加以规定，但是在具体的个案中，某一具体的“证据材料”应否取得“证据”资格，仍然需要法定的主体依照法定的程序来审查确认。按照我国现行的与之相关的刑事诉讼程序模式，[①]是难以确认在具体个案中某一具体“证据材料”应否取得“证据”资格的。

从审查证据的程序角度看，为了提高实体审判的效率，不宜把确认“证据材料”应否取得“证据”资格的问题放在进行实体审判的庭审程序中加以解决。可行的办法是在审前程序中设置包括证据开示在内的预审程序，在预审程序的证据开示过程中来确认“证据材料”应否取得“证据”资格。在预审程序中被确认不具有“证据”资格的“证据材料”不得进入实体审判的庭审程序中，[②]如果控方或者辩方在进行实体审判的庭审程序中对某“证据”的资格提出附理由的异议，可以通过庭审程序来审查该异议能否成立。换言之，对“证据”资格的审查，采取“预审程序为主，庭审程序为辅”的原则。在预审程序中全面审查“证据材料”应否取得“证据”资格的问题，在庭审程序中仅仅根据控方或者辩方的异议对预审程序中产生的错误予以纠正。从审查主体角度看，为了防止进行实体审判的法官在庭审中先入为主，防止出现先判后审而使法庭审判流于形式的现象，不宜让进行实体审判的法官在开庭审判前过多地接触证据材料，不能让进行实体审判的法官介入审前的预审程序中来进行“证据”资格的审查，而应当由专门的预审法官进行“证据”资格的审查，而且预审法官在进行实体审判的庭审前应当就预审的情况向进行实体审判的法官保密。[③]当然，当控方或者辩方在进行实体审判的庭审程序中对某“证据”的资格提出附理由的异议时，应当由进行实体审判的法官通过庭审程序来审查该异议能否成立。

其次，“证据”应否成为“定案根据”，即“证据”是否具有真实性，也需要对我国刑事诉讼中的“查证属实”的核证程序进行进一步规范，换言之，应当完善与证据可采性规则体系相对应的证据核实规则体系。

综上所述，刑事诉讼证据是指有取证权的机关收集的用以证明待证案件事实或者当事人提供的用以证明其诉讼主张的，符合刑事诉讼证据可采性规则的证据材料。说刑事

---

① 我国现行的与之相关的刑事诉讼程序模式是：侦查机关（或部门）移送全案证据材料给起诉机关（或部门），起诉机关在提起公诉时将起诉书及若干副本连同证据目录、证人名单和主要证据复印件或者照片一并移送有管辖权的同级法院，在法院开庭审理前没有证据开示程序，起诉机关在法庭审理中才举证，法院在法庭审理中不进行证据资格审查。

② 徐静村. 刑事诉讼法学. 北京：法律出版社，1999. 153

③ 徐静村. 21世纪中国刑事程序改革研究——《〈中华人民共和国刑事诉讼法〉（第二修正案）》（学者建议稿）. 北京：法律出版社，2003. 106

诉讼证据是“材料”，是从其表现形式或者说是载体而言的：就目前而言，表现为我国《刑事诉讼法》第42条所规定的物证、书证，视听资料，证人证言，被害人陈述，犯罪嫌疑人、被告人的供述和辩解，鉴定结论，勘验、检查笔录等七种形式。说刑事诉讼证据是“有取证权的机关收集的用以证明待证案件事实或者当事人提供的用以证明其诉讼主张的”，是从其功能或者说是作用而言的：在有取证权的机关看来，收集起来的刑事诉讼证据的唯一功能就是证明待证案件事实，在有举证权的当事人眼中，提供给法院的刑事诉讼证据的唯一作用就是证明自己的诉讼主张；同时，我们在谈刑事诉讼证据时不可能离开刑事诉讼证明，在刑事诉讼证明中，待证案件事实或者当事人的诉讼主张是待证的未知命题或者称之为证明对象，刑事诉讼证据就是已知的命题或者称之为证明未知命题的手段。说刑事诉讼证据应当“符合刑事诉讼证据可采性规则”即具有可采性，是刑事诉讼证据与刑事诉讼证据材料两者内涵中唯一的区别点，离开了这一点，刑事诉讼证据就没有其独立存在的空间。

二、刑事诉讼证据的特征

根据汤维建博士在《关于证据属性的若干思考和讨论——以证据的客观性为中心》一文中的观点，证据的特征与证据的属性、证据的构成要素、证据的形成条件、证据的判断标准含义相同。刑事诉讼证据的特征是指刑事诉讼证据这个概念的内涵的具体化表现或分解，也是刑事诉讼证据赖以构成的诸要素，同时也是判断某物是否成为证据的标准，是刑事诉讼证据区别于非刑事诉讼证据的标志。[①]刑事诉讼证据究竟具有哪些特征，这个问题在我国证据法学界一直存在争论，到现在为止这种争论还在继续：提出了客观性和关联性的“两性说”；客观性、关联性和法律性的“三性说”；客观性、关联性和诉讼性（或现实性）的“新三性说”；观性、证明性、合法性、多样性、两面性的“五性说”和证明性、关联性、客观性、合法性、制约性的“新五性说”等若干学说，甚至曾经有学者将真理性、主观性、阶级性也视为刑事诉讼证据的特征。迄今为止，也有我国学者较为普遍接受的观点，即认为刑事诉讼证据具有客观性、关联性和合法性三个特征。

从本章上述对刑事诉讼证据概念的界定中，我们可以看出，刑事诉讼证据必备的特征只有两个，即相关性（或称关联性）和可采性。具体分析如下：

1. 相关性

对刑事诉讼证据应当具有相关性，无论是英美法系国家还是大陆法系国家以及我国的法学界都持肯定的观点，存在分歧的是如何理解和判断刑事诉讼证据的相关性。刑事诉讼证据的相关性（Relevance）是指刑事诉讼证据反映出来的外部特征、物质属性、存在状况（此三者指物证）及思想内容（指物证以外的其他刑事诉讼证据）与待证的案件事实或诉讼主张之间具有逻辑上的证明关系。这种逻辑上的证明关系表现为刑事诉讼证据反映出来的外部特征、物质属性、存在状况及思想内容能肯定或否定某一待证的案件

① 何家弘. 证据学论坛（第一卷）. 北京：中国检察出版社，2000. 246

事实或诉讼主张。如果其外部特征、物质属性、存在状况及思想内容既不能肯定也不能否定某一待证的案件事实或诉讼主张，与待证的案件事实或诉讼主张风马牛不相及，这样的材料是不可能成为刑事诉讼证据的。

刑事诉讼证据的相关性中存在两个不可回避的关键问题：一是与什么相关，即相关性的参照物是什么；二是如何判断刑事诉讼证据与参照物之间是否相关。

相关性的参照物应当就是我们通常所讲的证明对象，相关性是指刑事诉讼证据与证明对象相关。一般认为，刑事诉讼的证明对象包括对定罪量刑有意义的实体法事实、对处理程序问题有价值的程序法事实，有的学者还主张包括刑事诉讼证据事实；简言之，刑事诉讼的证明对象即刑事诉讼证据相关性的参照物就是案件事实。毋庸讳言，包括实体法事实和程序法事实在内的待证案件事实无疑是有取证权的机关收集证据的证明对象。但是，把当事人提供的刑事诉讼证据所要证明的对象界定为案件事实却要求过高。当事人提供证据所要证明的应当是其诉讼主张，当事人所主张的观点可能只是部分案件事实而不是全案事实，更有甚者，当事人所主张的可能完全不是事实。至于当事人所主张的是否是部分案件事实或者全案事实，有待于经过法庭调查核实后方可认定。在庭审前确定当事人提供的证据是否具有相关性，只能以其诉讼主张为参照物，这也是我国证据法中确定的“主张者举证”原则的当然要求。由此可见，证据相关性的参照物（即证明对象），既包括待证案件事实，也包括诉讼主张。

至于如何判断刑事诉讼证据与参照物之间是否相关的问题，我们认为，所谓相关仅仅指刑事诉讼证据的外部特征、物质属性、存在状况及思想内容与待证的案件事实、诉讼主张之间具有逻辑上的联系。这种联系可能是直接联系也可能是间接联系，可能是因果联系也可能是非因果联系，可能是必然联系也可能是偶然联系。

相关性既是刑事诉讼证据的基本特征，又是刑事诉讼证据的本质属性，没有相关性，刑事诉讼证据材料不可能成为刑事诉讼证据。

2. 可采性

具有相关性的刑事诉讼证据材料不是必然能成为刑事诉讼证据，除非其同时具有可采性。换言之，可采性与相关性一样，是刑事诉讼证据不可或缺的必要的基本特征。

相关性是对刑事诉讼证据在逻辑上的要求，可采性是对刑事诉讼证据在法律上的要求。如果我们进一步考察就会发现，相关性是待证的案件事实、诉讼主张对刑事诉讼证据的外部特征、物质属性、存在状况及思想内容的证明能力的要求，回答的是一个刑事诉讼证据的外部特征、物质属性、存在状况或思想内容能不能证明某一个待证的事实或者诉讼主张，是刑事诉讼证据的实体性特征；刑事诉讼证据的相关性通常不应当由法律加以规定，而应当由法官自由裁量。

可采性之所以应当成为刑事诉讼证据的特征，是因为可采性是刑事诉讼证据与刑事诉讼证据材料的分界线。一个证据材料具备了可采性，就是指诉讼当事人或其他有关人员提交的证据材料符合法律规定的资格，法官在审判中应当采纳为证据。如果将可采性排除在刑事诉讼证据的特征之外，就无法区分刑事诉讼证据与刑事诉讼证据材料了。可采性一般来说是法律对刑事诉讼证据的形成、收集、固定保全、提交等方面的程序性要求，是刑事诉讼证据的程序性特征。同时我们必须看到，虽然可采性对于刑事诉讼证据而言是程序性特征，但是可采性规则却体现了保护公共的或个人的实体权益的价值。正因为如此，在强调程序正当和个人权利至上的英美法系国家，刑事诉讼证据可采性规则较多，“有关证据可采性的规则是证据法最主要的特征，英美证据法的大部分证据规则其实就是可采性规则”①。与之相反，在强调犯罪控制和国家权力至上的大陆法系国家，刑事诉讼证据可采性规则较少。在各国的刑事司法改革中，英美法系国家为了较高效率地追究犯罪和较好地维护国家权力，对那些强调程序正当和个人权利至上的刑事证据可采性规则给予了适当的限制；大陆法系国家为了保证程序正当和个人权利不受公共权力的过分侵犯，却在逐步完善刑事诉讼证据可采性规范。

刑事诉讼证据的可采性，就其本质而言，是对有取证权的机关收集的用以证明待证案件事实或者当事人提供的用以证明其诉讼主张的证据材料的合法性要求，但可采性较之合法性而言具有更加确定的内涵，其标准更加具体化。长期以来，我国法学界在研究刑事诉讼证据特征时将较多注意力放在了客观性、相关性、合法性上，而将可采性排除在刑事诉讼证据特征之外，与之相适应，我国刑事诉讼证据可采性规范的立法也不尽完善，司法实践中违法取证甚至伪造证据的现象仍时有发生。因此，深入研究我国刑事诉讼证据可采性规则具有十分重要的现实意义。

我国刑事诉讼证据研究中，多数学者所主张的客观性或真实性其实并不是刑事诉讼证据的特征，而是在法庭审理中，法官依照法定程序查证属实的定案根据的基本特征。如果刑事诉讼证据具有客观性或真实性，那么刑事诉讼证据就无须“查证属实”了，对刑事诉讼证据的审查核实程序就没有存在的价值了。刑事诉讼证据既可能是真实的，也可能是虚假的。只有承认刑事诉讼证据可能是虚假的，才有必要认真研究如何完善审查核实刑事诉讼证据的程序；只有承认刑事诉讼证据可能是虚假的，才能区分规定刑事诉讼证据资格的可采性规则与规定刑事诉讼证据如何“查证属实”的程序规范即核证规则。

三、刑事诉讼证据能力和证明力

1. 刑事诉讼证据能力

刑事诉讼证据能力或者证据的采纳标准，在英美法系证据制度中称之为刑事诉讼证据的可采性（Admissibility of Evidence），在大陆法系证据制度中称之为刑事诉讼证据资格（Competency of Evidence），是指法律关于证据材料取得证据资格并被法官在审判中采纳为证据的标准之规定。刑事诉讼证据能力要解决的核心问题，就是将那些不具有可采性（或者说证据资格）的证据材料排除在正式实体审的法庭审判之外。

对于刑事诉讼证据能力，一方面，法律规定将证据材料采纳为刑事诉讼证据的基本条件；另一方面，法律将具有某方面瑕疵的证据材料规定为不能采纳作为刑事诉讼证据。如将证据材料采纳为刑事诉讼证据的基本条件的法律规定有，《美国联邦证据规则》第104条（b）规定：“凡是某一证据的关联性取决于一定事实条件的成就，当介绍足以认定该事实条件已成就的证据后，法庭应采纳此证据。”法律将具有某方面瑕疵的

① 何家弘. 证据学论坛（第五卷）. 北京：中国检察出版社，2002. 554

证据材料规定为不能采纳作为刑事诉讼证据，典型的有非法证据排除规则、传闻规则或直接审查规则、意见证据规则、品格证据规则、预防规则等。

刑事诉讼证据能力是由法律通过规定证据的采纳标准来确认的。采纳标准不同于采信标准。采纳标准解决的问题是一个证据材料可不可以成为在法庭上出示的证据，采信标准解决的问题是在法庭上出示的证据是否真实可靠及其有多大的证明价值；采纳标准由法律明确规定，采信标准属于法官自由心证的范畴。一个证据材料只有符合了可采性标准、成为在法庭上出示的证据以后，才谈得上审查该证据是否确实可靠及其证明价值大小的问题。

2. 刑事诉讼证据的证明力

如果说刑事诉讼证据能力解决的是刑事诉讼证据的证据资格问题，研究刑事诉讼证据的采纳标准的话，那么，刑事诉讼证据的证明力解决的是刑事诉讼证据的确实性和证明价值问题，在于研究刑事诉讼证据的采信标准。根据我国《刑事诉讼法》的规定，人民法院作出有罪判决的条件之一是“证据确实、充分”。由此可见，我国刑事诉讼证据的证明力标准包括了确实性标准与充分性标准。

刑事诉讼证据的确实性是指刑事诉讼证据的真实可靠性。通常可以从刑事诉讼证据来源的可靠性和刑事诉讼证据内容的可信度来判断刑事诉讼证据的确实性。

刑事诉讼证据的充分性，是指某一个刑事诉讼证据对证明某一个待证案件事实或诉讼主张的情节具有充分的证明能力，或者全案刑事诉讼证据对确认全案事实的证明价值达到了充分的程度。换言之，刑事诉讼证据的充分性，就是研究某一具体刑事诉讼证据能否足以证明某一个待证案件事实或诉讼主张中的某一具体情节，同时研究根据全案刑事诉讼证据能否足以认定全案待证事实或诉讼主张。

第二节　刑事诉讼证据的种类

刑事诉讼证据的种类是指根据证据的存在形式的不同，对刑事诉讼证据在法律上进行的分类。我国《刑事诉讼法》第42条第2款规定：“证据有下列七种：（一）物证、书证；（二）证人证言；（三）被害人陈述；（四）犯罪嫌疑人、被告人供述和辩解；（五）鉴定结论；（六）勘验、检查笔录；（七）视听资料。”

一、物证、书证

1. 物证

物证，是指以其外部特征、物质属性、存在状况来证明案件真实情况的物品和痕迹。物证通常包括犯罪工具、犯罪行为侵害的物品、因犯罪行为而产生的痕迹、犯罪分子遗留在现场的物品、犯罪分子为掩盖罪行的各种伪装等。

物证的客观性较强，在证明活动中具有其他证据不能代替的作用。物证可以为侦查人员提供侦查线索，确定侦查方向，甚至可以借助物证侦破案件，抓获犯罪嫌疑人；可以借助物证鉴别其他证据的真伪；可以借助物证迫使犯罪嫌疑人、被告人交代罪行，用以揭穿其不真实的供述和辩解；可以借助物证进行法制宣传教育。

物证是无意识的证据，只有通过人的能动作用才能进入诉讼程序。在办案中，侦查、检察、审判人员依法通过勘验、检查、搜查、扣押等途径发现和收集物证，或者要求有关人员和单位提供物证。对于物证必须妥善保管：对于可能产生环境污染的物证要按照有关规定保管和处置；对于不易搬动的物证，要以相应的科学方法进行固定。

运用物证前，必须查明其来源，注意是否伪造，是否发生了变化；在许多情况下，必须经过辨认、检验和鉴定才能揭示物证的证明力；必须与其他证据对照才能认定某一物证的证明价值；用以定案根据的物证，必须经过法庭辨认。

2. 书证

书证，是指以文字、符号、图画反映的思想内容来证明案件真实情况的物品。根据书证是否为国家机关、企事业单位等行使职权所制作，书证可以分为公文书和私文书；根据书证的制作方式不同，书证可以分为原本、正本、副本、节录本和译本；根据书证的形式不同，书证可以分为一般书证和特定书证；根据书证的内容不同，书证可以分为处分书证和报导书证。

书证不同于物证：物证是以其外部特征、物质属性和存在状况来证明案件事实的，而书证是以其思想内容来证明案件事实的。书证与物证也有相同点：两者的外部表现形式都可以是物品。某些物品若同时具有物证和书证的特点，那么就既可以其外部特征、存在状况、物质属性来证明案件事实，又可以其思想内容来证明案件事实，在证据种类上就既是书证又是物证。

书证都有明确的意思表示，一经查明属实即可直接证明案件中的某些事实，在刑事诉讼中具有重要意义。有些书证可以证明案件性质、作案动机和目的，有些书证可以揭穿犯罪嫌疑人的虚假口供，有些书证可以鉴别其他证据的真伪。

运用书证前，必须查明其来源、制作人和制作过程，判明书证的内容与案件事实的关系。用作定案根据的书证必须在审判中当庭宣读，听取有关诉讼参与人的意见。

二、证人证言

证人证言，是指当事人以外的知道案件情况的人就自己所知道的案件情况向公安、司法机关所作的陈述。证人证言只能是证人所知道的案件事实本身，不包括证人的主观推测或分析判断意见；证人证言不可避免地受到证人的主观和客观条件的影响，即使善意证人也可能提供不真实或不够真实的证言；证人通常与案件处理结果没有切身利害关系，因此证人证言较犯罪嫌疑人、被告人供述和辩解或者被害人陈述更为客观，真实性与可靠性也较大；证人证言以口头形式为主，以书面形式为辅。

证人证言是刑事诉讼中广泛运用的一种证据，具有重要的意义。证人证言可以帮助办案人员发现和收集其他证据，可以用于鉴别其他证据的真伪，可以作为认定案件事实的根据。

证人证言也需要经过审查判断方能作为定案根据。应当注意审查证人证言的来源，审查证人在主观上是否愿意提供真实陈述，审查证人感知、记忆、表述案件事实的主观条件和客观条件，审查证人证言之间、证人证言与其他证据之间、证人证言与案件事实之间有无矛盾。此外，审查未成年证人的证言，应当注意未成年人富于幻想、容易受到外界因素影响的特点，并注意未成年人的年龄、智力发育程度与其回答的内容是否相称、与未成年人的语言是否一致。

三、被害人陈述

被害人陈述，是指犯罪行为的直接受害者就自己受害的事实和有关犯罪分子的情况向公安、司法机关所作的陈述。被害人陈述是被害人协助公安、司法机关追究犯罪嫌疑人、被告人刑事责任，保护被害人合法权益的重要手段，也是公安、司法机关认定案件事实的重要证据。

对被害人陈述的审查判断与证人证言的审查判断基本相同。但要特别注意的是，基于被害人自己遭受犯罪行为侵害的特点，被害人可能有夸大被害事实，也可能由于遭受犯罪行为侵害时心理状态失常对某些情况观察不实，或者发生错觉而提供错误的陈述。

四、犯罪嫌疑人、被告人的供述和辩解

犯罪嫌疑人、被告人的供述和辩解简称口供，是指犯罪嫌疑人、被告人就案件事实向公安、司法机关所作的陈述。从利害关系来划分，口供分为犯罪嫌疑人、被告人承认自己有罪的招供，揭发同案犯罪嫌疑人、被告人犯罪事实的攀供，说明犯罪嫌疑人、被告人自己无罪、罪轻的辩解。从诉讼阶段来划分，口供分为犯罪嫌疑人的供述和辩解、被告人的供述和辩解。犯罪嫌疑人、被告人是案件中最了解案情的人，同时与案件的处理结果具有最直接的利害关系，因此，口供具有真伪并存的特点。

犯罪嫌疑人、被告人供述和辩解在诉讼中具有重要意义：经查证属实可以作为定案根据，特别是对认定犯罪的动机和目的有重要作用；可以为发现和收集其他证据提供线索，也是审查核实其他证据真伪的手段；是衡量犯罪嫌疑人、被告人犯罪后的悔罪态度的重要材料，对正确量刑有一定作用；犯罪嫌疑人、被告人辩解是其行使辩护权的重要方式之一。

审查判断口供的真伪，应当注意研究以下内容：其内容是否符合情理，有无矛盾、反复；查明犯罪嫌疑人、被告人供述或辩解时的动机和目的；讯问犯罪嫌疑人、被告人时有无违法情况；结合其他证据进行对比分析以鉴别口供的真伪。

在运用证据认定案件事实时，应当重其他证据、重调查研究，不轻信口供。只有被告人供述，没有其他证据的，不能认定被告人有罪和处以刑罚；没有被告人供述，其他证据确实、充分的，可以认定被告人有罪和处以刑罚。

五、鉴定结论

鉴定结论，是指公安、司法机关指派或聘请的鉴定人对案件中的专门性问题进行分析判断后作出的书面结论。刑事诉讼中常见的需要作出鉴定结论的专门性问题有：法医鉴定中需要明确的死亡时间、原因和伤害情况等；司法精神病鉴定中关于被告人、被害人、证人等的精神状态；刑事科学技术鉴定中的指纹、脚印、血型、痕迹、枪弹、书法等是否与犯罪嫌疑人或被告人的认定统一，以及步伐、毛发、人体身高、重量等问题是否与当事人相吻合；一般技术鉴定中涉及的工业、建筑、运输、交通等各种科学技术方面的问题；化学毒物鉴定中的毒物的化学性、对人体的危害性和剂量等；会计鉴定中的各种账目、表册以及是否合乎会计制度等。

鉴定结论在刑事诉讼中具有重要意义。鉴定结论是公安、司法人员判明案件事实、作出法律结论的重要依据；是公安、司法人员鉴别其他证据真伪的重要手段，因而有“科学证据”之称。

审查判断鉴定结论，应当注意以下方面：审查提供用于鉴定的材料是否充分、可靠；审查鉴定人员是否具有解决该专门问题的资格、能力以及工作是否认真负责；审查鉴定所使用的技术设备是否完善，所采用的方法和操作程序是否科学；审查鉴定结论是否科学，结论与论据之间是否矛盾，鉴定结论与其他证据、案件事实是否矛盾。

六、勘验、检查笔录

勘验、检查笔录，是指公安、司法人员对与犯罪有关的场所、物品、尸体、人身进行勘验、检查过程中所作的客观记载。记载的形式除了文字以外，还包括绘图、照片、模型等。勘验、检查笔录，根据其内容的不同，分为现场勘验笔录、物品和尸体检验笔录、人身检查笔录和侦查实验笔录。

勘验、检查笔录是具有综合证明作用的一种独立证据。勘验、检查笔录不仅记载了通过勘验、检查所发现的与案件有关的各种物品、痕迹，而且记载了各种痕迹、物品的存在位置或形成的具体环境、条件和相互关系。同时，勘验、检查笔录也可以成为鉴别其他证据真伪的工具，当然也是一种定案的证据。

审查勘验、检查笔录应当注意以下内容：审查勘验、检查的对象是否被破坏或伪造，侦查实验的内容是否符合要求；笔录的制作是否符合法律要求，是当场制作的还是以后补作的；勘验、检查人员的业务水平和工作态度如何，专业性较强的勘验活动是否具有专门知识的人参加；勘验、检查活动是否严格依照法定程序进行，手段和方法是否科学。

七、视听资料

视听资料，是指以录音带、录像带、电子计算机或其他高科技设备所储存的信息来证明案件真实情况的物品。视听资料具有以下特点：形式多样，直观性强，客观实在，内容丰富，易于保存，占用空间小，传递和运输方便；可以反复重现，易于使用，审查核实时便于操作，对技术要求高，伴随科学技术的发展而不断更新、变化。

视听资料存在被伪造、变造的可能性，因此也需要经查证属实后才能作为定案的根据。审查判断视听资料时，应当审查其来源和制作情况，以便排除伪造、变造、失真、篡改的可能性；核实视听资料与其他证据、案件事实有无矛盾。

第三节 刑事诉讼证据的分类

刑事诉讼证据的分类也称为刑事诉讼证据在学理上的分类，是指在对证据进行理论研究中，根据证据的不同特征，按照不同标准对证据所作的归类。刑事诉讼证据的分类是我国证据理论的重要课题之一，法学界已经提出多种分类方法，具有代表性的观点有：言词证据与实物证据、控诉证据与辩护证据、原始证据与传来证据、直接证据与间接证据。

一、言词证据和实物证据

根据证据的表现形式不同，可以将刑事诉讼证据分为言词证据与实物证据。言词证据是指以言词即人的陈述作为表现形式的证据。言词证据包括证人证言、犯罪嫌疑人或被告人的供述和辩解、被害人陈述、鉴定结论。实物证据是指以其外部特征、物质属性、存在状况或者它所记载的内容来证明案件情况的物的形态的证据。物证、书证，视听资料，勘验、检查笔录都是实物证据。

在运用言词证据时，应针对言词的特点，遵循扬长避短的原则，特别要注意以下几点：①在收集言词证据时，应当创造条件使陈述主体能客观、全面地陈述案情。②针对言词证据易变性、可塑性较大的特点，要注意固定程序，要如实地、全面地对每次的陈述过程和内容进行记录并依法核对、签名加以固定。③在审查判断言词证据时，必须充分注意陈述主体的个人情况，与案件的关系，感知、记忆、表述的能力和条件，外在社会环境的影响。④要尽可能收集实物证据以便对言词证据加以印证；在只有言词证据而无实物证据时，对被告人定罪处刑应持慎重态度。

在运用实物证据时，要注意以下几点：①在发现、提取和固定实物证据的过程中应当充分运用现代科学技术手段，防止遗漏证据或在收集过程中破坏实物证据的证明价值。②凡是需要检验或者鉴定的实物证据，都应当进行检验或者鉴定，揭示其证据作用，不能由办案人员主观臆断。③在收集和审查判断实物证据时，应当注意其是否属于伪造和有无变化。

二、控诉证据和辩护证据

根据证据对犯罪嫌疑人、被告人利害关系的不同，可以将刑事诉讼证据分为控诉证据与辩护证据。控诉证据是指能够证明犯罪嫌疑人、被告人有罪、罪重等不利于犯罪嫌疑人、被告人的证据。控诉证据是指控犯罪嫌疑人、被告人有罪、罪重和人民法院作有罪判决、从重处罚被告人的根据。辩护证据是指证明犯罪嫌疑人、被告人无罪、罪轻等有利于犯罪嫌疑人、被告人的证据。辩护证据是被告方当事人及其律师反驳控诉，人民法院作无罪判决、从轻或者减轻处罚被告人的根据。控诉证据与辩护证据的划分具有相对性，集中体现在能够证明被告人罪轻的证据上。当在确定罪与非罪时，能够证明被告人罪轻的证据因为首先证明了被告人有罪，所以属于控诉证据；当已经确定了被告人有罪的情况下，在确定被告人罪责轻重的时候，能够证明被告人罪轻的证据显然属于辩护证据。但是，这绝不是因为证据本身性质在发生变化，而是因为办案人员的观念和需要在发生变化，办案人员根据不同的观念和需要对能够证明被告人罪轻的证据得出了不同的结论。

划分控诉证据与辩护证据的意义在于，使公安、司法人员能够客观地收集证据，全面分析案情，防止主观片面性，即要求公安、司法人员既要收集控诉证据，也要收集辩护证据。

三、原始证据和传来证据

根据证据的来源不同，可以将刑事诉讼证据划分为原始证据与传来证据。原始证据是指在公安、司法人员收集之前，未经转述或转抄而直接来源于案件事实的证据，也就是通常所说的第一手材料。例如，犯罪嫌疑人、被告人的供述和辩解，耳闻目睹案件发生经过的证人的证言，被害人对自己受害经过的陈述，书证的原本等。传来证据是指公安、司法人员收集之前，已经经过转述或转抄而间接来源于案件事实的证据，也就是通常所说的第二手材料。例如，听他人转述案情的证人提供的证言、书证的复印件等。

划分原始证据与传来证据的意义在于，促使公安、司法人员尽可能收集和利用原始证据，如果不可能取得原始证据，也要尽可能收集转述或转抄次数最少的、最接近原始证据的传来证据。一般来说，证据材料转述或转抄的次数越少，失真的机会就越少；反之，转述或转抄的次数越多，失真的机会就越多，这是信息传递中的一般规律。

传来证据在刑事诉讼中也有其重要作用：传来证据可以作为发现原始证据的线索；在特定情况下，传来证据可以作为审查原始证据是否真实的手段；在我国，传来证据经查证属实后，可以作为定案根据。

四、直接证据和间接证据

根据证据能否单独证明案件主要事实的不同，可以将刑事诉讼证据划分为直接证据与间接证据。刑事案件的主要事实是指某人是否是犯罪行为的实施者。直接证据是指能够单独证明案件主要事实的证据，即不需要其他任何证据就能够单独说明某人是或不是犯罪行为实施者的证据。例如，犯罪嫌疑人、被告人承认自己有罪的供述或者否认自己有罪的辩解，被害人或者证人对犯罪者的指认等，都是直接证据。间接证据是指不能单独证明案件主要事实的证据。间接证据虽然不能单独证明案件的主要事实，但若干间接证据结合起来也能证明案件主要事实；间接证据虽然不能单独证明案件主要事实，但能够单独证明案件的次要事实。

划分直接证据与间接证据的意义在于，能帮助公安、司法人员正确地认识证据在证明案件主要事实中的不同作用，防止把一些只能证明案件事实中的一个片段或者一个情节的证据误认为可以证明案件主要事实。应当注意的是，不能说直接证据比间接证据重要。直接证据虽然能单独说明某人是或不是犯罪行为的实施者，但是不等于说直接证据本身就是真实可靠的，就不需要其他证据证实了。在通常情况下，仅凭一个直接证据是难以定案的，即使定了案也很可能出现错误。

间接证据在刑事诉讼中具有不可替代的作用：间接证据常常是获得直接证据、侦查破案的先导，特别是重大刑事案件更是如此；它是审查、鉴别直接证据是否真实的重要手段；经查证属实可以作为定案的根据。

运用间接证据定案必须遵守一定的规则：①真实性规则。运用间接证据定案，首先要查明每一个间接证据都是客观的、真实的，并查明每一个间接证据都是与案件事实有客观联系的。②一致性规则。用以定案的各个间接证据之间、间接证据与案件事实之间必须协调一致，排除相互之间的矛盾。③锁链性规则。用以定案的间接证据必须形成一个完整的体系，得出的结论只能是唯一的结论，并能够排除任何其他的可能性。

第四节　刑事诉讼证据规则

各国刑事诉讼法对于什么是刑事诉讼证据，通常都有形式上的或者实质性的表述，如我国刑事诉讼法所规定的七种刑事诉讼证据。但由于刑事诉讼中对证据的收集、审查判断和运用是一个较长的过程，在不同的阶段，人们对什么是刑事证据的认识可能会有不同，更重要的是，即使某些刑事证据在形式上符合法律规定的刑事证据的特征，如属于我国法律规定的被告人供述和辩解这种证据，它也未必就能真的成为刑事诉讼证据，这里还有关于刑事证据资格的衡量问题。现代社会基于多种价值追求，刑事诉讼一般都会在事实查证与人权保障之间保持适当的平衡，对刑事证据的可采性问题也会作出明确的规定，确立若干采证规则，将不适合的证据排除于正当法律程序之外，从而强制性地贯彻立法的目的和法律的价值。

因此，通常所说的刑事诉讼证据规则，也就是刑事证据的采纳或认定规则，是刑事诉讼中审判机关按照法定程序，决定哪些证据可以作为定案根据而遵循的法律原则。刑事诉讼证据规则存在的意义在于：①用法院认证规则去指导、约束、规范侦查、检察机关收集证据的行为，防止违法或不适当的取证行为，保证刑事诉讼的高效与文明；②为当事人及其辩护人、代理人从事举证、质证活动，提供切实有效的法律指导，帮助当事人各方正确行使诉讼权利，有效地维护其合法权益；③合理限制法官在证据审查和取舍上的自由裁量权，确保法官按照法律规定的认证规则，正确地采纳证据，认定案件事实，公正地作出刑事判决或裁定。

一、外国刑事诉讼证据规则

刑事诉讼证据规则与各国刑事诉讼模式密切相关。一般来说，在英美法系国家，对抗制诉讼模式需要较为多而详细的刑事证据规则，以确保当事人双方的对抗被约束在一定的限度内，因此，这些国家的证据规则就相对丰富和复杂。在大陆法系国家，法官主导型的审问式诉讼赋予法官更大的认证、采证的自由，刑事证据规则就相对少而简单。从各国刑事诉讼法的规定看，下列刑事诉讼证据规则具有较为普遍的认同度：

1. 非法证据排除规则

非法证据排除规则，是指对于那些通过非法程序或手段取得的证据材料，包括以刑讯逼供、威胁、引诱、欺骗等手段取得的犯罪嫌疑人供述和辩解、被害人陈述、证人证言等言词证据材料和非法搜查、扣押的实物证据材料等，均应予以排除在刑事诉讼证据之外，不具有刑事诉讼证据能力。例如，《美国联邦宪法》第四修正案规定，公民人身、住宅、文件及财产不受任何无理的搜查和扣押；违反这一规定搜查、扣押的实物证据材料不具有刑事诉讼证据能力。非法证据排除规则的核心在于限制、防止公权力的滥用，保护公民个人权利不受非法侵犯，体现了强调程序公正的价值观念。20 世纪 80 年代以后，随着犯罪率的不断上升，为了提高打击犯罪的力度，美国联邦最高法院逐步设立了“违法污染状态中断的例外”、“独立来源的例外”、“最终或必然发现的例外”、“善意、诚实的例外”等若干例外，以限制非法证据排除规则。例如，按照“最终或必然发现的例外”规则，如果公诉方能够证明，即使在没有执法人员违法取证的情况下，这些证据材料也会最终或必然被取得，那么该证据材料也可以采纳为刑事诉讼证据。

英国、德国和法国等西方国家也都采用非法证据排除规则，但在非法证据排除上不如美国那样彻底。这些国家都排除违法获得的人证，却并不一定都排斥违法取得的物证。对非法物证的排除与否，是根据违法的严重程度以及排除违法证据对国家利益的损害程度，进行利益权衡，同时赋予法官一定程度的对于证据取舍的自由裁量权。当然，这些国家对违法证据取舍的具体规定不完全相同。

2. 传闻证据规则

传闻规则是英美法系国家的重要证据规则。按照该规则，如果某人的陈述不是耳闻目睹得来的，而是听他人传述而来的传闻，那么就应当排除在刑事诉讼证据之外，不具有刑事诉讼证据能力，除非它属于法律规定的例外情形。《美国联邦证据规则》第 801 条（c）规定，传闻是指陈述者在审判或听证之外所作的陈述，将其作为证据提出用以证明主张事实的真实性；第 802 条规定，传闻证据不得采纳，除非本规则或最高法院根据制定法制定的规则或国会立法另有规定外；第 803 条对传闻规则的例外情形作出了多达 24 种详细的规定。少数大陆法系国家也有限制地通过立法确立了传闻证据规则。例如，《日本刑事诉讼法》第 320 条规定了否定传闻证据的证据能力的原则，即所谓“禁止传闻原则”，它同随后第 321~328 条关于传闻例外、不适用传闻和非传闻的规定共同形成了完整的刑事诉讼传闻规则体系。

3. 直接审查规则

直接审查规则是大多数大陆法系国家的一种刑事诉讼证据规则，具有与英美法系国家的传闻证据规则相似的意义。按照该规则，证人证言只有经过法庭上的直接审理后才能被采纳为刑事诉讼证据，未经法庭直接审查的证言不具有刑事诉讼证据资格。例如，《德国刑事诉讼法典》第 250 条规定：“对事实的证明如果是建立在一个人的感觉之上的时候，要在审判中对其询问。询问不允许以宣读之前的询问笔录或者书面证言来代替。”

4. 意见证据规则

意见证据是指证人根据其感知的事实作出的推断性证言，包括普通证人意见（或称非专家意见）和专家意见。根据意见证据规则，普通证人意见不具有刑事诉讼证据能力，除非法律另有规定；专家意见具有刑事诉讼证据能力，可以采纳为刑事诉讼证据。《美国联邦证据规则》第 701 条规定，如果证人并非作为专家作证，那么他以意见或推理结论形式作出的证言仅限于以下情况才能作为证据被采纳：①合理建立在证人感知的基础上;②有助于正确理解该证人的证言或确定争议事实。第 702 条规定，如果科学的、技术的或其他专业知识能帮助事实审理者理解证据或确定争议事实，凭其知识、技能、经验、教训或经教育具备专家资格的证人可以意见或其他形式作证。

5. 品格证据规则

品格证据，是指证明某些诉讼参与人的品格或品格特性的证据。对于品格证据的可采性有两条不同的规则：①品格证据本身就是犯罪、主张或辩护的要件之一，原则上可以采用；②品格证据用于推断某人在特定情况下的行为与其品格的一致性，原则上不可采用，但法律另有规定的除外。例如，《美国联邦证据规则》第 404 条（a）规定了三种例外情形：一是被告人提供的能够证明其品格良好的证据；二是被告人提供的关于被害人品格的证据；三是证明证人诚实与否的证据。

6. 预防证据规则

预防证据规则规定，在提出特定形式的证据时必须以某种保证方式作为附加措施，否则就不能采纳该证据；或者，如果在提出某种证据时存在可能影响证据真实性的因素时，则应采取一定的预防措施。例如，《德国刑事诉讼法典》第 247 条规定，在讯问有共同被告人或者证人时，如果因为被告人在场而有不据实陈述之虞的，法院可以命令被告人在讯问或询问期间退出法庭。预防规则的主要作用在于防范伪证，以保证证据的真实可靠性。

二、我国刑事诉讼证据规则

与 1996 年《刑事诉讼法》确立的对抗制审判方式相适应，我国也已初步建立了刑事诉讼证据规则体系，只是这些规则还不完善，执行上也不甚规范。根据我国刑事诉讼法和司法解释的有关规定，这些规则主要有：

1. 口供补强规则

口供补强规则，是适用于口供的一项证据规则，其含义是指法院不得以被告人认罪的口供为有罪判决的唯一依据，而必须要有其他证据予以“补强”。我国《刑事诉讼法》第46条规定，“对一切案件的判处都要重证据，重调查研究，不轻信口供。只有被告人的供述，没有其他证据的，不能认定被告人有罪和处以刑罚”。这一规定要求对被告人的有罪供述要以其他证据作补强证明，从而确认了对口供的补强规则。

口供补强规则设置的目的在于否定将口供视为“证据之王”，通过否定口供独立的有罪证据价值而防范刑讯逼供等行为的发生，体现的是刑事诉讼在追求客观真实的同时，对人权保障价值的确立和尊重。现代许多国家都通过不同的方式限制口供的证明能力，不承认其对案件事实的独立和完全的证明力。在英美当事人主义刑事诉讼中，由于重视诉讼当事人的意愿和自决权利，如果被告人在法官面前自愿作出有罪供述，法官可直接作出有罪判决，不要求提供其他证据予以补强。只有对审判庭外的自白鉴于对被告人身心进行强制的可能性大，其信用性较低，因而须有补强证据以担保其真实性。

口供补强规则的意义主要是：①有利于防止偏重口供的倾向。由于真实的口供具有极强的证明力，如果允许口供作为定案的唯一根据，势必使侦查、审判人员过分依赖口供，甚至不惜以非法手段获取，以致侵犯犯罪嫌疑人和被告人人权。②可以担保口供的真实性，避免以被告人的虚假供述导致误判。被告人认罪的口供极易获得人们的相信，但因种种原因，口供却可能完全是虚假的。为了防止虚假的口供导致法院判决的错误，确立口供补强规则是非常必要的。口供补强规则的确立也是吸取历史教训的结果。无论是在我国还是外国的诉讼史上，都有制度性的偏重口供的情况，即以口供为“证据之王”，为获取口供而使刑讯合法化、制度化，形成了“罪从供定”的传统，从而造成了较多的冤假错案。

口供补强规则在实践中遇到的一个问题是，在共同犯罪案件中，共犯的口供能否互为补强证据，也就是说，仅凭共犯间一致的口供而没有其他证据的补强，能否认定被告人有罪。我国法学界对此问题的认识主要有四种观点：①肯定说。认为共同被告人的供述可以互相印证，在供述一致的情况下，可据以定案。②否定说。认为共同被告人的供述仍然是“被告人供述”，同样具有真实性和虚伪性并存的特点，应受《刑事诉讼法》第46条的制约，适用证据补强规则。③区别说。认为同案处理的共犯的供述应均视为“被告人供述”，适用补强规则。但不同案处理的共犯，可以互作证人，不适用补强规则。④折中说。认为共同被告人供述一致，在具备一定条件的情况下，可以认定被告人有罪和处以刑罚。这些条件是：经过种种努力仍无法取得其他证据；共同被告人之间无串供可能；排除了以指供、诱供、刑讯逼供等非法手段获取口供的情况等。鉴于我国《刑事诉讼法》第46条的明确规定，我们认为否定说比较符合法律的基本精神。

2. 证言质证规则

证言质证规则与外国的传闻证据规则都是关于证人证言效力的法庭规则，但又有所区别。

英美法系国家盛行的传闻证据规则，是要求证人必须亲自到法庭上作证并接受交叉询问，道听途说的信息不得被采纳为法庭定案证据。具体可归结为三个方面：①要求证人作证不得以道听途说无法验证的情况为根据；②要求证人直接出庭，发表言词证据，通常不得以很难质证的庭前书面证言作为证据；③要求证人应在法庭上接受以交叉询问方式进行的质证，必要时还需接受法官询问，从而使法庭能够直接审查证人的作证资格、证人的感知能力、记忆能力、表达能力以及主客观因素对证人作证的影响，从而辨别证言的真伪。传闻证据规则与当事人主义对抗式诉讼方式相适应，成为英美法系国家一项重要的证据规则。

我国刑事诉讼法并未确立传闻证据规则，一个突出的表现是，在我国并没有要求证人必须亲自出庭作证，证人的书面证言也可以在法庭上出示，这与传闻证据规则的要求是不同的。究其原因，大概有三个方面：一是我国并未真正确立当事人主义诉讼模式。虽然1996年《刑事诉讼法》确立了对抗式庭审方式，但因为整个诉讼程序的设置并不是对抗式的，所以，其他相关制度的设计包括证人制度都基本保留了原有的特色。二是出示证言的方式比要求证人出庭快捷、简便且成本低廉，符合中国经济欠发达、地域广阔等特殊国情。三是中国人“和为贵”的思想，往往会阻碍证人亲自出庭作证。

因此，我国刑事诉讼法规定的证言质证规则，具体包含了两个方面的内容：①证人出庭作证并要在法庭上经过询问、质证之后，其证言才能作为定案的根据。我国《刑事诉讼法》第47条规定：“证人证言必须在法庭上经过公诉人、被害人和被告人、辩护人双方询问、质证，听取各方证人的证言并且经过查实以后，才能作为定案的根据。”②在证人不出庭的情况下，允许在法庭上出示书面证言，但是，也要经过质证查实。我国《刑事诉讼法》第157条规定：“对未到庭的证人的证言笔录、鉴定人的鉴定结论、勘验笔录和其他作为证据的文书，应当当庭宣读。审判人员应当听取公诉人、当事人和辩护人、诉讼代理人的意见。”

3. 非法证据排除规则

所谓非法证据，是指采取非法的方法取得的言词证据和实物证据。如刑诉法第43条明确禁止的以刑讯逼供、威胁、引诱、欺骗以及其他非法的方法获取的犯罪嫌疑人和被告人的口供、被害人陈述、证人证言、鉴定结论等，都属于非法证据。非法证据排除规则就是对这些违法获取的证据给予排除，不得作为认定被告人有罪的裁判根据。当代各国刑事证据法普遍禁止将刑讯逼供和以威胁、引诱、欺骗以及其他非法的方法获取的证据作为法院定案的依据，也就是说，依据非法方法获取的证据，不具有可采性。

非法证据排除规则设立的基本理由大概有三点：①以非法方法获取证据，违反法治原则。法治原则是法治国家的首要原则，基于诉讼目的的证据收集，理当遵循国家的法律规范。司法的前提是依法、合法，自然不能容忍违法行为，包括违法取证。②以非法方法获取的言词证据对基本人权损害极大，应当严格禁止这类行为，而且禁止使用这类证据不使违法者从中获得利益。这是遏制这类违法行为、保护公民权利的有效手段。③以非法方法获取言词证据亦可能妨害案件的真实性。因为“捶楚之下，何求而不可得”，违法获取的言词证据，虚假可能性较大，不宜采纳为定案的根据。这就是说，非法言词证据既不利于刑事诉讼中对人权的保障，又无法保证其客观真实性，当然就没有被采纳的理由。

在美国，非法证据排除规则不仅适用于排除非法的言词证据，也适用于对非法实物证据的排除，目的在于彻底杜绝警察的非法取证行为，防止“毒树之果”的滥用。而在英国和大陆法系的法国、德国、意大利、日本等国家，非法证据的排除一般都仅限于对非法言词证据的排除，至于对非法方法取得的实物证据，则根据情况可以予以采信。这体现了兼顾人权保障和打击犯罪双重价值目标。

我国《刑事诉讼法》第 43 条规定：“严禁刑讯逼供和以威胁、引诱、欺骗以及其他非法的方法收集证据。”但在刑事诉讼法中没有规定对非法取得的证据应当如何处理，也就是说，1996 年《刑事诉讼法》并没有确立非法证据排除规则。我国的非法证据排除规则是由司法解释确立的。最高人民法院《解释》第 61 条明确规定：“严禁以非法的方法收集证据。凡经查证确实属于采用刑讯逼供或者威胁、引诱、欺骗等非法的方法取得的证人证言、被害人陈述、被告人供述，不能作为定案的根据。”最高人民检察院《刑事诉讼规则》在第 265 条也作了类似的规定：“严禁以非法的方法收集证据。以刑讯逼供或者威胁、引诱、欺骗等非法的方法收集的犯罪嫌疑人供述、被害人陈述、证人证言，不能作为指控犯罪的根据。”

2010 年 6 月 13 日，最高人民法院、最高人民检察院、公安部、国家安全部、司法部联合发布的《关于办理刑事案件排除非法证据若干问题的规定》（以下简称《排除非法证据规定》，于 2010 年 7 月 1 日起施行），在更大范围内确立了我国非法证据排除规则，并将该规则进一步具体化，变得更具有操作性。其主要内容包括：

(1) 非法言词证据的界定及效力。《排除非法证据规定》首先明确了非法言词证据的特征、范围和效力。采用刑讯逼供等非法手段取得的犯罪嫌疑人、被告人供述和采用暴力、威胁等非法手段取得的证人证言、被害人陈述，属于非法言词证据。经依法确认的非法言词证据，应当予以排除，不能作为定案的根据。人民检察院在审查批准逮捕、审查起诉中，对于非法言词证据应当依法予以排除，不能作为批准逮捕、提起公诉的根据。

(2) 排除非法言词证据的申请。起诉书副本送达后，在开庭审判前，被告人提出其审判前供述是非法取得的，应当向人民法院提交书面意见。被告人书写确有困难的，可以口头告诉，由人民法院工作人员或者其辩护人作出笔录，并由被告人签名或者捺指印。人民法院应当将被告人的书面意见或者告诉笔录复印件在开庭前送交人民检察院。法庭辩论结束前，被告人及其辩护人也可以提出申请，要求法院审查被告人审判前供述是否为非法取得的。对此申请，法庭也应当进行调查。

(3) 关于非法言词证据的举证责任。对于审前取得的言词证据是否属于非法取得的，需要控辩双方共同积极举证，这不仅是程序对等的要求，也比较符合中国侦、诉分离的实际情况，因为大多数刑事案件的侦查是由公安机关进行的，公诉人并不能对侦查取证的情况有全面的了解。因此，《排除非法证据规定》根据控辩双方的实际情况，规定了举证责任分担规则：①被告人及其辩护人提出被告人审判前供述是非法取得的，应当向法庭提供涉嫌非法取证的人员、时间、地点、方式、内容等相关线索或者证据。这些线索在被告人来说一般是可以提供的。②经审查，法庭对被告人审判前供述取得的合法性有疑问的，公诉人应当向法庭提供讯问笔录、原始的讯问过程录音录像或者其他证据，提请法庭通知讯问时其他在场人员或者其他证人出庭作证，仍不能排除刑讯逼供嫌疑的，提请法庭通知讯问人员出庭作证，对该供述取得的合法性予以证明。公诉人当庭不能举证的，可以根据《刑事诉讼法》第165条的规定，建议法庭延期审理。经依法通知，讯问人员或者其他人员应当出庭作证。公诉人提交加盖公章的说明材料，未经有关讯问人员签名或者盖章的，不能作为证明取证合法性的证据。③对被告人审判前供述的合法性，公诉人不提供证据加以证明，或者已提供的证据不够确实、充分的，该供述不能作为定案的根据。对于被告人及其辩护人提出的被告人审判前供述是非法取得的意见，第一审人民法院没有审查，并以被告人审判前供述作为定案根据的，第二审人民法院应当对被告人审判前供述取得的合法性进行审查。检察人员不提供证据加以证明，或者已提供的证据不够确实、充分的，被告人的供述不能作为定案的根据。④庭审中，检察人员、被告人及其辩护人提出未到庭证人的书面证言、未到庭被害人的书面陈述是非法取得的，举证方应当对其取证的合法性予以证明。

(4) 法庭对非法言词证据的审查。被告人及其辩护人在开庭审理前或者庭审中，提出被告人审判前供述是非法取得的，法庭在公诉人宣读起诉书之后，应当先进行当庭调查。法庭辩论结束前，被告人及其辩护人提出被告人审判前供述是非法取得的，法庭也应当进行调查。控辩双方可以就被告人审判前供述取得的合法性问题进行质证、辩论。法庭对于控辩双方提供的证据有疑问的，可以宣布休庭，对证据进行调查核实。必要时，可以通知检察人员、辩护人到场。庭审中，公诉人提出为提供新的证据而需要补充侦查，建议延期审理的，法庭应当同意。被告人及其辩护人申请通知讯问人员、讯问时其他在场人员或者其他证人到庭，法庭认为有必要的，都可以宣布延期审理。

经法庭审查，具有下列情形之一的，被告人审判前供述可以当庭宣读、质证：①被告人及其辩护人未提供非法取证的相关线索或者证据的；②被告人及其辩护人已提供非法取证的相关线索或者证据，但法庭对被告人审判前供述取得的合法性没有疑问的；③公诉人提供的证据确实、充分，能够排除被告人审判前供述属非法取得的。对于当庭宣读的被告人审判前供述，应当结合被告人当庭供述以及其他证据确定能否作为定案的根据。

(5) 非法实物证据一般也不得作为定案的根据。《排除非法证据规定》第14条规定，物证、书证的取得明显违反法律规定，可能影响公正审判的，应当予以补正或者作出合理解释，否则，该物证、书证不能作为定案的根据。

4. 证据裁判原则

证据裁判原则即人民法院对刑事案件事实的认定，必须依据法定的证据。最高人民法院、最高人民检察院、公安部、国家安全部、司法部2010年5月联合发布的《关于办理死刑案件审查判断证据若干问题的规定》(以下简称《死刑证据规定》，于2010年7月1日起施行）第2条明确规定了证据裁判原则，即“认定案件事实，必须以证据为根据”。该证据裁判原则具体包括三层含义：其一，人民法院认定案件事实，必须以证据为根据。犯罪发生在过去，对过去事实真相的揭示和认定，不能靠想象、猜测、推论等主观臆造，更不能不负责任地随意捏造，必须依据犯罪事实发生时所留下的各种痕迹物品等证据。也就是说，没有证据，也就不能认定犯罪。这里存在着认识论与犯罪论之间的差异。从认识论上讲，没有证据，没有认识与发现，不等于就没有发生犯罪。实践中确实有一些刑事案件，由于认识上的局限而没有破获，被害人因而承受着正义未能伸张的不满与苦痛。但是，刑事诉讼的任务之一是查获真凶，打击犯罪，确定具体实施犯罪行为的人，也就是犯罪主体。从这个角度讲，没有证据，就绝对不能认定是某人实施了犯罪，否则，就必然会造成冤假错案，冤枉无辜。其二，法院裁判所依据的证据，必须是依据法律程序合法取得和认定的证据。也就是说，证据必须具有合法性，否则，就不具有被法庭采纳为定案根据的资格而有可能被排除。《死刑证据规定》第 3 条规定，侦查人员、检察人员、审判人员应当严格遵守法定程序，全面、客观地收集、审查、核实和认定证据。证据的合法性体现在收集、审查、核实和认定证据的程序合法、主体合法、证据形式合法这三方面。其三，法院裁判所依据的证据，必须是在法庭上查证属实的证据。也就是说，只有经过当庭出示、辨认、质证等法庭调查程序查证属实的证据，才能作为定罪量刑的根据。那些没有在法庭上出示的证据，应当辨认而未辨认的证据，未经控辩双方当庭辨认、质证的证据，虽经控辩双方当庭辨认、质证却未能得到证实的证据等，都不得成为法院裁判所依据的证据。

第五节　关于死刑案件证据的审查运用

为进一步完善我国刑事诉讼制度，根据中央关于深化司法体制和工作机制改革的总体部署，最高人民法院、最高人民检察院、公安部、国家安全部和司法部于 2010 年 5 月 30 日联合发布了《关于办理死刑案件审查判断证据若干问题的规定》，（以下简称《死刑证据规定》），于 2010 年 7 月 1 日起施行。另于 2011 年 2 月召开了十一届全国人大常委会第十九次会议，会议表决通过了刑法修正案(八)，取消了 13 项经济性非暴力犯罪死刑罪名。这两项重要改革，表明我国正在逐步减少死刑，并对现有死刑案件从程序上严加把关，以实现打击严重犯罪与保障人权双重价值目标的有效兼顾。

《死刑证据规定》内容丰富，科学合理，汇集了几十年来我国刑事证据理论和实践的成功经验和深刻教训，不仅是公检法机关办理死刑案件的证据指南，也会对所有刑事案件的证据运用产生直接的指导作用。

一、死刑案件的证明标准

在我国，办理包括死刑案件在内的各类刑事案件，对被告人犯罪事实的认定，都必须达到证据确实、充分的证明程度，这是与排除合理怀疑、内心确信程度相当的证明标准。但一直以来，对如何把握证据的确实、充分的程度却没有相对明确的法律指引。《死刑证据规定》创建性地对证据的确实、充分作了具体解释和要求，就是指：

(1) 定罪量刑的事实都有证据证明。

(2) 每一个定案的证据均已经过法定程序查证属实。

(3) 证据与证据之间、证据与案件事实之间不存在矛盾或者矛盾得以合理排除。

(4) 共同犯罪案件中，被告人的地位、作用均已查清。

(5) 根据证据认定案件事实的过程符合逻辑和经验规则，由证据得出的结论为唯一结论。

对于死刑案件，不仅案件事实的认定在整体上要达到上述标准，而且，对于如下单个事实的证明也必须达到证据确实、充分的程度：

(1) 被指控的犯罪事实的发生。

(2) 被告人实施了犯罪行为与被告人实施犯罪行为的时间、地点、手段、后果以及其他情节。

(3) 影响被告人定罪的身份情况。

(4) 被告人有刑事责任能力。

(5) 被告人的罪过。

(6) 是否共同犯罪及被告人在共同犯罪中的地位、作用。

(7) 对被告人从重处罚的事实。

二、物证、书证的审查与认定

1. 物证、书证的审查内容

对物证、书证应当着重审查以下内容：

(1) 物证、书证是否为原物、原件，物证的照片、录像或者复制品及书证的副本、复制件与原物、原件是否相符；物证、书证是否经过辨认、鉴定；物证的照片、录像或者复制品和书证的副本、复制件是否由二人以上制作，有无制作人关于制作过程及原件、原物存放于何处的文字说明及签名。

(2) 物证、书证的收集程序、方式是否符合法律及有关规定；经勘验、检查、搜查提取、扣押的物证、书证，是否附有相关笔录或者清单；笔录或者清单是否有侦查人员、物品持有人、见证人签名，没有物品持有人签名的，是否有注明原因；对物品的特征、数量、质量、名称等注明是否清楚。

(3) 物证、书证在收集、保管及鉴定过程中是否受到破坏或者改变。

(4) 物证、书证与案件事实有无关联；对现场遗留与犯罪有关的具备检验鉴定条件的血迹、指纹、毛发、体液等生物物证、痕迹、物品，是否通过DNA鉴定、指纹鉴定等鉴定方式与被告人或者被害人的相应生物检材、生物特征、物品等作同一认定。

(5) 与案件事实有关联的物证、书证是否全面收集。

对在勘验、检查、搜查中发现与案件事实可能有关联的血迹、指纹、足迹、字迹、毛发、体液、人体组织等痕迹和物品应当提取而没有提取，应当检验而没有检验，导致案件事实存疑的，人民法院应当向人民检察院说明情况，人民检察院依法可以补充收集、调取证据，作出合理的说明或者退回侦查机关补充侦查，调取有关证据。

具备辨认条件的物证、书证应当交由当事人或者证人进行辨认，必要时应当进行鉴定。

2. 物证、书证的认定

(1) 据以定案的物证应当是原物。只有在原物不便搬运、不易保存或者依法应当由有关部门保管、处理或者依法应当返还时，才可以拍摄或者制作足以反映原物外形或者内容的照片、录像或者复制品。物证的照片、录像或者复制品，经与原物核实无误或者经鉴定证明为真实的，或者以其他方式确能证明其真实的，可以作为定案的根据。原物的照片、录像或者复制品，不能反映原物的外形和特征的，不能作为定案的根据。

(2) 据以定案的书证应当是原件。只有在取得原件确有困难时，才可以使用副本或者复制件。书证的副本、复制件，经与原件核实无误或者经鉴定证明为真实的，或者以其他方式确能证明其真实的，可以作为定案的根据。书证有更改或者更改迹象却不能作出合理解释的，书证的副本、复制件不能反映书证原件及其内容的，不能作为定案的根据。

(3) 经勘验、检查、搜查提取、扣押的物证、书证，未附有勘验、检查笔录，搜查笔录，提取笔录，扣押清单，不能证明物证、书证来源的，不能作为定案的根据。

(4) 物证、书证的收集程序、方式存在瑕疵，通过有关办案人员的补正或者作出合理解释的，可以采用。对物证、书证的来源及收集过程有疑问，不能作出合理解释的，该物证、书证不能作为定案的根据。

3. 瑕疵物证、书证的处理与认定

物证、书证的收集程序、方式存在下列瑕疵，通过有关办案人员的补正或者作出合理解释的，可以采用：

(1) 收集调取的物证、书证，在勘验、检查笔录，搜查笔录，提取笔录，扣押清单上没有侦查人员、物品持有人、见证人签名或者物品特征、数量、质量、名称等注明不详的；

(2) 收集调取物证照片、录像或者复制品，书证的副本、复制件未注明与原件核对无异，无复制时间、无被收集、调取人（单位）签名（盖章）的；

(3) 物证照片、录像或者复制品，书证的副本、复制件没有制作人关于制作过程及原物、原件存放于何处的说明或者说明中无签名的；

(4) 物证、书证的收集程序、方式存在其他瑕疵的。

三、证人证言的审查与认定

1. 证人证言的审查内容

对证人证言应当着重审查以下内容：

(1) 证言的内容是否为证人直接感知。

(2) 证人作证时的年龄、认知水平、记忆能力和表达能力，生理上和精神上的状态是否影响作证。

(3) 证人与案件当事人、案件处理结果有无利害关系。

(4) 证言的取得程序、方式是否符合法律及有关规定：有无使用暴力、威胁、引诱、欺骗以及其他非法手段取证的情形；有无违反询问证人应当个别进行的规定；笔录是否经证人核对确认并签名（盖章）、捺指印；询问未成年证人，是否通知了其法定代理人到场，其法定代理人是否在场等。

(5) 证人证言之间以及与其他证据之间能否相互印证，有无矛盾。对未出庭作证证人的书面证言，应当听取出庭检察人员、被告人及其辩护人的意见，并结合其他证据综合判断。

2. 不能够采信作为定案根据的证人证言

(1) 以暴力、威胁等非法手段取得的证人证言。

(2) 处于明显醉酒、麻醉品中毒或者精神药物麻醉状态，以致不能正确表达的证人所提供的证言。

(3) 证人的猜测性、评论性、推断性的证言，不能作为证据使用，但根据一般生活经验判断符合事实的除外。

(4) 询问证人没有个别进行而取得的证言。

(5) 没有经证人核对确认并签名（盖章）、捺指印的书面证言。

(6) 询问聋哑人或者不通晓当地通用语言、文字的少数民族人员、外国人，应当提供翻译而未提供的。

(7) 经依法通知不出庭作证证人的书面证言经质证无法确认的。

(8) 未出庭作证证人的书面证言出现矛盾，不能排除矛盾且无证据印证的。

3. 瑕疵证人证言的处理与认定

瑕疵证人证言包括两种情况，经过补正或者有合理解释，则可以采用为定案根据。

(1) 证人证言的收集程序和方式虽有瑕疵，但通过有关办案人员的补正或者作出合理解释的，可以采用。收集程序和方式有瑕疵的情况是：①没有填写询问人、记录人、法定代理人姓名或者询问的起止时间、地点的；②询问证人的地点不符合规定的；③询问笔录没有记录告知证人应当如实提供证言和有意作伪证或者隐匿罪证要负法律责任内容的；④询问笔录反映出在同一时间段内，同一询问人员询问不同证人的。

(2) 证人在法庭上的证言与其庭前证言相互矛盾，如果证人当庭能够对其翻证作出合理解释，并有相关证据印证的，应当采信庭审证言。

对被害人陈述的审查与认定，适用上述有关证人证言的规定。

四、被告人供述和辩解的审查与认定

1. 对被告人供述和辩解的审查

(1) 讯问的时间、地点、讯问人的身份等是否符合法律及有关规定，讯问被告人的侦查人员是否不少于二人，讯问被告人是否个别进行等。

(2) 讯问笔录的制作、修改是否符合法律及有关规定，讯问笔录是否注明讯问的起止时间和讯问地点，首次讯问时是否告知被告人申请回避、聘请律师等诉讼权利，被告人是否核对确认并签名（盖章）、捺指印，是否有不少于二人的讯问人签名等。

(3) 讯问聋哑人、少数民族人员、外国人时是否提供了通晓聋、哑手势的人员或者翻译人员，讯问未成年同案犯时，是否通知了其法定代理人到场，其法定代理人是否在场。

(4) 被告人的供述有无以刑讯逼供等非法手段获取的情形，必要时可以调取被告人进出看守所的健康检查记录、笔录。

(5) 被告人的供述是否前后一致，有无反复以及出现反复的原因；被告人的所有供述和辩解是否均已收集入卷；应当入卷的供述和辩解没有入卷的，是否出具了相关说明。

(6) 被告人的辩解内容是否符合案情和常理，有无矛盾。

(7) 被告人的供述和辩解与同案犯的供述和辩解以及其他证据能否相互印证，有无矛盾。

对于上述内容，侦查机关随案移送有录音录像资料的，应当结合相关录音录像资料进行审查。对被告人供述和辩解的审查，还应当结合控辩双方提供的所有证据以及被告人本人的全部供述和辩解进行。

2. 不得采信的被告人供述

不能被采信作为定案根据的被告人陈述，包括：①采用刑讯逼供等非法手段取得的被告人供述，不能作为定案的根据。②讯问笔录没有经被告人核对确认并签名（盖章）、捺指印的。③讯问聋哑人、不通晓当地通用语言、文字的人员时，应当提供通晓聋、哑手势的人员或者翻译人员而未提供的。④被告人庭前供述和辩解出现反复，庭审中不供认，且无其他证据与庭前供述印证的，不能采信庭前供述。

3. 可以采信的被告人陈述

可以采信作为定案根据的被告人陈述包括：①获取被告人陈述的手续有瑕疵的，如笔录填写的讯问时间、讯问人、记录人、法定代理人等有误或者存在矛盾的；讯问人没有签名的；首次讯问笔录没有记录告知被讯问人诉讼权利内容等，通过有关办案人员的补正或者作出合理解释的，可以采用作定案根据。②被告人庭前供述一致，庭审中翻供，但被告人不能合理说明翻供理由或者其辩解与全案证据相矛盾，而庭前供述与其他证据能够相互印证的，可以采信被告人庭前供述。③被告人庭前供述和辩解出现反复，但庭审中供认的，且庭审中的供述与其他证据能够印证的，可以采信庭审中的供述。

五、鉴定结论的审查与认定

1.　鉴定结论的审查

(1) 鉴定人是否存在应当回避而未回避的情形。

(2) 鉴定机构和鉴定人是否具有合法的资质。

(3) 鉴定程序是否符合法律及有关规定。

(4) 检材的来源、取得、保管、送检是否符合法律及有关规定，与相关提取笔录、扣押物品清单等记载的内容是否相符，检材是否充足、可靠。

(5) 鉴定的程序、方法、分析过程是否符合本专业的检验鉴定规程和技术方法要求。

(6) 鉴定结论的形式要件是否完备，是否注明提起鉴定的事由、鉴定委托人、鉴定机构、鉴定要求、鉴定过程、检验方法、鉴定文书的日期等相关内容，是否由鉴定机构加盖鉴定专用章并由鉴定人签名盖章。

(7) 鉴定结论是否明确。

(8) 鉴定结论与案件待证事实有无关联。

(9) 鉴定结论与其他证据之间是否有矛盾。（如鉴定结论与检验笔录及相关照片是否有矛盾）

(10) 鉴定结论是否依法及时告知相关人员，当事人对鉴定结论是否有异议。

2. 鉴定结论的认定

对鉴定结论有疑问的，人民法院应当依法通知鉴定人出庭作证或者由其出具相关说明，也可以依法补充鉴定或者重新鉴定。鉴定结论具有下列情形之一的，不能作为定案的根据：

(1) 鉴定机构不具备法定的资格和条件，或者鉴定事项超出本鉴定机构项目范围或者鉴定能力的。

(2) 鉴定人不具备法定的资格和条件，鉴定人不具有相关专业技术、职称或鉴定人违反回避规定的。

(3) 鉴定程序、方法有错误的。

(4) 鉴定结论与证明对象没有关联的。

(5) 鉴定对象与送检材料、样本不一致的。

(6) 送检材料、样本来源不明或者确实被污染且不具备鉴定条件的。

(7) 违反有关鉴定特定标准的。

(8) 鉴定文书缺少签名、盖章的。

(9) 其他违反有关规定的情形。

六、勘验、检查笔录的审查与认定

1. 勘验、检查笔录的审查

(1) 勘验、检查是否依法进行，笔录的制作是否符合法律及有关规定的要求，勘验、检查人员和见证人是否签名或者盖章等。

(2) 勘验、检查笔录的内容是否全面、详细、准确、规范：是否准确记录了提起勘验、检查的事由，勘验、检查的时间、地点，在场人员、现场方位、周围环境等情况；是否准确记载了现场、物品、人身、尸体等的位置、特征等详细情况以及勘验、检查、搜查的过程；文字记载与实物或者绘图、录像、照片是否相符；固定证据的形式、方法是否科学、规范；现场、物品、痕迹等是否被破坏或者伪造，是否是原始现场；人身特征、伤害情况、生理状况有无伪装或者变化等。

(3) 补充进行勘验、检查的，前后勘验、检查的情况是否有矛盾，是否说明了再次勘验、检查的原由。

(4) 勘验、检查笔录中记载的情况与被告人供述、被害人陈述、鉴定意见等其他证据能否印证，有无矛盾。

2. 勘验、检查笔录的认定

勘验、检查笔录存在明显不符合法律及有关规定的情形，并且不能作出合理解释或者说明的，不能作为证据使用。勘验、检查笔录存在勘验、检查时没有见证人的，勘验、检查人员和见证人没有签名、盖章的，勘验、检查人员违反回避规定的等情形，应当结合案件其他证据，审查其真实性和关联性并决定是否采信。

七、视听资料的审查与认定

对视听资料应当着重审查以下内容：①视听资料的来源是否合法，制作过程中当事人有无受到威胁、引诱等违反法律及有关规定的情形。②是否载明制作人或者持有人的身份、制作的时间、地点和条件以及制作方法。③是否为原件，有无复制及复制份数的数量多少。调取的视听资料是复制件的，是否附有无法调取原件的原因、制作过程和原件存放地点的说明，是否有制作人和原视听资料持有人签名或者盖章。④内容和制作过程是否真实，有无经过剪辑、增加、删改、编辑等伪造、变造情形。⑤内容与案件事实有无关联性。

对视听资料有疑问的，应当进行鉴定，并应当结合案件其他证据，审查其真实性和关联性。

具有下列情形之一的一般视听资料，不能作为定案的根据：①视听资料经审查或者鉴定无法确定真伪的；②对视听资料的制作和取得的时间、地点、方式等有异议，不能作出合理解释或者提供必要证明的。

八、一些特殊证据的审查与运用

1. 电子证据的审查与认定

电子证据是以电子邮件、电子数据交换、网上聊天记录、网络博客、手机短信、电子签名、域名等形式呈现的证据。在刑事诉讼法规定的证据分类中，并没有电子证据，因而，此类证据的类型归属就成为问题。传统上，电子证据被划归视听资料，但它们又具有“以记载的人的思想内容来证明案件情况”的书证的特点。由于电子证据运用越来越广，其本身又有一些特殊性，因而，《死刑证据规定》对其单独作了一些规定。

审查电子证据应当关注如下内容：①该电子证据存储磁盘、存储光盘等可移动存储介质是否与打印件一并提交；②是否载明该电子证据形成的时间、地点、对象、制作人、制作过程及设备情况等；③制作、储存、传递、获得、收集、出示等程序和环节是否合法，取证人、制作人、持有人、见证人等是否签名或者盖章；④内容是否真实，有无剪裁、拼凑、篡改、添加等伪造、变造情形；⑤该电子证据与案件事实有无关联性。

对电子证据有疑问的，应当进行鉴定。

2. 辨认结果的审查与认定

辨认是一种调查取证活动，辨认时必须制作笔录，因而，辨认笔录在我国一直是作为勘验、检查笔录来对待的。但是，辨认与专门机关所进行的一般的勘验、检查实际上是有很大区别的。无论是现场勘查、物证检验还是身体检查等，都是办案人员运用特定的方法措施，对客观对象的痕迹、特征等客观表征所作的观察、描述，是办案人员主观反映客观的行为。辨认则是办案人员组织证人、被害人等对案件中某些人或物的观察、识别，辨认的过程与结果则由办案人员形成记录，作为证据固定与保存。这里存在着辨认人主观反映客观和办案人员主观反映客观两个过程，因此，辨认结果的真实性就不仅取决于办案人员，还受到辨认人认知的直接影响。因此，辨认证据有其不同于勘验、检查笔录的特殊性，审查认定的规则也有不同。

辨认必须依法进行。侦查机关组织的辨认，存在下列情形之一的，应当严格审查，不能确定其真实性的辨认结果不能作为定案的根据：①辨认不是在侦查人员主持下进行的；②辨认前使辨认人见到辨认对象的；③辨认人的辨认活动没有个别进行的；④辨认对象没有混杂在具有类似特征的其他对象中，或者供辨认的对象数量不符合规定的（尸体、场所等特定辨认对象除外）；⑤辨认中给辨认人明显暗示或者明显有指认嫌疑的。

有些辨认，虽然有程序瑕疵，但通过有关办案人员的补正或者作出合理解释的，辨认结果可以作为证据使用。这些情形是：①主持辨认的侦查人员少于二人的；②没有向辨认人详细询问辨认对象的具体特征的；③对辨认经过和结果没有制作专门的规范的辨认笔录，或者辨认笔录没有侦查人员、辨认人、见证人的签名或者盖章的；④辨认记录过于简单，只有结果没有过程的；⑤案卷中只有辨认笔录，没有被辨认对象的照片、录像等资料，无法获悉辨认的真实情况的。

3. 运用特殊侦查措施所获证据的效力

我国《人民警察法》、《国家安全法》中都规定了技术性侦查手段的运用，但由于刑事诉讼法本身没有相关规定，所以，公安机关和国家安全机关运用技术性侦查手段所获得的证据材料，尚不能在法庭上公开出示，通常要作变通处理。《死刑证据规定》赋予特殊侦查手段所获证据以合法效力。第 35 条规定："侦查机关依照有关规定采用特殊侦查措施所收集的物证、书证及其他证据材料，经法庭查证属实，可以作为定案的根据。法庭依法不公开特殊侦查措施的过程及方法。"

4. 特殊证言的审查运用

对于一些特殊的证人证言，在审查运用时要特别慎重，不能一概否定或轻易采信，有其他证据印证的，才可以采信。这类证据有：①生理上、精神上有缺陷的被害人、证人和被告人，在对案件事实的认知和表达上存在一定困难，但尚未丧失正确认知、正确表达能力而作的陈述、证言和供述；②与被告人有亲属关系或者其他密切关系的证人所作的对该被告人有利的证言，或者与被告人有利害冲突的证人所作的对该被告人不利的证言。

5. 庭外取证的效力

人民检察院、辩护人补充的和法庭庭外调查核实取得的证据，法庭可以庭外征求出庭检察人员、辩护人的意见。双方意见不一致，有一方要求人民法院开庭进行调查的，人民法院应当开庭。

6. 关于被告人犯罪年龄的审查认定

审查被告人实施犯罪时是否已满十八周岁，一般应当以户籍证明为依据；对户籍证明有异议，并有经查证属实的出生证明文件、无利害关系人的证言等证据证明被告人不满十八周岁的，应认定被告人不满十八周岁；没有户籍证明以及出生证明文件的，应当根据人口普查登记、无利害关系人的证言等证据综合进行判断，必要时，可以进行骨龄鉴定，并将结果作为判断被告人年龄的参考。未排除证据之间的矛盾，无充分证据证明被告人实施被指控的犯罪时已满十八周岁且确实无法查明的，不能认定其已满十八周岁。

九、证据的综合审查和运用

1. 间接证据定案的要求

没有直接证据证明犯罪行为系被告人实施，但同时符合下列条件的可以认定被告人有罪：①据以定案的间接证据已经查证属实；②据以定案的间接证据之间相互印证，不存在无法排除的矛盾和无法解释的疑问；③据以定案的间接证据已经形成完整的证明体系；④依据间接证据认定的案件事实，结论是唯一的，足以排除一切合理怀疑；⑤运用间接证据进行的推理符合逻辑和经验判断。

根据间接证据定案的，判处死刑应当特别慎重。

2. 量刑证据的审查运用

在对被告人作出有罪认定后，人民法院认定被告人的量刑事实，除审查法定情节外，还应审查以下影响量刑的情节：①案件起因；②被害人有无过错及过错程度，是否对矛盾激化负有责任及责任大小；③被告人的近亲属是否协助抓获被告人；④被告人平时表现及有无悔罪态度；⑤被害人提出的民事诉讼赔偿情况，被告人是否取得被害人或者被害人近亲属谅解；⑥其他影响量刑的情节。既有从轻、减轻处罚等情节，又有从重处罚等情节的，应当依法综合相关情节予以考虑。

不能排除被告人具有从轻、减轻处罚等量刑情节的，判处死刑应当特别慎重。

案例分析

【案情】某市某县建筑队会计郑某检举在工程承揽过程中发包方某单位负责人朱某有受贿行为，并提供了以下证据：

(1) 建筑队出纳支出现金人民币10万元，由郑某领走。有记账单和领款条为证。

(2) 郑某说，2007年12月19日下午2时左右，在朱某住所，郑某亲自将10万元交给朱某还说“谢谢”。

根据上述检举材料，人民检察院立案侦查后，又收集到以下证据：

(1) 朱某住所的邻居张某、曹某证明，2007年12月19日下午2时左右，见到郑某进了朱某的家，下午3时左右，又见朱某送郑某出来至楼道门口，并说“再见”。

(2) 朱某所在单位证明，朱某2007年12月15日至20日病休在家。

(3) 朱某的妻子田某证明，2007年12月20日到所在地的银行存款10万元，该款是朱某交给她的，当问其来源时，朱某说：“你不要管那么多，快去存起来。”

(4) 朱某的一个老同学王某证明，朱某于2007年12月25日请他和几个老同学喝酒，席间朱某对他说：“人为财死，鸟为食亡，还是想办法多抓点钱为上策。”酒后，他还说：“用一用手中的权力就是万儿八千的，很轻松。”

(5) 朱某的儿子证明，朱某12月份一直在家养病，没有外出，也没有其他活动。

(6) 朱某被逮捕后，不承认接受贿赂的犯罪事实，仅承认郑某到过他家，口头感谢朱某对建筑队的帮助。

【问题】上述每一项证据分别属于什么证据种类和证据分类?

【分析】根据证据种类中每一种证据的特点、证据分类的标准，对上述的每一种证据分析如下：

前期证据：

(1) 从证据种类来看，“建筑队出纳支出现金人民币10万元，由郑某领走”。是证人证言。“记账单和领款条”是书证。从证据分类来看，本项证据是控诉证据、原始证据、间接证据。

(2) 郑某说，2007年12月19日下午2时左右，在朱某住所，郑某亲自将10万元交给朱某还说“谢谢”。从证据种类来看，本项证据是证人证言，因为在本案中，行贿主体是某市某县建筑队而不是郑某，所以郑某在诉讼中是证人身份。从证据分类来看，本项证据是控诉证据、原始证据、直接证据。

后期证据：

(1) 朱某住所的邻居张某、曹某证明，2007年12月19日下午2时左右，见到郑某进了朱某的家，下午3时左右，又见朱某送郑某出来至楼道门口，并说“再见”。从证据种类来看，本项证据是证人证言。从证据分类来看，本项证据是控诉证据、原始证据、间接证据。

(2) 朱某所在单位书面证明，朱某2007年12月15日至20日病休在家。从证据种类来看，本项证据是书证。从证据分类来看，本项证据是控诉证据、原始证据、间接证据。

(3) 朱某的妻子田某证明，2007年12月20日到所在地的银行存款10万元，该款是朱某交给她的，当问其来源时，朱某说：“你不要管那么多，快去存起来。”从证据种类来看，本项证据是证人证言。从证据分类来看，本项证据是控诉证据、原始证据、间接证据。

(4) 朱某的一个老同学王某证明，朱某于2007年12月25日请他和几个老同学喝酒，席间朱某对他说：“人为财死，鸟为食亡，还是想办法多抓点钱为上策。”酒后，他还说：“用一用手中的权力就是万儿八千的，很轻松。”从证据种类来看，本项证据是证人证言。从证据分类来看，针对证明“朱某于2007年12月25日请他和几个老同学喝酒”并说了一些话而言，本项证据是控诉证据、原始证据、间接证据；针对证明朱某所说的话的内容而言，本项证据是控诉证据、传来证据、间接证据。

(5) 朱某的儿子证明，朱某 12 月份一直在家养病，没有外出，也没有其他活动。从证据种类来看，本项证据是证人证言。从证据分类来看，本项证据是控诉证据、原始证据、间接证据。

(6) 朱某被逮捕后，不承认接受贿赂的犯罪事实，仅承认郑某到过他家，口头感谢朱某对建筑队的帮助。从证据种类来看，本项证据是犯罪嫌疑人、被告人的供述和辩解。从证据分类来看，本项证据是辩护证据、原始证据、直接证据。

第十一章 刑事诉讼证明

本章主要介绍刑事诉讼证明的概念、特点和意义，刑事证明对象、刑事证明要求和证明标准，刑事证明责任及推定。本章重点是：刑事证明的概念及特点；证明对象的概念和范围；证明要求和证明标准；证明责任。学习难点是：证明标准和证明责任。本章的学术热点有：关于证明对象、证明标准的不同学说。

第一节 刑事证明概述

一、刑事证明的概念和意义

刑事诉讼证明（以下简称“刑事证明”），是指国家公安司法机关在刑事诉讼中依照法定程序，运用证据来查明和确定案件事实，论证诉讼主张的活动。

刑事诉讼中的证明活动一般有狭义和广义之分。狭义的刑事证明是指侦查人员、检察人员和审判人员依照法定程序收集证据，审查判断证据，运用证据来确定有无犯罪，是谁实施了犯罪，犯罪人的罪责轻重，以及其他有关事实的诉讼活动；广义的刑事证明是指除司法人员依法运用证据确定案件事实的诉讼活动以外，还包括当事人和其他诉讼参与人依法提供证据，运用证据证明自己诉讼主张的活动。

刑事证明贯穿于立案、侦查、起诉和审判等各个阶段，对刑事诉讼任务的完成具有重要意义。具体如下：

1. 刑事证明是准确查清刑事案件事实的唯一方法

任何刑事案件都存在这样或那样的人证或物证，而这些证据都是案件事实发生后留下的表现为静态的事实。刑事证明则是通过各种证明手段用静态的证据还原案件事实发生、发展过程和结果的各个阶段的动态过程。这个过程是主观见之于客观的过程，只有通过这个过程才能认识案件的真实情况。

2. 刑事证明是正确适用法律的基础

刑事证明的正确与否，直接关系到对案件事实的认定是否正确，准确查明案件事实是正确适用法律的前提。如果未能正确认定案件事实，就绝对不可能正确适用法律，也就不可能完成刑事诉讼惩罚犯罪、保护公民合法权益的任务。

因此，在刑事诉讼中，刑事证明是非常重要的诉讼活动，对保证司法公正具有重要意义。

二、刑事证明的特点

与一般的证明活动相比，刑事证明有如下特点：

1. 刑事证明的任务是确定案件的真实情况

在刑事诉讼中，要证明犯罪事实是否发生，犯罪嫌疑人、被告人是否实施了犯罪，以及有无从重、从轻、减轻或者免除其刑事责任的情节等。证明所确定的案件事实必须符合客观实际。

2. 刑事证明的主体主要是国家专门机关

人民法院、人民检察院和公安机关，必须依法收集、审查和运用证据来证明案件事实。当然，当事人也应当依法提供证据，证明自己的指控或主张，因而也是刑事证明主体。刑事证明具有职责性或义务性。

3. 刑事证明必须依法进行

刑事诉讼涉及犯罪嫌疑人、被告人人身和财产权利的限制或剥夺，而刑事证明又是刑事诉讼的核心环节，因而刑事证明必须由国家法律予以规范。从证明任务、证明主体、证明责任、证明对象及其范围、证明手段到收集、审查、运用证据的规则和程序等，都有明确的法律规定，司法人员必须严格依照法律规定进行证明活动，其行为才是合法和有效的。因而，刑事诉讼具有严格的法律要求。

4. 刑事证明贯穿于刑事诉讼的整个过程

从刑事证明的内容上看，包括收集证据、审查和运用证据证明案件的活动贯穿于刑事诉讼的整个过程。根据我国刑事诉讼法的规定，无论是立案、侦查、公诉，还是审判阶段，刑事证明主体均要对自己的诉讼主张进行证明，以推动刑事诉讼程序向下一阶段运行。

第二节　刑事证明对象

一、刑事证明对象的概念和意义

刑事证明对象，也称刑事证明客体、待证事实或要证事实，是指司法人员和诉讼当事人及其律师在诉讼中必须用证据加以证明的各种案件事实。刑事诉讼的证明对象主要是有关犯罪行为构成要件和量刑情节的事实。为了客观全面地查明和确认已经发生而又存在争议的案件事实，司法人员只能通过调查收集证据、审查判断证据的方法，即通过证明的方法予以实现。因而，查明案件事实就成了诉讼证明的首要任务，那些与本案相关的需要查明的诸事实，就成为待证事实或要证事实，成为诉讼中的证明对象。

为了进一步理解刑事证明对象的内涵，了解刑事证明对象以下几个特征是有必要的。这些特征是：

1. 刑事证明对象是与当事人的主张相联系的概念

在诉讼过程中，当事人依其诉讼地位提出自己的诉讼请求或抗辩请求，也就是权利主张。为了使这些请求得以实现，当事人就必须主张足以支持其请求的实体事实。在学理上，这被称为当事人的主张责任。依照主张责任的分配原则，当事人应针对各自的诉辩请求分别主张相应的事实。这是实现其诉辩请求的第一步。然后是当事人利用证据证明所提出的事实主张，即举证、质证。这是程序法提出的要求。在这种情况下，证明便将证据和事实主张联系了起来。在这个联系当中，事实主张处于接受证据予以论证的被动状态，因而成了证明对象。

2. 刑事证明对象与刑事证明责任密切相关

刑事证明对象在获得确证之前处于真假不明的未决状态，为了化解这一未决状态，有必要把证据的提供落实在特定的诉讼主体身上，这就是证明责任。由此可见，证明责任始终是与证明对象联系在一起的。为了对证明对象加以证明，才出现所谓的证明责任，没有证明对象，当然就不需要有证明责任。

3. 刑事证明对象是需要证据证明的要证事实

刑事证明对象需要用证据进行论证，证明对象和证据之间存在着目的和手段的关系。就这一关系而言，证明对象是未知的事实和法律上不确定的事实，证据是已知且确定的事实。由此可见，证明对象的概念含有需用证据加以论证和探知的期待性，因而又称为待证事实或要证事实。证明对象需要用证据加以证明，证明构成证据和证明对象之间关系的中介。在特定情况下，一些证明对象不需要当事人举证证明，可以由司法机关直接认定，这就是免证事实或不要证事实。

4. 刑事证明对象是法律规定的要件事实

这里所说的法律，包括实体法和程序法。所谓要件事实，就是司法人员合法处理案件必须查明的事实。比如，在刑事诉讼中，就是有关犯罪行为构成要件和量刑情节的事实。除此之外，程序法事实也是司法人员作出合法判决、裁定和决定必不可少的要件事实。如果说实体法规定的要件事实是实体要件事实，那么，程序法规定的要件事实就是程序要件事实。

从刑事诉讼理论上看，刑事证明对象在刑事证明的理论体系中具有重要意义，它是证明理论体系中极为重要的范畴。证明对象在诉讼证明活动中居于重要地位，它是诉讼证明的起点和归宿。正是因为在观念上首先设定了证明对象，才产生了证明主体、证明责任、证明程序等概念，证明对象和证明标准一起，形成了证明的方向、内容和目标。作为诉讼证明的起点，证明对象决定着诉讼证明活动如何进行，如需要什么证据，谁负举证责任，如何调查、收集证据，证明应达到何种程度，等等。而证明过程的完成，则有赖于证明对象得到法律认可的证明。

从司法实践看，刑事证明对象对于刑事诉讼来说，也具有非常重要的意义。由于证明对象问题是实现证明任务的首要方面，司法机关在办案过程中如果能够准确地确定本案所要证明的案件事实，就能保证在整个证明过程中始终目标明确，有目的、有重点地全面调查、收集有关的证据，及时查明案件事实的真相；也就能做到既不疏漏案件中必须查明的事实，也不致为与案件无关或无关宏旨的事实所干扰。这就有利于正确、合法地处理案件，提高办案的质量和效率。

二、刑事证明对象的范围

我国《刑事诉讼法》第43条规定："审判人员、检察人员、侦查人员必须依照法定程序收集能够证实犯罪嫌疑人、被告人有罪或者无罪，犯罪情节轻重的各种证据。"该条规定了刑事诉讼证明过程中的实体要件事实。同时，该法第191条规定："第二审人民法院发现第一审人民法院的审理有下列违反法律规定的诉讼程序的情形之一的，应当裁定撤销原判，发回原审人民法院重新审判：（一）违反本法有关公开审判的规定的；（二）违反回避制度的；（三）剥夺或者限制了当事人的法定诉讼权利，可能影响公正审判的；（四）审判组织的组成不合法的；（五）其他违反法律规定的诉讼程序，可能影响公正审判的。"该条规定了刑事证明对象中的程序要件事实。具体来说，刑事诉讼证明对象包括如下事实：

1. 被指控犯罪行为构成要件的事实

构成要件，是指被指控的犯罪行为成立的要件。刑法规定的各种犯罪之所以成立并且相互区别，是因为它们各自的构成要件不同。每一种犯罪行为都有自己的构成要件，使犯罪得以被确认，并且在概念上有所区别。被指控的犯罪不同，证明对象所包含的要件事实也就不同。学理认为，一般的犯罪行为的基本构成要件有四个：一是犯罪客体，是指刑法所保护的、犯罪行为所侵害的具体的社会关系、政治关系、经济关系等；二是犯罪主体，是指实施了危害社会的行为、依法应负刑事责任的人；三是犯罪的客观方面，是指犯罪嫌疑人、被告人所实施的危害社会的行为，以及与犯罪行为有关的各项客观事实，如犯罪的时间、地点、手段、危害社会的结果等；四是犯罪的主观方面，是指犯罪嫌疑人、被告人实施犯罪行为时所持的主观心理态度，如故意、过失等。

对于以上四个方面的构成要件，有的学者总结了一个便于掌握的、有可操作性的公式：①何人——犯罪的主体要件；②何种动机与目的——犯罪的主观方面要件；③何时——犯罪的时间，属于客观方面的要件；④何地——犯罪的地点；⑤何种手段——犯罪方法，属于客观方面的要件；⑥何行为——犯罪行为的表现形式，如杀人、盗窃等；⑦何种危害后果——犯罪行为造成的损害，属于客观方面的要件。以上七个方面连贯起来，可以把刑事诉讼证明对象概括为：何人基于何种动机与目的，在何时、何地，用何种方法实施了何种行为，产生了何种危害后果。当然，在这七种要件中，并不是每个犯罪对于所有因素都不可或缺，或处在相同的重要地位的。只有犯罪行为构成的四个一般要件，才是不可缺少的。

2. 与犯罪行为有关的各种量刑情节事实

量刑是在定罪基础上进一步产生的问题。关于量刑的事实与关于定罪的事实有不同的意义。前者是关于犯罪行为的量的规定；后者是关于犯罪行为的质的规定，前者只是在后者的基础上才对后者起补充作用。

根据我国刑法的规定，有关量刑事实称为情节事实，分为法定情节事实和酌定情节事实，具体包括：①从重处罚的事实。如组织、领导犯罪集团或者在共同犯罪中起主要作用，教唆不满 18 周岁的人犯罪，累犯等。②从轻、减轻或免除处罚的事实。如犯罪未遂、犯罪中止、在共同犯罪中起次要作用或者辅助作用的从犯、或者系被胁迫诱骗参加犯罪的胁从犯等，犯罪人在犯罪时不满 18 周岁的、犯罪人是又聋又哑的人或者是盲人的、犯罪以后自首等，其他可以从轻、减轻或者免除处罚的事实或情节。

3. 排除行为的违法性、可罚性和行为人刑事责任的事实

我国《刑事诉讼法》第 2 条规定："中华人民共和国刑事诉讼法的任务，是保证准确、及时地查明犯罪事实，正确应用法律，惩罚犯罪分子，保障无辜的人不受刑事追究……"惩罚犯罪和保障无辜的人不受刑事追究，是我国刑事诉讼法所要完成的两大并重任务。据此，行为人有罪的事实应当全面查清，排除行为人行为的可罚性事实也应当查清。具体包括：

(1) 排除行为违法性的事实。某些行为在外观上类似犯罪行为，但由于客观条件和支配这些行为的目的、动机等主观意志具有正当性，刑法明确否定这类行为的犯罪性质。行为既然排除了其中的违法性因素而不构成犯罪，当然也就排除了受刑事追究的可能性。根据刑法规定，这类行为有正当防卫、紧急避险等。

(2) 排除可罚性的事实。这类事实一经发生，尽管构成犯罪，但并不产生相应的刑事责任。例如，犯罪行为实施后已过多年，超出了刑法所规定的追诉时效；经特赦令免除刑罚；依照刑法告诉才处理的犯罪，被害人没有告诉，或者告诉后又撤诉的；被告人已经死亡的，等等。

(3) 排除或减轻刑事责任的事实。如果犯罪嫌疑人、被告人没有达到法定的刑事责任年龄，或者行为人在实施犯罪行为时，处于精神不正常状态，根据刑法规定，行为人即属无刑事责任能力的人或限制刑事责任的人。对于他们的行为所造成的危害后果，刑法规定不追究刑事责任或减轻刑事责任。根据我国刑法有关规定，行为人不满 14 周岁，不负刑事责任；已满 14 周岁但不满 16 周岁，只有在犯罪行为属于故意杀人、故意伤害、致人重伤或死亡、强奸、抢劫、贩卖毒品、放火、爆炸、投毒的，才负刑事责任。可判处死刑处罚的责任年龄，必须在实施犯罪的时候已满 18 周岁。

4. 刑事诉讼程序事实

刑事诉讼程序事实是指有关刑事诉讼程序是否合法进行的事实，具体包括：①有关管辖的事实；②有关回避的事实；③有关对犯罪嫌疑人、被告人采取强制措施的事实；④有关审判组织组成的事实；⑤有关诉讼程序的进行是否超过法定期限的事实；⑥司法机关侵犯犯罪嫌疑人、被告人等当事人诉讼权利的事实；⑦与执行的合法性有关的事实，如犯人是否怀孕的事实；⑧其他与程序的合法性或者公正审判有关的事实，如延期审理的事实等。

需要注意的是，案件事实，有的需要加以证明，有的则不需要加以证明。不需要证明的事实也可称为免证事实，一般包括众所周知的事实、预决的事实和推定的事实。

三、关于刑事证明对象的理论争议

在我国，关于刑事证明对象有不同的解说。传统理论认为，刑事证明的对象是案件事实，此可称之为“事实说”；近年有学者提出，刑事证明的对象是刑事诉讼主张而非案件事实，可以称之为“主张说”。

关于“案件事实”的认识，也有多种观点。第一种观点认为，案件事实即为“客观事实”，是案件发生、发展的客观真实情况。第二种观点认为，刑事诉讼中的“案件事实”，是“法律事实”，也就是符合法律规定要件的那些案件事实，并不是全部的案件事实。第三种观点认为，“案件事实”只能是“证据事实”，是通过刑事证据显示出来的那些案件事实，这个事实可能与案件的客观真实相吻合，也可能不相吻合。第四种观点认为，作为刑事诉讼证明对象的案件事实，是“主张的事实”，没有主张的事实不是证明对象。

作为刑事证明对象的“案件事实”，具体包括哪些内容，也是一个颇有争议的问题。第一种观点认为，刑事证明对象仅限于实体法事实；第二种观点认为，刑事证明对象包括实体法事实、程序法事实和证据事实；第三种观点认为证明对象仅包括实体法事实和程序法事实，而不包括证据事实。本书采用第三种观点，即认为证明对象仅包括实体法事实和程序法事实。

第三节　刑事证明要求和证明标准

一、刑事证明要求

刑事证明要求，是指公安、司法机关办理刑事案件时，依法运用证据证明案情所应达到的程度。现代西方国家实行自由心证制度，即由法官凭自己的良心、理性，通过对证据的审查判断所形成的印象来认定案件事实，要求法官内心确信，客观上表现为“高度的盖然性”。证明要求与证明标准是紧密相关的，证明要求是法律要求证明案件事实所要达到的程度，而证明标准是衡量证明案件事实是否符合法律规定的证明要求的具体尺度。

我国刑事诉讼中证明的要求是查明案件的真实情况。由于各个诉讼阶段的任务不同，对其证明要求也是不同的，因此刑事诉讼法对立案、侦查阶段的拘留和逮捕、起诉、审判分别提出了不同的证明要求。

1. 立案的证明要求

立案是刑事诉讼开始的阶段。我国《刑事诉讼法》第86条规定：“人民法院、人民检察院或者公安机关对于报案、控告、举报和自首的材料，应当按照管辖范围，迅速进行审查，认为有犯罪事实需要追究刑事责任的时候，应当立案；认为没有犯罪事实，或者犯罪事实显著轻微，不需要追究刑事责任的时候，不予立案。”根据这一规定，在立案阶段，只要有证据证明发生了犯罪事实，需要追究刑事责任，就达到了立案阶段的证明要求，就应当立案。对立案并不要求有证据证明谁是犯罪嫌疑人或查明全部案情。

2. 在侦查阶段，拘留、逮捕的证明要求

拘留和逮捕是剥夺人身自由，涉及人身保护的问题，因此实施拘留、逮捕措施必须符合法律的证明要求。根据我国《刑事诉讼法》第61条的规定，拘留必须有证据证明有法定的七种情况之一：①正在预备犯罪、实行犯罪或者在犯罪后即时被发觉的；②被害人或者在场亲眼看见的人指认其犯罪的；③在身边或者住处发现有犯罪证据的；④犯罪后企图自杀、逃跑或者在逃的；⑤有毁灭、伪造证据或者串供可能的；⑥不讲真实姓名、住址，身份不明的；⑦有流窜作案、多次作案、结伙作案重大嫌疑的。

逮捕是最严厉的强制措施，因而对逮捕的证明要求，比对拘留的证明要求更加严格，必须证明犯罪事实是由犯罪嫌疑人实施的；证明犯罪嫌疑人实施犯罪行为的证据已查证属实。

3. 侦查终结、移送起诉的证明要求

这一阶段同立案相比，对证明的要求更加严格和全面。只有公安机关认为犯罪事实清楚，证据确实、充分，才算达到了侦查阶段的证明要求，才能移送检察机关审查起诉。

4. 提起公诉的证明要求

我国《刑事诉讼法》第141条规定：“人民检察院认为犯罪嫌疑人的犯罪事实已经查清，证据确实、充分，依法应当追究刑事责任的，应当作出起诉决定，按照审判管辖的规定，向人民法院提起公诉。”案件经过侦查进入审查起诉阶段，理应在事实已查清并取得了确实、充分的证据后才依法提起公诉。如果经过审查起诉，人民检察院发现某些犯罪事实还没有查清或者证据不够确实、充分，就应当退回公安机关补充侦查或者自行补充侦查，而不应将犯罪事实不清或者证据不确实、不充分的案件交付审判。

5. 审判的证明要求

法律对审判阶段的证明要求最高，必须达到确实、充分的程度，根据我国《刑事诉讼法》第162条的规定，案件事实清楚，证据确实、充分，依据法律认定被告人有罪的应当作出有罪判决；依据法律认定被告人无罪的，应当作出无罪判决；证据不足，不能认定被告人有罪的，应当作出证据不足、指控的犯罪不能成立的无罪判决。由此可见，法律对人民法院作出有罪判决的证据要求最为严格。

公安机关、人民法院、人民检察院办理的刑事案件，只有达到刑事诉讼法所规定的证明要求，才能客观、正确地处理案件，实现刑事诉讼法的任务。

二、刑事证明标准

刑事证明标准是衡量证明案件事实是否符合法律规定的证明要求的具体尺度。证明标准是与证明对象、证明责任紧密相关的概念。由于刑事诉讼较之于民事诉讼、行政诉讼所涉及的公民利益更为重大，所以世界各国一般都规定刑事证明的标准高于其他两种诉讼的证明标准。一般认为，当前大陆法系国家的刑事证明标准是“内心确信”，而英美法系国家的刑事证明标准是“排除合理怀疑”。然而，我国理论界对“证明标准”一词的含义颇有争议。一种理论认为证明标准与证明要求是同一概念，将二者混用。另一种观点认为两者含义与侧重点不同，证明要求是一种原则与抽象的目标模式，而证明标准是一种具体的尺度。有的学者甚至进一步指出我国诉讼证明的目的是客观真实，而证明的标准是法律真实。需要指出的是，刑事诉讼中的证明标准是作出有罪认定时的证明尺度，而作出无罪处理本身不需要达到什么证明标准。

在法律层面上，我国对刑事证明标准作了较为明确的规定。我国刑事诉讼法规定的证明标准是“犯罪事实清楚，证据确实、充分”。诉讼法学界一般认为这个证明标准是“客观真实论”。也就是说，侦查机关对案件侦查终结移送人民检察院审查起诉，人民检察院对犯罪嫌疑人提起公诉，人民法院对被告人作出有罪判决，都必须做到犯罪事实清楚，证据确实、充分。所谓犯罪事实清楚，是指与定罪量刑有关的事实和情节都应当查清，证据确实是对证据在质上的要求，它要求所有证据都经查证属实，真实可靠。而证据充分是对证据量上的要求，是指对案件事实起证明作用的证据达到一定的数量，案件的证明对象都有一定数量的证据加以证明。

理论界认为，一个有罪判决应当做到犯罪事实清楚，证据确实、充分，具体应达到以下几点：①据以定案的每个证据都已查证属实；②每个证据必须和待查证的犯罪事实之间存在客观联系，具有证明力；③属于犯罪构成各要件的事实均有相应的证据加以证明；④所有证据在总体上已足以对所要证明的犯罪事实得出确定无疑的结论，即排除其他一切可能性而得出唯一结论。

在认定案件是否达到证明标准时还涉及对疑案的处理问题。这里的疑案是指既有相当的证据说明被告人有犯罪嫌疑，但全案的诉讼证据又未达到确实、充分的标准，不能确定无疑地作出被告人有罪的结论。这种情况下，要作出被告人无罪的判决。这种对疑案的处理主要指的是在法院最后定案时的处理。在古代社会对疑罪的处理通常是从轻、从赎，其实质是疑罪从有。到了近代资本主义社会，随着无罪推定原则在刑事司法上的确立和诉讼的科学化、文明化，开始实行疑罪从无的处理原则。我国现行刑事诉讼法也确立了疑罪从无的原则。首先，我国《刑事诉讼法》第12条规定了一定程度上体现无罪推定原则的人民法院统一定罪原则。其次，该法第140条规定，人民检察院在审查起诉阶段，对经过两次补充侦查仍证据不足，不符合起诉条件的，可以作出不起诉决定。最后，该法第162条规定，人民法院在审判阶段，经过庭审，对证据不足，不能认定被告人有罪的，应当作出证据不足、指控的犯罪不能成立的无罪判决。这些都体现了我国对疑罪处理时的谨慎态度和人权保障方面的进步。

三、关于我国刑事诉讼证明标准的争议

刑事诉讼的证明标准，是近年来我国学术界和实务界关注的一个热点问题。就这一问题的争鸣形成了不同的学说，如“客观真实说”、“实质真实说”、“法律真实说”和“两个基本说”（基本事实清楚，基本证据具备）等。在这些学说中，长期以来占据统治

地位的“客观真实说”受到了“法律真实说”强有力的挑战。

客观真实是指在诉讼中，司法工作人员运用证据所认定的案件事实符合案件发生的客观真实情况，也就是我们通常所说的查明案件事实真相，使对案件事实的主观认识完全符合客观的真实情况。而法律真实是指司法工作人员在刑事诉讼证明过程中，运用证据对案件事实的认定应当符合刑事实体法、程序法的规定，应当达到从法律的角度认为是真实的程度。法律真实并不等同于主观真实，它包含有客观真实的内容，是建立在客观真实基础之上的；同时，法律真实只是一种相对的真实，因为它不可能完全等同于案件事实。

“客观真实说”以马克思主义认识论为基础。马克思主义认识论认为世界是可知的，人类有认识世界的能力。将这个理论运用到诉讼证明中来，就认为案件事实既然是客观存在的，就完全是可以认识的。只要办案人员充分发挥其主观能动性，重视调查研究，收集和运用掌握的证据材料，完全有可能掌握对查明案情具有意义的一切事实。

“法律真实说”认为，马克思主义辩证唯物论由三个基本的理论要素组成，即反映论、可知论和认识论，每一要素都包含着丰富的内容。“客观真实说”对于辩证唯物主义认识论原理在理解上存在着不足，片面地强调了认识论的唯物性，即反映论和可知论，却忽略了认识论的辩证法，曲解了绝对真理和相对真理的辩证关系。辩证唯物主义认识论坚持可知论，认为人类有认识世界的能力，是可以认识客观存在的现实世界的。但这里所说的“人的思维”并不是单个人的思维，而是“作为无数亿过去、现在和未来的人的个人思维而存在”，作为单个人，其思维（认识）能力是有限的，不具有至上性，而且受着诸多客观因素的影响。因此，人的认识既具有绝对性，又具有相对性，而这涉及绝对真理和相对真理的辩证统一关系。“客观真实说”只承认真理的绝对性，忽视了人的认识能力的有限性及其对案件事实认识的相对性。更何况，诉讼证明是一种具体的诉讼行为，除了必须遵循辩证唯物主义认识论的基本原理外，还直接受诉讼规律和证据规则的规范和调整，因此，涉及一系列法律价值的选择和权衡，必须坚持实体真实和程序正义的平衡实现。

“法律真实说”承认办案人员认识能力的局限性，认为诉讼证明活动是一个曲折复杂的认识过程，在这一过程中查明案件的客观真实情况只是一种理想的诉讼证明状态。无论是从认识活动的属性，还是从诉讼活动的属性来看，诉讼证明都只能达到相对真实，而不能达到绝对真实。这是由诉讼证明本身的特殊性所决定的。证明主体、证明客体、时空和资源等多方面的限制以及证明程序和证明规则的制约等多种因素，决定了诉讼证明在大多数情况下达不到证明结果与案件事实完全一致的程度。因此，应当以法律真实来代替客观真实。

诉讼证明的结果应当是法律真实，法律真实是诉讼证明活动必须达到的真实。任何一个国家的法律必须为诉讼活动规定具有现实意义的证明标准，诉讼证明标准不能是难以实现的客观真实，而应是切实可行的法律真实。因此，把“法律真实”作为诉讼证明的标准是比较合适的。

第四节　刑事证明责任

一、证明责任和举证责任

证明责任，是指公安、司法机关收集或者提供证据证明主张的案件事实成立或者有利于自己主张的责任，否则，将承担其主张不能成立的危险。证明责任是证明制度的重要组成部分。在证据制度的发展过程中，由于诉讼性质、结构的不同，决定了证明责任的承担者有所不同，证明责任的概念也随之发生了变化，成为当今证据法理论中的难题。

从证明责任的概念来看，证明责任有如下几个特征：首先，证明责任总是与一定的法律职责和义务相联系。比如，在刑事诉讼中，检察机关对犯罪作出指控，这是行使法律赋予的职权，也是履行法定的职责。根据权利义务相统一的原则，检察机关在行使这一职权的同时，必须承担提出证据证明指控事项的义务。其次，证明责任总是与一定的法律风险相联系。也就是说，证明责任既包括行为责任，即提出证据证明主张成立的责任，也包括结果责任，即负有证明责任的主体，如果不履行证明责任，或者在事实真伪不明时，就要承担其提出的主张不能成立的风险。比如，被害人向法院提出自诉，如果缺乏罪证又提不出补充证据，就可能不被法院受理或者被驳回诉讼请求。而对司法机关来说，如果不能按照法律的要求履行证明责任，其认定的案件事实就不能成立，作出的有关决定就可能被否定或者被撤销。

学理界对证明责任的概念争议很大，争论的焦点主要集中在如何认识证明责任与举证责任的关系上面。对证明责任的概念主要有以下一些观点：

第一种观点是“同一说”，认为证明责任就是举证责任，也就是指谁负有提出证据证明案件事实的义务。许多民事诉讼法学者习惯于使用“举证责任”而少用“证明责任”。第二种观点是“并列说”，认为证明责任和举证责任是两个完全不同的概念。证明责任专指刑事诉讼中公、检、法三机关承担的收集运用证据证明犯罪嫌疑人、被告人是否有罪的法律义务，犯罪嫌疑人、被告人及其他当事人、诉讼参与人不承担证明责任。举证责任是指当事人向司法机关提供证据的责任。第三种观点是“大小说”，认为不应将证明责任等同于举证责任，而是证明责任包含了举证责任。证明责任是指司法机关或者某些当事人应当收集或者提供证据证明案件事实或者有利于自己主张的责任，未履行证明责任将承担其认定的事实或主张不能成立的后果。举证责任仅指当事人提供证据证明有利于自己主张的责任。第四种观点是“包容说”，认为举证的目的是为了证明，而证明是举证的结果，因此两者之间具有互相包容的特征。第五种观点是“前后说”，认为证明责任和举证责任是两个独立的概念，但两者之间存在着一种前后关系。举证责任主要是指提出和收集证据，证明责任主要是指判断和适用证据。从认识论的角度讲，前者属于感性认识，后者属于理性认识。

我们认为，证明责任和举证责任是一个概念，两者可以在同一的意义上使用。这是因为：①“并列说”和“大小说”将证明责任和举证责任仅从证明或举证的主体来区别，意义并不大，虽然国家机关在承担证明责任方面可能具有比普通公民强大得多的能力和优势，但是，加强公民或者诉讼当事人的证明责任，弱化司法机关尤其是法院的证明责任，是包括我国在内世界各国诉讼制度的发展趋势。②“并列说”、“包容说”和“前后说”将提出证据的责任作为举证责任，而不与其承担的诉讼风险联系在一起，则会使举证责任这一概念在诉讼语境中显得没有任何意义。因为如果举证责任与诉讼风险没有关系，当事人根本就没有动机从事举证这一行为，这样一来，收集和提供证据的责任只能落在裁判者身上，这与诉讼的基本原理是相矛盾的。

另外，关于证明责任这一概念的含义，学理界还有“行为责任说”、“结果责任说”和“双重责任说”的争论。

“行为责任说”认为，证明责任就是当事人提供证据进行诉讼的责任，至于当事人是否败诉，与证明责任没有直接关系。这种观点偏重于当事人的举证行为，而不顾及证明责任与诉讼后果之间的关系。试问，假如当事人与诉讼后果不存在直接关系，他为什么要参与到诉讼中来，并行使提供证据的行为呢?

“结果责任说”认为，证明责任就是法律预先规定，在案件事实真伪难以确定的情况下，由一方当事人承担不利的后果。这种观点偏重于当事人的证明后果上，而不顾及诉讼后果与举证行为之间的关系。

“双重责任说”认为，证明责任应当包括行为与后果两个方面，即行为意义上的证明责任与结果意义上的证明责任。前者指当事人对所主张的事实负有提供证据证明的责任；后者指在事实处于真伪不明的状态时，主张该事实的人承担不利的诉讼后果。

由于“双重责任说”比较全面地说明了证明责任的含义和诉讼意义，也比较符合司法实际情况，因而得到了多数人的赞同。本书也同意这种观点。

二、我国刑事证明责任的划分

1. 公诉案件中的证明责任

在公诉案件中，证明责任由公安、检察机关承担。

检察机关因其控诉职能，对公诉案件中的控诉事实承担证明责任。它的证明责任主要表现在：①检察机关对自行侦查的案件必须全面收集证据。②对自行侦查终结的案件和公安机关移送起诉或不起诉的案件，在决定起诉时，必须就所认定的案件事实提出确实、充分的证据；否则，将承担其认定的事实不被法院采纳的风险。

公安机关的证明责任可以说是由检察机关的证明责任所派生出来的。它的出发点和目的是为了保证侦查取证的效率和效益，以及时有效地查明案件事实。它的证明责任主要体现在：①公安机关对其负责侦查的案件必须全面收集证据。②侦查终结的案件移送检察机关提起公诉或不起诉的，必须就所认定的事实，提出确实、充分的证据，否则，将承担其认定事实不能成立的风险。

在我国的审判制度中，法官有义务采用法律所允许的必要手段查明案件客观事实，这是因法院承担的裁判职责而要求的审理义务和查证责任。它主要表现在：①人民法院有责任积极主动地调查核实证据，可以进行勘验、检查、扣押、鉴定和查询、冻结。在法庭审理中，法院可以讯问被告人，询问证人、鉴定人，以查明案件事实真相。②人民法院对被告人定罪量刑，必须建立在犯罪事实清楚，证据确实、充分的基础上。第一审法院的未生效判决、裁定如果证据不足，将由第二审法院予以撤销或改判。即使是生效判决、裁定，如果证据不足，也将由法定的机关按照审判监督程序对案件进行再审。但不能就此认为法院承担证明责任。其原因是：其一，法院在刑事诉讼中不存在自己的主张，其职能是中立地进行审判，既没有独立的控诉主张，也不存在辩护的要求，其调查核实证据只是在控辩双方履行证明责任不力时为保障判决、裁定事实的真实性而采取的行为，是审判权正确行使的要求。在诉讼中，这一权利可能行使也可能不行使，取决于诉讼进程的需要。而证明责任在诉讼中的存在则不可能是或然的。审判机关自行启动审判监督程序也不能视为其提出了独立的诉讼主张，只是其纠正自身错误的一种机制。其二，法院承担证明责任与证明责任最核心的意义——风险承担相冲突。法院作为中立的审判机关不可能也无法承担败诉责任。

为了准确、全面地查明案件事实，切实保障无罪的人不受刑事追究，公安、司法机关需要全面履行自己的职责，不但有责任收集能够证实犯罪嫌疑人、被告人有罪、罪重的证据，而且有责任收集能够证实犯罪嫌疑人、被告人无罪或罪轻的证据。

在公诉案件中，犯罪嫌疑人、被告人一般不承担证明责任，也就是没有提出证据证明自己无罪的义务。所以，不能因为犯罪嫌疑人、被告人不能证明自己无罪便据此得出犯罪嫌疑人、被告人有罪的结论。但是，根据我国现行刑事诉讼法的规定，犯罪嫌疑人、被告人并不享有沉默权；对于公安机关的提问，其有如实回答的义务。值得注意的是，犯罪嫌疑人、被告人之如实回答的义务并不等于其负有证明责任。两者不能混为一谈。因为，“如实回答”对真正有罪的犯罪嫌疑人、被告人来说，是要求其必须如实供认罪行，并提供自己所能提供的证据，而不是要求其必须提供证据证明自己有罪。某些有罪的犯罪嫌疑人、被告人，比如，过失犯罪的犯罪嫌疑人、被告人不一定能提供证据证明自己有罪。证明犯罪嫌疑人、被告人有罪的责任仍由公安、司法机关承担。并且，对照前述证明责任的概念，对于犯罪嫌疑人、被告人来说，他的有罪供述并非是有利于自己的主张，因此，有罪的犯罪嫌疑人、被告人的“如实回答”根本不属于证明责任的范畴。“如实回答”对真正无罪的犯罪嫌疑人、被告人来说，是要求他必须如实陈述无罪的事实，提供所能提供的证据，而不是要求他必须提供证据证明自己无罪。这种实际存在的客观情况，也是立法没有规定犯罪嫌疑人、被告人负证明责任的根据之一。

作为犯罪嫌疑人、被告人不负证明责任的例外，是“巨额财产来源不明”案件。具体分析将在后面的“证明责任倒置”中进行。

2. 自诉案件中的证明责任

自诉案件中证明责任的划分与公诉案件有所不同。根据我国《刑事诉讼法》第 170 条、第 171 条、第 173 条的规定，在自诉案件中，自诉人应对自己指控的犯罪事实负举证责任。人民法院认为缺乏罪证，而自诉人又提不出补充证据的，人民法院应当说服自诉人撤回自诉，或者裁定驳回起诉。

同时，与公诉案件一样，在法庭审理中，审判人员若对证据有疑问，可以休庭对证据进行调查核实，可以进行勘验、检查、扣押、鉴定和查询、冻结。法院经过调查核实证据，认为证据已经确实、充分，才能作出有罪判决。但不能据此认为法院承担证明责任。

自诉案件中的被告人同样不负证明责任。如果被告人在诉讼过程中对自诉提出反诉，则他在反诉中成为自诉人，应对反诉的主张和事实负举证责任。

3. 有关程序事实的证明责任

公安、检察、法院对有关程序法事实负有证明责任。例如，公安司法机关没收取保候审的犯罪嫌疑人、被告人的保证金的，应当证明被取保候审人有违反《刑事诉讼法》第56条第1款的事实；根据《刑事诉讼法》第60条第2款的规定，对应当逮捕的犯罪嫌疑人、被告人，如果采取取保候审、监视居住的措施，就应当查明该犯罪嫌疑人、被告人患有严重疾病或者是正在怀孕、哺乳自己婴儿的事实。

对于某些程序法事实，提出主张的诉讼当事人负有举证责任。如被告人申请审判人员回避，必须说明理由并提供相应的证据。又如，依照法律，当事人由于不能抗拒的原因或者其他正当理由而耽误诉讼期限的，在障碍消除后5日以内，可以申请继续进行应当在期限届满以前完成的诉讼活动。如果有关当事人提出此类申请，则必须提供有关耽误期限是由于不能抗拒的原因或者其他正当理由的证据加以证明。

三、证明责任倒置

刑事证明责任一般由控方或提出具体事实主张的一方承担，但是在某些情况下，法律也可以规定证明责任由辩方或者具体事实主张的相对方承担。这就是举证责任或者证明责任倒置，即在特殊情况下对证明责任的非常规性配置。证明责任倒置一般都是由法律以推定的形式明确规定的。立法者决定在某种案件中适用证明责任倒置的理由包括司法证明的需要、各方举证的便利以及反映一定价值取向的社会政策性考虑。下面便举例说明刑事诉讼中证明责任倒置的几种情形：

1. 巨额财产来源不明罪的证明责任

我国《刑法》第395条规定："国家工作人员的财产或者支出明显超出合法收入，差额巨大的，可以责令说明来源。本人不能说明其来源是合法的，差额部分以非法所得论……"这就是证明责任的倒置。在这类"巨额财产来源不明罪"案件中，立法者出于严厉打击贪污受贿犯罪的需要，规定由辩方承担证明责任。只要辩方不能用充分的证据证明被告人巨额财产有合法来源，法官就可以推定那些财产是非法所得。当然，这种规定也是考虑到举证的便利。在此类案件中，即使被告人的巨额财产确实是非法所得，让控方进行证明也比较困难。但是，如果这些财产确有合法来源，让辩方进行证明还是比较便利的。

在证明责任倒置的情况下，本应承担证明责任的控方也不是完全没有证明责任，而是仅承担初始推进性的证明责任。在巨额财产来源不明罪案件中，只要控方用证据证明被告人的财产或支出明显超出合法收入，差额巨大，就完成了证明责任。然后，案件中主要的证明责任便转移给辩方承担。

2. 非法持有型犯罪的证明责任

我国现行刑法规定的非法持有型犯罪包括非法持有毒品、持有枪支、非法持有国家绝密机密文件资料等几种犯罪。这些犯罪案件中证明责任的分配也处于倒置的状态。例如，在非法持有毒品罪案件中，只要执法人员在某人身上查获了毒品，就可以认定其是非法持有，除非其用证据证明其持有的合法性或合理性。具体地说，如果被查获身上带有毒品的被告人声称他有合法理由携带该毒品，或者说是别人为了陷害他而在其不知晓的情况下把毒品放在其身上或包里，那么辩方对这一事实主张就要承担证明责任。如果辩方不能用证据证明被告人携带毒品的合法性或合理性，法官就可以推定被告人行为属于非法持有并判其有罪。换言之，在被告人是否“非法”持有的问题处于事实不明的状态时，辩方就要承担不利的诉讼后果。

3. 严格责任犯罪的证明责任

严格责任主要是民事侵权法领域中的一个概念，主要适用于高度危险行为和产品责任事故等民事侵权案件中。在英美法系国家中，这一民事责任原则被适用到刑事案件之中，就产生了严格责任犯罪的概念。

所谓严格责任犯罪，是指法律并不要求控方在审判中证明被告人有犯罪的故意或者过失，只要证明被告人实施了该犯罪行为并造成了损害后果，就完成了证明责任，法院就可以判被告人承担刑事责任。按照《布莱克法律辞典》的解释，严格责任犯罪是“不要求犯意要件的犯罪，如超速驾驶或企图携带武器登机”。在英美法系国家，严格责任一般仅适用于轻罪，而且刑罚的种类一般为罚金。

在严格责任犯罪中，控方对被告人的主观罪过或“犯意”不承担证明责任。当然，辩方可以举出证据证明被告人没有主观罪过或不应承担刑事责任，但是，只要辩方没有证明，法庭就可以判被告人有罪。这实际上也是以推定为前提的，即凡是实施了严格责任犯罪行为的人就推定其具有主观的罪过，除非辩方能够用证据证明此人没有主观罪过。这是一种可以反驳的推定，因此也适用于证明责任的倒置。换言之，在严格责任犯罪案件中，辩方必须对被告人没有主观罪过承担证明责任，如不能举证，被告人就要承担不利的法律后果。

虽然我国刑法没有就严格责任犯罪作出明确的规定，但是学者对这个问题已经进行了相当深入的讨论。有学者指出，刑法中的严格责任，是指对于缺乏主观罪过或主观罪过不明确的特殊侵权行为追究刑事责任的刑法制度。从我国犯罪构成理论看，是否定严格责任的，但从我国刑事立法与司法实践看，实际上存在着追究严格责任的情况。① 本书认为，在生产、销售假药和生产、销售有毒、有害食品等类犯罪案件的审判中，可以借鉴英美国家关于严格责任的规定，适用证明责任倒置的规则。

4. 刑讯逼供的证明责任

巨额财产来源不明等类犯罪中的证明责任倒置，属于整个案件或案件主要事实的证明责任倒置。在某些情形之下，法律也可以规定对案件中的某种情节适用证明责任倒置。刑讯逼供就是一个很好的例子。一些国家的立法或司法判例规定，在犯罪侦查过程

① 张文. 刑事责任要义. 北京：北京大学出版社，1997. 91~92

中警察是否有刑讯逼供行为的问题上，实行证明责任倒置，即由警察承担证明责任，而不是由提出刑讯逼供“指控”的被告人一方承担证明责任。虽然我国刑事诉讼法还没有就此作出明确规定，但是，最高人民法院、最高人民检察院的司法解释有所涉及。最高人民法院规定，被告人在法庭上指控侦查机关对其实行了刑讯逼供的，被告人需承担证明责任。对此规定，学界指责较多，多数人认为，在此问题上，应当实行证明责任倒置。因此，探讨其中的证明责任倒置是很有意义的。

我国法律明令禁止刑讯逼供，而且规定刑讯逼供造成严重后果者要承担刑事责任。但是在司法实践中，刑讯逼供多因取证难而难处理，致使一些警察有恃无恐。刑讯逼供的受害人一般都是刑事案件的犯罪嫌疑人或被告人，在刑讯逼供期间处于失去自由和孤立无援的境地，而且往往在相当长的一段时间内既无法取证也无法举证。当事情过后，他们具有取证和举证能力时，又因为时过境迁，难以再取得充分的证据。即使由检察官或法官介入调查，也由于目击人或知情人多为警察，往往无法获得证据。于是，一方面是刑讯逼供怨声载道、屡禁不止，另一方面是刑讯逼供者被定罪和绳之以法的寥寥无几。为了强化法律对刑讯逼供行为的约束机制，在此类案件的审理中适用证明责任倒置是很有必要的。

实行证明责任倒置，就是要由被指控有刑讯逼供行为的、属于控方阵营的警察或执法人员承担证明责任。如果其不能用充分的证据证明自己没有刑讯逼供，就推定其有刑讯逼供行为并让其承担相应的法律责任或后果。当然，提出刑讯逼供的辩方也应当承担初始的推进性证明责任，即用合理陈述、伤痕、验伤报告、证人证言等证据证明很可能有刑讯逼供发生。然后，在是否确有刑讯逼供的问题上，整体的证明责任由被指控者承担。就诉讼而言，就是由公诉人承担证明责任。

这种证明责任的倒置符合司法证明的规律，因为刑讯逼供的被控方最了解当时的情况，处于举证的便利位置，让其承担证明责任有利于查明事实真相。另外，法律明确规定由执法人员对刑讯逼供的指控承担证明责任，可以对执法人员形成更为有力的行为约束力量。面对难以规避的刑罚，执法人员在讯问等执法活动中就必须小心谨慎，必须准备好证明未刑讯逼供的证据，而要做到这一点，最好的办法就是严格按照法定的程序去收集证据。

四、刑事证明责任的免除

在刑事证明活动中，并非所有的案件事实都有证明的必要。某些事实的真实性是非常清楚的，无须查明；有些事实的真实性已由法院在诉讼中查明；有些事实被法律假定为真实；也有些事实因为当事人不存在争议而被视为真实。上述事实都是无须证明的。对于主张该事实的一方来说，这就意味着证明责任的免除。当然，证明责任的免除并非完全排除了对特定事项的证明活动，它只是免除了证明主体对此事项所负的证明责任，但该项无需证明的事实仍然可能遭受对方当事人的反驳性证明。

在刑事诉讼活动中，证明责任免除的情形通常表现为以下几种：

1. 众所周知的事实

众所周知的事实，是指一定区域内的大多数人都知道的事实。各国诉讼法一般均不将众所周知的事实列为证明对象。当然，事实是否众所周知，应结合具体环境、具体社会生活和具体案件确定。一般认为，成为众所周知的事实必须同时具备两个条件：一是诉讼发生时为大多数人知晓；二是审理案件的审判人员也知晓。应当知道，众所周知具有相对性，有的事实在全国范围内众所周知，而有的事实仅在全省、全地区乃至更小的范围内为大多数人知晓，但是，确定为众所周知的事实为大多数人知晓的范围时，不能过于狭窄。而且，众所周知的事实还具有时间性。一些原本不为人知的事实可能经过一段时间才广为人知，从而不需证明主体的证明；而另一些众所周知的事实，却可能经过一段时间的推移逐渐鲜为人知，从而需要证明。

众所周知的事实无须证明，并不否认因该事实被认定为处于不利地位的当事人享有质疑和反驳的权利。

2. 自然规律和定理

在诉讼过程中，有些事实可能涉及自然规律和定理。自然规律是自然界多年形成的不以人的意志为转移的客观规律，而定理则是从公理出发对自然界和人类社会，通过长期的观察研究和实践，被证实了的规则、规律和结论。这些规律和定理，有的广为人知，成为众所周知的事实，因而不需要证明；有的虽然不具备共知性，但已经经过时间的反复检验证明，即具有一般知识的人都应当知道。

3. 预决的事实

预决的事实一般是指已为人民法院发生法律效力的裁判所确定的事实。发生法律效力的法院裁判所确定下来的事实，对以后审理的其他案件事实起着预先决定的作用，不需要再行证明。构成预决的事实需要具备两个条件：①必须是人民法院已经生效的裁判所确定的事实。②该事实与本案有关。预决的事实之所以不需要证明，一是因为该事实已为人民法院确认，客观上无再次证明的必要；二是因为该事实已为人民法院生效裁判所认定，该裁判具有法律约束力；三是这样处理可以避免人民法院对同一事实作出相互矛盾的认定。

当然，若有新的证据证明人民法院的生效裁判有错误时，与该预决事实相反的事实就成为证明对象，当事人应提供相应证据加以证明。

仲裁裁决虽然不是人民法院作出的裁判，但与确定的法院裁判有着同等的效力，因此，仲裁机构依法作出的生效裁决所确认的事实也属于预决的事实。

4. 公证事实

公证是指公证机构根据当事人的申请，依法证明法律行为、具有法律意义的文书和法律事实真实性、合法性的一种非讼活动。公证事实是已为有效公证文书所证明的事实。公证机关行使着国家证明权，公证机关对事实的认定是依照法定程序，经过严格的审查以后作出的。经过公证证明的法律行为、法律事实和文书有很强的法律效力，这种效力既包括证据效力、强制执行的效力，也包括形成法律事实的效力。因此，已为有效公证文书所证明的事实，法院可以直接作为定案根据，而无需再由事实的主张方予以证明。当然，如果有相反的根据足以推翻公证证明书的，就应当把公证书认定的事实列为证明对象予以证明。

5. 推定的事实

司法上的推定，是由法律规定或者由法官依照经验作出的带有假定性质的事实判断。推定一旦成立，推定的事实就相当于真实的事实而无须再证明。推定有不可推翻的推定和可以推翻的推定两种，前者如“未满 14 周岁的人推定为没有刑事责任能力”，该推定为不可推翻的推定，只要行为人未满 14 周岁，不管其生理、心理发育得是否成熟，都视为不具有刑事责任能力。后者如巨额财产来源不明罪中存在的推定：“超出个人正常收入的巨额财产推定为非法所得”，该推定允许被告人提出反驳性证明予以推翻，如果被告人能够证明巨额财产的合法来源，则不按非法所得论处，自然也不能认定为犯罪。

6. 自认的事实

自认的事实在民事诉讼中是免证的对象。所谓自认，是指一方当事人对对方当事人所主张的不利于己的事实予以承认。在通常情况下，自认可免除对方当事人对所主张事实的证明责任。法院在作出判决时必须受到当事人自认事实的约束，适用法律时，应以当事人自认的事实为基础。

在刑事诉讼中，自认的事实不能被直接采纳。我国《刑事诉讼法》第 35 条规定：“只有被告人供述，没有其他证据的，不能认定被告人有罪和处以刑罚。”由此可见，犯罪嫌疑人、被告人的有罪供述，并不能免除控方对其有罪指控的证明。但是，在被告人作出有罪供认的情况下，法庭自然会减轻控诉方对犯罪的举证责任。

第五节 推　定

推定是司法证明的重要方法之一。在法律上，推定是一个专门术语，它是指根据两个事实之间的一般联系规律或者“常态联系”，当一个事实存在的时候便可以认定另外一个事实的存在。司法证明中的推定，是由法律规定或者由法官作出的带有假定性质的事实判断。在刑事诉讼活动中，推定主要是法官的事情，因为它与在法庭上认定案件事实相联系，所以甚至可以说是法官的“专有行为”也似无不可。诚然，许多推定是法律在事前就明确规定的，而且在整个诉讼过程中都可以发挥作用，但是就司法证明活动而言，认定案件事实是法官的职责，不是侦查人员和检察人员的职责，因此，推定主要是法官的职务行为。更为重要的是，就刑事诉讼而言，某个案件事实的证明一旦符合法律上的推定规则，就可以免除控方的证明责任。从这个意义上讲，刑事诉讼中，推定是控方证明责任免除的一种情形，这时案件事实就由法官直接认定，或者要求对方举出反证。

推定在刑事诉讼中的适用虽然没有在民事诉讼中广泛，但是在司法实践当中仍然存在大量的事实推定的适用情形，充分发挥了认定案件事实的作用。不过，推定虽然可以弥补刑事立法的不足，但是也不可滥用，在刑事诉讼中适用推定必须符合下述条件：

1. 在适用的范围上，必须是没有直接证据证明案件事实的情形

没有直接证据证明案件事实的情形包括直接证据已经灭失或难以取得的情形，司法实践中通常有以下案件的事实认定需要适用推定：

⑴ 受贿案件。在这类案件中，受贿人和行贿人进行犯罪活动时，往往会采用各种手段来掩盖、隐藏，甚至毁灭可能被查获的犯罪证据。即使有的受贿事实已经被发现，他们也辩称是私人关系的正常馈赠，难以查证其受贿或行贿的犯罪故意，在没有充分的反证时，只要查明行为人收受了他人财物，并证明以下两项的基础事实就可以推定出受贿故意的存在：①受贿人是国家工作人员并利用了职务上的便利为他人谋利益；②行贿人利用他人的职务之便为自己谋取利益。

⑵ 贪污罪或挪用公款罪。在贪污案件中，行为人为了减轻自己的罪责，极力辩解自己没有侵吞公款的故意，只是为了临时使用公款而暂时占有公款。那么，在这种情况下，只要证明有下列之一的基础事实，就可以推定出行为人有犯罪的故意：①挪用公款后，在账面、他人的面前掩饰公款去留的"痕迹"，经查阅才知道公款被行为人占用；②挪用公款之后，行为人会不择手段地采取涂改或销毁账目等手段，来掩饰侵吞公款的行为。通过前一项基础事实可以推定出挪用公款的故意，通过后一项基础事实可以推定出贪污的故意。

⑶ 故意杀人既遂或故意伤害致死案件。在这两类案件中，很难取得真实证据来证明犯罪人是杀人还是伤害的犯罪故意，这种故意的程度很难把握。在这种情况下，只要证明能够具备下述的三项基础事实就可以作出推定：①犯罪工具的硬度；②打击部位的位置；③作案是否有预谋。如果行为人只是一时的冲动，拿取木棒等工具，打击非要害部位，一般就可以推定出故意伤害的事实；如果行为人事前有预谋，携带匕首等工具，而且还打击要害部位，那么就可以推定出其有杀人的故意。

⑷ 毒品犯罪案件。因为此类案件的犯罪活动一般都比较隐蔽，因此取证工作比较困难。在这种情况下，只要证明具备以下两项基础事实，就可以作出推定：①在行为人身上或其住所查获了毒品；②毒品达到了一定的数量，并且排除了自己吸食的可能性。但是当无法确认行为人的犯罪性质时，可以根据有利于被告的原则，推定行为人"非法持有毒品"的事实。

⑸ 财产类犯罪案件。在司法实践中，有些侵犯财产案件比如盗窃、抢夺、抢劫致人死亡以及用信件的形式敲诈勒索等犯罪，是难以取得直接证据的。在这种情况下，只要证明具备以下两项基础事实，就可以推定出犯罪的结论：①有间接证据证明行为人到过犯罪现场；②在行为人的身上或者住处搜出了被害人的财物。

2. 在适用的条件上，推定的基础事实必须得到证明

只有基础事实得到了证明，才能直接认定推定的事实。如果不能证明基础事实的真实性，推定就无法适用。而作为推定根据的基础事实，除了法律上已知或者众所周知的事实可以由法官直接确认外，都应由主张该事实的控方（公诉方）举证证明。如果控方没有提供证据，或者提供的证据不足以证明基础事实的存在，那么，法官就应当要求其提供证据或补充证据。否则，就不能确认基础事实，也就不能认定推定的事实。因此，推定的适用，必须是以确认基础事实为前提的。

3. 在适用的程序上，推定应允许反驳

如前所述，推定只是一种不完全的证明，客观事实并不一定如此，因此应当允许被告人进行反驳。被告的反驳可以从基础事实和推定事实两个方面进行。在具体的适用程序上，法官在法庭上要保证推定的正当性。首先要告知被告人对推定事实享有反驳的权利；其次，要告知被告人反驳的方式，即被告人可以针对基础事实，也可以针对推定事实进行反驳；再次，确认反驳是否导致了合理的怀疑，从而得出推定事实能否成立的结论。

4. 在推定的证明标准上，推定事实必须达到排除一切合理怀疑

在刑事诉讼中，控方应当承担案件一切必要事实的举证责任，对确认被告人有罪或者否认被告人无罪的辩护，这种推定事实的存在必须超出合理怀疑的证明。对于被告人进行的反驳，只要提供的证据达到了合理怀疑的程度，推定就失去了效力。

案例分析

【案情】赵某，16岁，于2005年春节期间潜入他人办公室盗窃现金1万元。在公安机关对此案进行侦查时，面对如下事实：①赵某的年龄；②赵某盗窃的事实；③春节期间放假的事实；④赵某犯罪后的表现。

【问题】哪项内容不属于刑事诉讼的证明对象？

【解析】根据有关证明对象的理论和相关司法解释的规定，第①项属于犯罪主体要件，第②项属于犯罪客观方面，第④项属于量刑情节要件，因此第①、②、④项均属于证明对象。而第③项不属于证明对象所包含的实体法和程序法事实，因此不属于证明对象的范围。

第十二章　立案程序

本章主要介绍刑事案件立案的概念、任务和意义，立案的根据和条件，立案的具体程序和人民检察院对公安机关立案活动的监督。学习重点是：立案应当符合的法定条件。学习难点是：刑事诉讼法关于不立案条件的规定。本章的学术热点是：立案监督的范围、效力问题，以及立案前侦查机关收集的证据是否可以作为证据直接使用的问题。

第一节　立案概述

一、立案的概念

刑事诉讼中的立案是指公安机关、人民检察院或者人民法院对于报案、控告、举报、自首及自己发现的材料，依据管辖范围进行审查，以判明有无犯罪事实和应否追究刑事责任，并决定是否作为刑事案件进行侦查或审判的诉讼活动和诉讼阶段。

我国《刑事诉讼法》第 83 条规定："公安机关或者人民检察院发现犯罪事实或者犯罪嫌疑人，应当按照管辖范围，立案侦查。"《刑事诉讼法》第 88 条规定："对于自诉案件，被害人有权向人民法院起诉。被害人死亡或者丧失行为能力的，被害人的法定代理人、近亲属有权向人民法院起诉。人民法院应当依法受理。"由此可见，立案是国家法律赋予公安、司法机关的一项重要职权，除此之外，其他任何机关、团体、企事业单位或个人都无权立案。立案是国家追究犯罪的开始，是刑事诉讼的必经阶段。

二、立案的任务和意义

刑事诉讼中立案阶段的任务是对报案、控告、举报、自首等材料的接受、审查，在此基础上，根据刑事诉讼法规定的立案条件和标准，作出立案与否的决定并进行相应的处理。具体的立案活动是将应当追究刑事责任的犯罪行为纳入到国家诉讼的轨道，使国家查明犯罪和惩罚犯罪的权力行使有了法律根据，也使国家在刑事诉讼中的活动受刑事程序的规范和约束。立案阶段还应当根据对各种材料的审查，确定如果属于不存在犯罪行为或者不需要追究刑事责任的情形，决定不立案。

国家惩罚犯罪的基础是查明犯罪，而查明犯罪的前提是正确启动刑事诉讼程序。立案作为刑事诉讼的开始和必经程序，在整个刑事诉讼程序中具有重要的意义。立案活动正确、及时地进行，有利于迅速揭露犯罪、证实犯罪和惩罚犯罪，有利于保护公民的人身权利、民主权利和其他合法权益不受侵犯，也有利于公安机关及时掌握一定时期内各种违法犯罪活动的基本情况与发展态势，有利于加强社会治安综合治理。

第二节　立案的根据和条件

一、立案的根据

我国《刑事诉讼法》第 84 条第 3 款规定："公安机关、人民检察院或者人民法院对于报案、控告、举报，都应当接受"；该条第 4 款规定："犯罪人向公安机关、人民检察院或者人民法院自首的，适用第 3 款规定。"根据我国刑事诉讼法的规定以及司法实践的具体做法，立案的根据主要包括以下几个方面：

1. 公安机关或者人民检察院等行使追诉权的机关自行发现犯罪事实或者犯罪嫌疑人

根据刑事诉讼法的规定，公安机关或者人民检察院发现犯罪事实或者犯罪嫌疑人，应当按照管辖范围，立案侦查，国家安全机关、军队保卫部门和监狱对某些特定的刑事案件享有立案侦查权。尽管具体管辖的案件类型不同，能够启动刑事追诉权的上述国家机关，在其履行职责时若发现属于自己管辖案件的犯罪事实或者犯罪嫌疑人，在确定应当追究刑事责任时即应当立案。在这些拥有刑事案件立案权的机关中，公安机关是绝大多数案件的立案侦查主体。根据我国《警察法》第 9 条的规定："为维护社会治安秩序，公安机关的人民警察对有违法犯罪嫌疑的人员，经出示相应证件，可以当场盘问、检查；经盘问、检查，有下列情形之一的，可以将其带至公安机关，经该公安机关批准，对其继续盘问：①被指控有犯罪行为的；②有现场作案嫌疑的；③有作案嫌疑且身份不明的；④携带的物品有可能是赃物的。对被盘问人的留置时间自带至公安机关之时起不超过 24 小时，在特殊情况下，经县级以上公安机关批准，可以延长至 48 小时，并应当留有盘问记录。对于批准继续盘问的，应当立即通知其家属或者其所在单位。对于不批准继续盘问的，应当立即释放被盘问人。经继续盘问，公安、司法机关认为对被盘问人需要依法采取拘留或者其他强制措施的，应当在前款规定的期间作出决定；在前款规定的期间不能作出上述决定的，应当立即释放被盘问人。"由此可见，公安机关进行的当场盘问、当场检查以及留置盘问等措施是用来确定是否存在犯罪事实并是否需要追究刑事责任的。另外，公安机关在刑事案件的侦查过程中，通过进行讯问犯罪嫌疑人、询问证人、询问被害人、扣押物证和书证、搜查以及其他专门调查工作，也可能发现新的犯罪事实或者犯罪嫌疑人。

2. 被害人以外的单位和个人进行报案或者举报

我国《刑事诉讼法》第84条第1款规定："任何单位和个人发现有犯罪事实或者犯罪嫌疑人，有权利也有义务向公安机关、人民检察院或者人民法院报案或者举报。"报案通常是指单位和个人以及被害人发现有犯罪事实发生，向公安机关、人民检察院或者人民法院进行告发的行为；举报通常是指被害人以外的单位和个人出于社会责任感，对其发现、知晓的犯罪事实和犯罪嫌疑人向公安机关、人民检察院或者人民法院进行告发、揭露的行为。发现犯罪事实和犯罪嫌疑人后，及时向有关的公安、司法机关报案或者举报，是每个公民和所有单位拥有的权利和应尽的义务，不论具体的犯罪是否侵犯了其合法权益，因为同犯罪作斗争是维护社会秩序和保护所有人权利的需要，只有全社会积极行动起来，才能有效打击和预防犯罪。

3. 被害人报案或者控告

我国《刑事诉讼法》第84条第2款规定："被害人对于侵犯其人身、财产权利的犯罪事实或者犯罪嫌疑人，有权向公安机关、人民检察院或者人民法院报案或者控告。"刑事案件的被害人不仅包括自然人，也包括法人和其他单位。控告是指被害人，以及被害人死亡或丧失行为能力时被害人的法定代理人、近亲属，就其人身权利、财产权利遭受不法侵害的事实以及犯罪嫌疑人的有关情况，向公安机关、人民检察院或者人民法院进行揭露与告发，要求依法追究犯罪嫌疑人刑事责任的诉讼行为。由于被害人往往是犯罪行为的直接作用对象，他们一般都是最早知道案件发生的人，所以，一般是报案和控告犯罪最及时的人。同时，由于被害人在犯罪发生时遭到了不同程度的侵害，要求惩罚犯罪的愿望往往是最强烈的，所以，被害人一般也是最积极配合查明犯罪活动的人。司法实践也表明，被害人的报案或者控告是公安机关、人民检察院和人民法院立案材料的主要来源之一。

4. 犯罪人自首

根据我国《刑法》第67条的规定，自首是指犯罪分子犯罪以后自动投案，如实供述自己的犯罪的行为。被采取强制措施的犯罪嫌疑人、被告人和正在服刑的罪犯，如实供述司法机关尚未掌握的本人其他罪行的，以自首论。《刑法》第67条第1款规定："对于自首的犯罪分子，可以从轻或者减轻处罚。其中，犯罪较轻的，可以免除处罚。"从轻、减轻和免除惩罚起到了鼓励犯罪人积极主动地投案自首，以争取国家法律宽大处理的作用。因此，实践中犯罪人的自首也成为立案材料的重要来源之一。

在司法实践中，有关机关移送的案件也是刑事立案材料的重要来源。例如，工商、税务、审计、纪检、监察、海关等行政执法机关，在执法活动中发现行为人的行为已经构成犯罪，需要追究刑事责任的，应当按照有关管辖的法律规定向公安、司法机关进行移送。

二、立案的条件

我国《刑事诉讼法》第86条规定："人民法院、人民检察院或者公安机关对于报案、控告、举报和自首的材料，应当按照管辖范围，迅速进行审查，认为有犯罪事实需要追究刑事责任的时候，应当立案；认为没有犯罪事实，或者犯罪事实显著轻微，不需要追究刑事责任的时候，不予立案，并且将不予立案的原因通知控告人。控告人如果不服，可以申请复议。”从上述刑事诉讼法的规定和相关制度可以看出，刑事案件的立案条件包括以下三个方面：

1. 有犯罪事实

“有犯罪事实”是立案必须具备的事实条件，其含义包括两个方面：一是存在犯罪行为，即危害社会的行为不是一般的违反道德、纪律和危害较轻的违法行为，而是由刑法明文规定的符合犯罪构成要件的犯罪行为，不论是处于预备状态、中止状态还是未遂状态，只要该行为按照刑法的规定构成了犯罪，就存在了追究刑事责任的基础；二是犯罪行为的存在已经有一定的证据证明，即确定犯罪行为发生和犯罪事实存在不是公安、司法机关臆想的，而是被一定数量的证据证明了的。当然，此时的证明不能要求证据确实、充分，即使不知道犯罪人也没有关系，只要能证明存在犯罪的可能性即可。

2. 需要追究刑事责任

“需要追究刑事责任”是立案必须具备的法律条件，其含义是危害行为已经构成犯罪，同时不存在法律规定的无罪情形和免于追究刑事责任的情形。我国《刑事诉讼法》第15条规定了不应当追究刑事责任的六种情形：①情节显著轻微、危害不大，不认为是犯罪的；②犯罪已过追诉时效期限的；③经特赦令免除刑罚的；④依照刑法告诉才处理的犯罪，没有告诉或者撤回告诉的；⑤犯罪嫌疑人、被告人死亡的；⑥其他法律规定免予追究刑事责任的。当然，这六种情形的认定在刚刚发现犯罪迹象的开始阶段，往往不能准确判断，因此，只要存在可能需要追究刑事责任的情形，就可以立案。《刑事诉讼法》第15条还规定，如果具备上述六种情形之一的，公安、司法机关就不应当立案；已经立案的，应当撤销案件，或者不起诉，或者终止审理，或者宣告无罪。可见，随着证据收集的不断扩大，认定的案件情形会发生变化，公安、司法机关应当在确定法律规定的上述六种情形存在之时，终止诉讼程序。

3. 属于立案机关管辖

立案时，必须要把握立案机关对案件有无立案管辖权。如果公安、司法机关对某一案件不享有管辖权，则不得立案，这是立案的程序要件。

另外，除了符合法律规定的再审程序要求的可以再次立案外，不能对已经立案并在诉讼过程中和已经审理结束的同一个行为和事实进行再次立案，以贯彻“一事不再理”原则，保障公民的合法权益不受侵犯，维护法律的权威性。

上述三个条件必须同时具备，才能立案。对于不符合以上三个条件的情形，应当决定不予立案。

不能回避的是，公安、司法机关对于微罪是否有权不立案的问题。我国《刑事诉讼法》第86条关于“不予立案”的条件规定是：认为没有犯罪事实，或者犯罪事实显著轻微，不需要追究刑事责任的时候，不予立案。其中“犯罪事实显著轻微”的情形，显然已经构成犯罪。而根据我国刑法的规定，构成犯罪的行为，仅仅因为显著轻微，是不存在不需要追究刑事责任的情况的。追究刑事责任的方式有定罪免刑和定罪处刑两种，显著轻微的情况可能产生定罪免刑的免予追究刑罚责任的后果。那么，此处的法律规定应当如何理解和执行？

享有刑事立案权力的公安、司法机关，除了要按照上述的法定条件执行外，对于各个系统的司法解释和相关规定，也应当遵守。为了使立案工作能够便于操作，最高人民法院、最高人民检察院、公安部等机关，都对本系统的立案工作应当遵循的具体条件作了细化规定，如：最高人民法院、最高人民检察院和公安部于 1999 年 2 月 4 日发布的《关于铁路运输过程中盗窃罪数额认定标准问题的规定》，最高人民检察院、公安部 2001 年 4 月 18 日印发的《关于经济犯罪案件追诉标准的规定》，最高人民检察院 1999 年 8 月 16 日印发的《关于人民检察院直接受理立案侦查案件立案标准的规定（试行）》和 2006 年 7 月 26 日印发的《关于渎职侵权犯罪案件立案标准的规定》等。

需要说明的是，刑事自诉案件的立案条件法律作了特殊的规定。我国《刑事诉讼法》第 171 条规定，符合立案条件的自诉案件应为“犯罪事实清楚，有足够证据的案件”。最高人民法院《解释》第 186 条 对自诉案件的立案条件作了更为具体的规定：“人民法院受理的自诉案件必须符合下列条件：（一）属于《刑事诉讼法》第 170 条、本《解释》第一条规定的案件；（二）属于本院管辖的；（三）刑事案件的被害人告诉的；（四）有明确的被告人、具体的诉讼请求和能证明被告人犯罪事实的证据。人民法院受理《刑事诉讼法》第 170 条第（三）项规定的自诉案件，还应当符合《刑事诉讼法》第 86 条、第 145 条的规定。” 由此可见，自诉案件的立案条件在证据的要求方面要比一般的公诉案件严格。因为自诉案件不经过侦查程序，自诉人起诉后，人民法院决定立案的，就意味着审判活动的进行，对于证据明显不足的案件，审理后也是自诉人败诉，因此，在立案环节提高证据要求，有利于诉讼资源的节约。

第三节　立案程序和立案监督

一、立案程序

立案阶段的具体工作应当包括接受案件材料、审查案件材料和对案件材料的处理。

1. 接受案件材料

接受案件材料，是指公安机关、人民检察院和人民法院对报案、举报、控告以及自首的涉及犯罪的案件材料予以接受的行为。公安部的《办案程序规定》和最高人民检察院的《刑事诉讼规则》将对立案材料的接受称为受案。我国《刑事诉讼法》第 84 条第 3 款规定：“公安机关、人民检察院或者人民法院对于报案、控告、举报，都应当接受”；该条第 4 款规定：“犯罪人向公安机关、人民检察院或者人民法院自首的，适用第 3 款规定。” 按照上述规定，公安司法机关对于报案、控告、举报和自首的材料都应当接受，不得拒绝和推诿，因为法律关于公安机关、人民检察院和人民法院等有刑事案件立案管辖权的规定，不可能被一切公民个人和单位熟知，要求报案、控告、举报和自首者按照法律的详细规定选择具体的管辖机关是不切实际的，而且，也不利于迅速发现犯罪并通过诉讼程序查明和惩罚犯罪。我国《刑事诉讼法》第 85 条第 1 款规定："报案、控告、举报可以用书面或者口头提出。接受口头报案、控告、举报的工作人员，应当写成笔录，经宣读无误后，由报案人、控告人、举报人签名或者盖章。"公安部《办案程序规定》第 155 条规定："公安机关对于公民扭送、报案、控告、举报或者犯罪嫌疑人自首的，都应当立即接受，问明情况，并制作笔录，经宣读无误后，由扭送人、报案人、控告人、举报人签名或者盖章。必要时，公安机关可以录音。"我国《刑事诉讼法》第 85 条第 2 款规定："接受控告、举报的工作人员，应当向控告人、举报人说明诬告应负的法律责任。"为了鼓励人民群众同犯罪作斗争，不挫伤控告、举报人员的积极性，还应当在受理案件材料时说明诬告仅仅指故意捏造事实、伪造证据的行为，至于控告和举报的内容与事实有出入的错告，并不存在法律责任的问题。为了消除报案人、控告人、举报人的思想顾虑，保护人民群众同犯罪作斗争的积极性，我国《刑事诉讼法》第 85 条第 3 款规定："公安机关、人民检察院或者人民法院应当保障报案人、控告人、举报人及其近亲属的安全。报案人、控告人、举报人如果不愿公开自己的姓名和报案、控告、举报的行为，应当为其保守秘密。"接受报案、控告、举报的公、检、法三机关应当采取必要措施，切实保障报案人、控告人、举报人及其近亲属的人身、财产安全。公安机关接受案件时，应当制作《接受刑事案件登记表》，作为公安机关受理刑事案件的原始材料，并妥善保管、存档备查。其他有刑事立案权的机关也有相似的程序要求。公安机关、人民检察院和人民法院在接受案件材料以后，应当对案件是否属于自己立案管辖的范围进行审查。对于不属于自己立案管辖的案件，应当移送主管机关处理，并且通知报案人、控告人、举报人或者自首的犯罪人；对于不属于自己管辖范围而又必须采取紧急措施的，应当先采取控制人身自由等紧急措施，然后再移送主管机关，以防止犯罪嫌疑人逃跑、自杀、行凶、毁灭罪证等妨碍或逃避侦查、起诉和审判的行为发生。

2. 审查案件材料

我国《刑事诉讼法》第 86 条规定："人民法院、人民检察院或者公安机关对于报案、控告、举报和自首的材料，应当按照管辖范围，迅速进行审查……"对案件材料的审查，在人民检察院自行侦查的案件中称为初查。在正式决定立案前的对材料的审查，主要是审查证据，确定是否存在犯罪以及犯罪的性质，以便在管辖权问题上不出现错误。同时，立案前的审查，要根据法律规定的立案条件初步判定是否符合立案的标准，即是否存在犯罪事实以及是否需要追究刑事责任。应当注意的是，立案前的审查不要求弄清楚犯罪人是谁，犯罪目的、动机、手段、过程等全部案件情节，只要能够认定存在犯罪事实并有追究刑事责任的必要即可。为了确定是否可以立案，侦查机关可以进行一些调查核实工作。侦查机关在调查、核实案件材料过程中，可以采取勘验、检查、查询、鉴定、询问知情人等非强制性调查措施，而原则上不能采取限制被调查对象人身、财产权利的强制性措施，如不可以拘留、逮捕被调查人，不能查封、扣押、冻结被查对象的财产。最高人民检察院《刑事诉讼规则》第 128 条规定："在举报线索的初查过程中，可以进行询问、查询、勘验、鉴定、调取证据材料等不限制被查对象人身、财产权利的措施。不得对被查对象采取强制措施，不得查封、扣押、冻结被查对象的财产。"人民法院只对自诉案件有立案的决定权，由于自诉案件的举证责任由自诉人承担，人民法院在接受案件起诉时，不可以进行调查核实工作，认为有罪证据明显缺乏时，可以要求自诉人补充证据，不能在立案前进行获取证据的工作。

需要说明的是，侦查机关在立案之前进行的调查活动取得的证据材料能否作为定案证据直接使用的问题。一般来说，发生严重的伤亡或者出现重大损失等情况时，不论是否有犯罪的迹象，侦查机关都要进行现场勘查，以确定事件的性质。而突发事件往往使侦查机关无法判定是否存在犯罪行为，所以立案程序不可能履行。如果侦查机关在现场处理等过程中收集到一些证据，能够说明存在犯罪行为，侦查机关才可能根据这些证据决定立案。那么，如果立案是刑事诉讼的开端，没有立案就没有刑事诉讼的话，立案前收集的证据就不允许使用，而对已经收集的证据进行重复收集不仅浪费国家资源，也往往没有可能。类似的问题在侦查机关开始当作违法行为处理，但是在后来，由于证据的变化或者认识的改变，认定属于犯罪时同样存在价值。绝大多数观点认为，侦查机关在立案之前进行的调查活动取得的证据材料能够作为定案证据直接使用。

3. 对案件材料的处理

公安机关、人民检察院或者人民法院对报案、控告、举报和自首的材料进行审查后，根据证据形成事实判断，然后依据法律规定的条件作出立案或者不立案的决定。认为符合立案条件，即确有犯罪事实发生，对行为人依法需要追究刑事责任的，应当作出立案的决定。侦查机关决定立案的，应当先由承办人员填写《刑事案件立案报告书》。立案报告书应当包括立案机关名称，立案材料来源和案由，案件发生的时间、地点，犯罪事实，现有证据材料，立案的法律根据和初步意见，立案时间以及承办人姓名等内容。承办人员制作好立案报告书以后，经主管领导批准后，应当制作《立案决定书》，这标志着刑事案件正式立案。人民法院受理自诉案件，认为符合立案条件的，应当在收到自诉状或者口头告诉第 2 日起至 15 日内作出立案的决定，并书面通知自诉人或其代理人。有权立案的机关审查案件材料后，认为不符合立案条件的，即没有犯罪事实发生，或者虽有犯罪事实但不需要追究刑事责任，应当作出不立案的决定。根据我国《刑事诉讼法》第 86 条的规定，决定不立案的机关应当将不立案的原因通知控告人，控告人如果不服，可以申请复议。公安部《办案程序规定》第 162 条第 2 款和第 163 条对上述刑事诉讼法的要求进行了细化规定。公安机关认为不符合立案条件的，应当制作《呈请不予立案报告书》，经县级以上公安机关负责人批准后正式作出不予立案的决定；对于有控告人的案件，决定不予立案的，公安机关应当制作《不予立案通知书》，在 7 日内送达控告人。控告人对于不立案决定不服的，可以在收到《不予立案通知书》后 7 日内向原决定的公安机关申请复议。原决定的公安机关应当在收到复议申请后 10 日内作出决定，并书面通知控告人。最高人民检察院《刑事诉讼规则》第 134 条规定："人民检察院决定不予立案的，如果是被害人控告的，应当制作不立案通知书，写明案由和案件来源、决定不立案的原因和法律依据，由侦查部门在 15 日以内送达控告人，同时告知本院控告申诉检察部门。控告人如果不服，可以在收到不立案通知书后 10 日以内申请复议。对不立案的复议，由人民检察院控告申诉检察部门办理，并在收到复议申请的 30 日以内作出复议决定。人民检察院对于未构成犯罪，决定不予立案，但需要追究党纪、政纪责任的被举报人，应当移送有关主管机关处理。"根据我国《刑事诉讼法》

第 170 条的规定，如果属于可以自诉的案件，控告人对公安机关、人民检察院不立案的决定不服的，控告人有权直接向人民法院起诉。对于向人民法院提起自诉案件的，人民法院认为不符合立案条件时，应当在收到自诉状或者口头告诉第 2 日起至 15 日内作出不予立案的决定，并书面通知自诉人或其代理人。决定不予立案的，如果存在虽然未构成犯罪，但需要追究党纪、政纪责任或需要给予治安、行政处罚的被控告人、被举报人，接受案件材料的各个公安、司法机关都应当将其移送有关主管机关处理。

二、立案监督

我国《刑事诉讼法》第 87 条规定："人民检察院认为公安机关对应当立案侦查的案件而不立案侦查的，或者被害人认为公安机关对应当立案侦查的案件而不立案侦查，向人民检察院提出的，人民检察院应当要求公安机关说明不立案的理由。人民检察院认为公安机关不立案理由不能成立的，应当通知公安机关立案，公安机关接到通知后应当立案。"《刑事诉讼法》在 1979 年制定时没有明确规定人民检察院对公安机关实行立案监督，经 1996 年的修正才增加了该项内容。立案监督的规定，使人民检察院对公安机关的立案工作进行监督有了明确的法律依据，不仅有利于完善人民检察院的法律监督职能，促进公安机关依法进行立案活动，也有利于更加有效地打击、惩罚犯罪，以保障被害人的合法权益，保证国家法律的统一、正确实施。

人民检察院对公安机关的立案工作进行监督的方式主要包括两种：一是要求公安机关说明不立案的理由。最高人民检察院《刑事诉讼规则》第 372 条第 1 款规定："人民检察院发现公安机关对应当立案侦查的案件不立案侦查的，由审查逮捕部门审查；审查逮捕部门经过调查、核实有关证据材料，认为需要公安机关说明不立案理由的，经检察长批准，可以要求公安机关在 7 日内书面说明不立案的理由。"对于人民检察院要求说明不立案理由的案件，公安机关应当在 7 日内制作《不立案理由说明书》，经县级以上公安机关负责人批准后，通知人民检察院。公安机关说明不立案理由后，人民检察院审查逮捕部门认为不立案理由成立的，在被害人向人民检察院提出立案监督的情况下应当通知控告申诉部门，并由其在 10 日内将不立案的理由和根据告知被害人。二是通知公安机关立案。最高人民检察院《刑事诉讼规则》第 372 条第 2 款规定："经人民检察院审查逮捕部门审查，认为公安机关不立案理由不能成立的，经检察长或检察委员会讨论决定，应当通知公安机关立案。"公安机关收到通知立案书后，应当在 15 日以内立案，并将立案决定书送达人民检察院。

需要说明的是，立案监督是 1996 年《刑事诉讼法》修改时增加的内容，目的在于保证立案权的正确行使。但是，许多学者认为，法律关于立案监督的规定是软弱的和狭隘的。其软弱表现在，检察机关如果认为公安机关应当立案而要求其立案的，公安机关依法就应当立案，但是，假如公安机关仍然不立案，以及立案之后又撤销案件的，法律就没有任何保障立案监督的程序了。狭隘表现在，立案是公、检、法三机关都有权进行的，法律只对公安机关的立案规定了监督的程序，其他机关的刑事立案的监督显然处于空白状态。

案例分析

【案情】犯罪嫌疑人甲在商场伺机盗窃时，遇到了曾经一起服刑的乙和丙，于是甲要求乙和丙为他作掩护，假装打架以吸引众人的注意力，甲乘机盗得价值 5 000 元的摄像机一台。之后，甲将摄像机出售，得赃款 3 500 元，甲将其中的 1 000 元给了乙和丙。某检察院在审查批捕犯罪嫌疑人甲盗窃案中，发现乙、丙涉嫌共同犯罪，通知公安机关立案侦查，公安机关回函认为，乙、丙两人的行为不构成犯罪。于是，该检察机关认为该案涉及渎职犯罪，经其上级检察院机关指定，某检察院在对渎职罪侦查时，对乙和丙的盗窃罪也立案侦查。经过该检察院的侦查，获得了乙和丙构成犯罪的充分证据，该检察院决定对甲、乙、丙以盗窃罪起诉。庭审中，乙和丙的辩护律师提出了某检察院无侦查权的意见，认为本案的诉讼程序违法。公诉人则认为，该检察院有权立案侦查乙和丙的盗窃罪，因为最高人民检察院《关于加强渎职侵权检察工作的决定》第 9 条规定，对重特大渎职犯罪案件所涉及的必须及时查清的案件，经上级检察机关同意，可以并案查处。提起公诉的检察机关完全按照上述程序的规定操作，所以没有程序违法。

【问题】该检察机关是否违反了法律规定?

【解析】我们认为，某检察院的行为违反了《刑事诉讼法》的规定。我国《刑事诉讼法》第 87 条规定："人民检察院认为公安机关对应当立案侦查的案件而不立案的，人民检察院应当要求公安机关说明不立案的理由。人民检察院认为公安机关不立案理由不能成立的，应当通知公安机关立案，公安机关接到通知后应当立案。"而本案中，某检察院在要求公安机关立案的建议遭到拒绝后，仍然认为乙和丙有追究刑事责任的必要时，并没有以向公安机关发出《通知立案书》的方式"通知公安机关立案"，而由其上级检察机关同意直接对乙、丙两人的盗窃罪立案侦查，这在程序上明显违反了《刑事诉讼法》的相关规定。

第十三章　侦查程序

本章主要介绍刑事侦查的概念、特征和意义；刑事侦查的任务和原则；刑事诉讼法规定的具体的侦查行为以及每一种侦查活动应当遵循的程序；检察机关自行侦查时刑事诉讼法的特殊程序要求；侦查终结应当具备的条件和侦查终结的几种处理方式；侦查羁押期限的规定；补充侦查的类型和条件；侦查监督的内容和程序。学习重点是：各种侦查行为应当遵循的具体程序。学习难点是：侦查终结的不同处理方式。本章的学术热点是：刑事诉讼法规定之外的侦查行为是否可以进行，其法律后果如何；未羁押犯罪嫌疑人的侦查是否应当有期限的限制；如何完善讯问程序才能更好地防止刑讯逼供；划分任意侦查和强制侦查的意义何在。

第一节　侦查概述

一、侦查的概念、特征和意义

根据我国《刑事诉讼法》第 82 条的规定，侦查是指国家法定机关在办理刑事案件过程中，为收集犯罪证据和查获犯罪嫌疑人，而依法进行的专门调查工作和采取的有关强制性措施。根据这一法律规定，侦查具有以下特征：

第一，侦查只能适用于查明犯罪。由于犯罪被认为是“个人反对统治关系的斗争”，所以现代国家都没有像民事和行政纠纷的处理那样由当事人自行提供证据解决案件事实，而是由国家负责查明案件事实，通过对犯罪的有效惩罚保证对犯罪的抑制。因此，侦查权是国家权力的重要组成部分，是国家对付犯罪的一种手段。

第二，侦查行为只能由国家机关进行。犯罪行为对社会秩序造成破坏的严重性决定了国家应当积极干预，国家干预的有效性决定了侦查必然带有强制性，这种强制性又决定了侦查活动的危险性。获得犯罪事实各种信息的行为，往往以在一定程度上侵犯公民个人权益为代价，如：监听就可能侵犯公民隐私权，搜查犯罪证据就可能侵犯公民的人身和住宅权利，等等。如果允许公民个人和其他组织行使侦查权，就可能造成严重的侵权发生和无序状态的出现。只有由国家机关行使对犯罪的侦查权，才能保证侦查在一定范围内进行，才能保证侦查按照法律规定的方式进行，才能保证查明犯罪与公民个人权利保障的兼顾。

第三，侦查的目的是通过获得证据查明犯罪事实并查获犯罪人。预防犯罪、制止犯罪、打击犯罪是侦查行为的诉讼追求，为了使犯罪事实能够被证明，犯罪分子能够被追究刑事责任，国家的侦查机关要通过一系列的活动来获取证据、控制犯罪人。可见，侦查承担着完成控诉的职能。

第四，侦查行为存在多种表现形式。我国《刑事诉讼法》规定了以下多种侦查行为：讯问犯罪嫌疑人、询问证人（包括被害人）、勘验、检查、侦查实验、搜查、扣押物证（包括书证）、查询或冻结存款（包括汇款）、鉴定、通缉。由于强制措施以控制人身自由为主要特征，并几乎都伴随着获得犯罪嫌疑人口供的讯问，所以应当是侦查行为。侦查行为应当具有严格的法定性，即法律没有规定的行为，侦查机关无权采取，这是法治国家保障公民权利的一般要求。

侦查作为国家同犯罪作斗争的关键程序，决定着证据能否及时收集，案件事实能否准确查明，犯罪人能否正确地查获。只有完成了侦查任务，刑事诉讼才能继续进行，起诉才能有坚实的基础，审判才能顺利进行，惩罚犯罪的任务才能最终完成。所以，成功的侦查是惩罚犯罪的前提。有效的侦查能够预防犯罪、制止犯罪，保护国家、集体的利益和公民个人的合法权益，维护秩序的安全和稳定，保障社会主义建设事业的顺利进行。

二、侦查的任务和原则

我国《刑事诉讼法》第2条规定："中华人民共和国刑事诉讼法的任务，是保证准确、及时地查明犯罪事实，正确应用法律，惩罚犯罪分子，保障无罪的人不受刑事追究，教育公民自觉遵守法律，积极同犯罪行为作斗争，以维护社会主义法制，保护公民的人身权利、财产权利、民主权利和其他权利，保障社会主义建设事业的顺利进行。"刑事诉讼中的侦查当然要完成刑事诉讼法规定的统一任务，同时还要结合侦查的特殊性，确定具体的任务。所以，侦查的任务应当包括以下三个方面：一是收集证据，查明犯罪事实，查获犯罪嫌疑人；二是保障无罪的人不受刑事追究，保障犯罪嫌疑人和其他诉讼参与人的诉讼权利不受侵犯；三是教育公民自觉遵守法律，积极同犯罪行为作斗争。

为了彻底完成侦查的任务，进行侦查工作必须遵循反映侦查特点的某些原则，以保证侦查的有效性。侦查活动必须坚持的原则主要有以下几个：一是依法进行原则。依法进行是一切刑事诉讼活动的基本原则，但是，它对于刑事侦查有着更加重要的意义。如果侦查活动没有按照法律规定的程序进行，就会侵犯被刑事诉讼法所保护的某些权益，同时，还会导致刑事案件实体认定的错误。如在讯问犯罪嫌疑人时进行刑讯逼供，不仅侵犯了犯罪嫌疑人的人身权利，还极有可能因此获得虚假口供而造成对案件事实认定的错误。二是迅速、及时原则。所谓迅速、及时原则，就是要求不失时机。查明犯罪事实、查获犯罪人要根据充分的证据，而证据的获得又要求在时间上和时机上的恰当把握，一旦错过了时机，有些证据的收集就可能无法实现。三是客观公正、全面细致原则。客观公正要求侦查人员必须坚持辩证唯物主义的立场和观点，避免成见和偏见，不弄虚作假，不歪曲事实，不偏听偏信，按照证据的本来面目去收集和固定，即在侦查过程中要实事求是。全面细致要求侦查人员要在侦查中防止片面性和表面性，收集证据点滴不漏，对案情的分析判断要有广度和深度。四是保守机密原则。保守机密是侦查工作的性质和特点所决定的，因为侦查工作的任何信息的泄露，都可能导致妨害诉讼顺利进行的情况出现，还很有可能造成新的犯罪发生，如犯罪嫌疑人可能逃跑而拒绝接受惩罚，证人可能因为受到威胁而改变证言，犯罪嫌疑人可能对被害人和证人实施杀伤犯罪，等等。

在很多西方国家的法律中，侦查行为的实施必须遵循两项原则：一是任意侦查原则；二是强制侦查法定原则。任意侦查是指侦查机关无须采用强制手段，并不对相对人的权利进行限制和剥夺的侦查措施。强制侦查是指侦查机关不考虑相对人的意愿而采用强制性手段，对相对人的权利造成一定侵犯的侦查措施。所谓任意侦查原则，是指侦查机关在收集犯罪证据、查获犯罪人时应尽可能采用任意性侦查手段，只有在采用任意性侦查手段无法达到预期目标时，才能采用强制性侦查手段。任意侦查原则对于限制强制性侦查手段的适用范围，保证尽可能减少对公民权利的损害至关重要。所谓强制侦查法定原则，是指每一强制性侦查行为的实施都必须符合法定的条件，而且，每一侦查行为的实施都必须遵循法定的程序。强制侦查法定原则对于保证强制性侦查手段的恰当适用，防止诉讼参与人受到侦查机关不应有的侵害具有非常重要的意义。我国不仅刑事诉讼立法没有将侦查区分为任意侦查和强制侦查，诉讼理论也没有更多地探讨侦查的强制性和任意性问题，导致在侦查中国家权力十分强大，侦查手段几乎都是强制性的。这十分不利于公民个人权利的保障，不利于民主、文明、公正的和谐社会的法治建设。

第二节　侦查行为和程序

从法理意义上说，所有的侦查行为都必须有法律规定的明确授权，因为侦查犯罪的方式不可以随心所欲，否则侦查犯罪的活动就可能演变成新的违法犯罪行为。因此，不论是否是强制性侦查行为，都必须按照法律规定的方式和程序进行。我国立法和诉讼理论对各种侦查手段没有进行任意侦查和强制侦查的区分，只是在刑事诉讼法中规定了以下几种具体的侦查行为及其程序：

一、讯问犯罪嫌疑人

1. 讯问犯罪嫌疑人的概念和作用

讯问犯罪嫌疑人是指侦查人员依照法定的程序，以言词的方式对被怀疑犯有罪行的人进行讯问并获取口供证据的一种侦查行为。

根据我国《刑事诉讼法》的规定，讯问犯罪嫌疑人是一切刑事案件侦查的必经程序。因为讯问犯罪嫌疑人在刑事诉讼中有着十分重要的作用。首先，讯问犯罪嫌疑人可以及时获得有关信息，如果发现犯罪嫌疑人的无罪辩解存在合理性，侦查的方向将发生改变；如果通过讯问发现确实属于认定犯罪嫌疑人实施犯罪错误，能及时保护无辜者的合法权益。其次，讯问犯罪嫌疑人在其如实供述的情形下，可以及时获得犯罪的大量详细信息，对于及时、迅速查明犯罪事实、惩罚犯罪和保障被害人权益都有积极的作用。再次，通过讯问犯罪嫌疑人，可以就其人身危险性的有无及程度作出判断，从而为保障诉讼顺利进行的各种决策提供依据。

2. 讯问犯罪嫌疑人的程序

讯问犯罪嫌疑人的主体必须是侦查人员。法律如此规定，不仅因为讯问犯罪嫌疑人的行为涉及案件证据的形成，影响到案件事实的认定，更因为犯罪嫌疑人的保护是一个国家人权保障的重要标志，讯问犯罪嫌疑人必须遵循严格的程序，不允许在讯问时侵犯犯罪嫌疑人的合法权益。

讯问犯罪嫌疑人时，侦查人员不得少于两人。法律如此限制讯问犯罪嫌疑人的活动，一方面考虑讯问中提问与记录的工作方便，另一方面两人可以互相监督，有利于防止侦查人员采用刑讯逼供、威胁、引诱、欺骗等非法方法讯问犯罪嫌疑人。另外，这也是保证侦查人员的安全和防止犯罪嫌疑人逃跑、自杀等意外发生的需要。

讯问被羁押犯罪嫌疑人的地点，可以是看守所或者公安机关的工作场所；对于没有逮捕、拘留的犯罪嫌疑人，可以传唤到犯罪嫌疑人所在市、县内的指定地点或者到其住处进行讯问。

对同案犯罪嫌疑人进行讯问时应当个别进行，以防止其相互影响。在必要时，可以批准或要求同案犯罪嫌疑人相互对质。

侦查人员传唤犯罪嫌疑人时，应当出示《传唤通知书》和侦查人员的工作证件，并责令其在《传唤通知书》上签名（盖章）、捺指印。在第一次讯问时，应当问明犯罪嫌疑人的姓名、别名、曾用名、出生年月日、户籍所在地、暂住地、籍贯、出生地、民族、职业、文化程度、家庭情况、社会经历、是否受过刑事处罚或者行政处理等情况。在问明基本情况后，应当首先讯问犯罪嫌疑人是否有犯罪行为，让其陈述有罪的情节或者无罪的辩解，然后向其提出问题。如果其承认犯罪，再详细讯问犯罪的事实和情节；如果其否认犯罪，要听取其申辩的事实和理由。然后，就供述或者辩解中的不清楚、不全面或者前后矛盾的地方向其提问，以保证讯问工作的客观、公正。犯罪嫌疑人对侦查人员的提问，应当如实回答，但是对与本案无关的问题，有权拒绝回答。需要注意的是，侦查人员不能只许嫌疑人作有罪陈述，而不许其作无罪辩解，不得先入为主、主观臆断，以确保讯问获得口供的真实性。

我国《刑事诉讼法》第 43 条规定："严禁刑讯逼供和以威胁、引诱、欺骗以及其他非法的方法收集证据。必须保证一切与案件有关或者了解案情的公民，有客观地充分地提供证据的条件。"最高人民法院和最高人民检察院的司法解释都已明确规定，采用刑讯逼供或者威胁、引诱、欺骗等非法方法获取的犯罪嫌疑人、被告人供述不得用作认定案件事实的根据。1984 年通过的联合国《禁止酷刑和其他残忍、不人道或有辱人格的待遇或处罚公约》第 15 条也明确规定："每一缔约国应确保在任何诉讼程序中，不得援引任何业经确定系以酷刑取得的口供为证据，但这类口供可用作被指控施用酷刑者刑讯逼供的证据。”我国已加入该公约，因此，不允许刑讯逼供和不能将刑讯逼供获得的口供作为认定案件事实的依据，不仅是我国法律的要求，更是履行国际义务的要求。

我国《刑事诉讼法》第 92 条第 2 款规定：“传唤、拘传持续的时间最长不得超过 12 小时。不得以连续传唤、拘传的形式变相拘禁犯罪嫌疑人。”需要说明的是，拘传是刑事强制措施，被拘传者不可以对抗，即使对抗，侦查机关也可以强制其到案接受讯问。而传唤不是强制措施，被传唤者如果不配合，侦查机关不可以强制讯问。

我国《刑事诉讼法》第 14 条第 2 款规定：“对于不满 18 周岁的未成年人犯罪的案件，在讯问和审判时，可以通知犯罪嫌疑人、被告人的法定代理人到场。”讯问未成年人，除有碍侦查或者无法通知的情形外，应当尽可能通知其家长、监护人或者老师到场。讯问可以在公安机关进行，也可以到未成年人的住所、单位、学校或者其他适当的地点进行。

讯问聋、哑犯罪嫌疑人，应当有通晓聋、哑语手势的人参加，并在讯问笔录上注明犯罪嫌疑人的聋、哑情况，以及翻译人的有关情况。讯问不通晓当地语言文字的犯罪嫌疑人，应当配备翻译人员。

侦查人员应当将讯问犯罪嫌疑人的内容如实地记录。讯问笔录应当交给犯罪嫌疑人核对或者向他宣读。如记录有差错或者遗漏，应当允许犯罪嫌疑人更正或者补充，并捺指印。笔录经犯罪嫌疑人核对无误后，应当由其在笔录上逐页签名（盖章）、捺指印，并在末页写明“以上笔录我看过（或向我宣读过），和我说的相同”。讯问犯罪嫌疑人，在文字记录的同时，可以根据需要进行录音、录像。

3. 侦查程序中犯罪嫌疑人的律师帮助

我国《刑事诉讼法》第 96 条第 1 款规定：“犯罪嫌疑人在被侦查机关第一次讯问后或者采取强制措施之日起，可以聘请律师为其提供法律咨询、代理申诉、控告。犯罪嫌疑人被逮捕的，聘请的律师可以为其申请取保候审。涉及国家秘密的案件，犯罪嫌疑人聘请律师，应当经侦查机关批准。”这是我国 1996 年《刑事诉讼法》修改后的一个重大突破，即将律师介入刑事诉讼的时间提前到侦查阶段。

犯罪嫌疑人聘请律师的，可以自己聘请，也可以由其亲属代为聘请。在押的犯罪嫌疑人提出聘请律师的，看守机关应当及时将其请求转达办理案件的有关侦查机关，侦查机关应当及时向其所委托的人员或者所在的律师事务所转达该项请求。

我国《刑事诉讼法》第 96 条第 2 款规定：“受委托的律师有权向侦查机关了解犯罪嫌疑人涉嫌的罪名，可以会见在押的犯罪嫌疑人，向犯罪嫌疑人了解有关案件情况。律师会见在押的犯罪嫌疑人，侦查机关根据案件情况和需要可以派员在场。涉及国家秘密的案件，律师会见在押的犯罪嫌疑人，应当经侦查机关批准。”根据六部委《规定》，涉及国家秘密的案件，是指案情或者案件性质涉及国家秘密，不能因刑事案件侦查过程中的有关材料和处理意见需保守秘密而将其作为涉及国家秘密的案件。审查起诉阶段和审判阶段，案件已经侦查终结，辩护律师和其他辩护人会见在押的犯罪嫌疑人、被告人时，人民检察院、人民法院不得派员在场。律师提出会见犯罪嫌疑人的，应当在 48 小时内安排会见，对于组织、领导、参加黑社会性质组织罪，组织、领导、参加恐怖活动组织罪或者走私犯罪、毒品犯罪、贪污贿赂犯罪等重大复杂的两人以上的共同犯罪案件，律师提出会见犯罪嫌疑人的，应当在 5 日内安排会见。

需要说明的是，只有完善讯问程序才能更好地防止刑讯逼供问题。刑讯逼供应当是全世界范围内的侦查顽症，而又以我国的侦查实践问题更为突出。所以，理论研究者和实践中的侦查机关都开始摸索有效遏制刑讯逼供的方案。由于刑讯逼供基本上都发生在讯问环节，如何完善讯问的程序就成了探讨问题的突破口。比较一致的观点是：在讯问犯罪嫌疑人时允许其辩护律师在场。一般认为，只要法律规定获取口供的环节有监督机制的引进，以刑讯的方式逼取口供的情况就会极少出现。允许犯罪嫌疑人的保护者——辩护律师介入形成口供的过程，不仅可以有效监督侦查人员的取证行为，还可以充分保护犯罪嫌疑人的各种权利。也有观点主张同时赋予犯罪嫌疑人沉默权。没有“如实陈述”的义务就可以在相当大的程度上减轻犯罪嫌疑人的诉讼负担，使其能够充分保护自己在诉讼中的利益。

二、询问证人、被害人

1. 询问证人、被害人的概念与作用

询问证人、被害人是指侦查人员依照法定程序，通过言词方式对能够证明案件情况的证人、被害人进行询问的一种侦查活动。

证人和被害人是了解案件情况的人，大多数案件都存在着证人和被害人，只要案件有证人和被害人，侦查人员就必须对他们进行询问，以获取证人证言和被害人陈述这两种证据，这对查明案件事实十分必要。所以，询问证人、被害人是存在证人、被害人案件侦查程序不可缺少的工作。

2. 询问证人、被害人的程序

询问证人、被害人只能由侦查人员进行。侦查人员询问证人、被害人时，可以到证人、被害人所在单位或者住处进行，但是必须出示人民检察院或者公安机关的证明文件。在必要的时候，也可以通知证人、被害人到人民检察院或者公安机关提供证言。为保守秘密并保证证人、被害人的安全，侦查人员询问证人、被害人时，除以上询问地点以外，不得另行指定其他地点。

根据我国《刑事诉讼法》第 97 条的规定，询问证人、被害人应当出示侦查机关的证明文件。为了避免证人之间相互影响，保证证言的真实性，同一案件若有几个证人时，应当分别进行、个别询问，这是法律关于侦查人员询问证人方式的规定和要求。

侦查人员在询问时，应当告知证人、被害人必须如实地提供证据、证言和有意作伪证或者隐匿罪证应负的法律责任。询问证人时，应当首先让证人就他了解的案件情况系统、全面地叙述，不要轻易打断。询问时的提问不能带有提示性和暗示性的内容。严禁使用威胁、引诱和其他非法方法询问证人、被害人。最高人民法院和最高人民检察院的司法解释都已规定，凡经查证确实属于采用刑讯逼供或者威胁、引诱、欺骗等非法的方法取得的证人证言、被害人陈述，不能用作认定案件事实的根据。

我国《刑事诉讼法》第 49 条规定：“人民法院、人民检察院和公安机关应当保障证人及其近亲属的安全。对证人及其近亲属进行威胁、侮辱、殴打或者打击报复，构成犯罪的，依法追究刑事责任；尚不够刑事处罚的，依法给予治安管理处罚。”根据我国《刑事诉讼法》第85条的规定，公安机关、人民检察院或者人民法院应当保障报案人、控告人、举报人及其近亲属的安全。报案人、控告人、举报人如果不愿公开自己的姓名和报案、控告、举报的行为，应当为他们保守秘密。

询问未成年人、被害人，应当选择未成年人熟悉的环境，可以通知其法定代理人到场，以减少其紧张情绪，使其能把了解的情况全部反映出来。询问未成年人应当使用通俗、易懂的语言，提出的问题应当使其容易理解，便于回答。

询问聋、哑证人和被害人，询问不通晓当地语言文字的人、外国人以及询问笔录的制作等程序要求，与讯问犯罪嫌疑人的要求一致。

三、勘验、检查

1. 勘验、检查的概念与作用

勘验、检查是侦查人员对与犯罪有关的场所、物品、尸体或人身等亲临查看、了解与检验，以发现和固定犯罪活动所遗留下来的各种痕迹和物品的一种侦查活动。

勘验、检查的任务是发现、收集和固定犯罪的痕迹和证物，为分析罪犯情况并确定侦查的方向和范围奠定基础。勘验与检查在主体、性质和任务等方面都是相同的。两者的区别是：勘验的对象是现场、物品和尸体；检查的对象是活人的身体，主要是被害人、犯罪嫌疑人的身体，有时也对证人的视觉、听觉等进行检查。

勘验、检查是获取侦查线索和罪证的重要手段，是侦查破案的重要环节。勘验、检查有利于获得具有证据意义的各种物品特征、痕迹、伤害情况或生理状态等信息，有利于侦查人员判断案件性质，分析犯罪情况与特点，确定侦查方向与范围，对于查明犯罪事实和犯罪人以及对进一步发现新的犯罪事实和犯罪人等，都具有很重要的意义。

2. 勘验、检查的种类与程序

勘验、检查应当由侦查人员进行，必要时也可指派或聘请具有专门知识的人，在侦查人员的主持下进行。侦查人员进行勘验、检查必须持有侦查机关的证明文件，并应邀请与案件无利害关系的公民作为见证人。

根据我国《刑事诉讼法》的规定，勘验、检查可以分为现场勘验、物证勘验、尸体检验、人身检查和侦查实验。必要时还要复验、复查。

（1）现场勘验。

犯罪现场，是指犯罪分子实施犯罪的地点或其他遗留有与犯罪有关的痕迹和物品的场所。任何单位和个人都有义务保护犯罪现场，并应立即通知侦查机关进行勘验。侦查机关接到报案后，应立即派人赶赴犯罪现场进行勘验。现场勘验主要包括以下几项工作：对现场及其周围的事物、被害人、证人进行现场调查；实地勘验犯罪场所；制作勘验笔录；对现场进行处理，发现和提取犯罪证据等。

现场勘查，由县级以上公安机关、人民检察院等机关的侦查部门负责。执行勘查的侦查人员接到通知后，应当立即赶赴现场；勘查现场，应当持有《刑事犯罪现场勘查证》，并应邀请两名同案件无关、为人公正的公民到现场作见证人。在勘验现场过程中，认为需要迅速采取搜索、追踪、堵截、鉴别、控制销赃等紧急措施的，应当立即报告负责本案侦查的指挥人员。

对现场勘验情况应制成笔录，侦查人员、参加勘验的其他人员和见证人都应当在笔录上签名或盖章。根据《公安机关办理刑事案件程序规定》的要求，勘查现场，应当按照现场勘查规则的要求拍摄现场照片，制作《现场勘查笔录》和现场图。对重大案件、特别重大案件的现场，应当录像。计算机犯罪案件的现场勘查，应当立即停止应用，保护计算机及相关设备，并复制电子数据。

(2) 物证勘验。

物证勘验是侦查人员对在侦查中收集到的物证进行鉴别和判断，以确定该物证与案件事实之间的关系的一种侦查活动。

物证在绝大多数案件中都存在，是刑事诉讼中经常使用的一种证据。收集到充分的物证，对发现和揭露犯罪，查获犯罪分子有重要的作用。

对物证进行勘验时，必须做到：认真、细致地分析研究物品的特征和痕迹的情况；确定该物品、痕迹与案件事实的关系；必要的时候，应当指派或者聘请鉴定人进行鉴定。

勘验物证应制作检验笔录，详细记载物证的特征，参加检验物证的人员和见证人应当在笔录上签名或者盖章。

(3) 尸体检验。

尸体检验是通过对尸表检验和尸体解剖的检验，确定或判断死亡的时间和原因、致死的工具和手段、方法等，为侦查破案提供线索和为查明案情提供根据的一种侦查活动。

尸体检验分为尸表检验和尸体解剖。我国《刑事诉讼法》第104条规定："对于死因不明的尸体，公安机关有权决定解剖，并通知死者家属到场。"《公安机关办理刑事案件程序规定》第199条进一步规定："为了确定死因，经县级以上公安机关负责人批准，可以解剖尸体或者开棺检验，并且通知死者家属到场，并让其在《解剖尸体通知书》上签名或者盖章。死者家属无正当理由拒不到场或者拒绝签名、盖章的，不影响解剖或者开棺检验，但是应当在《解剖尸体通知书》上注明。对于身份不明的尸体，无法通知死者家属的，应当在笔录中注明。"

公安部的《规定》第200条要求，对于已查明死因，没有继续保存必要的尸体，应当通知死者家属领回处理，对无法通知或者通知后死者家属拒绝领回的，经县级以上公安机关负责人批准，可以及时处理。

尸体检验应当制作笔录。笔录应当记明检验中所见的全部情况及作出的结论，然后由参加检验的侦查人员、法医或者医师、死者的家属等签名或者盖章，并注明年、月、日。

(4) 人身检查。

人身检查是为了确定被害人、犯罪嫌疑人的某些特征、伤害情况或生理状态，依法对其身体进行检查的侦查活动。

我国《刑事诉讼法》第105条规定："为了确定被害人、犯罪嫌疑人的某些特征、伤害情况或者生理状态，可以对人身进行检查。犯罪嫌疑人如果拒绝检查，侦查人员认为必要的时候，可以强制检查。检查妇女的身体，应当由女工作人员或者医师进行。”

人身检查需经县级以上侦查机关负责人批准，由侦查人员进行。如果遭到拒绝，侦查人员认为必要时可以强制检查的对象只有犯罪嫌疑人，如果被害人拒绝进行人身检查，则不能进行强制，只能通过说服教育解决。需要注意的是，对证人不能进行人身检查。

人身检查应作笔录，详细记载检查情况和结果，并由参加检查的人员和见证人签名或者盖章。

(5) 侦查实验。

侦查实验是为确定案件中的某一特定行为或事件在某种情况下能否发生，而按当时的情况和条件，人为地重新呈现该行为或事件的侦查活动。

我国《刑事诉讼法》第108条第1款规定：“为了查明案情，在必要的时候，经公安局长批准，可以进行侦查实验。”这里所说的“必要”，当然应依具体情况而定。《公安机关办理刑事案件程序规定》第202条规定：“为了查明案情，在必要的时候，经县级以上公安机关负责人批准，可以进行侦查实验。侦查实验的任务是：(一) 确定在一定条件下能否听到或者看到；(二) 确定在一定时间内能否完成某一行为；(三) 确定在什么条件下能够发生某种现象；(四) 确定在某种条件下某种行为和某种痕迹是否吻合一致；(五) 确定在某种条件下使用某种工具可能或者不可能留下某种痕迹；(六) 确定某种痕迹在什么条件下会发生变异；(七) 确定某种事件是怎样发生的。”侦查实验获得的信息，可以核对证人证言、被害人陈述及犯罪嫌疑人的供述与辩解等证据是否符合客观实际情况，有利于判明案情。

我国《刑事诉讼法》第108条第2款规定：“侦查实验，禁止一切足以造成危险、侮辱人格或者有伤风化的行为。”进行侦查实验，必要时可以商请人民检察院派员参加。如果需要某种专门知识，应当聘请有关专业人员参加。

侦查实验的经过和结果，应当制作《侦查实验笔录》，由参加实验的侦查人员签名或者盖章。

(6) 复验、复查。

复验、复查是人民检察院审查案件时，认为公安机关的勘验、检查可能有错误，要求公安机关重新进行的勘验、检查活动。

我国《刑事诉讼法》第107条规定：“人民检察院审查案件的时候，对公安机关的勘验、检查，认为需要复验、复查时，可以要求公安机关复验、复查，并且可以派检察人员参加。”

实施复验、复查，应严格按照勘验、检查的规定，认真研究原勘验、检查的方法、过程、根据和结论是否科学，有无错误和缺陷，并制作笔录。

四、搜　查

1. 搜查的概念与作用

搜查是侦查人员在侦查过程中，为了收集犯罪证据，查获犯罪人，对有关的人身、处所、物品等进行搜索和检查的一种侦查措施。

搜查带有明显的强制性，是获得证据和查获犯罪人的一项强有力的侦查措施。搜查对于侦查机关完成侦查任务有着十分重要的作用。

2. 搜查的程序

由于搜查涉及公民的人身权利的保护问题，现代各国都对搜查的适用规定了严格的条件和程序，中国也不例外。我国《刑事诉讼法》第 111 条规定："进行搜查，必须向被搜查人出示搜查证。在执行逮捕、拘留的时候，遇有紧急情况，不另用搜查证也可以进行搜查。"所谓紧急情况，《公安机关办理刑事案件程序规定》第 207 条规定："执行拘留、逮捕的时候，遇有下列紧急情况之一的，不用《搜查证》也可以进行搜查：(一) 可能随身携带凶器的；(二) 可能隐藏爆炸、剧毒等危险物品的；(三) 可能隐匿、毁弃、转移犯罪证据的；(四) 可能隐匿其他犯罪嫌疑人的；(五) 其他突然发生的紧急情况。"可见，搜查在我国也是以有证搜查为原则，以无证搜查为例外。有证搜查可以对搜查活动的进行增加一道有力的监督程序，防止搜查的滥用，以保护公民的合法权益不受侵犯。

搜查需经县级以上侦查机关负责人批准，由侦查人员持搜查证进行搜查。根据公安部的规定，进行搜查时，应当有被搜查人或者他的家属、邻居或者其他见证人在场。搜查妇女的身体时，应当由女侦查人员进行。搜查的情况应当制作《搜查笔录》，由侦查人员、被搜查人或者他的家属、邻居或者其他见证人签名或者盖章。如果被搜查人或者其家属不在现场，或者拒绝签名、盖章的，侦查人员应当在笔录上注明。

五、扣押物证、书证

1. 扣押物证、书证的概念与作用

扣押物证、书证是指侦查机关依法强行提取、留置和封存与案件有关的物品、文件的一种侦查行为。

扣押物证、书证，能够及时固定物证和书证，避免这些证据被人为地破坏或者由于意外的原因被损坏，而导致案件事实不能准确地查明。这不仅对刑事实体公正的保障有着积极的意义，还对刑事诉讼中的被追诉者的合法权益的及时保障起着十分重要的作用。因为证据的及时获得和固定，可以为案件的及早查明并迅速推进刑事诉讼的进程提供保障，能够使无罪的人及早摆脱诉讼的困扰，能够使有罪的被追诉者及时获得裁判的结论。

2. 扣押物证、书证的程序

扣押物证、书证必须由侦查人员进行。执行扣押的侦查人员不得少于 2 人，执行扣押时必须持本机关的介绍信和执行该项任务人员的工作证，并向被扣押物证、书证的人出示或者宣读。

我国《刑事诉讼法》第 114 条规定："在勘验、搜查中发现的可用以证明犯罪嫌疑人有罪或者无罪的各种物品和文件，应当扣押；与案件无关的物品、文件，不得扣押。对于扣押的物品、文件，要妥善保管或者封存，不得使用或者损毁。"在实施勘验、搜查过程中，如果发现与案件有关的物品、文件需要扣押时，凭《勘验证》、《搜查证》，由现场指挥人员决定即可扣押。单独实行扣押时，须经县以上公安机关、国家安全机关、人民检察院的负责人批准。需要说明的是，法律虽然要求扣押与案件有关的物品和文件，但是，对于不能立即查明是否与案件有关的可疑文件、资料和其他物品，应当先行扣押，待查清后再作出处理。对发现的违禁品，如毒品、枪支、爆炸物等，即使与本案无关，也应当扣押，并交有关部门处理。

公安部《办案程序规定》就扣押物证、书证的具体程序有较为详细的规定。扣押物品和文件时，侦查人员应当会同在场见证人和被扣押物品、文件的持有人查点清楚，当场开列《扣押物品、文件清单》一式三份，写明物品或者文件的名称、编号、规格、数量、重量、质量、特征及其来源，由侦查人员、见证人和持有人签名或者盖章后，一份交给持有人，一份交给侦查机关保管人员，一份附卷备查。对于应当扣押但是不便提取的物品、文件，经拍照或者录像后，可以交被扣押物品持有人保管或者封存，并且单独开具《扣押物品、文件清单》一式两份，在清单上注明已经拍照或者录像，物品、文件持有人应当妥善保管，不得转移、变卖、毁损，由侦查人员、见证人和持有人签名或者盖章，一份交给物品、文件持有人，另一份连同照片或者录像带附卷备查。

对不能随案移送的物证，应当拍成照片；容易损坏、变质的物证、书证，应当用笔录、绘图、拍照、录像、制作模型等方法加以保全。对于可以作为证据使用的录音、录像带、电子数据存储介质，应当记明案由、对象、内容、录取、复制的时间、地点、规格、类别、应用长度、文件格式及长度等，并妥为保管。

对查获的下列不宜随案移送的物品、文件，原物不随卷保存，但应当拍成照片存入卷内，原物由公安机关妥为保管或者按照国家有关规定分别移送主管部门处理或者销毁：淫秽物品；武器弹药、管制刀具，易燃、易爆、剧毒、放射等危险品；鸦片、海洛因、吗啡、冰毒、大麻等毒品和制毒原料或者配剂、管制药品；危害国家安全的传单、标语、信件和其他宣传品；秘密文件、图表资料；珍贵文物、珍贵动物及其制品、珍稀植物及其制品；其他大宗的、不便搬运的物品。

依法扣押的货币、有价证券，应当登记写明货币、有价证券的名称、数额、面额，货币应当存入银行专户，并登记银行存款凭证的名称、内容，入卷备查。依法扣押的物品，应当登记写明物品名称、型号、规格、数量、重量、质量、成色、纯度、颜色、新旧程度、缺损特征和来源等，入卷备查。依法扣押的文物、金银、珠宝、名贵字画等以及违禁品，应当及时鉴定。对扣押的物品应当及时依照有关规定作价。

对容易腐烂变质及其他不易保管的物品，可以根据具体情况，经县级以上公安机关负责人批准，在拍照或者录像后委托有关部门变卖、拍卖，变卖、拍卖的价款暂予保存，待诉讼终结后一并处理。

对扣押的犯罪嫌疑人的财物及其孳息中，作为证据使用的实物应当随案移送；对不宜移送的，应当将其清单、照片或者其他证明文件随案移送。待人民法院作出生效判决后，由扣押的公安机关按照人民法院的通知，上缴国库或者返还受害人，并向人民法院送交执行回单。对犯罪嫌疑人违法所得的财物及其孳息，应当依法追缴，并妥善保管，以供核查。任何单位和个人不得挪用、损毁或者自行处理。

为了保护被害人的权益，不致使其利益在诉讼的过程中被侵犯，对被害人的合法财产及其孳息，应当在登记、拍照或者录像、估价后及时返还，并在案卷中注明返还的理由，将原物照片、清单和被害人的领取手续存卷备查。通知被害人后，超过半年未领取的，予以没收，上缴国库。如有特殊情况，可以酌情延期处理。凡是已经送交财政部门处理的赃款赃物，如果失主前来认领，并经查证属实，由原没收机关从财政部门提回，予以归还。如原物已经卖掉，应当退还价款。

案件变更管辖时，与案件有关的财物及其孳息应当随案移交。移交财物时，由接收人、移交人当面查点清楚，并在交接单据上共同签名或者盖章。

根据我国《刑事诉讼法》第 118 条的规定，对于扣押的物品和文件经查明确实与案件无关的，应当在 3 日以内解除扣押和冻结，退还原主。

3. 扣押犯罪嫌疑人的邮件、电报

根据我国《刑事诉讼法》第 116 条的规定，侦查人员认为需要扣押犯罪嫌疑人的邮件、电报时，经县级以上公安机关、人民检察院等部门批准，可通知邮电部门或者网络服务单位将有关的邮件、电报检交扣押。

由于扣押邮件、电报直接涉及限制公民的通信自由，因而必须通过严格的程序进行控制。犯罪嫌疑人的邮件、电报应当是由其发出或者由其接收的。

对扣押的邮件、电报应当迅速审查，经查明确实与案件无关的，应当在 3 日以内将扣押的邮件、电报退还原主、原邮电机关或通知网络服务单位。

六、查询、冻结存款、汇款

1. 查询、冻结存款、汇款的概念与作用

查询、冻结犯罪嫌疑人的存款、汇款是指侦查机关根据侦查犯罪的需要而依法向银行或者其他金融机构、邮电组织查询犯罪嫌疑人的存款、汇款，在必要时予以冻结的一种侦查活动。

我国《刑事诉讼法》第 117 条规定："人民检察院、公安机关根据侦查犯罪的需要，可以依照规定查询、冻结犯罪嫌疑人的存款、汇款。犯罪嫌疑人的存款、汇款已经冻结的，不得重复冻结。"

及时查询、冻结犯罪嫌疑人的存款、汇款，既有利于查明犯罪、证实犯罪，也有利于为国家、集体、个人挽回经济损失。

2. 查询、冻结存款、汇款的程序

刑事诉讼法规定的"犯罪嫌疑人的存款"，不仅仅指以犯罪嫌疑人姓名发生的存款和汇款，也包括侦查机关根据证据和案件情况认为可能属于犯罪嫌疑人的存款和汇款。

根据公安部《办案程序规定》和最高人民检察院《刑事诉讼规则》的具体规定，公安机关向银行或者其他金融机构、邮电部门查询犯罪嫌疑人的存款、汇款，应当经县级以上公安机关负责人批准，制作《查询存款、汇款通知书》，通知银行或者其他金融机构、邮电部门执行；而检察机关则应当经检察长批准。需要冻结犯罪嫌疑人在银行或者其他金融机构、邮电部门的存款、汇款的，应当经县级以上公安机关负责人批准，制作《冻结存款、汇款通知书》，通知银行或者其他金融机构、邮电部门执行；而检察机关则应当经检察长批准。

对于在侦查中犯罪嫌疑人死亡，对犯罪嫌疑人的存款、汇款应当依法予以没收或者返还被害人的，可以申请人民法院裁定通知冻结犯罪嫌疑人存款、汇款的银行、其他金融机构或者邮电部门上缴国库或者返还被害人。对于冻结在银行、其他金融机构或者邮电部门的赃款，应当向人民法院随案移送该银行、其他金融机构或者邮电部门出具的证明文件，待人民法院作出生效判决后，由人民法院通知该银行、其他金融机构或者邮电部门上缴国库。

公安机关冻结存款的期限为6个月。有特殊原因需要延长的，公安机关应当在冻结期满前办理继续冻结手续。每次续冻期限最长不超过6个月。逾期不办理继续冻结手续的，视为自动撤销冻结。检察机关冻结存款的期限没有明确规定。

对于冻结的存款、汇款经查明确实与案件无关的，应当在3日以内通知原银行、其他金融机构、邮电部门解除冻结，并通知被冻结存款、汇款的所有人。

七、鉴　定

1. 鉴定的概念与作用

鉴定是指人民检察院、公安机关等指派或聘请具有专门知识的人，就案件中某些专门性问题，进行鉴别和判断，并出具鉴定结论的一种侦查行为。

鉴定是案件中出现专门性问题的需要，由于科学技术的发展，需要鉴定的内容会越来越多；同时，随着科学技术的发展，也使鉴定这种侦查手段能够解答案件中的更多问题。

由于鉴定能够使案件中的一些并不明了的问题清晰，具有产生新的证据信息的作用，所以，鉴定是收集证据证明案情和正确认定案件性质的重要手段。

2. 鉴定的范围与鉴定人的条件

一切需要借助专门知识予以确定的问题都可以成为鉴定的对象。根据公安部的《刑事技术鉴定规则》的规定，侦查程序中的鉴定范围，必须是与查明案情有关的物品、文件、痕迹、人身、尸体等。

为了保障鉴定结论的客观性、科学性和准确性，被指定或者聘请的鉴定人必须具备以下三项条件：①必须是具有专门知识或者技能的自然人。鉴定人必须是具有中级以上技术职称或技师职称的人。单位和组织之所以不能成为鉴定人，是因为鉴定活动是自然人的活动，即便是以单位或者组织的方式进行的鉴定，也是以自然人的活动为基础的，而且，鉴定人对鉴定承担着法律责任。司法部2000年《司法鉴定人管理办法》规定，担任鉴定人原则上必须参加全国统一的鉴定人资格考试。这对于规范鉴定人的管理，提高鉴定人的素质具有非常重要的意义。②必须是侦查机关指派或者聘请的。③必须与鉴定所属案件没有利害关系。这样才能保证鉴定客观公正地进行。

3. 鉴定的种类

根据相关规定和司法实践，常见的鉴定有以下几种：刑事技术鉴定、人身伤害的医学鉴定、精神病的医学鉴定、扣押物品的价格鉴定、文物鉴定、珍稀动植物及其制品鉴定、违禁品和危险品鉴定、电子数据鉴定等。

4. 鉴定的程序

为了保证鉴定活动顺利进行，鉴定应当依照以下的程序进行：

(1) 鉴定人的选择。侦查机关可以在本机关内部指派鉴定人，也可以聘请外单位的专业人员进行鉴定。在指派或聘请鉴定人时，应当告知鉴定人故意作虚假鉴定应当承担的法律责任。

(2) 鉴定前的准备工作。侦查机关应当为鉴定人进行鉴定提供必要的条件，及时向鉴定人送交有关检材和对比样本等原始材料，介绍与鉴定有关的情况，并且明确提出要求鉴定解决的问题，但是，不得暗示或者强迫鉴定人作出某种鉴定结论。接受聘请的鉴定人应听取送验人员介绍案件情况和鉴定要求，查验检材是否符合法定条件，是否需要增加材料，如果需要增加要及时提出。

(3) 鉴定的实施。鉴定一般需要经过的步骤是：预备检验、分别检验、对比检验、综合评断和制作鉴定书。鉴定结论是指鉴定人对刑事案件中的专门性问题，运用其专门知识，经过分析、鉴别、判断而得出的结论。鉴定人应当按照鉴定规则，运用科学方法进行鉴定。鉴定后，应当出具鉴定结论，由两名以上具有鉴定资格的鉴定人签名或者盖章。鉴定结论应当对要求鉴定的问题作出明确、肯定的回答，不能模棱两可。几个鉴定人对同一问题进行鉴定的可以互相讨论，作出共同的鉴定结论；如果结论不一致，应分别写明。如果对某一问题不能作出肯定或者否定的结论，应当说明原因。我国《刑事诉讼法》第120条第2款规定："对人身伤害的医学鉴定有争议需要重新鉴定或者对精神病的医学鉴定，由省级人民政府指定的医院进行。鉴定人进行鉴定后，应当写出鉴定结论，并且由鉴定人签名，医院加盖公章。"

(4) 补充鉴定或重新鉴定。办案部门或者侦查人员认为鉴定结论不确切或者有错误，经县级以上侦查机关负责人批准，可以补充鉴定或者重新鉴定。重新鉴定的，应当另行指派或者聘请鉴定人。我国《刑事诉讼法》第121条规定："侦查机关应当将用作证据的鉴定结论告知犯罪嫌疑人、被害人。如果犯罪嫌疑人、被害人提出申请，可以补充鉴定或者重新鉴定。"

(5) 鉴定与办案期限。由于各种鉴定的差异和案情等各种条件的不同，法律不能对鉴定统一规定期限。我国《刑事诉讼法》第122条规定："对犯罪嫌疑人作精神病鉴定的期间不计入办案期限。"其他鉴定时间都应当计入办案期限。

(6) 鉴定人的责任。我国《刑法》第305条规定，在刑事诉讼中，鉴定人对与案件有重要关系的情节，故意作虚假鉴定，意图陷害他人或者隐匿罪证的，构成伪证罪。鉴定人故意作虚假鉴定构成犯罪的，应当依法追究其刑事责任；尚不构成犯罪的，应依法予以行政处分。

八、辨　认

1. 辨认的概念与作用

辨认是指侦查人员根据案情的需要，让被害人、证人和犯罪嫌疑人对与犯罪有关的物品、文件、尸体进行辨别确认，或者让被害人、证人对犯罪嫌疑人进行辨别确认，或者让犯罪嫌疑人对其他犯罪嫌疑人进行辨别确认的一种侦查行为。

辨认是确认案件中涉及的人或物的一种方式，是发现证据、核实证据的有效方法，是查获犯罪嫌疑人的一个重要侦查手段。它能够及时、有效地推进案件的侦查进程，使案件事实及早清楚，使犯罪嫌疑人能够归案受审。

2. 辨认的程序

刑事诉讼法并没有将辨认规定为一种侦查行为，但公安部《办案程序规定》和最高人民检察院《刑事诉讼规则》都对此作了专门规定，而且，辨认也是刑事司法实践一直采用的一种侦查方式。上述两个规定对辨认应遵循的程序作了明确的限制。

辨认应当在侦查人员主持下进行，并且主持辨认的侦查人员不得少于 2 人。公安机关、人民检察院在侦查活动中，需要辨认犯罪嫌疑人时，应当分别经办案部门负责人或者检察长批准。

在辨认前，应当向辨认人详细询问被辨认人或者被辨认物的具体特征。辨认之前，应禁止辨认人见到被辨认人或者被辨认物，并应当告知辨认人有意作假辨认应负的法律责任。几名辨认人对同一辨认对象进行辨认时，应当由每名辨认人单独进行。

辨认时，应当将辨认对象混杂在其他相似的人员或物品中，不得给辨认人任何暗示。公安机关侦查的案件，辨认犯罪嫌疑人时，被辨认的人数不得少于 7 人；对犯罪嫌疑人的照片进行辨认的，不得少于 10 人的照片。人民检察院自侦案件的侦查中辨认犯罪嫌疑人时，受辨认的人数不得少于 5 人，照片不得少于 5 张。辨认物品时，同类物品不得少于 5 件，照片不得少于 5 张。公安机关侦查的案件，对犯罪嫌疑人的辨认，辨认人不愿意公开进行时，可以在不暴露辨认人的情况下进行，侦查人员应当为其保守秘密。

侦查人员认为必要时，可以通知见证人在场。

辨认的经过和结果等有关情况，应当制作《辨认笔录》，由主持和参加辨认的侦查人员、辨认人、见证人签名或盖章。

人民检察院主持进行辨认时，可以商请公安机关参加或者协助。

九、通　缉

1. 通缉的概念与作用

通缉是公安机关通令缉拿依法应当逮捕而在逃犯罪嫌疑人的一种侦查活动。

我国《刑事诉讼法》第 123 条规定："应当逮捕的犯罪嫌疑人如果在逃，公安机关可以发布通缉令，采取有效措施，追捕归案。"通缉是公安机关通力合作、协同作战、有效地同犯罪作斗争的一种重要形式。通缉能够充分发挥不同地区、不同层面的公安机关团结合作的力量，使整个公安系统能够形成合力，共同对付应当逮捕而逃跑了的犯罪嫌疑人。通缉对于防止新的犯罪发生、节省司法资源、保障刑事诉讼的顺利进行，有着十分重要的意义。

2. 通缉的程序

通缉的对象必须是有证据证明属于应当逮捕并且确已逃跑的犯罪嫌疑人。

有权发布通缉令的机关是公安机关。我国《刑事诉讼法》第 4 条规定："国家安全机关依照法律规定，办理危害国家安全的刑事案件，行使与公安机关相同的职权。"其他拥有刑事侦查权的机关无权进行该项侦查行为。人民检察院、军队保卫部门、监狱侦查案件需要采取通缉措施时，可以商请公安机关帮助，发布通缉令。公安机关需要通缉犯罪嫌疑人时，由公安机关的主要负责人决定。

通缉令是公安机关向社会特别是本系统发布的缉拿应当逮捕而在逃犯罪嫌疑人的书面命令。通缉令中应当尽可能写明被通缉人的姓名、别名、曾用名、绰号、性别、年龄、民族、籍贯、出生地、户籍所在地、居住地、职业、身份证号码、衣着和体貌特征并附被通缉人近期照片，还可以附指纹及其他物证的照片。除了必须保密的事项以外，还应写明案发的时间、地点和简要案情。

县级以上公安机关在自己管辖的地区以内，可以直接发布通缉令；超出自己管辖的地区时，应当报请有权决定的上级公安机关发布。通缉令可以通过广播、电视、报刊、计算机网络等媒体发布。通缉令发出后，如果发现新的重要情况可以补发通报。通报应当注明原通缉令的编号和日期。

有关公安机关接到通缉令后，应当及时布置查缉。抓获犯罪嫌疑人后，应当迅速通知通缉令发布机关，并报经抓获地县级以上公安机关负责人批准后，凭通缉令进行羁押。原通缉令发布机关应当立即进行核实，并及时依法处理。

为防止犯罪嫌疑人逃往境外，需要在边防口岸采取边控措施的，应当按照有关规定制作《边控对象通知书》，经县级以上公安机关负责人审核后，层报省级公安机关批准，办理边控手续。需要在全国范围采取边控措施的，应当层报公安部批准。对需要边防检查站限制犯罪嫌疑人人身自由的，需同时出具有关法律文书。紧急情况下，县级以上公安机关可以出具公函，先向当地边防检查站交控，但应当在 7 日内补办交控手续。

犯罪嫌疑人自首、被击毙或者被抓获，并经核实后，原发布机关应当在原通缉范围内，撤销通缉令。

综上所述，刑事诉讼法、司法解释、相关规定明确授权的侦查行为就只有以上几种。需要说明的是，法定侦查行为之外的侦查活动能否进行。我国在刑事侦查的实践中大量运用一些刑事诉讼法没有明文规定的侦查手段，如诱惑侦查、卧底侦查、电子监听、强制采样、测谎仪取证。这些侦查方式的存在有其相当的合理性，即是侦查实践的需要，有些侦查活动也是某些特殊类型案件侦破的首选手段。然而，我国的刑事诉讼法不仅没有规定一切侦查实践需要的手段，也没有作出弹性的规定将一些侦查手段概括。这样，就出现了实践中的一些侦查方式在法律中找不到根据的尴尬局面。按照法理，国家权力没有法律的明确授权，就应被认为是违法的，应当被禁止。因为没有规定的国家权力行使不仅缺乏依据、没有制约，也使该种侦查行为产生的证据无法合理使用。现行法律没有规定的侦查行为并不是我国的侦查实践不需要，而是立法缺乏合理性，没能将必要的侦查方式全面反映。面对立法的滞后状态，实践中的侦查机关和侦查人员只好根据案件侦查的需要适当采取。这种法外执法的状态，只能通过及早修改立法才能解决。

第三节　人民检察院行使侦查权的特殊规定

尽管我国《刑事诉讼法》第 131 条规定，人民检察院对直接受理的案件的侦查适用关于公安机关侦查的规定，但是，刑事诉讼法考虑到检察机关负责侦查的刑事案件的特定性，对部分侦查行为作了一些特殊的限制。

一、人民检察院没有拘留和逮捕的执行权

我国《刑事诉讼法》第 132 条规定："人民检察院直接受理的案件中符合本法第 60 条、第 61 条第 4 项、第 5 项规定情形，需要逮捕、拘留犯罪嫌疑人的，由人民检察院作出决定，由公安机关执行。"我国《刑事诉讼法》第 61 条第 4、5 款规定的情形是：犯罪后企图自杀、逃跑或者在逃的和有毁灭、伪造证据或者串供可能的。检察机关自行侦查的犯罪，往往是国家工作人员实施的与其职权有关的犯罪，与公安机关应对的各种复杂的犯罪相比，犯罪类型比较少，所以，对于以拘留方式控制犯罪嫌疑人人身自由的情形也不像公安机关处理案件中需要的那么多。另外，长期以来，我国检察机关的侦查能力不如公安机关强，像执行拘留、逮捕这样存在一定危险的活动，在检察机关作出决定后由公安机关执行具有一定的合理性。

二、人民检察院自行侦查案件中的拘留时限较短

根据我国《刑事诉讼法》第 134 条的规定，人民检察院对直接受理的案件中被拘留的人，认为需要逮捕的，应当在 10 日以内作出决定。在特殊情况下，决定逮捕的时间可以延长 1 日至 4 日。可见，检察机关采取拘留措施的时限短于公安机关决定实施拘留的时限。这是因为检察机关自行侦查的案件几乎没有现行犯、流窜作案和身份不明等需要延长拘留时限来查明案情的特殊情况。

三、人民检察院没有直接发布通缉令的权力

人民检察院侦查直接受理的案件，应当逮捕的犯罪嫌疑人如果在逃，或者已被逮捕的犯罪嫌疑人脱逃的，经检察长批准，可以作出通缉的决定。之后，将通缉通知书和通缉犯的照片、身份、特征、案情简况送达公安机关，由公安机关发布通缉令。

四、人民检察院自行侦查的案件可能有初查程序

根据最高人民检察院《刑事诉讼规则》的规定，在检察机关收到有关案件材料后，

由举报中心移交侦查部门，侦查部门进行审查后，认为需要初查的，应当报检察长或者检察委员会决定。举报线索的初查由侦查部门进行，但性质不明、难以处理的案件线索可以由举报中心进行初查。由此可见，初查是人民检察院自行侦查案件的特有程序，是立案前对证据材料的审查工作的需要。按照司法解释的规定，在初查过程中，可以进行询问、查询、勘验、鉴定、调取证据材料等不限制被查对象人身、财产权利的措施；初查不得对被查对象采取强制措施，不得查封、扣押、冻结被查对象的财产。然而，这种立案前的调查取证工作具有侦查的性质，所以，查证的各项活动也必须遵守法律关于这些侦查行为的程序要求。

侦查部门对举报线索初查后，应当制作审查结论报告，提出处理意见，报检察长决定：认为有犯罪事实需要追究刑事责任的，提请批准立案侦查；对具有下列情形之一的，提请批准不予立案：①认为没有犯罪事实的；②事实不清，证据不足的；③具有《刑事诉讼法》第 15 条规定情形之一的。

五、人民检察院自行侦查中法律没有赋予使用技术性侦查手段的权力

技术性侦查手段也叫“密侦”手段，其具体范围在我国法律中没有规定，从“密侦”的特性看，一般应指电子监控、电话监听、诱惑侦查、卧底侦查、测谎仪取证等。《国家安全法》和《人民警察法》中分别规定，国家安全机关和人民警察在必要时可以使用技术性侦查措施。但人民检察院在自侦案件中，法律没有授予其这样的权力。

第四节 侦查终结

一、侦查终结的概念和意义

侦查终结是指侦查机关对自己立案侦查的案件，经过一系列的侦查活动，认为案件事实已经查清，证据确实、充分，足以认定犯罪嫌疑人是否有罪和应否对其追究刑事责任而决定结束侦查，并对案件依法作出处理的一种诉讼活动。

侦查终结是侦查程序的最后一项工作，是任何一个开始侦查程序的刑事案件的必经程序。作为侦查活动的一个总结，侦查终结必须作出侦查后对案件最终处理的结论：或确定犯罪嫌疑人有罪并需要追究刑事责任，向控诉机关提出起诉意见，或认定犯罪嫌疑人不需要追究刑事责任而决定撤销案件。可见，侦查终结对于能否准确打击犯罪和及时、有效保护无辜，有着十分重要的意义。

二、侦查终结的条件

我国《刑事诉讼法》第 129 条规定：“公安机关侦查终结的案件，应当做到犯罪事

实清楚，证据确实、充分，并且写出起诉意见书，连同案卷材料、证据一并移送同级人民检察院审查决定。”可见，侦查机关侦查终结必须具备以下三项条件：

1. 案件事实已经查清

案件事实主要指决定犯罪嫌疑人刑事责任的各种事实因素。包括犯罪嫌疑人有罪或无罪、罪重或罪轻以及主体责任能力情况、是否已经超过追诉时效等。在认定需要追究犯罪嫌疑人刑事责任时，应当查清犯罪的时间、地点、动机、目的、情节、手段和危害结果等影响刑事责任的一切情况。共同犯罪的案件，还应当查清每个犯罪嫌疑人在共同犯罪中的地位和作用，不能遗漏应当追究刑事责任的同案人。在认定不需要追究犯罪嫌疑人刑事责任时，可能就某些程序性事实已经查清，如犯罪嫌疑人享有外交豁免权、追诉时效已过等，而实体性事实不一定查清，如涉嫌犯罪的证据并不充分。

2. 需要追究刑事责任的证据确实、充分

犯罪事实的认定依赖证据，而证明事实的证据必须在证明标准方面达到确实、充分的高度。不允许影响犯罪嫌疑人承担刑事责任的情节没有证据证明或者没有可靠和足够的证据证明。如果决定刑事责任的要素没有确实、充分的证据证明，即很有可能或可能是某种情况，那么，经过公诉机关的审查，侦查终结就会被否定。

3. 法律手续完备

法律手续是否完备是衡量侦查活动是否严格依法进行的标准，所以也是侦查终结必不可少的条件。侦查机关进行专门调查工作和采取有关的强制性措施都要求有一定的法律文书和审批、签字、盖章等手续，这是约束侦查活动的法律形式，是侦查活动合法开展的保障。没有完备的法律手续，侦查活动就无法接受起诉和审判的检查，就不能达到成功追诉犯罪的目的。

我国《刑事诉讼法》第130条规定：“在侦查过程中，发现不应对犯罪嫌疑人追究刑事责任的，应当撤销案件；犯罪嫌疑人已被逮捕的，应当立即释放，发给释放证明，并且通知原批准逮捕的人民检察院。”

三、侦查终结的处理

根据刑事诉讼法的规定，公安机关侦查终结的案件，应当根据案件的不同情况，分别作出移送审查起诉或者撤销案件的决定；人民检察院侦查终结的案件，应当作出提起公诉、不起诉或者撤销案件的决定。

1. 侦查机关或者侦查部门移送起诉部门审查

侦查终结时认为犯罪事实清楚，证据确实、充分，依法应当追究刑事责任的案件，侦查人员应当写出侦查终结报告，并且制作《起诉意见书》。对于犯罪情节轻微，依照刑法规定不需要判处刑罚或者免除刑罚的案件，公安机关在移送审查起诉时，可以在《起诉意见书》中注明具备不起诉的条件，由人民检察院审查决定起诉或者不起诉；检察机关的侦查人员应当写出侦查终结报告，并且制作《不起诉意见书》。检察机关的侦查终结报告和起诉意见书或者不起诉意见书由侦查部门负责人审核、检察长批准后，连同其他案卷材料一并移送本院审查起诉部门。

2. 侦查机关或者侦查部门决定撤销案件

公安机关对于侦查中发现不应对犯罪嫌疑人追究刑事责任的案件，应当作出撤销案件的决定，并制作《撤销案件决定书》；犯罪嫌疑人已被逮捕的，应当立即释放，并发给释放证明，同时通知原批准的人民检察院。在侦查过程中，发现犯罪嫌疑人不够刑事处罚需要行政处理的，经县级以上公安机关批准，对犯罪嫌疑人依法予以行政处理或者移交其他有关部门处理。

根据最高人民检察院《刑事诉讼规则》第237条和第238条的要求，检察机关自行侦查的案件，发现具有下列情形之一的，应当由检察人员写出撤销案件意见书，经侦查部门负责人审核后，报请检察长或者检察委员会决定撤销案件：具有我国《刑事诉讼法》第15条规定情形之一的；没有犯罪事实的，或者依照刑法规定不负刑事责任和不是犯罪的；虽有犯罪事实，但不是犯罪嫌疑人所为的。对于共同犯罪的案件，如有符合本条规定情形的犯罪嫌疑人，应当撤销对该犯罪嫌疑人的立案。撤销案件的决定，应当分别送达犯罪嫌疑人所在单位和犯罪嫌疑人。犯罪嫌疑人死亡的，应当送达犯罪嫌疑人原所在单位。如果犯罪嫌疑人在押，应当制作《决定释放通知书》，通知公安机关依法释放。

四、侦查羁押期限

1. 一般羁押期限

我国《刑事诉讼法》第124条规定：“对犯罪嫌疑人逮捕后的侦查羁押期限不得超过2个月。”如果犯罪嫌疑人在逮捕以前已被拘留的，拘留的期限不包括在以上的侦查羁押期限之内。

2. 延长羁押期限

延长羁押期限，是刑事诉讼法根据案件的特殊需要，规定在符合以下法定条件时履行相应的审批手续和程序时，便可以延长侦查羁押期限：

(1) 根据我国《刑事诉讼法》第124条的规定，案情复杂、期限届满不能终结的案件，可以经上一级人民检察院批准延长1个月。

(2) 根据我国《刑事诉讼法》第125条的规定，因为特殊原因，在较长时间内不宜交付审判的特别重大复杂的案件，由最高人民检察院报请全国人民代表大会常务委员会批准延期审理。

(3) 根据我国《刑事诉讼法》第126条的规定，下列案件在《刑事诉讼法》第124条规定的期限届满仍不能侦查终结的，经省、自治区、直辖市人民检察院批准或者决定，可以延长2个月：交通十分不便的边远地区的重大复杂案件；重大的犯罪集团案件；流窜作案的重大复杂案件；犯罪涉及面广，取证困难的重大复杂案件。

(4) 根据我国《刑事诉讼法》第127条的规定，对犯罪嫌疑人可能判处10年有期徒刑以上刑罚，依照本法第126条规定延长期限届满，仍然不能侦查终结的，经省、自治区、直辖市人民检察院批准或者决定，可以再延长2个月。这类案件的侦查羁押期限最长可达7个月。

需要说明的是，根据六部委《规定》第30条、第31条的规定，公安机关对案件提请延长羁押期限时，应当在羁押期限届满7日前提出，并书面呈报延长羁押期限案件的主要案情和延长羁押期限的具体理由，人民检察院应当在羁押期限届满前作出决定。最高人民检察院直接立案侦查的案件，符合我国《刑事诉讼法》第124条、第126条和第127条规定的条件，需要延长犯罪嫌疑人侦查羁押期限的，由最高人民检察院依法决定。

3. 不计算羁押期限

侦查中不计算羁押期限的情形有两种，一是我国《刑事诉讼法》第122条规定的对犯罪嫌疑人作精神病鉴定的期间不计入办案期限；二是我国《刑事诉讼法》第128条第2款规定的犯罪嫌疑人不讲真实姓名、住址，身份不明的，查清其身份之前的侦查羁押期限不予计算。

4. 重新计算羁押期限

根据我国《刑事诉讼法》第128条和六部委《规定》第32条，在侦查期间，发现犯罪嫌疑人另有重要罪行的，自发现之日起依照《刑事诉讼法》第124条的规定重新计算侦查羁押期限。公安机关在侦查期间，发现犯罪嫌疑人另有重要罪行，重新计算侦查羁押期限的，由公安机关决定，不再经人民检察院批准。但须报人民检察院备案，并受人民检察院监督。

需要说明的是，未羁押犯罪嫌疑人的侦查是否应当有期限的问题。根据我国现行刑事诉讼法的规定，侦查案件的期限限制只针对犯罪嫌疑人被羁押的情形，没有羁押犯罪嫌疑人的案件的侦查没有明确的期限限制。一般理论认为，未羁押犯罪嫌疑人的侦查活动也应当有一定的期间限制，因为即使未被羁押，犯罪嫌疑人在侦查阶段也承受了诉讼的压力和负担，同时，名誉的损失和机会的丧失等在所难免，国家权力对公民个人权利的侵犯应当有一个时间限度。另外，国家也不应当无休止地对一个案件投入无限的司法资源，那样也不利于集中力量打击当前的主要犯罪。最高人民检察院《刑事诉讼规则》第242条规定："人民检察院直接立案侦查的案件，对犯罪嫌疑人没有采取取保候审、监视居住、拘留或者逮捕措施的，侦查部门应当在立案后两年以内提出移送审查起诉、移送审查不起诉或者撤销案件的意见；对犯罪嫌疑人采取取保候审、监视居住、拘留或者逮捕措施的，侦查部门应当在解除或者撤销强制措施后一年以内提出移送审查起诉、移送审查不起诉或者撤销案件的意见。"司法解释的这一规定，反映了理论界的主流观点。

第五节　补充侦查

一、补充侦查的概念

补充侦查是指公安机关或者人民检察院等侦查机关依照法定程序，在原有侦查工作的基础上继续补充收集证据的一种侦查活动。

补充侦查不是每一刑事案件都必须经过的程序，它只适用于事实不清、证据不足或者遗漏罪行、遗漏同案犯罪嫌疑人的案件。

二、补充侦查的类型

根据我国《刑事诉讼法》第68条、第140条和第165条的规定，补充侦查在程序上有以下三种类型：

1. 审查批捕阶段的补充侦查

我国《刑事诉讼法》第68条规定："人民检察院对于公安机关提请批准逮捕的案件进行审查后，应当根据情况分别作出批准逮捕或者不批准逮捕的决定。对于批准逮捕的决定，公安机关应当立即执行，并且将执行情况及时通知人民检察院。对于不批准逮捕的，人民检察院应当说明理由，需要补充侦查的，应当同时通知公安机关。"由此可见，审查批捕阶段的补充侦查不是一个独立的决定，是不批准逮捕决定的可能的附属内容。

2. 审查起诉阶段的补充侦查

我国《刑事诉讼法》第140条规定："人民检察院审查案件，可以要求公安机关提供法庭审判所必需的证据材料。人民检察院审查案件，对于需要补充侦查的，可以退回公安机关补充侦查，也可以自行侦查。对于补充侦查的案件，应当在一个月以内补充侦查完毕。补充侦查以两次为限。补充侦查完毕移送人民检察院后，人民检察院重新计算审查起诉期限。对于补充侦查的案件，人民检察院仍然认为证据不足，不符合起诉条件的，可以作出不起诉的决定。"根据这一法律规定，对于审查起诉阶段的补充侦查应当作如下理解：①公诉机关在审查起诉时，如果认为起诉的证据条件不具备，不能直接作出不起诉的决定，必须在要求侦查机关补充侦查后才能决定不起诉；②经过一次补充侦查后，如果仍然认为不符合起诉的条件，可以根据案情决定不起诉或者再次退回侦查机关补充侦查；③公诉机关在案件经过两次补充侦查之后仍然无法起诉的，只能决定不起诉。

最高人民检察院《刑事诉讼规则》第266条规定："人民检察院认为犯罪事实不清、证据不足或者遗漏罪行、遗漏同案犯罪嫌疑人等情形，认为需要补充侦查的，应当提出具体的书面意见，连同案卷材料一并退回公安机关补充侦查；人民检察院也可以自行侦查，必要时可以要求公安机关提供协助。"

公安部《办案程序规定》第271条规定："对人民检察院退回补充侦查的案件，原侦查部门应当对案件的事实、证据和定性处理意见进行认真、全面地审查，分析研究人民检察院退回补充侦查意见，根据不同情况，报县级以上公安机关负责人批准，分别作如下处理：(一)原认定犯罪事实清楚，证据不够充分的，在补充证据后，应当制作《补充侦查报告书》，移送人民检察院审查；对有些证据无法补充的，应当作出说明；(二)在补充侦查过程中，发现新的同案犯或者新的罪行，需要追究刑事责任的，应当重新制作《起诉意见书》，移送人民检察院审查；(三)发现原认定的犯罪事实有重大变化，不应当追究刑事责任的，应当重新提出处理意见，并将处理结果通知退回补充侦查的人民检察院；（四）原认定犯罪事实清楚、证据确实充分、人民检察院退回补充侦查不当的，应当说明理由，移送人民检察院审查。”

3. 法庭审理阶段的补充侦查

根据我国《刑事诉讼法》和相关司法解释的规定，法庭审理阶段的补充侦查的提出只能是公诉机关。一般是公诉机关发现提起公诉的案件事实不清、证据不足，需要补充侦查，由公诉人向法庭提出申请，要求延期审理，对此，合议庭应当同意。特殊情况下，合议庭在案件审理过程中，发现被告人可能有自首、立功等法定量刑情节，而起诉和移送的证据材料中没有这方面的证据材料的，合议庭应当建议人民检察院补充侦查。但是，是否决定补充侦查并进而要求法庭延期审理的权利属于公诉机关。

人民检察院应当在一个月内补充侦查完毕。公诉机关由于补充侦查而建议延期审理的次数不得超过两次。2003 年最高人民法院、最高人民检察院、公安部联合发布的《关于严格执行刑事诉讼法，切实纠防超期羁押的通知》明确规定，人民检察院对于在审判阶段建议补充侦查并经人民法院决定延期审理的案件，只能由人民检察院自行侦查，不得再退回公安机关。

第六节　侦查监督

一、侦查监督的概念和意义

侦查监督是指人民检察院依法对侦查机关的侦查活动是否合法进行的监督。

我国《刑事诉讼法》第 8 条规定：“人民检察院依法对刑事诉讼实行法律监督。”人民检察院是国家的法律监督机关，刑事侦查是执行刑事法律的重要活动，当然是人民检察院监督的重点。根据我国《刑事诉讼法》的规定，公安机关、国家安全机关、走私犯罪侦查局、监狱、军队保卫部门和人民检察院的侦查部门均享有侦查权，负责法律监督的检察院应当对上述机关的侦查活动是否合法进行监督。通过监督，人民检察院可以对侦查活动中的违反程序的情况及时纠正，保护公民个人在刑事诉讼中的合法权益，保证案件事实的准确查明，保证实体公正的实现。检察机关的法律监督对维护法律的威信和社会的公正有着十分重要的意义。

二、侦查监督的内容和程序

根据最高人民检察院《刑事诉讼规则》第 381 条的规定，侦查监督主要发现和纠正以下违法行为：①对犯罪嫌疑人刑讯逼供、诱供的；②对被害人、证人以体罚、威胁、诱骗等非法手段收集证据的；③伪造、隐匿、销毁、调换或者私自涂改证据的；

④徇私舞弊，放纵、包庇犯罪分子的；⑤故意制造冤、假、错案的；⑥在侦查活动中利用职务之便谋取非法利益的；⑦在侦查过程中不应当撤案而撤案的；⑧贪污、挪用、调换所扣押、冻结的款物及其孳息的；⑨违反刑事诉讼法关于决定、执行、变更、撤销强制措施规定的；⑩违反羁押和办案期限规定的；⑪在侦查中有其他违反刑事诉讼法有关规定的行为的。

检察机关在进行侦查监督时，往往通过以下渠道发现违法行为：一是在审查批捕和审查起诉中，通过查阅案卷和讯问犯罪嫌疑人等活动，发现侦查违法行为；二是检察机关认为必要时派员参加重大案件的讨论和侦查活动，从中发现违法行为；三是通过受理公民个人或者组织对侦查机关和侦查人员在侦查中的违法侵权行为的控告发现违法行为；四是通过审查公安机关执行人民检察院批准或者不批准逮捕决定的情况，以及释放被逮捕的犯罪嫌疑人或者变更逮捕的决定，发现违法行为。

对于监督中发现的侦查违法情况，检察机关一般采取以下三种方式处理：一是口头通知纠正。口头通知纠正主要针对较轻的违法行为，而且，一般不要求被监督者书面答复。二是书面通知纠正。这种方式的纠正建议，主要针对情节较重的违法行为。不仅监督者的纠正违法通知书在发出前要经过检察长的批准，而且，被通知的侦查机关应当将纠正情况书面通知人民检察院。三是移送有关部门依法追究刑事责任。检察机关在履行监督职责时，发现侦查中的违法行为已经严重到了构成犯罪的程度时，就应当移送人民检察院的侦查部门，并报告检察长。对于不属于检察机关侦查的犯罪，应当移送有管辖权的机关处理。

人民检察院负责法律监督的部门，对于本院进行的侦查活动进行监督并发现违法时，情节较轻的，直接向侦查部门提出纠正意见；情节较重或者需要追究刑事责任的，应当报告检察长决定。

案例分析

【案情】某派出所民警张某在值班时接到有人行凶的报案，于是与同时在岗的民警李某和司机王某出警赶往现场。他们赶到报案电话指示的地点后，发现一高个男子正被众人追赶，处于逃跑中，后面的人高喊："抓杀人凶手！"于是，张某和李某跳下警车，直奔高个男子追去。在追捕中，民警认为高个男子躲进一家杂货店。两位民警赶到杂货店门口时，杂货店有人出来挡住去路。两位民警向杂货店的人员说明情况后要求进入店内进行搜查和抓捕，但是遭到了店里人员的反对。他们要求民警出示有关证件。民警只能拿出警官证，并说明逃到店里的人是个现行犯，要求店主配合警察的工作。但是店主仍然不允许警察进店搜查，并将店门关上。两位警察趁店主没有关好门之际，冲进店内，将店中的一个高个男子抓捕。由于在抓捕中双方有反抗与搏斗行为，杂货店中的一台电视机被损坏。之后，经查证发现，民警抓到的并不是杀人的现行犯，而是店主的一个亲属。公安机关在抓捕后的一个小时即将其释放。店主以非法搜查为由控告两位办案民警，并要求赔偿损坏的电视机。

接到控告后，市公安局有关部门进行了调查核实，证明电视机的损失确实发生，并表示该损失由公安局赔偿。至于两位民警闯入杂货店抓捕现行犯的行为，公安局的答复认为：属于警察正常履行职责，没有违反法律规定；但是，对于错误认定犯罪嫌疑人并实施抓捕的行为，公安机关表示歉意。接到公安局的答复后，杂货店主又向该市的人民检察院控告两位警察及市公安局，要求严惩无证非法搜查并随意抓人的民警。市检察院审查了有关证据后答复控告人，同意市公安局的处理意见。

【问题】该市公安机关和检察机关的做法是否正确?

【解析】我们认为，该市公安局和检察院的处理是基本正确的。虽然我国刑事诉讼法要求侦查人员搜查时要出示搜查证，但是同时也规定，在执行逮捕、拘留的时候，遇有紧急情况时，不另用搜查证也可以进行搜查。本案中的情形应当属于典型的正在执行拘留。我国《刑事诉讼法》第 64 条“公安机关拘留人的时候，必须出示拘留证”的规定，违反了拘留执行紧迫性的规律要求，是一个不切实际的法律规定。几乎所有国家的法律关于拘留（有的叫做紧急逮捕、无证逮捕）的程序规定，都不要求出示拘留或逮捕的证件。本案中错误抓捕一个无辜公民，是正常的侦查活动不可能彻底避免的失误，每一位公民都应当给予充分的谅解。如果办案机关能够主动就错误抓捕行为承担更多的民事责任，如公开赔礼道歉，消除影响，再赔偿一些损失，可能效果会更好。

第十四章　起诉程序

本章主要介绍起诉的概念、种类、任务和意义；起诉权的配置；我国刑事起诉的特点；审查起诉的概念、内容、意义、审查起诉的处理；提起公诉的概念、条件、程序；出庭支持公诉；公诉案件适用简易程序的提起；不起诉的概念、绝对不起诉、相对不起诉、证据不足不起诉；不起诉的程序和效力；自诉案件的范围、特点；提起自诉的条件、提起自诉的程序。通过本章的学习要求掌握我国“提起公诉”的相关法律规定。学习重点是：提起公诉的条件和程序；不起诉的概念和种类；自诉案件的范围及提起自诉的条件。学习难点是：提起公诉的条件；相对不起诉和证据不足不起诉的裁量。本章的学术热点是：在审查起诉阶段国家要关注被追诉人的权利保障，改革酌定不起诉（相对不起诉），增设附条件不起诉，扩大检察院的自由裁量权。

第一节　起诉概述

一、起诉的概念和种类

1. 起诉的概念

起诉，是指享有刑事控诉权的法定国家机关和公民个人，依法向人民法院提出刑事控诉，请求人民法院对被指控的刑事被告人进行审判，以确定刑事被告人的刑事责任并依法作出刑事制裁的一种诉讼活动或程序。

2. 起诉的种类

根据刑事起诉主体的不同，刑事起诉可分为公诉和自诉。具体内容如下：

公诉，是指依法享有刑事公诉权的国家机关代表国家向人民法院提起诉讼，要求人民法院通过审判确定被告人所犯被指控的罪行成立并给予相应刑事制裁的诉讼活动。在我国，依法享有刑事公诉权的国家机关仅指各级人民检察院。公诉性质上是国家公权力介入刑事起诉活动，由人民检察院代表国家行使提起公诉的职权。我国的绝大部分刑事案件属于公诉案件，均由人民检察院提起公诉。

自诉，是指依法享有刑事控诉权的自诉人以自己的名义直接向人民法院提起控诉，要求人民法院通过审判确定被告人所犯被指控的罪行成立并给予相应刑事制裁的诉讼活动。在我国，依法享有刑事自诉权的自诉人包括刑事自然人被害人和刑事团体被害人①。刑事自然人被害人的法定代理人、近亲属可以依法代为行使自诉权。自诉性质上是个人（体）私权利参与刑事起诉活动，由个人（体）享有和行使控诉权利。这种权利既可以积极行使，也可以放弃行使，取决于自诉人个人（体）的自由意志。我国有少部分案件属于自诉案件，原则上由自诉人提起诉讼。

二、起诉的任务和意义

1. 起诉的任务

起诉的任务在于通过享有刑事起诉权的国家专门机关或个人（体），根据事实和法律向人民法院提起刑事控诉，启动审判程序，从而使被指控的刑事被告人的罪行依法受到审判，最终确定刑事被告人是否应被追究刑事责任和给予刑事制裁。也即通过起诉启动审判程序而使国家刑罚权在法定的审判程序中依法实现，从而防止法外滥用刑罚权。

2. 起诉的意义

起诉是连接侦查与审判的桥梁和纽带，是刑事诉讼中的一个关节点，具有非常重要的意义。

(1) 通过起诉发动审判程序。现代刑事诉讼的一个基本要求是“不告不理”，也即审判要以起诉为前提和基础，没有起诉就没有法院的审判，没有起诉法院就不能主动追究犯罪。这是有别于封建社会“纠问式诉讼”的一个突出特点。所以，只有通过起诉发动审判程序才可能使法院获得审判权力，才可能使“诉讼两造”有权就受诉审判的案件参加诉讼活动并最终承担法院裁判的义务。

(2) 通过起诉实现控诉职能。现代刑事诉讼有三大基本职能，即控诉职能、辩护职能和审判职能。在现代民主法治国家，刑事诉讼这三大基本职能的关系是控审分离、控辩平等对抗和审判中立。控诉方由享有控诉权的国家专门机关或个人（体）来承担，辩护方由享有辩护权的被告方来承担，审判方由享有审判权的审判机关来承担。在这“三方组合”的诉讼构造中各自履行相应职能，起诉也成为审判中控诉职能履行的开始，它是诉讼中实现控辩对抗的起点。

(3) 通过起诉确立人民法院的审判范围。现代刑事诉讼的“不告不理”原则的遵循，意味着刑事起诉既是启动刑事审判程序的前提和基础，同时也对刑事审判的内容和范围予以了限制。为了保证审判的中立性和消极性，法院的刑事审判范围必须与刑事起诉的范围保持一致，而不能在刑事指控之外对指控方没有起诉的犯罪行为或者被告人进行刑事审判。因此，不诉而审违反了诉讼机理。

---

① “刑事团体被害人”的提法参见陈光中. 刑事诉讼法. 北京：北京大学出版社、高等教育出版社，2002. 279

三、起诉权的配置

1. 起诉权的来源

起诉权是提起诉讼的一项权利，是社会主体将纠纷诉诸法院，并由此启动审判程序的权利。① 从本源上讲，起诉权是一种权利而不是一种权力。因为在人类社会的早期，刑事起诉权的行使是由遭受侵害的受害人或者其家庭、亲友直接向裁判官控告被告人，要求追究其责任的一种权利。按照诉权理论的观点，诉权的性质及诉权的原初形态是道德权利，它高于实在法，是高于法定权利的道德权利。诉权的逻辑起点是人作为社会共同体的一员的资格，社会共同体的任何一员都有诉权（奴隶制下的奴隶除外）。轻微刑事案件中的受害人的自诉权，是诉权的一种，它是刑事起诉权的早期形态。② 这就意味着起诉权的原初形态是自诉权，它是一种权利。自诉权体现了纠纷的解决通过私力救济实现，这又被称为私力救济。

但随着社会的发展与文明的进步，社会关系和各种利益已变得复杂、多样并交织在一起。犯罪行为对被害人个人利益的侵犯，有时已从根本上危害社会公共利益或国家利益，犯罪的泛滥将对统治阶级的统治管理秩序构成了威胁，况且个体对抗犯罪行为的能力也愈显不足。因此，公权力（国家）为保护受害人利益而代替刑事受害人发动刑事追诉，同时也为了保护公共利益和国家利益而主动积极地对被告人发动刑事追诉，从而将本属于私权性质的起诉权变异成了公诉权——公权化的私诉权。但是公诉权的行使主体是公权力机构，已与权利主体相分离。所以，现今的公诉权是权力而不是权利，只有刑事自诉权是诉权。③公诉权体现了纠纷的解决通过公力救济实现，这是公力救济的重要方面。

由此可见，起诉因起诉主体的不同可分为自诉型起诉和公诉型起诉。这也就意味着起诉权可根据国家意志并考量对犯罪行为打击的强度和力度进行不同的配置。

2. 起诉权的配置类型

现代各国的刑事起诉制度中，各国根据犯罪所侵害的利益的公私性质的不同、社会危害程度的大小不同以及对犯罪追诉的强度和力度的考量和布局，对起诉权给予了不同的配置。主要有两种配置类型：一种是公诉独占；另一种是公诉兼自诉。

（1）公诉独占类型。

公诉独占，即将起诉权只配置给国家的专门机关独占行使。在近现代社会，通常是国家的检察机关独占行使刑事起诉权，而不将起诉权配置给个人（体），排除自诉。因此，起诉性质上是公诉性质的，也就不存在自诉形式。采用公诉独占类型的代表国家有美国、法国、日本等。如 1948 年《日本刑事诉讼法》第 247 条规定，对犯罪人的追诉实行“国家追诉主义”，“公诉由检察官提起”。法国刑事诉讼中规定追诉犯罪的权力只能由国家统一行使，也不存在自诉制度，被害人只可以就犯罪行为造成的损害提出附带

①②③周永坤等. 中国诉讼法学精粹（2005 年卷）. 诉权法理研究论纲. 北京：高等教育出版社，2005. 36~37

民事赔偿请求，但这种请求只构成检察官提出公诉的理由之一。

(2) 公诉兼自诉类型。

公诉兼自诉，即一方面将起诉权主要配置给国家的专门机关行使，此为公诉权；另一方面将少部分案件的起诉权配置给个人（体）行使，此为自诉权。两者的比重关系是公诉权是主要的，自诉权是次要的或辅助的，即公诉兼自诉，两者虽并用但并非平分秋色。采用公诉兼自诉类型的代表国家有俄罗斯、德国、奥地利及中国等。采用公诉兼自诉类型配置起诉权的国家一般将比较严重的犯罪配置以公诉权起诉，而对较为轻微的犯罪配置以自诉权起诉。自诉是否起诉，由自诉权人自己决定（即可起诉，也可放弃起诉）。这部分比较轻微的犯罪，一般案情比较简单，损害的主要是个人或个体的合法利益，没有或极少有涉及公共利益或国家利益，为利于冲突或纠纷的及时解决，也利于国家集中司法资源追诉较严重的犯罪，所以，将这部分案件只配置了自诉权起诉而未配置公诉权起诉。1996 年我国新修订的《刑事诉讼法》确立了公诉为主、自诉为辅的原则，不过适当扩大了自诉案件的范围，特别是规定了部分公诉转自诉案件，这需引起我们适当关注并进一步研究。

四、我国刑事起诉的特点

我国 1996 年新修订了《刑事诉讼法》，较之于原《刑事诉讼法》在刑事起诉制度方面有较大改革，现以新修订的《刑事诉讼法》为蓝本概述我国刑事起诉制度的特点。

1. 起诉模式

我国选采了公诉兼自诉的起诉权配置类型，构建了公诉为主、自诉为辅的刑事起诉制度模式。换句话说，我国实行国家追诉为主、个人自诉为辅的刑事追诉机制。我国的绝大多数刑事案件均由代表国家的人民检察院向人民法院提起公诉。人民检察院是国家公诉机关，而实际履行控诉职能的检察官是公诉人，他们享有的是公诉权力或职权，并不代表个人。另有少部分刑事案件由被害人及其法定代理人、近亲属直接向人民法院提起自诉，由人民法院直接受理，属于个人追诉，这类案件一般不由人民检察院提起公诉。哪些案件公诉，哪些案件自诉，均依照法律的规定来确定，不可任意而为。当然，新刑事诉讼法有一个创新，就是允许一部分公诉案件转为自诉案件，即《刑事诉讼法》第 170 条第 3 项规定，被害人有证据证明对被告人侵犯自己人身、财产权利的行为应当依法追究刑事责任，而公安机关或者人民检察院不予追究被告人刑事责任的案件并作出了书面决定的，如作出了不予立案的决定或不予起诉的决定的，被害人可以直接到人民法院起诉。

2. 起诉原则

对于刑事公诉案件符合起诉条件时是否必须向审判机关提起诉讼，须遵循一定的原则。我国采用了起诉法定主义为主、起诉便宜主义为辅的原则。所谓起诉法定主义是指当被告人的行为符合法定起诉条件时，公诉机关必须起诉而不论具体情节如何，也即公诉机关不享有自由裁量的权力。所谓起诉便宜主义，又称起诉合理主义，是指当被告人的行为具备起诉条件时，由检察机关根据被告人及其行为的具体情节、案件的罪行轻重以及刑事政策等因素进行具体裁量来决定是否起诉，即检察机关对于起诉享有一定的自由裁量权。我国将这两种起诉原则结合起来并用。当采用起诉合理主义时，较之旧的《刑事诉讼法》扩大了不起诉的范围，增加了两种不起诉类型，即酌定不起诉和存疑不起诉，从而赋予了检察官一定的起诉决定的自由裁量权，但这种自由裁量权受到了严格限制。如新《刑事诉讼法》增加规定了公安机关的复议复核权对人民检察院的不起诉决定加以制约；另外还创造性地规定了一种更为有力的制约方式“公诉转自诉”，即被害人的自行起诉制约等，这些措施的立法初衷都是为了防止和纠正检察机关滥用不起诉权，从而保护被害人合法利益。

3. 提起公诉权无制约机制

新《刑事诉讼法》将检察官的不起诉决定权行使范围扩大了，赋予了检察官一定的自由裁量权，但同时也给予了严格限制和制约。然而对于检察官提起公诉权的制约却仍属于空白，从而不能给确实无罪的被告人的权利提供充分的保障。[①] 在我国现行的公诉运行机制中，对于检察机关提起公诉的权力无监督、制约，并无“一座牢固地屹立于普通公民与过分热心的公诉人之间的防御堡垒”。有诉必审，易于导致公诉权的滥用而损害无辜公民的合法权益，这是新《刑事诉讼法》的缺憾。

4. 庭前审查初具程序化色彩

新《刑事诉讼法》就庭前案卷移送审查制度方面有所改革，即控诉方在提起公诉时向人民法院只移送起诉书，证据目录、证人名单和主要证据复印件或者照片，而非原《刑事诉讼法》规定的移送全案卷宗材料。这就将原来的全案卷宗移送的庭前实质性审查制度改革为具有程序性审查色彩的审查制度或具有形式审查色彩的审查制度。这种庭前审查制度性质的改变有着重要的意义，它可以避免法官先入为主、先期预断，从而保障审判公正。对于公诉案件的庭前审查制度各国的规定虽各有不同，但总的发展趋势是弱化这项制度，即弱化实体审查、强化形式审查，甚至于完全废止这项制度。我国新《刑事诉讼法》对庭前审查制度的修改也顺应了世界发展趋势，朝着弱化庭前审查的趋势发展。但就目前我国的法律规定来看，弱化实体审查已有所体现，但弱化程度还不够，还未完全实现形式审查的要求，仍有实体审查的存在，更没有取消或废止这项制度。

第二节 审查起诉

一、审查起诉的概念和意义

1. 概念

审查起诉是指人民检察院在法定的提起公诉阶段对侦查机关、侦查部门以及自侦部

---

① 左卫民，周长军. 刑事诉讼的理念. 北京：法律出版社，1999. 57

门侦查终结移送起诉的案件的实体问题和程序问题进行全面审查核实，并作出提起公诉或不起诉的处理决定的一项诉讼活动。我国《刑事诉讼法》第136条规定："凡需要提起公诉的案件，一律由人民检察院审查决定。"即审查起诉是需要提起公诉案件的法定必经程序，是连接侦查程序和审判程序的纽带，同时审查起诉权也是人民检察院法定独享的职权，其他任何机关、团体不享有此项权力。如果案件经侦查终结后侦查机关等决定撤销案件的，则不必经过审查起诉环节。自诉案件不需进行审查起诉。

2. 意义

审查起诉是刑事诉讼流程中起着承上启下作用的一个关键性诉讼阶段，它在刑事诉讼中的意义主要表现在以下几个方面：

(1) 对于侦查程序而言，审查起诉是其后续程序，起着承接侦查程序的作用。审查起诉对侦查工作成果进行质量检验和把关，审查核实侦查终结移送起诉的案件是否做到案件事实清楚，证据确实、充分，定性准确，罪名适用正确。同时监督侦查活动是否合法，如发现侦查活动有违反法律的情况时，应及时提出纠正意见，对构成犯罪的依法追究刑事责任，从而发挥其侦查监督的功能作用。

(2) 对于审判程序而言，审查起诉是其前置程序，起着启动连接审判程序的作用。审查起诉是人民检察院为实现提起公诉的职能而进行最基本的准备工作的阶段，通过审查核实，如认为案件符合起诉条件则依法提起公诉。如认为需补充侦查，则应通过退回补充侦查或自行补充侦查后，当符合起诉条件时再依法提起公诉，从而启动审判程序。如认为不符合起诉条件的则依法作出不起诉决定，防止滥诉。通过审查起诉环节可慎用起诉权，审查起诉起着过滤的作用，即只将符合起诉条件的案件向人民法院提起公诉，追究犯罪嫌疑人的刑事责任，从而防止将无罪的人、依法不需要追究刑事责任的人等交付审判，以保障公民的合法权益，实现公诉活动的公正性和严肃性。

(3) 为顺利履行控诉职能、提高审判效率打下良好基础。由于控审分离原则的确立，绝大部分公诉案件由公诉方承担证明被告人有罪的责任。因此，要在庭审中控诉成功，则控方需将犯罪事实揭露、证实清楚，证据收集、运用达到确实充分的程度，请求法庭依法惩罚犯罪分子的法律依据提供准确、全面等，这些均依赖于审查起诉阶段的准备工作做得充分、细致和扎实。如能做到这点，则控诉成功的可能性就大，也能提高审判效率，节约司法资源。反之亦然。

二、审查起诉内容

根据我国《刑事诉讼法》第137条规定和最高人民检察院《刑事诉讼规则》的有关规定，审查起诉的内容应包括两个部分，即受理审查内容和起诉审查内容，现分述如下：

1. 受理审查内容

人民检察院对于公安机关移送审查起诉的案件，先应进行受理审查，考量其是否符合受理条件，经审查后，对具备受理条件的，则填写受理审查起诉案件登记表。之后再进行受理后的审查起诉。不符合受理条件的，则不能受理。

人民检察院应当在收到起诉意见书后指定检察人员受理审查以下内容：①案件是否属于本院管辖；②起诉意见书以及案卷材料是否齐备，案卷装订、移送是否符合有关要求和规定，诉讼文书、技术性鉴定材料是否单独装订成卷等；③对作为证据使用的实物是否随案移送，移送的实物与物品清单是否相符；④犯罪嫌疑人是否在案以及采取强制措施的情况。如果上述条件均符合要求，则案件应当由该院受理并进入下一步的审查起诉。如果案卷材料不齐备、对作为证据使用的实物未移送等不合规定要求和遗漏的，应当要求公安机关在 3 日内补送。对于犯罪嫌疑人在逃的，应当要求公安机关在采取必要措施保证犯罪嫌疑人到案后再移送审查起诉。人民检察院受理同级公安机关移送审查起诉的案件，经审查认为属于同级其他人民法院管辖的第一审案件时，应当写出审查报告，连同案卷材料移送有管辖权的人民检察院或者报送共同的上级人民检察院指定管辖，同时通知移送审查起诉的公安机关，说明该院不具有受理审查起诉该案件的职权，等等。

2. 起诉审查内容

当案件经过受理审查后，具备受理条件的，则由该人民检察院填写受理登记表，进入下一步的审查起诉环节。下一步的审查起诉内容为：①犯罪嫌疑人身份状况是否清楚，包括姓名、性别、国籍、出生年月日、职业和单位等。②犯罪事实、情节是否清楚，认定犯罪性质和罪名的意见是否正确；有无法定的从重、从轻、减轻或免除处罚的情节；共同犯罪案件的犯罪嫌疑人在犯罪活动中的责任认定是否恰当。③证据材料是否随案移送，不宜移送的证据的清单、复制件、照片、或者其他证明文件是否随案移送。④证据是否确实、充分。⑤有无遗漏罪行和其他应当追究刑事责任的人。⑥是否属于不应当追究刑事责任的。⑦有无附带民事诉讼；对于国家财产、集体财产遭受损失的，是否需要由人民检察院提起附带民事诉讼。⑧采取的强制措施是否适当。⑨侦查活动是否合法。⑩与犯罪有关的财物及其孳息是否扣押、冻结并妥善保管，以供核查；对被害人合法财产的返还和对违禁品或者不宜长期保存的物品的处理是否妥当，移送的证明文件是否完备。

三、审查起诉的步骤和方法

根据我国刑事诉讼法的规定，人民检察院对于移送起诉的案件，必须采用如下步骤和方法进行审查：

1. 审阅案卷材料

这是审查起诉所必须首先进行的一项基础工作。案卷材料记载了侦查机关全部的侦查活动、所收集的证据材料、侦查程序以及侦查机关对案件的认识与结论等。了解案卷材料，是审查起诉部门了解案件全部情况，确定进一步审查内容和方向的依据。

审阅案卷材料必须制作阅卷笔录。

2. 询问犯罪嫌疑人

我国《刑事诉讼法》第 139 条规定："人民检察院审查案件，应当询问犯罪嫌疑人。"这是法律对审查起诉程序上的强制性要求，即人民检察院在审查起诉阶段，必须与犯罪嫌疑人见面，听取犯罪嫌疑人的认罪陈述或无罪、罪轻的辩解，以真实、准确地了解犯罪嫌疑人及其所涉嫌的犯罪。这是检察机关准确认识案件性质，决定是否起诉以及如何起诉的基本事实根据。通过询问，还可以发现侦查阶段有无违法审讯，犯罪嫌疑人的口供稳定性，口供与案中其他证据是否一致等情况，可以了解犯罪嫌疑人的思想动态，主观恶性程度，了解有无遗漏犯罪或者其他作案人的情况等，这些对于检察机关正确行使公诉权都是非常重要的。

3. 听取被害人意见

听取被害人意见也是刑事诉讼法对检察机关的硬性要求。检察机关在审查起诉阶段也必须与被害人见面，如果被害人还在世的话。这一要求具有三个方面的意义：①有助于通过被害人进一步核实案件事实和证据。被害人是案件的当事人之一，对案件情况比较了解，询问被害人可以接近案件的原始真相。②体现了现代刑事诉讼对被害人主体资格的尊重。被害人受到犯罪的侵害，理应受到国家更多的关心与帮助，国家公诉本身也代表了被害人的利益，所以，公诉机关理应听取被害人对于案件处理的意见和惩罚犯罪的要求。③了解有无附带民事诉讼的情况，可以告知被害人有权提起附带民事诉讼。

4. 听取犯罪嫌疑人、被害人委托人的意见

公诉案件自案件移送审查起诉之日起，犯罪嫌疑人有权委托辩护人，被害人及其法定代理人、近亲属有权委托诉讼代理人。人民检察院自收到移送审查起诉的案件材料之日起 3 日以内，应当告知当事人各方享有法律规定的这些权利。而检察机关听取当事人双方委托人的意见，也是一个必经程序，是我国检察机关公正执法、维护公平正义的立场之体现，是法律监督者能够兼听各方意见的应有胸怀。其意义主要在于，有助于人民检察院对案件的审查能够准确全面，对案件的处理做到正确和恰如其分。

四、对起诉审查的处理

人民检察院在对案件进行起诉审查后，根据不同的情况，可以作出三种处理：

1. 依法提起公诉

人民检察院通过审查起诉认为犯罪嫌疑人的犯罪事实已经查清，证据确实、充分，依法应当追究刑事责任的，应当作出起诉决定，按照审判管辖的规定向人民法院提起公诉。

2. 依法不起诉

人民检察院通过审查起诉认为犯罪嫌疑人的犯罪情节轻微，依照刑法规定不需要判处刑罚或者免除刑罚的；或者认为犯罪嫌疑人具有我国《刑事诉讼法》第 15 条规定的不予追究刑事责任的情形的；或者经过补充侦查仍未达到起诉条件的，人民检察院可以作出不起诉决定。

3. 补充侦查

人民检察院通过审查起诉，认为事实不清或者证据不足的，或者有其他尚需要侦查查明的事项，不能作出处理决定的，就可将案件退回公安机关补充侦查或者自行补充侦查。检察机关有能力自行补充侦查的就可以自行侦查；对于主要事实不清、主要证据不足，或者有遗漏罪行等重要事项需要侦查的，一般都退回公安机关补充侦查。退回补充侦查的，应当制作《退回补充侦查通知书》，连同案卷材料一并退回。通知书应当载明

需要补充侦查的具体事项和要求。

五、审查起诉的期限

人民检察院对于公安机关移送起诉的案件，应当在一个月内作出决定；重大复杂案件，可以延长半个月。对于补充侦查的案件，应当在一个月内补充侦查完毕；补充侦查以两次为限，补充侦查完毕移送人民检察院后，人民检察院重新计算审查起诉期限。人民检察院审查起诉的案件，改变管辖的，从改变后的人民检察院收到案件之日起计算审查起诉期限。

第三节　提起公诉

一、提起公诉的概念

提起公诉是指人民检察院代表国家将其认为符合起诉条件的犯罪嫌疑人提交人民法院，要求人民法院通过审判追究其刑事责任的一种诉讼活动。此项诉讼活动的意义在于人民检察院代表国家实现国家追诉，人民检察院的提起公诉决定作出后，犯罪嫌疑人的诉讼地位转变为刑事被告人。

我国《刑事诉讼法》第 141 条规定："人民检察院认为犯罪嫌疑人的犯罪事实已经查清，证据确实、充分，依法应当追究刑事责任的，应当作出起诉决定，按照审判管辖的规定，向人民法院提起公诉。"根据此规定我们进一步分析提起公诉的条件。

二、提起公诉的条件

人民检察院要将犯罪嫌疑人提起公诉，必须审查是否具备以下几个条件：

1. 犯罪嫌疑人的犯罪事实已经查清

人民检察院对犯罪嫌疑人提起公诉，必须首先查清其犯罪事实。因为犯罪事实是定罪量刑的基础，只有犯罪事实清楚，定罪量刑才可能准确。何谓"犯罪事实已经查清"？根据最高人民检察院《刑事诉讼规则》第 279 条的规定，具有下列情形之一的，可以确认犯罪事实已经查清：①属于单一罪行的案件，查清的事实足以定罪量刑或者与定罪量刑有关的事实已经查清，不影响定罪量刑的事实无法查清的；②属于数个罪行的案件，部分罪行已经查清并符合起诉条件，其他罪行无法查清的；③无法查清作案工具、赃物去向，但有其他证据足以对被告人定罪量刑的；④证人证言、犯罪嫌疑人供述和辩解、被害人陈述的内容中主要情节一致，只有个别情节不一致且不影响定罪的。对于符合第②项情形的，应当以已经查清的罪行起诉。由此可见，影响定罪量刑的事实必须查清，否则，不能提起公诉。

2. 证据确实、充分

证据是查明和认定案件事实的基础，是揭露犯罪、证实犯罪的重要手段，是起诉和定罪量刑的依据。因此，对案件提起公诉时应当做到证据确实、充分。何谓“证据确实”？即是对证据“质”的要求，是指用以证明犯罪事实的每一个证据必须是客观真实存在的事实，且与犯罪事实有着某种内在联系，能够证明案件事实真相。何谓“证据充分”？即是对证据“量”的要求，是指用以证明犯罪事实的证据应当具备一定的数量，达到充分性程度的要求。证据的确实和充分之间是相互联系、密不可分的。证据充分要以证据确实为基础。证据确实是就个别证据而言的，证据充分是就全案证据而言的。如何认定证据达到了确实、充分的程度？根据司法实践的经验，可考虑是否同时具备以下几个条件：一是每个证据材料是否均查证属实，准确无误；二是证据和案件事实之间存在客观内在联系，且全部证据是否形成了一个体系，即证据形同锁链而无懈可击；三是证据与证据之间、证据与案情之间的矛盾得到了合理排除；四是结案时认定的事实和情节，都有相应的证据予以证明；五是形成的证据体系所得出的结论是唯一的、排他的。如果上述条件同时具备，则可认定证据达到了确实、充分的程度。

3. 对犯罪嫌疑人依法应当追究刑事责任

人民检察院依法提起公诉的案件应当是依法应对犯罪嫌疑人追究刑事责任的案件，但下列案件除外——我国《刑事诉讼法》第15条规定，有下列情形之一的，不追究刑事责任：一是情节显著轻微、危害不大，不认为是犯罪的；二是犯罪已过追诉时效期限的；三是经特赦令免除刑罚的；四是依照刑法告诉才处理的犯罪，没有告诉或撤回告诉的；五是犯罪嫌疑人、被告人死亡的；六是其他法律规定免予追究刑事责任的。当在审查起诉阶段发现有上述情形之一的，人民检察院应当作出不起诉的决定，不再追究犯罪嫌疑人的刑事责任和提起公诉。

4. 提起公诉应当符合审判管辖的规定

人民检察院提起公诉除具备上述实体性条件外，还需具备程序性条件。即人民检察院作出起诉决定后，应当向有管辖权的同级人民法院提起公诉。否则，提起公诉将不被受理而导致不能启动审判程序，最终导致无法实现控诉职能。

三、提起公诉的程序

当人民检察院作出起诉决定并按照普通程序向人民法院提起公诉时，其程序步骤如下：

1. 制作起诉书

起诉书是人民检察院代表国家正式向人民法院提出追究被告人刑事责任的重要司法文书，是提起公诉的书面依据，是人民法院行使审判权的前提以及法庭调查和辩论的基础。这种文书是检察机关以国家公诉人的名义制作的，故又称为公诉书。

制作起诉书的基本要求是：主要从案件事实和法律适用两方面进行制作，即案件事实叙述清楚明白；引用法律全面、准确、恰当；格式规范；表述准确、严谨、文字简练。根据我国《刑事诉讼法》的有关规定和最高人民检察院颁发的《刑事检察文书格式（样本）》的有关规定，起诉书由下列部分组成：

（1）首部。

①标题。主要写明“人民检察院起诉书”字样。其右下方注明案号“（年度）×检字第××号”。

②被告人的基本情况。主要写明被告人的姓名、性别、年龄、籍贯、身份证号码、民族、文化程度、职业、住址、主要简历（包括有无前科）、何时被拘留、逮捕、在押被告人的关押处所等。

③案由和案件来源。主要写明案件是由哪个侦查机关侦查终结，或由哪个自侦部门侦查终结，并于何时以何种罪名移送人民检察院审查起诉，人民检察院何时受理，何时审查终结等。

（2）内容。

①犯罪事实和证据。这是起诉书中的主要部分。起诉书要写明对被告人提起公诉的罪名、罪状、犯罪情节、认罪态度以及罪证等。在记述被告人的犯罪事实时，应写明犯罪的时间、地点、经过、手段、动机、目的、危害后果等与定罪量刑有关的事实要素。有多项指控的，要逐一列举犯罪事实。需要注意的是：起诉书所写内容是经过人民检察院严格审查和核实后所认定的，是人民法院审判被告人的依据，同时也是被告人及其辩护人进行辩护的依据。所以，起诉书要有严密的逻辑性和很强的说服力。

②起诉的理由和法律根据。这部分是写人民检察院在对被告人犯罪事实的分析、认定基础上，阐述对被告人所犯罪行进行法律追究的详细意见，具体包括：被告人犯罪行为的性质、危害性大小以及触犯的刑法条款；法定从重、从轻或减轻处罚的情节以及适用的刑法条款；酌定从宽或从严处罚的理由；共同犯罪中各被告人应负的罪责；有无附带民事诉讼的情况，等等。

（3）尾部。

主要写明：“此致××人民法院”，并由检察长（员）署名，注明具文的时间，并加盖公章。

（4）附项。

这部分写明：被告人的住址或羁押处所；证据目录、主要证据复印件或者照片；证人名单及住址或单位地址；鉴定人的住址或单位地址；随案移送案卷的册数、页数；随卷移送的赃物、证物。

2. 向同级人民法院移送起诉书、证据目录、证人名单和主要证据复印件或者照片

主要证据，是指对认定犯罪构成要件的事实起主要作用，对案件定罪量刑有重要影响的证据。包括起诉书中涉及的各种法定证据种类中的主要证据、多个同种类证据中被确定为“主要证据”的证据以及能对法定量刑情节的自首、立功、累犯、未遂、中止、正当防卫起主要证明作用的证据。按现行法律规定主要证据在具体移送时只移送复印件或者照片。按照我国现行《刑事诉讼法》规定，提起公诉时的材料移送不是全部案卷材料移送，这与原《刑事诉讼法》规定不同。

3. 人民检察院按照审判管辖的规定向同级人民法院提起公诉

人民检察院向人民法院起诉时，应当按照审判管辖的规定，向同级人民法院提起公

诉，不允许越级起诉。如果人民检察院受理不属于同级人民法院管辖的案件，应当分别情况报送相应的上级人民检察院或者移送相应的下级人民检察院，由它向同级人民法院提起公诉。如某县、区人民检察院受理了属于中级人民法院管辖的案件，应当报送地市级人民检察院审查决定后，由它向同级的中级人民法院提起公诉。如某地市级人民检察院受理了属于县、区级人民法院管辖的案件，应移送县、区级人民检察院，由它向同级的县、区级人民法院提起公诉。

四、出庭支持公诉

人民法院审判公诉案件时，人民检察院应当派员以国家公诉人的身份出庭支持公诉，任务主要在于通过在庭审中宣读起诉书、发表公诉词、参与法庭调查和法庭辩论来依法追究被告人的刑事责任，以实现惩罚犯罪、保护教育公民的任务。

根据最高人民检察院《刑事诉讼规则》第 330 条规定，公诉人在人民法院决定开庭审判后，应当做好如下准备工作：①进一步熟悉案情，掌握证据情况；②深入研究与本案有关的法律政策问题；③充实审判中可能涉及的专业问题；④拟定讯问被告人、询问证人、鉴定人和宣读、出示、播放证据的计划并制定质证方案；⑤拟定公诉意见，准备辩论提纲。

根据最高人民检察院《刑事诉讼规则》第 331 条规定，公诉人在法庭上应当依法进行下列活动：①宣读起诉书，代表国家指控犯罪，提请人民法院对被告人依法审判；②讯问被告人；③询问证人、被害人、鉴定人；④出示物证，宣读书证、未到庭证人的证言笔录、鉴定人的鉴定结论、勘验、检查笔录和其他作为证据的文书，向法庭提供作为证据的视听资料；⑤对证据和案件情况发表意见，针对被告人、辩护人的辩护意见进行答辩，全面阐述公诉意见，反驳不正确的辩护意见；⑥维护诉讼参与人的合法权利；⑦对法庭审理案件有无违反法律规定的诉讼程序的情况记明笔录；⑧依法从事其他诉讼活动。

根据最高人民检察院《刑事诉讼规则》第 332 条规定，在法庭审理中，公诉人应当客观、全面、公正地向法庭提供证明被告人有罪、罪重或者罪轻的证据。

五、公诉案件适用简易程序的提起

案件审理适用普通程序或简易程序，均有其法定的条件。当某些公诉案件符合简易程序审理的条件时，则适用简易程序审理。现阐述如下：

1. 案件条件

根据我国《刑事诉讼法》和最高人民检察院《刑事诉讼规则》的相关规定，对下列案件可以适用简易程序审理，即：依法可能判处三年以下有期徒刑、拘役、管制、单处罚金的公诉案件，并且事实清楚、证据充分的。

2. 程序及相关要求

(1) 公诉机关认为可适用简易程序审理的，需经检察长决定，并应当向人民法院提出建议。

(2) 审判机关认为需适用简易程序审理的，应向人民检察院提出书面建议，人民检察院应当在 10 日内答复是否同意。

(3) 人民检察院对于建议或者同意适用简易程序审理的公诉案件，应当向人民法院移送全部案卷和证据材料。

(4) 适用简易程序审理的案件，人民检察院可以不派员出席法庭。

(5) 人民检察院和人民法院有一方认为不宜适用简易程序审理的，应当适用普通程序审理。

(6) 当由简易程序转为普通程序审理时，人民检察院应当派员出席法庭。

3. 不适用简易程序审理的情形

具有下列情形之一的，人民检察院应当不建议或者不同意适用简易程序：①依法可能判处三年以上有期徒刑的；②对于案件事实、证据存在较大争议的；③比较复杂的共同犯罪案件；④被告人是否犯罪、犯有何种罪存在争议的；⑤被告人要求适用普通程序的；⑥被告人是盲、聋、哑人的；⑦辩护人作无罪辩护的；⑧其他不宜适用简易程序的。

第四节　不起诉

一、不起诉的概念

不起诉，是指人民检察院对侦查终结移送起诉的案件进行审查后，认为犯罪嫌疑人的行为不符合起诉条件或者不需要起诉的，而依法作出的不将案件提交人民法院进行审判的一种处理决定。①

不起诉决定是人民检察院对公诉案件审查后依法作出的一种处理结果，但它只是一种程序性处分，不是实体性处分，它产生了在审查起诉阶段终止刑事诉讼的法律效力，然而它并不产生终局效力。当案件符合起诉条件时，人民检察院可以再次提起公诉。最高人民检察院《刑事诉讼规则》第 287 条规定：“人民检察院根据《刑事诉讼法》第 140 条第 4 款规定决定不起诉的，在发现新的证据，符合起诉条件时，可以提起公诉。”第 305 条规定：“人民检察院如果发现不起诉决定确有错误，符合起诉条件的，应当撤销不起诉决定，提起公诉。”

根据我国现行刑事诉讼法的规定，不起诉包括了三种，即绝对不起诉、相对不起诉和证据不足不起诉，下面将分述：

1. 绝对不起诉

绝对不起诉，又称法定不起诉，是指人民检察院通过审查后认为犯罪嫌疑人具有我国《刑事诉讼法》第 15 条规定的不追究刑事责任情形之一的，应当作出不起诉决

① 宋英辉. 刑事诉讼法学. 北京：中国人民大学出版社，2007. 360

定。我国《刑事诉讼法》第142条第1款规定："犯罪嫌疑人有本法第十五条规定的情形之一的，人民检察院应当作出不起诉决定。"此规定中的"应当作出不起诉决定"意即必须依法作出不起诉决定，人民检察院没有自由裁量权，也无须权衡作出的不起诉决定是否适宜，这是法定不起诉与酌定不起诉的区别所在。

2. 相对不起诉

相对不起诉，又称酌定不起诉，是指人民检察院通过审查后认为犯罪嫌疑人的犯罪情节轻微，依照刑法规定不需要判处刑罚或者免除刑罚的，可以作出不起诉决定。根据我国《刑事诉讼法》第142条第2款的规定："对于犯罪情节轻微，依照刑法规定不需要判处刑罚或者免除刑罚的，人民检察院可以作出不起诉决定。"此规定中的"可以作出不起诉决定"意即人民检察院对于起诉或不起诉有一定的自由裁量权。当通过综合考虑犯罪嫌疑人的年龄、犯罪动机、目的、手段、危害后果、一贯表现等因素后，确实认为作出不起诉决定相对于作出起诉决定更适宜时，才可以作出不起诉决定。但需注意防止该诉而不诉的情况发生。

相对不起诉须同时具备两个条件：一是犯罪嫌疑人实施的行为触犯了刑律，已经构成犯罪；二是犯罪行为情节轻微，依照刑法规定不需要判处刑罚或者免除刑罚。

根据我国《刑法》第37条的规定，对于"不需要判处刑罚"的，可以根据案件的不同情况，予以训诫或责令具结悔过、赔礼道歉、赔偿损失，或者由主管部门予以行政处罚或者行政处分。刑法规定"免除刑罚"的情形主要有：①犯罪嫌疑人在中华人民共和国领域外犯罪，依照我国刑法规定应当负刑事责任，但在外国已经受过刑事处罚的；②犯罪嫌疑人又聋又哑，或者盲人犯罪的；③犯罪嫌疑人因防卫过当或紧急避险超过必要限度，并造成不应有危害而犯罪的；④为犯罪准备工具，制造条件的；⑤在犯罪过程中自动中止或自动有效地防止犯罪结果发生的；⑥在共同犯罪中，起次要或辅助作用的；⑦被胁迫、被诱骗参加犯罪的；⑧犯罪嫌疑人自首或者在自首后有立功表现的。

3. 证据不足不起诉

证据不足不起诉，又称存疑不起诉，是指人民检察院对于补充侦查的案件仍然认为证据不足，不符合起诉条件的，可以作出不起诉的决定。

根据我国《刑事诉讼法》第140条第4款的规定："对于补充侦查的案件，人民检察院仍然认为证据不足，不符合起诉条件的，可以作出不起诉的决定。"第140条第3款规定："对于补充侦查的案件，应当在1个月以内补充侦查完毕。补充侦查以两次为限。"

因证据不足而作出不起诉决定的前提条件是案件必须经过补充侦查，否则，不能直接适用证据不足不起诉。但上述第140条第4款规定中的"补充侦查"的次数应该是一次或是两次，法律并无明确规定。根据最高人民检察院《刑事诉讼规则》第286条第2款的规定："作出不起诉决定前应当根据案件情况在法律规定的范围内确定补充侦查的次数。"由此看来，在作出证据不足不起诉决定前的补充侦查次数既可以一次，也可以两次，不一定必须两次。如为审判所必需的证据已经灭失无法收集的，则补充侦查次数可只为一次，人民检察院就可作出不起诉决定。通常认为，如果案件经过一次补充侦查，证据仍然不足的，人民检察院既可以作出不起诉决定，也可以退回补充侦查；如果案件经过两次补充侦查，仍然没有达到起诉标准的，则应当作出不起诉决定。①

根据最高人民检察院《刑事诉讼规则》第286条第3款的规定，具有下列情形之一的，属于证据不足不符合起诉条件，可以作出不起诉决定：①据以定罪的证据存在疑问，无法查证属实的；②犯罪构成要件事实缺乏必要的证据予以证明的；③据以定罪的证据之间的矛盾不能合理排除的；④根据证据得出的结论具有其他可能性的。

二、不起诉的程序和效力

1. 不起诉的程序

(1) 作出不起诉决定的主体。根据最高人民检察院《刑事诉讼规则》的有关规定，对于绝对不起诉，即具有法定不起诉情形的，应当由检察长作出不起诉决定；对于相对不起诉，即具有酌定不起诉情形的，应当通过检察委员会讨论决定，可以作出不起诉决定；对于证据不足不起诉，即具有存疑不起诉情形的，也应当通过检察委员会讨论决定作出不起诉决定。

(2) 制作不起诉决定书。当人民检察院作出不起诉决定后，应当制作不起诉决定书。不起诉决定书应当包括下列内容：①被不起诉人的基本情况。包括姓名、出生年月日、出生地、民族、文化程度、职业、住址、身份证号码，是否受过刑事处罚，拘留、逮捕的年月日和关押处所等。②案由和案件来源。③案件事实。包括否定或者指控被不起诉人构成犯罪的事实以及作为不起诉决定根据的事实。④不起诉的根据和理由。写明作出不起诉决定适用的法律条款。⑤有关告知事项。

(3) 宣布和送达不起诉决定书。不起诉决定作出后，由人民检察院公开宣布。公开宣布的活动应当记明笔录。不起诉决定书应分别送达下列机关和个人：①根据我国《刑事诉讼法》的规定，不起诉决定书应送达被不起诉人和其所在单位。如果被不起诉人在押，应立即释放。② 根据我国《刑事诉讼法》的规定，对于公安机关移送起诉的案件，应当将不起诉决定书送达公安机关。③根据最高人民检察院《刑事诉讼规则》的有关规定，对于人民检察院直接侦查的案件决定不起诉后，应当由审查起诉部门将不起诉决定书副本及案件审查报告报送上一级人民检察院备案。④ 根据我国《刑事诉讼法》的规定，对于有被害人的案件，人民检察院应当将不起诉决定书送达被害人。根据最高人民检察院《刑事诉讼规则》的有关规定，不起诉决定书应当送达被害人或者近亲属及其诉讼代理人、被不起诉人以及被不起诉人的所在单位。送达时并应尽到相应的告知义务。

(4) 解除扣押、冻结。根据我国《刑事诉讼法》和最高人民检察院《刑事诉讼规则》的有关规定，人民检察院对案件作出不起诉决定后，应当同时对在侦查中扣押、冻结的财物解除其扣押、冻结，即应当书面通知作出扣押、冻结决定的机关或者执行扣押、冻结决定的机关解除扣押、冻结。

---

① 宋英辉. 刑事诉讼法学. 北京：中国人民大学出版社，2007. 362

(5) 移送有关机关处理。根据我国《刑事诉讼法》的有关规定，对被不起诉人需要给予行政处罚、行政处分或者需要没收其违法所得的，人民检察院应当提出检察意见，移送有关主管机关处理。有关主管机关处理后应当将处理后结果及时通知人民检察院。

2. 不起诉的效力

(1) 不起诉决定书的效力。不起诉决定书是人民检察院代表国家依法确认对犯罪嫌疑人不予追究刑事责任的决定性法律文书，它具有终止刑事诉讼活动的法律效力。

(2) 不起诉决定书自公开宣布之日起生效。即生效时意味着刑事诉讼活动终止。

(3) 公安机关认为不起诉决定有错误的可要求复议、复核。根据我国《刑事诉讼法》第 144 条规定，公安机关认为不起诉决定有错误时，可要求复议，如果意见不被接受，可以向上一级人民检察院提请复核。人民检察院应当在收到要求复议意见书后 30 日内作出复议决定，通知公安机关。上一级人民检察院应当在收到提请复核意见书后的 30 日内作出决定，制作复核决定书送交提请复核的公安机关和下级人民检察院。如经复核改变了下级人民检察院不起诉决定的，应当撤销下级人民检察院作出的不起诉决定，并交由下级人民检察院执行。

(4) 被害人对不起诉决定不服的可以申诉、起诉。根据我国《刑事诉讼法》第 145 条的规定，如果被害人不服人民检察院作出的不起诉决定，可以自收到不起诉决定书后 7 日内向上一级人民检察院申诉，请求提起公诉。人民检察院应当将复查决定告知被害人。对人民检察院维持不起诉决定的，被害人可以向人民法院起诉。被害人也可以不经申诉，直接向人民法院起诉。人民法院受理案件后，人民检察院应当将有关案件材料移送人民法院。上一级人民检察院对被害人不服不起诉决定的申诉进行复查后，应当在 3 个月内作出复查决定，案情复杂的，最长不得超过 6 个月。复查决定书应当送达被害人和作出不起诉决定的人民检察院。上级人民检察院经复查作出起诉决定的，应当撤销下级人民检察院的不起诉决定，交由下级人民检察院提起公诉，并将复查决定抄送审查起诉的公安机关。出庭支持公诉由审查起诉部门办理。

(5) 被不起诉人对不起诉决定不服的可以申诉。根据我国《刑事诉讼法》第 146 条的规定，人民检察院依照本法第 142 条第 2 款规定作出的不起诉决定，被不起诉人如果不服，可以自收到不起诉决定后 7 日内向人民检察院申诉。人民检察院应当作出复查决定，通知被不起诉的人，同时抄送公安机关。

(6) 人民检察院如发现不起诉决定有错误的应撤销，重新提起公诉。人民检察院如发现不起诉决定确有错误，符合起诉条件的，应当撤销不起诉决定，重新提起公诉。根据最高人民检察院《刑事诉讼规则》第 306 条规定，最高人民检察院对地方各级人民检察院的起诉、不起诉决定，上级人民检察院对下级人民检察院的起诉、不起诉决定，如果发现确有错误，应当予以撤销或者指令下级人民检察院纠正。

第五节 自 诉

一、自诉案件的范围

自诉案件是指根据我国法律规定的可以由被害人或者其法定代表人、近亲属直接向人民法院起诉，要求追究被告人刑事责任，人民法院能够直接受理的刑事案件。自诉是相对于公诉而言的。

根据我国《刑事诉讼法》第170条的规定，自诉案件包括：①告诉才处理的案件；②被害人有证据证明的轻微刑事案件；③被害人有证据证明对被告人侵犯自己人身、财产权利的行为应当依法追究刑事责任，而公安机关或者人民检察院不予追究被告人刑事责任的案件。

根据六部委《规定》第4条和最高人民法院《解释》第1条的规定，人民法院受理的自诉案件具体包括：

1. 告诉才处理的案件

此类案件主要有：①侮辱、诽谤案件（《刑法》第246条规定的，但严重危害社会秩序和国家利益的除外）；②暴力干涉婚姻自由案（《刑法》第257条第1款）；③虐待案（《刑法》第260条第1款）；④侵占案（《刑法》第270条第1款）。

2. 被害人有证据证明的轻微刑事案件

此类案件主要有：①故意伤害案（《刑法》第234条第1款）；②非法侵入住宅案（《刑法》第245条）；③侵犯通信自由案（《刑法》第252条）；④重婚案（《刑法》第258条）；⑤遗弃案（《刑法》第261条）；⑥生产、销售伪劣商品案（《刑法》分则第3章第1节规定的，但严重危害社会秩序和国家利益的除外）；⑦侵犯知识产权案（《刑法》分则第3章第7节规定的，但严重危害社会秩序和国家利益的除外）；⑧属于《刑法》分则第四章、第五章规定的，对被告人可能判处3年有期徒刑以下刑罚的其他轻微刑事案件。

3. 被害人有证据证明对被告人侵犯自己人身、财产权利的行为应当依法追究刑事责任，而公安机关或者人民检察院已经作出不予追究的书面决定的案件

这类自诉案件又称为公诉转自诉的案件，是1996年新修订的《刑事诉讼法》中新增加的内容。对于那些公诉案件可转化为自诉案件，法律上的标志应是公安机关或者人民检察院对这些公诉案件已经作出了不予追究的书面决定，如不起诉决定、不予立案决定等。新《刑事诉讼法》增加这类自诉案件是为了解决司法实践中老百姓告状难的问题。

二、自诉案件的特点

上述三类自诉案件所具有的特点是：

1. 有明确、具体的原告和被告，即自诉人和被告人

换句话说，自诉案件均是有具体被害人的案件，犯罪行为侵害的主要是具体个人或个体的利益。这类案件追诉权在具体的被害人手中，被害人主动追诉时可向法院起诉，被害人则成为自诉人，被追诉人则成为被告人，审判程序被启动。如果没有明确、具体的自诉人的控告，审判程序就无法启动，人民法院依法也就不能主动去追究这类犯罪。而没有明确、具体的被告人，审判无法公正进行，可能成立的法律责任就缺乏承担主体。所以，无明确被告人或被告人下落不明的自诉案件不能成立。而公诉案件中存在有具体被害人的案件，也有无具体被害人的案件，犯罪行为侵害的主要是社会公共利益或国家利益。这种案件实行国家追诉，由国家行使追诉权，公诉取代了自诉，不论案件是否有被害人均由检察机关提起公诉，则审判程序被启动；公诉案件也必须有被告人，况且，我国刑事案件历来不适用缺席审判。

2. 案件事实清楚、简单，无须经过专门侦查

自诉案件属于私诉案件，侵犯的主要是公民个人的权益，案件的事实比较清楚，犯罪情节比较简单。因此，没有必要由公安机关采取专门的侦查手段和侦查措施来介入侦查，检察机关也不介入审查起诉，而由自诉人凭借自身能力来承担控诉职能。

3. 危害后果不严重，可能判处的刑罚较轻

自诉案件一般性质不太严重，给社会造成的危害较小，因此，可能判处的刑罚也较轻。如《刑法》第246条规定的侮辱、诽谤罪，处3年以下有期徒刑、拘役、管制或者剥夺政治权利；第252条规定的侵犯通信自由罪，处1年以下有期徒刑或拘役；第260条规定的虐待罪致被害人重伤、死亡的，处2年以上7年以下有期徒刑，等等。

4. 被害人有证据证明应当追究被告人刑事责任

因自诉案件的起诉权赋予给了自诉人（被害人），由自诉人（被害人）决定是否对被告人起诉。自诉人可直接向人民法院提起自诉，为防止滥诉，自诉仍贯彻证据裁判原则，因此，自诉人起诉时必须提供相应的证据以证明指控的犯罪事实成立和依法应追究被告人刑事责任。自诉人提供的证据不充分的，人民法院应当说服自诉人撤回起诉或者裁定驳回起诉。①

三、提起自诉的条件

根据法律的有关规定和自诉案件的特征，提起自诉须具备如下条件：

1. 提起自诉的人应属于符合法律规定的合格的人

根据有关法律及司法解释的规定，合格的提起自诉的人包括被害人及其法定代理

① 程荣斌. 刑事诉讼法. 北京：中国人民大学出版社，1997. 352

人、近亲属，即遭受犯罪行为直接侵害的被害人有权向人民法院提起自诉。这意味着被害人享有自诉权。但如被害人死亡、丧失行为能力或者因受强制、威吓等原因无法告诉的，或者是限制行为能力以及因年老、患病、盲聋哑等原因不能亲自告诉的，由被害人的法定代理人、近亲属向人民法院代为告诉，且代为告诉人应当提供与被害人关系的证明和被害人不能亲自告诉的原因的证明。这意味着被害人的法定代理人、近亲属享有代为告诉权，即代行自诉。除此之外，其他人不能提起自诉或代为告诉。

2. 提起自诉时应有明确的被告人和具体诉讼请求

自诉案件由自诉人针对实施侵犯了自己合法权益的犯罪行为的被告人而提起诉讼，因此，提起自诉时必须有明确的被告人，明确的被告人是承担可能成立的法律责任的主体。诉讼的终极目的是解决纠纷和冲突，并使自己合法权益的维护落到实处。因此，提起诉讼时必须有具体的诉讼请求，切忌泛泛而谈维护权益，而是要有具体、明确的诉讼主张和要求，才可使诉讼请求最终真正实现。

3. 提起自诉的案件属于法定自诉案件范围

根据我国《刑事诉讼法》第 170 条和最高人民法院《解释》的有关规定，法定自诉案件范围主要包括以下三类自诉案件：一是告诉才处理的案件；二是被害人有证据证明的轻微刑事案件；三是被害人有证据证明对被告人侵犯自己人身、财产权利的行为应当依法追究刑事责任，而公安机关或者人民检察院不予追究被告人刑事责任的案件。这部分案件在提起自诉时还需具备法定的前提条件是符合我国《刑事诉讼法》第 86 条、第 145 条的规定，此类案件又称为“公诉转自诉”的案件。

4. 提起自诉的案件被害人要有证据证明

自诉案件的被害人以自诉人的法律角色直接向人民法院提起自诉时，必须提供相应证据指控犯罪事实成立并应承担相应法律责任。无证据或证据不足的指控将被人民法院要求撤诉或驳回。这体现了“谁主张，谁举证”的古老的法律原则和精神，也体现了程序启动的谨慎和防止滥诉。

5. 提起自诉时应向有管辖权的人民法院提起

自诉人应当依据《刑事诉讼法》关于级别管辖和地区管辖的规定，向有管辖权的人民法院提起自诉。根据有关司法解释的规定，刑事自诉案件的自诉人、被告人一方或者双方是在港、澳、台居住的中国公民或者其住所地在港、澳、台的，由犯罪地的基层人民法院审判。港、澳、台同胞告诉的，应当出示港、澳、台居民身份证、回乡证或者其他能够证明本人身份的证明。

四、提起自诉的程序

根据我国《刑事诉讼法》和最高人民法院《解释》的规定，提起自诉应遵循下列程序：

(1) 自诉人应当向人民法院提交刑事自诉状；提起附带民事诉讼的，还应当提交刑事附带民事自诉状。如果自诉人书写诉状确有困难的，可以口头告诉，由人民法院工作人员作出告诉笔录，向自诉人宣读，自诉人确认无误后，应当签名或盖章。

自诉状或者告诉笔录应当包括以下内容：①自诉人、被告人、代为告诉人的姓名、性别、年龄、民族、出生地、文化程度、职业、工作单位、住址；②被告人犯罪行为的时间、地点、手段、情节和危害后果；③具体的诉讼请求；④致送人民法院的名称及具状时间；⑤证人的姓名、住址及其他证据的名称、来源等。如果被告人是2人以上的，自诉人在告诉时需按被告人的人数提供自诉状副本。

(2) 人民法院应当在收到自诉状或者口头告诉第2日起15日以内作出是否立案的决定，并书面通知自诉人或者代为告诉人。

(3) 对于已经立案，但经审查缺乏罪证的自诉案件，如果自诉人提不出补充证据，人民法院应当说服自诉人撤回起诉或者裁定驳回起诉。

(4) 自诉人经人民法院说服撤回起诉或者裁定驳回起诉后，又提出了新的足以证明被告人有罪的证据，再次提起自诉的，人民法院应当受理。

(5) 自诉人明知有其他共同被害人，但只对部分侵害人提起自诉的，人民法院应当受理，并视为自诉人对其他侵害人放弃告诉权。判决宣告后自诉人又对其他共同侵害人就同一事实提起自诉的，人民法院不再受理。

如果共同被害人中只有部分人告诉的，人民法院应当通知其他被害人参加诉讼。被通知人接到通知后表示不参加诉讼或者不出庭的，即视为放弃告诉权。第一审宣判后，被通知人就同一事实又提起自诉的，人民法院不予受理。但当事人另行提起民事诉讼的，不受本解释限制。

第六节　人民检察院的量刑建议

一、量刑建议的概念与原则

1. 量刑建议的概念

量刑建议是检察机关公诉权的一项重要内容。量刑建议是指人民检察院对提起公诉的被告人，依法就其适用的刑罚种类、幅度及执行方式等向人民法院提出的建议。

2. 量刑建议的原则

人民检察院提出量刑建议应当遵循如下原则：①依法原则。人民检察院应当根据犯罪的事实、犯罪的性质、情节和对于社会的危害程度，依照刑法、刑事诉讼法以及相关司法解释的规定提出量刑建议。②客观公正原则。应当从案件的实际情况出发，客观、全面地审查证据，严格以事实为根据，提出公正的量刑建议。③贯彻宽严相济的刑事政策原则。贯彻宽严相济的刑事政策，即在综合考虑案件从重、从轻、减轻或者免除处罚等各种情节的基础上，提出量刑建议。④注重效果原则。提出量刑建议时，既要依法行使检察机关的法律监督职权，也要尊重人民法院独立行使审判权，争取量刑建议的最佳效果。

二、人民检察院提出量刑建议的条件

符合量刑建议条件的情形如下：

(1) 犯罪事实清楚，证据确实充分。

(2) 提出量刑建议所依据的各种法定从重、从轻、减轻等量刑情节已查清。

(3) 提出量刑建议所依据的酌定从重、从轻等量刑情节已查清。

三、人民检察院提出量刑建议的分类

除有减轻处罚情节外，量刑建议应当在法定量刑幅度内提出，不得兼跨两种以上主刑。建议判处死刑、无期徒刑的，应当慎重。

1. 具体幅度的量刑建议

建议判处有期徒刑的，一般应当提出一个相对明确的量刑幅度，法定刑的幅度小于3年（含3年）的，建议幅度一般不超过1年；法定刑的幅度大于3年小于5年（含5年）的，建议幅度一般不超过2年；法定刑的幅度大于5年的，建议幅度一般不超过3年。根据案件具体情况，如确有必要，也可以提出确定刑期的建议。建议判处管制的，幅度一般不超过3个月。建议判处拘役的，幅度一般不超过1个月。建议适用缓刑的，应当明确提出。建议判处附加刑的，可以只提出适用刑种的建议。

2. 概括性的量刑建议

对不宜提出具体量刑建议的特殊案件，可以提出依法从重、从轻、减轻处罚等概括性建议。

四、对数罪与共同犯罪的量刑建议

人民检察院指控被告人犯有数罪的，应当对指控的各罪分别提出量刑建议，可以不提出总的建议。对于共同犯罪案件，人民检察院应当根据各被告人在共同犯罪中的地位、作用以及应当承担的刑事责任分别提出量刑建议。

五、公诉部门的量刑评估

公诉部门承办人在审查案件时，应当对犯罪嫌疑人所犯罪行、承担的刑事责任和各种量刑情节进行综合评估，并提出量刑的意见。量刑评估应当全面考虑案件所有可能影响量刑的因素，包括从重、从轻、减轻或者免除处罚等法定情节和犯罪嫌疑人的认罪态度等酌定情节。一案中多个法定、酌定情节并存时，每个量刑情节均应得到实际评价。

六、量刑建议的审批程序

提出量刑建议，应当区分不同情形，按照以下审批程序进行：①对于主诉检察官决定提起公诉的一般案件，由主诉检察官决定提出量刑建议；公诉部门负责人对于主诉检察官提出的量刑建议有异议的，报分管副检察长决定。②对于特别重大、复杂的案件或社会高度关注的敏感案件或者建议减轻处罚、免除处罚的案件以及非主诉检察官承办的案件，由承办检察官提出量刑的意见，经部门负责人审核，再由检察长或者检察委员会决定。

七、量刑建议书的制作

人民检察院提出量刑建议，一般应制作量刑建议书，根据案件具体情况，也可以在公诉意见书中提出。根据最高人民检察院公诉厅发布的《人民检察院量刑建议书格式样本(试行)》，量刑建议书格式如下：

人民检察院量刑建议书

被告人：

案由：

起诉书文号：

被告人×××一案，经本院审查认为，被告人×××的行为已触犯《中华人民共和国刑法》第×条（款、项）之规定，犯罪事实清楚，证据确实充分，应当以×××罪追究其刑事责任，其法定刑为×××。

因其具有以下量刑情节：

1. 法定从重处罚情节：
2. 法定从轻、减轻或者免除处罚情节：
3. 酌定从重处罚情节：
4. 酌定从轻处罚情节：
5. 其他：

故根据×××（法律依据）的规定，建议判处被告人×××（主刑种类及幅度或单处附加刑或免予刑事处罚），×××（执行方式），并处×××（附加刑）。

此致

×××人民法院

检察员：

××××年×月×日（院印）

案例分析

【案情】犯罪嫌疑人蒋鹏，男，19岁；犯罪嫌疑人聂杨，男，18岁；犯罪嫌疑人王磊，男，18岁；犯罪嫌疑人潘成奇，男，16岁；犯罪嫌疑人孙鹏，男，16岁。上述犯罪嫌疑人涉嫌共同抢夺一案被××市公安局立案侦查终结并移送邛崃市人民检察院审查起诉。邛崃市人民检察院经依法审查后提出了两种意见。第一种意见认为：①对犯罪嫌疑人蒋鹏、聂杨应以抢夺罪追究其刑事责任。理由如下：两犯罪嫌疑人参与作案两次，其中一次抢夺未得逞，金额为914元。另一次抢夺系既遂，犯罪金额为1 655元，已达《刑法》第267条规定的数额较大的标准，应当以抢夺罪追究两嫌疑人的刑事责任。

②对犯罪嫌疑人王磊、潘成奇、孙鹏建议作微罪不诉处理。理由如下：嫌疑人王磊参与作案一次，但抢夺未得逞，其犯罪形态属未遂，虽然王磊系在缓刑期间犯罪，但在本案中，嫌疑人王磊参与作案系未遂，情节轻微，且具有立功表现，应作微罪不诉处理。嫌疑人潘成奇、孙鹏参与作案一次，犯罪时未满18周岁，且抢夺未得逞，其犯罪形态属未遂，犯罪金额为914元，犯罪情节轻微，应作微罪不诉处理。第二种意见认为：①赞成对蒋鹏、聂杨应以抢夺罪起诉。②赞成对潘成奇、孙鹏以抢夺罪作微罪不诉处理。③但对王磊应以抢夺罪起诉。因为王磊在缓刑考验期间犯罪，应对其撤销缓刑，适用数罪并罚。由于两种意见分歧，因此提交检委会讨论。经检委会讨论后，对嫌疑人蒋鹏、聂杨、王磊作出起诉决定；对嫌疑人孙鹏、潘成奇作出不起诉决定。

（案例来源：成都邛崃市人民检察院提供）

【问题】检委会的决定是否正确？为什么？

【解析】我们认为检察委员会的决定是正确的。理由如下：①本案涉及两次抢夺犯罪。第一次抢夺犯罪因抢夺金额914元未达到犯罪既遂标准，故只能成立犯罪未遂。第二次抢夺犯罪因抢夺金额1 655元达到犯罪既遂标准，故能成立犯罪既遂。嫌疑人蒋鹏、聂杨在两次抢夺犯罪中均起组织、策划、指挥作用，在第二次犯罪中蒋鹏还具体实施了犯罪，且蒋鹏实施该犯罪是在刑罚执行完毕后5年内又犯应当判处有期徒刑以上刑罚之罪，应从重处罚。故检委会认为蒋鹏、聂杨两犯罪嫌疑人的犯罪事实清楚、证据确实充分，符合起诉条件，依法决定提起公诉。而嫌疑人王磊虽参与作案一次，且抢夺未得逞，其犯罪形态属未遂，但王磊系在缓刑期间内犯罪，虽有立功表现，但根据相关法律规定，在缓刑考验期限内犯新罪的，应当撤销缓刑，将新犯的罪和前罪数罪并罚。也即此处的立功表现不构成酌定不起诉的情形。因此，检委会认为嫌疑人王磊的行为仍然构成犯罪且符合起诉条件，决定对王磊提起公诉。②对潘成奇、孙鹏以抢夺罪作微罪不诉处理。理由是：潘成奇、孙鹏只参加了第一次抢夺罪，且未得逞，情节轻微，系犯罪未遂，可以比照既遂犯从轻或者减轻处罚。且两嫌疑人在作案时未满18周岁，根据相关法律规定，应当从轻或者减轻处罚。对于犯罪情节轻微不需要判处刑罚的，可以免予刑事处罚。因此，检察委员会对其作出微罪不起诉决定，应属相对不起诉（酌定不起诉）。综上所述，检察委员会的决定符合法律规定。

第十五章　审判概述

本章主要介绍刑事审判的概念、意义、任务及作用；审判程序的种类；刑事审判的实质性审判原则、形式性审判原则、刑事审判制度；审判组织形式、独任庭、合议庭和审判委员会；审判笔录的含义、诉讼意义、制作要求；裁判行为及文书。通过本章的学习，要求掌握我国刑事审判的有关法律规定。学习重点是：刑事审判的概念、意义；刑事审判的原则和制度；审判组织。学习难点是：刑事审判的原则和制度，特别是刑事审判原则与审判制度的区别与联系、审判原则中实质性审判原则与形式性审判原则之间的区别与联系。本章的学术热点是：审判阶段的程序公正如何实现。

第一节　刑事审判的概念和任务

一、刑事审判的概念和意义

1. 概念

刑事审判，是指人民法院代表国家在控辩双方和其他诉讼参与人的参加下，依照法定职权和程序，依法对被告人的刑事责任问题作出最终裁判的活动。这项诉讼活动以公诉机关或自诉人向人民法院提起诉讼为前提，在控辩双方及其他诉讼参与人的共同参与下，通过开庭、法庭调查、法庭辩论、被告人最后陈述、合议庭评议和宣判等程序步骤进行审理和判决，从而确定被告人的行为是否构成犯罪、是否应当承担刑事责任、应受到何种刑罚处罚。

2. 意义

刑事审判的意义在于通过刑事审判使刑事实体法得以实现，使扰乱社会秩序、破坏和侵犯社会利益及个人合法利益等的犯罪分子受到严厉的刑罚制裁，恢复原有秩序，警示后人遵纪守法。实际上刑事审判是借助国家力量，最终解决国家和个人的矛盾冲突，尽力恢复和修补原有秩序和利益，维护社会稳定。

二、审判的任务和作用

1. 审判的任务

我国的刑事审判的根本任务在于正确行使国家刑罚权，并体现我国刑事诉讼制度的社会主义本质特征。具体来讲，包括如下内容：

(1) 正确应用法律，惩罚犯罪分子。人民法院通过依法行使国家审判权，遵循审判原则，运用具体的审判制度及其规则，有效地揭露犯罪，证实和惩罚犯罪，从而实现国家刑罚权，最终维护社会秩序和社会利益。

(2) 保障无罪的人不受刑事追究。惩罚犯罪分子和保障无罪的人不受刑事追究是刑事审判任务的有机统一的两个方面。一方面刑事审判要依法惩罚犯罪分子，另一方面必须依法保障无罪的人不受到刑事追究。既不放纵罪犯，也不冤枉无辜，保证法制的正确实施。

(3) 保障被告人合法权益。刑事被告人在刑事审判中是受刑事追诉的对象，但在现代诉讼民主的要求下，仍享有一些法定的合法权益，特别是一些法定的诉讼权利。因此，在审判活动中刑事被告人的诉讼权利成为审判任务中必须保护的另一种利益。当前我国审判模式改革借鉴对抗制庭审方式，即在法官主导下控辩双方平等对抗，这更有利于查明案件事实真相，正确作出裁判。因此，有效地保障被告人的合法权益将更利于对抗制模式功能的发挥。所以，它是刑事审判不可或缺的任务之一。

(4) 进行法制宣传教育。根据《刑事诉讼法》的规定，刑事审判一般应依法公开进行，即使依法不公开进行审判的案件，宣判时也应公开宣判。所以，审判对案件的当事人、其他诉讼参与人、旁听的群众以及其他广大群众均起着法制宣传教育作用。刑事审判公开接受媒体的采访、宣传、报道，也促进了法制的宣传教育，推动了法治的进程。惩恶扬善，明辨是非，弘扬正义。

2. 审判的作用

(1) 它是国家专门机构主导进行的一项重要的刑事诉讼活动。在这一活动中人民法院对受追诉者的刑事责任问题进行最终确定，对被告人是否应受刑罚处罚和受怎样的刑罚处罚作出权威的裁决。

(2) 通过合法、正当的审判活动，力图确保被告人受到公正的定罪和判刑。通过合法、正当的审判活动，防止任何被告人受到不公正、不合理或错误的定罪判刑，使受到刑事追诉的人获得公正的定罪判刑。

(3) 通过刑事审判活动程序机制使追诉活动具有一定程序保障。刑事审判活动是追诉人实现对被追诉人进行刑事追究的程序保障，这种程序机制应实现程序的公正性和合理性。

(4) 通过刑事审判活动使被告人获得公正审判的机会。人民法院进行刑事审判的主要目的在于公正地确定被告人的刑事责任，实现刑事实体法的规定。只有当被告人获得公正审判的机会时，才有可能保障刑事实体法的正确实施，才能实现程序正义与实体正义并重。

三、审判程序的种类

根据我国现行法律的规定，并依据不同标准来划分，我国的审判程序的种类较多。

按照诉讼的进程可分为第一审程序、第二审程序、死刑复核程序和审判监督程序。在第一审程序中又按程序的繁简分为普通程序和简易程序。死刑复核程序和审判监督程序是刑事案件在特殊情况下适用的程序，故又称之为特殊程序。

按照案件性质不同来划分，可分为公诉案件的审判程序、自诉案件的审判程序以及附带民事诉讼的审判程序。

这些程序各有其特点、运行步骤和运行要求，我们应注意对其理解、把握，以便于司法操作。各审判程序种类的详细内容将在后面各章节中详述。

四、关于规范量刑程序的问题

中央关于深化司法体制和工作机制改革确立了一项重大司法改革项目——“量刑规范化改革”，即“规范裁量权，将量刑纳入法庭审理程序”。最高人民法院制定了《人民法院量刑指导意见（试行）》，最高人民法院、最高人民检察院、公安部、国家安全部、司法部联合制定了《关于规范量刑程序若干问题的意见（试行）》。经中央批准同意，这两个试行文件从 2010 年 10 月 1 日起在全国全面推行开来。这说明量刑规范化改革目前仍处在试行阶段，还有一个不断总结完善的过程。各级人民法院、人民检察院、公安机关、国家安全机关、司法行政机关都要及时总结经验，发现问题，加以改进。有关部门将于明年（2012 年）对各地量刑规范化改革试行情况进行全面检查总结，修改、完善试行文件，不断深化量刑规范化改革。

长期以来，我国的庭审程序中并没有构建相对独立的量刑程序，且庭审的重心偏向于定罪而忽视量刑，法官刑罚裁量权常常在庭审之外运行。量刑不公开，这极不符合刑事程序法定原则，也极容易滋生司法腐败。因此这次司法改革的主要目的，是进一步规范法官审理刑事案件的刑罚裁量权，通过将量刑纳入法庭审理程序，增强量刑的公开性与透明度，统一法律适用标准，更好地贯彻落实宽严相济的刑事政策。

“量刑规范化改革”包括量刑的实体规范化和量刑的程序规范化。量刑程序规范化的提出，具有充分的理论依据和法律依据。

1. 量刑程序规范化的理论依据

（1）刑事程序法定原则（或称法制国家程序原则）。该原则是指刑事诉讼程序应当由法律事先明文规定，刑事诉讼活动应当依据法律的明文规定来进行。首先应通过立法使程序法定，司法时才能严格按照法定程序进行。这是现代法治国家对刑事诉讼的基本要求。强调刑事诉讼活动的法定程序性，意在保证刑事诉讼活动的公开性、民主性、确定性、公正性，防止国家专门机关滥用职权，从而使刑事诉讼活动的任务顺利实现。

（2）刑事诉讼主体理论。刑事诉讼主体是指所有参与刑事诉讼活动并在刑事诉讼中享有一定权利、承担一定义务的国家专门机关和诉讼参与人。其中国家专门机关和当事人是主要的诉讼主体，其他诉讼参与人是次要的诉讼主体。应特别注意的是根据诉讼主体而言，犯罪嫌疑人、被告人在诉讼中是享有诉讼权利的诉讼主体，并非是被追诉、惩罚的客体。基于这样的理论基础，保障当事人的程序参与权是必须的，这既是对当事人等参与人权的保障，也是实现诉讼民主性的保障。

2. 量刑程序规范化的法律依据

我国《宪法》第 125 条规定："人民法院审理案件，除法律规定的特别情况外，一律公开进行。被告人有权获得辩护。"《刑事诉讼法》第 11 条规定："人民法院审理案件，除本法另有规定的以外，一律公开进行。被告人有权获得辩护。人民法院有义务保证被告人获得辩护。"该条是对上述《宪法》条文的具体化。这意味着刑事审判活动应该公开（除法律有特别规定的以外），它既包括审理公开，也包括量刑公开。公开首先是向当事人等诉讼参与人公开，其次向社会公众、社会舆论公开。

2004 年我国《宪法》第四次修正案确立的"国家尊重和保障人权"原则，该原则在刑事诉讼中的具体体现就是当事人及辩护人、诉讼代理人等有参与审理程序和量刑程序的权利。

我国《刑事诉讼法》第 160 条规定："经审判长许可，公诉人、当事人和辩护人、诉讼代理人可以对证据和案件情况发表意见并且可以互相辩论。审判长在宣布辩论终结后，被告人有最后陈述的权利。"《刑法》第 61 条规定："对于犯罪分子决定刑罚的时候，应当根据犯罪的事实、犯罪的性质、情节和对社会的危害程度，依照本法的有关规定判处。"这些条文虽没有明确规定专门的量刑程序，但应认为这些条文规定包含了量刑程序的应有内涵，从而为量刑程序的进一步完善提供了法律依据和制度空间。

第二节　审判的原则和制度

刑事案件进入审判阶段之后，审判机关、检察机关和诉讼参与人各方，除了要遵循刑事诉讼法的各项基本原则以外，还必须遵守审判阶段特有的原则和制度。审判原则，是指法官、检察官（公诉人）及诉讼参与人各方在刑事审判过程中必须遵循的特有的行为准则。刑事审判原则体现了审判程序价值的目标和要求，对刑事审判活动产生着重大的影响和作用。各项原则都从不同的方面保障程序在符合公正标准的前提下具备产生公正结果的能力。①

刑事审判原则根据其原则内容是规范或指导审判程序，还是规范或指导审判的具体内容而进行划分，可划分为实质性审判原则和形式性审判原则。这些原则有的在刑事诉讼法上有明确的规定，如审判公开原则；有的法律虽然没有规定，但却融入社会大众关于诉讼的常识之中，而成为指导司法审判活动的规则，如直接言词原则、不告不理原则。

① 陈瑞华. 刑事审判原理论. 北京：北京大学出版社，1997. 128

一、实质性审判原则

实质性审判原则，是指规范和指导刑事审判的范围、内容等的行为准则。它涉及审判的实质内容和实体结果，主要包括：不告不理原则；证据裁判原则；疑罪从无原则；一事不再理原则等。

1. 不告不理原则

不告不理原则的渊源是古罗马时代的没有控诉就没有审判的诉讼原则。近代大陆法系各国普遍采纳“控诉式程序”而确立了“控告原则”，英美法系国家由于历史、法律、文化的原因从一开始就确立了控告原则并一直沿用至今。控告原则已成为现代刑事审判基本原则。控告原则包含四个方面的含义：一是审诉分离，即刑事追诉职能由自诉人或公诉机关（检察院）承担，裁判职能由法院来承担。二是无控诉则无审判，即启动审判程序只能由合法的起诉行为（自诉或公诉）决定，没有正式的控诉，法院就不得主动对任何人、任何事进行审判，控诉是审判的前提。三是诉审同一，即法院审理和裁判的对象、范围、内容必须仅限于起诉书中所明确记载的。起诉书是法院开始审判的根据，它所记载的被告人及其罪状是法院审判的对象，审判不得超越起诉书的范围，也就是不得对未被指控的人进行审判、不得对未被起诉的案件进行审判。四是裁判结论建立在独立庭审基础上，即起诉书只启动审判程序和约束审判对象、范围，但并不等于就是裁判结论，裁判结论还需法院独立庭审得出。① 由此可知，不告不理原则兼具了实质性与形式性特征，既是实质性审判原则，也是形式性审判原则。

2. 证据裁判原则

证据裁判原则是指人民法院在刑事审判中须听取与审查证据，并根据证据获得的案件事实情况作出裁判。证据裁判原则要求司法官认定事实以有证据存在为前提，无证据就无认定事实的根据，也就丧失了自由判断的基础。证据是司法官形成内心确信的前提。证据裁判原则是近、现代刑事诉讼的普遍原则。② 日本于明治九年（1876年）制定的《改定律令》第318条规定“凡断罪依证据”，自从采用证据裁判主义以来，一直延续至今。首先，确立证据裁判原则最首要亦是最根本的意义在于将刑事裁判建立于理性基础之上，这是科学理性的要求，它为司法官员对案件的自由裁断限度作了一定限制，防止其主观擅断。其次，证据裁判原则对刑事诉讼程序的设定有应然要求，即将是否有利于全面收集和正确运用、合理判断证据作为检验刑事诉讼制度的设定和操作质量的一项重要标准。③ 最后，证据裁判原则还有规范证据的意义，即必须根据具有证据能力的证据，而且只有经过调查之后才能认定构成犯罪核心内容的事实。也就是证据裁判原则不仅注重证明力，还更注重证据能力，它要求司法官裁判时运用的证据首先应具备证据能力（证据资格）。

3. 疑罪从无原则

我国1996年《刑事诉讼法》第12条规定：“未经人民法院依法判决，对任何人都

① 陈瑞华. 刑事审判原理论. 北京：北京大学出版社，1997. 234~235

②③ 龙宗智. 刑事庭审制度研究. 北京：中国政法大学出版社，2001. 64～65

不得确定有罪。”这是新刑事诉讼法确立的一项基本原则。该原则吸收了英美法系的无罪推定原则的精神，从而在立法上解决了我国长期以来关于疑罪处理的原则问题，即确立了“疑罪从无”的处理疑罪的原则。

所谓疑罪，是指刑事诉讼中对案件事实的证明证据不足，没有达到证明标准，因而难以决断的案件。对“疑罪”的处理，不同的证据制度采取不同的处理方法。在实行有罪推定的证据制度下，则按照“疑罪从有”来处理；在实行无罪推定的证据制度下，则按照“疑罪从无”来处理。

“疑罪从无”原则要求：对于疑案的处理从有利于被告人的方面加以解释和处理，即被告人有罪无罪难以确定时，按被告人无罪处理；被告人罪轻罪重难以确定时，按被告人罪轻处理。在我国新修订的《刑事诉讼法》中明确规定，把退回补充侦查限制在两次各一个月的时间内，且补充侦查的案件，人民检察院仍然认为证据不足、不符合起诉条件的，可以作出不起诉的决定；人民法院对移送起诉的案件，经法庭审理后，认为证据不足、不能认定被告人有罪的，应当作出证据不足、指控的罪名不能成立的无罪判决。

“疑罪从无”原则体现了刑事诉讼的科学性和民主性，在维护司法公正、保障被追诉者充分行使诉讼权利、保障任何人免受无根据或不公正追究等方面发挥着重大作用，反映了我国刑事诉讼更加尊重人权、保障人权。

4. 一事不再理原则

一事不再理原则是一项为现代各国所普遍确立的刑事审判基本原则。这一原则要求，人民法院对于任何已经生效裁判加以处理的案件，不得再行审判；对于所有已被生效法律裁判确定为有罪或无罪的被告人，人民法院不得再予审判或科刑。[①] 一事不再理原则是一项十分古老的诉讼原则，它起源于古罗马法。大陆法系国家的法律继承了古罗马法中的“一事不再理原则”，但赋予了一些新的含义。英美法系中将其称为“不受双重危险”的原则，但其含义和适用范围有些差异。这项原则已是联合国刑事司法准则所确立的原则。这一原则的重要例外是再审程序的设立。这项原则设立的意义在于保障被追诉人的权利、维护法律实施的确定性和权威性、节约诉讼资源、保证控诉质量。[②] 我国 1996 年《刑事诉讼法》对我国的再审程序（审判监督程序）提起的任意性和随机性在一定程度上给予了抑制，一事不再理原则的精神得到了体现，但要真正地贯彻执行还存在许多问题。

二、形式性审判原则

形式性审判原则，是指实现公正审判所应当遵循的正当程序规则。一般包括：审判公开原则；直接、言词审理原则；辩论原则；集中（持续）审理原则；审判中立原则；控审分离原则；控辩平等原则等。

① 陈瑞华. 刑事审判原理论. 北京：北京大学出版社，1997. 195 ~ 196

② 龙宗智. 刑事庭审制度研究. 北京：中国政法大学出版社，2001. 438 ~ 439

1. 审判公开原则

我国《宪法》第125条规定："人民法院审理案件，除法律规定的特别情况外，一律公开进行。"我国《刑事诉讼法》第11条规定："人民法院审判案件，除本法另有规定的以外，一律公开进行。"由此可知，审判公开原则也是一项宪法原则，刑事诉讼法重申了该宪法原则并明确了审判公开的例外情形和一系列保障措施。这一原则的基本内容：一是人民法院审理案件和宣告判决都必须公开进行，除了法庭评议秘密进行外，法庭审理和宣判的全过程都应当公开。二是审判公开应是向案件当事人及其他诉讼参与人公开；向群众公开，允许旁听；向记者新闻媒体公开，允许采访报道。为了保护某些特殊的利益，法律对公开审判作了某些必要的限制，确定了审判公开的例外情形。这些情形包括：①涉及国家机密的案件；②涉及个人隐私的案件；③未成年人犯罪的案件；④当事人提出申请的涉及商业秘密的案件。这些案件依法可以不公开审理，但宣判仍须公开进行。

审判公开原则是民主政治的要求，是保障审判民主性、公正性的重要措施。它有利于群众对审判活动的监督，增强审判活动的透明度，增强审判人员的责任感；有利于推动各项诉讼原则的贯彻落实，保证审判质量；有利于法制宣传教育和改造罪犯。

2. 直接、言词审理原则

直接、言词审理原则实际上为两项原则，即直接审理原则和言词审理原则。但这两项原则实行时具有共同的先决条件，即有关诉讼主体必须在场。因此，两项原则有着紧密的内在联系，故将其视为一项原则看待。

这一原则的基本含义是：法官必须在法庭上亲自听取被告人、证人及其他诉讼参与人的陈述；案件事实和证据必须以口头方式向法庭提出；调查须以控辩双方口头辩论、质证的方式进行。

该原则实际包含三层内容：一是直接审理原则，即在场原则。法官审查案件时，公诉人、当事人及其他诉讼参与人应当在场。除法律有特别规定外，上述人员不在场时，不得进行法庭审理。否则，审理活动无效。二是直接采证原则，即法官在审理案件过程中对证据的调查认定必须亲自直接进行，必须与被告人、被害人、证人、鉴定人等进行直接的接触，不能仅就文书、卷宗的记载资料从事间接采证工作；法官所作判决依据的证据，必须是经过其亲自以直接采证方式而获得的证据。三是言词审理原则，即控辩双方须以口头陈述的形式进行举证、质证和辩论，被告人、证人、鉴定人须亲自到法庭上进行口头陈述或作证，法官直接对其进行口头讯问、询问，除法律有特别规定的以外，凡是未经当庭以口头言辞方式调查的证据材料不能作为判决的依据。

这项原则的法律意义在于：体现诉讼的民主性和公正性；有助于查明案件事实，准确及时地实现审判任务；有利于保护被告人的合法权益。

从立法上看，我国刑事诉讼法并未明确规定这一原则，但从其中的一些法律规定来看，其对此原则仍是肯定和认同的。如关于通知证人、鉴定人出庭的规定，关于证人证言必须在法庭上经过公诉人、被害人、被告人和辩护人双方询问、质证的规定，关于公诉人、当事人和辩护人经审判长许可可直接对证人、鉴定人发问的规定等均体现了这一原则精神。但由于我国客观条件的限制和相关制度的缺失，这一原则在我国贯彻得不理想、不充分，如审判人员审查证人证言、鉴定结论及被告人供述时，仍较多依赖于书面材料。

3. 辩论原则

辩论原则是指在法庭审理过程中，控辩双方应当以公开的、口头的、对立性的方式进行充分的辩驳，未经过充分的辩驳，不得进行裁判。

完整意义上的辩论原则应包含以下内容：一是辩论的内容，包括案件事实的认定、证据的确认及法律的适用。二是辩论阶段，包括庭审中的专门辩论阶段、法庭调查阶段中对某一证据、事实和情节的辩论、分散辩论。三是辩论的方式，应当是口头的，包括控辩双方各自先奋力阐明己方观点和理由，反驳对方观点和理由；再交叉辩论，使双方观点、看法和意见发生实质上的交锋。

在英美法系国家，法官是消极、居中裁判，辩论原则得到了充分体现。在大陆法系国家，刑事审判主要是法官的积极职权活动，辩论原则的发挥受到限制，因而主要起辅助作用。

在我国，在原刑事诉讼法施行期间，辩论原则主要体现在法庭审理中的专门辩论阶段，且在法官主导下进行，受到较多限制；辩论内容通常仅限于法律的适用方面。修订后的新刑事诉讼法对此作了较大改革，辩论不仅体现在法庭辩论阶段，而且在法庭调查阶段也可进行辩论；辩论的内容不仅局限于法律的适用，也包括证据和案件情况，只是这种辩论仍在法官主持下进行，依然受到一些限制。

4. 集中（持续）审理原则

集中（持续）审理原则是指刑事案件的审判原则上应是集中持续而无间断地进行，整个审理程序应一气呵成，即行判决。

集中（持续）审理原则应包含如下内容：一是整个审判阶段以庭审为中心，即所有的事实、证据和法律观点等都应当集中在庭审中一并提出、交流、辨明，审判结论也应当在庭审中形成。二是审判不间断，即对一个案件应该一次连续审理完毕，即使对需要进行两日以上审理的复杂案件也应当每日连续审理，直至审理完毕为止，其间除节假日外，应无日数间隔；庭审法官其间不得审理任何其他案件，如庭审法官其间因故不能继续审理此案，则应由一直在场的候补法官替补或另换法官重新进行审理。

集中（持续）审理原则在英美法系国家中体现得较为充分，在大陆法系国家中立法上虽不反对，但也基本上没有充分肯定。在我国，理论与立法多少体现了些该原则的第一部分内容，但不充分，第二部分内容的体现就更不充分了，法官在一段时间内交叉审理多起案件是常态。

集中（持续）审理原则的法律意义在于体现现代刑事诉讼的效率性目标，防止庭外不正当干扰，防止同其他案件混淆，保障法官作出公正的裁决。

5. 审判中立原则

审判中立是指法官在控辩审三方组合的诉讼结构中，应保持客观中立，不偏不倚，与控辩双方保持等距离，又称为审判中心主义。这是诉讼等腰三角形结构的要求，也是审判独立的“题中应有之义”。联合国法律文件《关于司法机关独立的基本原则》第2条规定：“司法机关应不偏不倚，以事实为根据并依法律规定来裁决其所受理的案件。”审判中立是司法公正的基本保证。美国法哲学家戈尔丁将法官的中立性具体化为三项内容："①'任何人不能充当有关自己案件的法官'；②结果中不应包含纠纷解决者个人的利益；③纠纷解决者不应有支持或反对某一方的偏见。"[①] 这意味着法官与所审判的案件不能有丝毫利益瓜葛，连偏见都不应该存在，以实现利益规避。为保证审判中立，则要求控审必须分离，控辩双方在诉讼中皆居于主体地位且地位平等，才可实现现代刑事诉讼的基本理念和要求。

6. 控审分离原则

联合国第八届预防犯罪和罪犯待遇大会通过的《关于检察官作用的准则》第 10 条确立了控审分离的原则："(在刑事诉讼中,) 检察官的职责应与司法（审判）职能严格分开。"控诉、审判分离是调整控诉职能与审判职能的一项重要原则。这一原则的基本要求是控诉与审判职能分离，分别由不同的主体来承担；审判机关审判的范围受起诉范围的制约，未经起诉机关或个人起诉的事项，审判机关不得径行审判。我国 1996 年的《刑事诉讼法》基本体现了控审分离的原则要求，在我国，公诉案件的起诉权由人民检察院行使，自诉案件的起诉权由被害人及其近亲属等自诉人行使，人民检察院和自诉人履行控诉职能，人民法院专司审判，履行审判职能。控审的分离才可保障审判的独立性和不偏不倚。控审分离的对应称谓是控审合一。控审合一混同了控诉与审判职能，背离了诉讼机理，不符合认识规律和诉讼规律。

控审分离的原则是现代刑事诉讼区别于纠问式刑事诉讼的标志之一，是近代司法改革中刑事司法制度史上的一个重大进步。控审分离的原则是实现司法公正的基本保证，是现代刑事诉讼民主化、科学化、文明进步的重要标志。

7. 控辩平等原则

现代刑事诉讼追求理想的等腰三角形结构和控辩审三项基本职能分离，因此，为维持其结构的稳定性和诉讼职能区分机制的正常运行，控辩双方在其诉讼结构中应是平等的。这种平等应包括控辩双方的诉讼法律地位平等和诉讼能力均衡对等。前者可认为是"形式平等"；后者可认为是"实质平等"，这两者的有机结合才是真正意义上的平等。如赋予被告人诉讼主体地位而不再是客体地位，至少表明控辩双方实现了"形式平等"；如在"形式平等"的基础上更进一步实现控辩双方诉讼能力、手段的均衡对等，则可实现"实质平等"。

在大陆法系各国，控辩双方诉讼地位的平等是随着刑事司法改革的深入进行才逐步得以实现。19 世纪的刑事司法改革废止了纠问式诉讼程序，使被告人成为诉讼的主体，并享有一系列基本程序保障。"二战"结束后受国际性人权保障潮流的影响，使得被告人拥有更高的诉讼地位。在英美法系国家，控辩双方地位的平衡经历了从"形式平等"到"实质平等"这一观念的转变。[②] 控辩平等原则应包括三个关键性的重要内容：①控辩双方均具有诉讼主体地位，地位平等；②控方享有控诉权，辩方享有辩护权，诉讼权力（利）对等；③诉讼权力（利）能力、手段、措施等对等均衡。只有做到了控辩平等，司法公正才可得以真正实现。

① [美] 戈尔丁. 齐海滨译. 法律哲学. 北京：三联书店，1987. 240

② 陈瑞华. 刑事审判原理论. 北京：北京大学出版社，1997. 259～260

三、审判制度

审判制度，在这里是指专门适用于审判阶段的特有制度。在我国主要是指：两审终审制、合议制、人民陪审制等。

1. 两审终审制

两审终审制度，是指一个案件经过两级人民法院审判即告终结的制度；第二审人民法院作出的终审判决、裁定立即发生法律效力，刑事被告人等不得再提起上诉，人民检察院不得按上诉审程序提起抗诉。

我国人民法院体系设置为四级，即最高人民法院、高级人民法院、中级人民法院和基层人民法院，而审级制度设立为两审终审制度，故又可称为四级两审终审制度。它是我国的一项基本审判制度。

在我国，两审终审制存在着例外情况和特殊情况。

例外情况：两审终审制度的唯一例外是最高人民法院审理的一审案件为一审终审，不再有可能进入第二审程序。因为最高人民法院是我国的最高审判机关，经它审判的一切案件，宣判后均立即生效，不存在上诉或按上诉审程序抗诉的问题。因此，两审终审制度只适用于地方各级人民法院审判第一审案件。

特殊情况：一是第二审程序的开启必须要有合法的上诉权或抗诉权的行使。如在法定的期限内，享有上诉权或抗诉权的人或机关提出了上诉或抗诉，则第二审程序被启动，第一审判决或裁定就不能发生法律效力。如没有提出上诉或抗诉，上诉或抗诉的法定期限届满后，第一审判决、裁定即发生法律效力，交付执行，不再进行两审终审。但后者并不与两审终审制矛盾，因为第二审程序并非所有案件审理的必经程序，它只是我国法院系统内部自身的监督程序，必须依法启动。如果上诉权或抗诉权自愿放弃，则第二审程序不被启动，此时案件则经过一审终审。二是我国对死刑案件设立了死刑复核程序，但这并不影响两审终审制的执行。因为，死刑复核程序并不属于一个审级，它是在贯彻两审终审制的前提下为确保死刑案件的质量而设立的特殊程序。享有上诉权或抗诉权的人和机关当然不能对这类案件的二审裁判提起上诉或抗诉。经过两审后的死刑复核的案件也不能称为三审终审。

2. 合议制

合议制，是指人民法院审理案件时的一种审判组织制度，包括合议庭的组成形式、合议的原则等。根据我国《刑事诉讼法》及《人民法院组织法》的有关规定，合议制度是最普遍、最常见的基本审判组织制度形式，而独任制和审判委员会制只是特殊形式而已。

合议制的基本含义就是案件审判由审判人员组成合议庭进行，是一种集体审判案件的制度。采用合议制度审判案件旨在集思广益，避免个人独断专行和主观片面性，从而保证人民法院客观公正地裁断案件。

在我国，合议庭可由审判员组成，也可由审判员和人民陪审员组成。合议庭的组成人员数应当是单数。合议庭评议原则是每个合议庭成员都有平等的发言权和表决权；如果意见发生分歧时，应当按照少数服从多数的原则作出决定；判决书必须由合议庭全体成员署名。

中央新一轮司法体制、工作机制改革和人民法院“三五改革纲要”将合议庭制度定为重点改革任务之一。2009 年 12 月 14 日最高人民法院审判委员会第 1479 次会议通过了《关于进一步加强合议庭职责的若干规定》（以下简称《合议庭职责规定》，2010 年 2 月 1 日起施行）。主要针对当前合议制运行中存在的突出问题和难点问题作出了相关规定，以加强合议庭职责，完善、规范合议庭工作，从而推动合议制度的改革，建立公正高效的审判运行机制。《合议庭职责规定》主要强调了如下内容：

(1) 合议庭的内部、外部权责关系的规定和合议庭整体效能的充分发挥。《合议庭职责规定》第 1 条规定：“合议庭全体成员平等参与案件的审理、评议和裁判，依法履行审判职责。”第 2 条规定：“合议庭由审判员、助理审判员或者人民陪审员随机组成。合议庭成员相对固定的，应当定期交流。人民陪审员参加合议庭的，应当从人民陪审员名单中随机抽取确定。”

(2) 合议庭职责的强化和审判工作效率的提高。《合议庭职责规定》第 5 条规定：“开庭审理时，合议庭全体成员应当共同参加，不得缺席、中途退庭或者从事与该庭审无关的活动。合议庭成员未参加庭审、中途退庭或者从事与该庭审无关的活动，当事人提出异议的，应当纠正。合议庭仍不纠正的，当事人可以要求休庭，并将有关情况记入庭审笔录。”第 6 条规定：“合议庭全体成员均应当参加案件评议。评议案件时，合议庭成员应当针对案件的证据采信、事实认定、法律适用、裁判结果以及诉讼程序等问题充分发表意见。必要时，合议庭成员还可提交书面评议意见。合议庭成员评议时发表意见不受追究。”

(3) 加强对合议庭的监督指导，完善审判资源配置和构建科学的审判管理运行机制。有五类案件可组织合议庭以外的审判人员讨论，供合议庭参考。《合议庭职责规定》第 7 条规定：“除提交审判委员会讨论的案件外，合议庭对评议意见一致或者形成多数意见的案件，依法作出判决或者裁定。下列案件可以由审判长提请院长或者庭长决定组织相关审判人员共同讨论，合议庭成员应当参加：（一）重大、疑难、复杂或者新类型的案件；（二）合议庭在事实认定或法律适用上有重大分歧的案件；（三）合议庭意见与本院或上级法院以往同类型案件的裁判有可能不一致的案件；（四）当事人反映强烈的群体性纠纷案件；（五）经审判长提请且院长或者庭长认为确有必要讨论的其他案件。上述案件的讨论意见供合议庭参考，不影响合议庭依法作出裁判。”

(4) 健全合议庭的考评机制和责任机制。《合议庭职责规定》第 9 条规定：“各级人民法院应当建立合议制落实情况的考评机制，并将考评结果纳入岗位绩效考评体系。考评可采取抽查卷宗、案件评查、检查庭审情况、回访当事人等方式。”第 10 条规定：“合议庭组成人员存在违法审判行为的，应当按照《人民法院审判人员违法审判责任追究办法（试行）》等规定追究相应责任。合议庭审理案件有下列情形之一的，合议庭成员不承担责任：（一）因对法律理解和认识上的偏差而导致案件被改判或者发回重审的；（二）因对案件事实和证据认识上的偏差而导致案件被改判或者发回重审的；（三）因新的证据而导致案件被改判或者发回重审的；（四）因法律修订或者政策调整而导致案件被改判或者发回重审的；（五）因裁判所依据的其他法律文书被撤销或变更而导致案件被改判或者发回重审的；（六）其他依法履行审判职责不应当承担责任的情形。”

3. 人民陪审制

人民陪审制，是指在我国公民选举中产生人民陪审员参加合议庭，审判第一审案件的一种审判制度。根据我国《刑事诉讼法》的规定，人民陪审员只能够参加四级法院的第一审刑事案件的审理，而第二审案件的审理、死刑复核案件的审理、减刑和假释的裁定等只能由审判员（法官）组成合议庭。

陪审制对我国来讲是一种舶来品，并非我国原创。从当前西方国家的陪审制来看，大致分为两类，即陪审团制和参审制。英美法系国家采用的是陪审团制，大陆法系国家采用的是参审制，我国采用的也是参审制。参审制的特点在于陪审员个人参加到以法官为主导的审判组织中进行审判活动，陪审员与法官地位平等并享有平等的评议权和表决权，共同参与对案件事实的认定和法律适用问题的审判。

2004 年 8 月由第十届全国人大常委会第十一次会议通过并于 2005 年 5 月 1 日生效的《关于完善人民陪审员制度的决定》就人民陪审员的产生、任免、适用陪审的案件、陪审员的资格和条件、任期及陪审员的权利等作了明确规定。

2009 年 11 月 23 日最高人民法院审判委员会第 1477 次会议又通过了《关于人民陪审员参加审判活动若干问题的规定》（以下简称《陪审规定》，于 2010 年 1 月 14 日起施行），从如下方面进一步规范了人民陪审员参加审判的活动：

（1）具有法定情形的案件审理合议庭组成人员必须有人民陪审员。人民法院审判一审案件（无论刑事案件、民事案件、行政案件）如有涉及群体利益的、涉及公共利益的、人民群众广泛关注的、其他社会影响较大的情形之一的，应当组成有人民陪审员参见的合议庭来进行审理，适用简易程序审理的案件和法律另有规定的案件除外。

（2）因当事人申请或视为申请的，合议庭组成人员必须有人民陪审员。第一审的刑事被告人、民事原告或者被告、行政案件原告申请由人民陪审员参加合议庭审判的，由人民陪审员和法官共同组成合议庭进行。申请在当事人收到人民法院通知的 5 日内提出。人民法院征得上述当事人同意由人民陪审员和法官共同组成合议庭审判案件的，视为申请。

（3）组成合议庭时人民陪审员的产生方式。人民法院应当在开庭 7 日前采取电脑生成等方式，从人民陪审员名单中随机抽取确定人民陪审员。特殊案件需要具有特定专业知识的人民陪审员参加审判的，人民法院可以在具有相应专业知识的人民陪审员范围内随机抽取。

（4）人民陪审员的独立地位。人民陪审员参加合议庭评议案件时，对事实认定、法律适用有独立发表意见的权利、有充分发表意见并说明理由的权利，并独立行使表决权。人民陪审员同合议庭其他组成人员意见分歧，要求合议庭将案件提请院长决定是否提交审判委员会讨论决定的，应当说明理由；人民陪审员提出的要求及理由应当写入评议笔录。

（5）人民陪审员应当审核裁判文书文稿并签名。

人民陪审制建立和完善的法律意义在于体现和弘扬司法民主，监督、防止司法人员在审判中滥用司法权力，有利于加强法制宣传教育，最终保障公民行使国家管理权和监督权并维护和健全国家民主法制，是我国社会主义司法民主的重要体现。

第三节 审判组织

人民法院是我国唯一的审判机关。审判机关在审理各类案件（包括刑事案件、民事案件和行政案件）时都必须要通过一定的组织形式来进行。这一定的组织形式代表人民法院对案件进行审理和裁判，即为审判组织。根据《刑事诉讼法》、《人民法院组织法》等相关法律规定，人民法院审判刑事案件的具体组织形式有两种：独任庭和合议庭。而审判委员会因对重大的或者疑难的案件处理有最后的决定权，亦可视之具有审判组织的性质。

一、独任庭

独任庭，是指由审判员一人独任审判案件的审判组织。根据我国《刑事诉讼法》第147条的规定及其他相关规定，独任审判制度的适用应注意以下几个方面：一是独任制只能适用于基层人民法院；二是独任制只能适用于简易程序（同时须说明的是，简易程序中既可适用独任制审判也可适用合议制审判。至于由哪种审判组织形式审判，则根据案件的简单复杂程度来决定）；三是案件是否独任审判、独任法官的指定由院长或庭长决定；四是独任庭只能由审判员组成，人民陪审员不能担任独任审判法官；五是审判员独任审判时，行使与合议庭审判长同样的权力；六是独任审判必须按照刑事诉讼法规定的程序进行，贯彻执行公开审理、回避、辩护、上诉等各项基本制度和原则，切实保障办案质量。

根据我国《刑事诉讼法》第174条的规定，人民法院对于下列案件可以适用简易程序，由审判员一人独任审判：①对依法可能判处3年以下有期徒刑、拘役、管制、单处罚金的公诉案件，事实清楚、证据充分，人民检察院建议或同意适用简易程序的；② 告诉才处理的案件；③被害人起诉的有证据证明的轻微刑事案件。

二、合议庭

合议庭，是指由审判人员数人按照合议原则组成集体审判案件的审判组织。合议庭是人民法院审判案件的基本组织形式。除法律规定可以独任审判的案件外，其他案件均应由合议庭审判。

合议庭的人员组成因审判程序和法院级别的不同而不同。根据我国《刑事诉讼法》的相关规定，合议庭的组成有以下几种情况：

(1) 基层人民法院和中级人民法院审判第一审案件，应当由审判员3人或者审判员和人民陪审员共3人组成合议庭进行。

(2) 高级人民法院和最高人民法院审判第一审案件，应当由审判员3人至7人或者审判员和人民陪审员 3 人至 7 人组成合议庭进行。

⑶ 人民法院审理上诉或抗诉案件，由审判员 3 人或 5 人组成合议庭进行。

⑷ 最高人民法院的死刑复核程序中，应当由审判员 3 人组成合议庭进行。

⑸ 按照审判监督程序重新审判案件的审判组织，应分别按照第一审程序或第二审程序的有关规定另行组成合议庭进行审理，原来参加审判的人员不能成为该合议庭的成员。

⑹ 减刑、假释案件应当由中级以上人民法院组成合议庭进行审理，合议庭的组成人员只能是审判员。

⑺ 各级人民法院合议庭的组成人数应当为单数。

合议庭设审判长 1 人，但人民陪审员不能担任案件的审判长。审判长由院长或者庭长指定 1 人担任。院长或者庭长参加合议庭时，由院长或者庭长担任审判长。审判长负责主持、组织和指挥合议庭进行审判活动。

参加合议庭的人民陪审员与审判员享有同等审判权利。合议庭评议时，每个合议庭成员享有平等的发言权和表决权。意见发生分歧时，按照少数服从多数的原则作出决定，但少数人的意见应当记入笔录。评议笔录必须由合议庭全体成员签名，判决书必须由合议庭全体成员署名。

三、审判委员会

审判委员会，是指人民法院内部设立的对审判工作实行集体领导的组织形式。

根据《人民法院组织法》的有关规定，我国各级人民法院设立审判委员会，审判委员会由人民法院院长、庭长和资深审判员组成，所有组成成员被称为审判委员会委员。各级人民法院的审判委员会委员均由各级人民法院院长提请本级人民代表大会常务委员会任免。审判委员会的任务是总结审判经验，讨论重大、疑难案件以及其他有关审判工作的问题。

根据我国《刑事诉讼法》第 149 条规定，对于疑难、复杂、重大的案件合议庭认为难以作出决定的，由合议庭提请院长提交审判委员会讨论决定。审判委员会的决定，合议庭应当执行。最高人民法院《解释》第 114 条规定，下列案件可以提请院长决定提交审判委员会讨论决定：①拟判处死刑的；②合议庭成员意见有重大分歧的；③人民检察院抗诉的；④在社会上有重大影响的；⑤其他需要由审判委员会讨论决定的。

合议庭提请院长决定提交审判委员会讨论决定的案件，院长认为不必要的可以建议合议庭复议一次。

审判委员会讨论决定案件时，采用会议的方式进行。会议由院长主持，院长因故不能主持时，可以委托副院长主持。审判委员会的工作原则是民主集中制，当有意见分歧时，应按照少数服从多数的原则作出决定。审判委员会各委员权利平等，在表决案件时具有同等表决权。本级人民检察院检察长可以列席审判委员会会议，对讨论事项可发表意见，但不参加表决。审判委员会在表决案件时应当在合议庭审理的基础上进行，并应充分听取合议庭成员关于审理和评议情况的说明，慎重考虑合议庭的评议结论。审判委员会讨论案件的情况和决定，应当记入笔录，并由参加讨论的审判委员会各成员签名。

合议庭有不同意见的，可建议院长提交审判委员会复议。审判委员会各成员在判决书或裁定书上不署名，而仍应由审理该案的合议庭成员署名。

由此可见，各级人民法院的审判委员会对疑难、复杂、重大案件的审判有最终的决定权，仅就此项权力来看，审判委员会行使了审判组织的权力，故可理解为审判委员会也是审判组织。

第四节　审判笔录

一、审判笔录的含义

审判笔录，又称庭审笔录，是指人民法院的书记员对法庭审判的全部活动应做的文字记载，是一种诉讼文书。我国《刑事诉讼法》第 167 条规定："法庭审判的全部活动，应当由书记员写成笔录，经审判长审阅后，由审判长和书记员签名。"这是制作审判笔录的法律根据。

二、审判笔录的诉讼意义

审判笔录的诉讼意义在于：①它是全部法庭审判活动的记录和凭证；②它是人民法院正确认定事实，全面客观地审查核实证据，作出公正裁判的主要依据；③它是人民法院制作裁判文书的依据之一；④它是第二审人民法院、再审人民法院审查一审庭审活动是否合法的重要依据；⑤它是第二审程序、审判监督程序或死刑复核程序中的审判基础性信息资料，是作出裁判的依据之一。

三、审判笔录的制作要求

审判笔录是以实录的形式记录下全部庭审活动，也是具有法律意义的文书。它必须如实地记载和反映庭审的客观情况，因此，其制作要求较为严格。

审判笔录制作的要求是必须合法、认真、细致，做到记载清楚准确、如实、全面，且遵循格式规范。具体要求如下：

1. 依法制作

审判笔录由于具有法律意义，因此，制作时必须依法制作，即必须严格遵循庭审活动的规律和运行步骤、进展情况，按照法律的规定要求，合法有序地制作，而不可根据想当然的意思随意制作，也不可随意篡改。

2. 清楚、准确

审判笔录的制作，在语言运用上要求用词准确、清楚，简洁明了，可选用法律术语或专业术语或一些习惯表达方式，不要模棱两可，似是而非，任意夸大或缩小，应言简意赅，通俗易懂。

3. 如实、全面

审判笔录的制作，在记录的内容上力求客观、如实、全面，要能反映整个庭审的全貌。法庭审判笔录一般按照法庭审理的进展顺序准确、全面、如实地记录，既要记清案件审理的程序流程，记清参加诉讼的有关国家机关和人员以及诉讼参与人，又要记清案件事实、情节，记清证据情况，做到脉络清楚、要素完备、记录好关键内容，对争执的焦点要能抓准记清，绝对排斥虚构或所谓的合理想象，绝不允许对案件事实或情节进行夸大、缩小，必须客观真实。

4. 遵循格式规范

审判笔录的制作，在记录的形式上应遵循格式规范。法庭审判笔录的结构形式是由首部、正文和尾部三部分组成。首部，应记明下列内容：①标题；②记明开庭的时间、地点，本次开庭为第 × 次开庭；③记明宣布开庭审理案件的案由和审判方式；④记明宣布审判人员及其他出庭人员名单。正文，应记明下列内容：①法庭调查情况；②法庭辩论情况；③合议庭评议（只需记明“合议庭休庭评议”这一事实即可，因评议笔录需单独制作）；④宣告判决；⑤法庭审判中可能出现的某些情况。尾部，应当由有关人员签名或盖章：①由当事人和其他诉讼参与人签名或盖章；②由审判长和书记员签名。

第五节　判决、裁定和决定

判决、裁定和决定，是指人民法院在审理案件过程中或审理结束后，根据事实和法律，为解决案件实体问题和程序问题对当事人和其他诉讼参与人所作的具有拘束力的决定。其决定种类有三种，即判决、裁定和决定。

一、判　决

判决，是指人民法院对案件的实体问题所作的处理决定。它是人民法院代表国家行使审判权并通过个案判决来具体体现。

根据我国《刑事诉讼法》第 162 条的规定，刑事判决分为两种，即有罪判决和无罪判决。

有罪判决是指人民法院经依法审理后认为案件事实清楚，证据确实、充分，依据法律认定被告人有罪的，应作出的有罪判决。

无罪判决是指人民法院经依法审理后认为被告人的行为不构成犯罪或者因证据不足不能认定被告人有罪的，应作出的无罪判决。意即无罪判决包括两种：一种是确实无罪的无罪判决；另一种是因证据不足的无罪判决。具体来讲，人民法院经依法审理后认为被告人的行为未达到犯罪的程度即不构成犯罪，依据法律而认定被告人无罪的，应当作出无罪判决；人民法院经依法审理后认为因证据不足不能认定被告人有罪的，应作出证据不足、指控的罪名不能成立的无罪判决，或称存疑的无罪判决。后种情况是 1996 年《刑事诉讼法》确立的疑罪从无原则精神的体现。

另外，如果有附带民事诉讼，则判决种类中还包括刑事附带民事诉讼。

判决必须制作判决书。判决书是判决的书面表现形式，是重要的司法文书，它必须严格按照规定的格式和要求制作。一般包括首部、事实、理由、判决主文和尾部五个部分。

二、裁　定

裁定，是指人民法院在案件审理过程中或审理结束后对所涉及的程序问题或部分实体问题所作的处理决定。

根据我国《刑事诉讼法》的有关规定，裁定解决的部分实体问题包括人民法院依法减刑、假释、撤销缓刑、减免罚金等。裁定解决的程序问题包括是否恢复诉讼期限、中止审理、维持原判、撤销原判发回重审、驳回自诉或公诉及核准死刑等。

判决只解决实体问题，与判决不同的是，裁定既可解决部分实体问题也可解决程序问题。判决必须采用书面形式，而裁定既可采用书面形式也可采用口头形式，法律允许裁定以口头宣告后记入笔录，无须专门制作裁定书。在一个案件中，只能有一个判决，而裁定可以有若干个。不服第一审刑事判决的上诉或抗诉期限为 10 日，而不服第一审裁定的上诉或抗诉期限为 5 日。

裁定的书面形式是裁定书。裁定书的制作格式、要求与判决书基本相同，只是内容较简单。它也是重要的司法文书，在制作时内容和形式都必须符合法律的要求。

三、决　定

决定，是指人民法院在案件审理过程中依法对有关程序问题所作的一种处理决定。

刑事诉讼各个阶段均涉及许多有关程序问题的决定，但此处本文只讲解审判程序中涉及的有关程序问题的决定。根据我国《刑事诉讼法》的有关规定，主要有：回避的决定；依法采取某种强制措施或变更强制措施的决定；开庭审判的决定；庭审中当事人、辩护人、诉讼代理人申请通知新的证人到庭、调取新的物证、申请重新鉴定或勘验的决定；延期审理的决定；提起审判监督程序的决定等。

决定与判决、裁定的区别在于：对于决定不能提起上诉或抗诉；一般情况下，决定一经作出即刻发生效力；某些决定法律允许当事人或有关机关申请复议、复核。

决定也可采用口头形式或书面形式。采用书面形式应制作决定书，写明处理结论及理由。口头形式的决定应当记入笔录，它与书面形式的决定具有同等法律效力。

四、判决、裁定、决定的异同

1. 判决、裁定和决定三者相同点是：

(1) 判决、裁定和决定均是司法机关（人民法院）在审理案件的过程中对案件进行实体处理或程序处理时采用的一种法律形式，具有法律效力。

(2) 判决、裁定和决定均是依据一定的事实和一定的法律根据而作出，不是随意作出或恣意妄为的。

(3) 判决、裁定和决定对当事人及其诉讼参与人均有拘束力。

2. 判决、裁定和决定三者不同点是：

(1) 解决的问题性质不同。

判决解决的是审判中的实体问题，属于实体裁判，如被告人的行为是否构成犯罪以及刑事责任问题。这种实体裁判一经作出就标志着案件审理程序的结束。

裁定解决的是程序问题和部分实体问题。

决定解决的是程序问题。

(2) 方式要求上不同。

判决必须采用书面形式，制作判决书。它是重要的法律文书，有严格的制作格式要求。

裁定既可采用书面形式，又可采用口头形式。根据法律规定，裁定以口头形式宣告后记入笔录即可，而无须专门制作裁定书。书面形式的裁定书的制作也必须符合法律要求。

决定既可采用书面形式，也可采用口头形式。决定采用书面形式时须制作决定书，采用口头形式时应记录在卷。

(3) 在同一案件中适用数量不同。

在一个案件中，最终成立并被执行的判决只能有一个；而裁定或决定则根据案件处理的情况可以有若干个。

(4) 事后监督机制不同。

对第一审判决或裁定可提起上诉或抗诉，但上诉或抗诉的期限不同。对判决的上诉或抗诉期限为10日；对裁定的上诉或抗诉期限为5日。

对于决定，一般来讲，一经作出即产生法律效力。因此，对决定不可以提起上诉或抗诉，但对有些决定可提起复议，如对驳回申请回避的决定，当事人等享有申请复议的权利。一般在收到驳回申请回避决定书后5日内向原决定机关申请复议一次，复议机关应在3日内作出复议决定并书面通知申请人。

五、裁判文书引用法律文件等时应注意的问题

2009年7月13日最高人民法院审判委员会第1470次会议通过了《关于裁判文书引用法律、法规等规范性法律文件的规定》（以下简称《裁判文书规定》，于2009年11月

4日起施行），旨在进一步规范裁判文书的法律、法规等规范性法律文件的引用，以提高裁判质量，确保司法统一，维护法律权威。

根据《裁判文书规定》的司法解释，人民法院的裁判文书引用要求如下：

(1) 裁判文书引用相关法律、法规等规范性文件的要求。人民法院的裁判文书应当依法引用法律、法规等规范性法律文件作为裁判依据，不包括引用《宪法》。人民法院的裁判文书不能引用不规范的文件作为裁判依据，也不能不引用法律依据直接裁判。引用时应当准确完整写明规范性法律文件的名称、条款序号。引用具体条文时应当整条引用，保持条文含义的完整性和准确性，不可断章取义，以免发生误解或歧义。

(2) 裁判文书引用多个规范性法律文件时的基本顺序要求。并列引用多个规范性法律文件时的顺序是：①法律及法律解释；②行政法规；③地方性法规；④自治条例或者单行条例；⑤司法解释。同时引用两部以上法律的，应当先引用基本法律，后引用其他法律。引用包括实体法和程序法的，先引用实体法，后引用程序法。

(3) 刑事裁判文书引用法律文件等时的要求。刑事裁判文书应当引用法律、法律解释或者司法解释。刑事附带民事诉讼裁判文书引用规范性法律文件，同时适用《裁判文书规定》的第四条规定。刑事裁判文书所引用的法律文件包括：①刑事法律。包括《中华人民共和国刑法》、《刑法修正案》、《中华人民共和国刑事诉讼法》等。②法律解释。法律解释是指全国人大常委会就一些专门性问题制定的法律方面的解释。③司法解释。最高人民法院制定的司法解释是对法律条文的具体理解和适用指南，应当在刑事裁判文书中直接引用。④同时引用刑事民事法律。在刑事附带民事裁判文书中，除了引用相关的刑事法律、司法解释外，还应当引用民事法律及司法解释。既包括实体法，也包括程序法。

(4) 裁判文书引用法律文件发生冲突时的解决原则。人民法院制作裁判文书确需引用的规范性法律文件之间存在冲突，根据立法法等有关法律规定而无法选择适用的，应当依法提请有决定权的机关作出裁决，不得自行在裁判文书中认定相关规范性法律文件的效力。

案例分析

【案情】被告人张某，男，40岁。某年3月某日晚6时许，在位于某市洪新路一段20号的某餐厅2楼3号包间就餐，喝醉后趴在饭桌上睡觉。同日晚11时许，餐馆结束营业，当班经理唐某、营业员刘某要求被告人张某付账离开。被告人张某因无钱付账，要求在餐馆睡一晚，称次日会有朋友送钱来付账，遭唐某等人拒绝后，于是被告人张某从其随身携带的挎包内拿出一把长约25厘米的水果刀，将被害人刘某拉住，右手持刀将刀刃架在被害人刘某脖子上，情绪激动，要求其他人退出包间。唐某等人遂退出包间并报警。警察赶到后与被告人张某谈判，被告人张某劫持被害人刘某为人质，与警察对峙4个小时，要求警察提供人民币2万元和汽车一辆。因被告人张某在与警察谈判的过程中一直拒绝释放人质，后警察冲入包间，成功解救被害人刘某，并将被告人张某当场抓获。某区人民检察院向某区人民法院提起公诉，指控被告人张某构成绑架罪。某区人民法院经过审理认为本案事实清楚、证据充分，对某区人民检察院的指控予以支持，以被告人张某犯绑架罪，判处有期徒刑10年，并处罚金人民币1万元，剥夺政治权利1年。在上诉期间，被告人提出上诉，认为原审判决畸重，要求二审法院重审，并要求不要公开审理，以免声誉扫地，将来无脸见人。二审法院依法受理了被告人张某的上诉，并由审判员王某、陈某和人民陪审员孙某组成了合议庭，以顾及被告人张某的面子和将来的犯罪改造为由进行了不公开审理。二审法院审理后认为原判认定的事实清楚，但判决畸轻，遂作出二审改判，判处被告人张某有期徒刑12年，并处罚金人民币1万元，剥夺政治权利2年。

【问题】

(1) 被告人张某提出的上诉理由是否符合法律规定?

(2) 二审法院对本案二审组成的合议庭是否符合法律规定?

(3) 被告人张某提出的二审不公开审理的理由是否符合法律规定?

(4) 二审法院的加重改判是否符合法律规定?

【解析】

(1) 被告人张某提出的上诉理由符合法律规定。

根据我国《刑事诉讼法》第180条规定，被告人不服地方各级人民法院第一审的判决、裁定，有权向上一级人民法院提起上诉。即提出上诉的法定理由是“不服”一审判决、裁定，“不服”的上诉理由范围很宽泛，并无严格限制。本案例中被告人以原判决畸重为由提起上诉，上诉理由应是在“不服”的上诉理由范围内，因此，符合法律规定。且被告人是在上诉期限内提出的上诉，也符合法律规定，故启动二审程序是合法的。

(2) 二审法院对本案二审组成的合议庭不符合法律规定。

根据我国《刑事诉讼法》第147条第4款规定，人民法院审判上诉和抗诉案件，由审判员3人至5人组成合议庭进行。即二审合议庭的组成人员只可由法官组成，不可由人民陪审员组成。本案中二审合议庭的组成人员中有2人是法官，1人为人民陪审员，这不符合法律的规定。因此，二审法院就审理本案组成的合议庭不合法，违反了我国刑事诉讼法确立的合议庭制度和人民陪审员制度。

(3) 被告人张某提出的二审不公开审理的理由不符合法律规定。

根据我国《刑事诉讼法》第187条第1款规定，第二审人民法院对上诉案件，应当组成合议庭开庭审理。合议庭经过阅卷，讯问被告人，听取其他当事人、辩护人、诉讼代理人的意见，对事实清楚的，可以不开庭审理。即除法律有特别规定外的一般案件，在二审时应当开庭审理。但如果二审法院通过阅卷等认为事实清楚的，可以不开庭审理，也就是可以不公开审理。本案中，被告人张某提出的二审不公开审理的理由是“怕声誉扫地，将来无脸见人”，这并不符合法律规定的二审不开庭审理即不公开审理的理由。被告人张某触犯的绑架罪案也不在法律有特别规定的不公开审理的三类案件中

(涉及国家机密案件、涉及个人隐私案件、未成年人犯罪案件)，从而违反了审判公开原则。

(4) 二审法院的加重改判不符合法律规定。

根据我国《刑事诉讼法》第190条规定，第二审人民法院审判被告人上诉的案件，不得加重被告人的刑罚。人民检察院提出抗诉或者自诉人提出上诉的，不受前款规定的限制。即只有被告人上诉的二审案件，二审法院不得以任何理由加重对被告人的处罚。但如果既有被告人上诉，又有人民检察院提出抗诉的或者没有被告人上诉，只有人民检察院提出抗诉的二审案件才可以改判加重处罚。本案中，只有被告人提出了上诉，并无人民检察院提出抗诉，因此，不应在二审后加重对被告人的处罚。二审法院加重对被告人的处罚改判违反了上诉不加刑原则。

第十六章　第一审程序

本章主要介绍公诉案件第一审程序的概念、意义；对公诉案件的审查；开庭审判前的准备；法庭审判阶段；延期审理和中止审理；自诉案件的第一审程序；自诉案件的审查和受理；自诉案件审判的特点；简易程序的概念和意义；简易程序的适用范围；简易程序的特点；简易审判程序的提起。通过本章的学习要求掌握第一审程序的有关法律规定。学习重点是：公诉案件第一审普通程序、法庭审判阶段；自诉案件第一审程序的概念、自诉案件审判的特点；简易程序的概念和意义、简易程序的特点。学习难点是：法庭审判阶段中法庭调查与法庭辩论的相关问题、简易程序的适用问题。本章的学术热点是：关于人民法院是否能在审判过程中决定对人民检察院提起公诉的案件退回补充侦查的问题；刑事简易程序立法构想与司法适用；刑事和解制度。

第一节　公诉案件第一审程序

一、第一审程序的概念和意义

1. 第一审程序的概念

第一审程序，是指人民法院根据级别管辖的规定对人民检察院提起公诉、自诉人提起自诉的案件进行初次审判时所必须遵循的步骤、方式和方法。审判第一审案件的人民法院称为一审人民法院。

刑事案件分为公诉案件和自诉案件。公诉案件是由人民检察院代表国家向人民法院提起诉讼，要求追究被告人刑事责任的案件。自诉案件是由被害人或者其法定代理人、近亲属向人民法院起诉，要求追究被告人刑事责任的案件。公诉案件与自诉案件的划分依据法律的相关规定。当刑事案件是第一次向人民法院提起诉讼时，则分别被称为公诉案件的第一审程序或自诉案件的第一审程序。第一审程序又分为普通程序和简易程序，简易程序是在第一审普通程序上的简化，目的在于提高诉讼效率，节约司法资源。

2. 第一审程序的意义

第一审程序在人民法院的审判活动中有着重要的意义：

(1) 它是人民法院审判活动的基础性程序。第一审程序是人民法院整个审判程序的第一个环节。我国审判程序包括第一审程序、第二审程序、审判监督程序，另有死刑复核程序。刑事案件的审理只有启动了第一审程序审理并作出了裁判后，才有可能进入第二审程序、死刑复核程序、审判监督程序。否则，无法进入后续的程序。因此，它是所有案件审理的必经程序，是审判程序体系中的起始点，它在整个刑事诉讼中也居于十分重要的地位。

(2) 它具有其他审判程序参照执行的效力。由于第一审程序的基础性作用，刑事诉讼法对其作了较详细的具体规定。刑事诉讼法对第一审程序分别作了三种规定，即公诉案件的第一审普通程序、自诉案件的第一审普通程序、某些轻微刑事案件（包括公诉案件或自诉案件）的简易程序。刑事诉讼法对公诉案件的第一审普通程序规定得比较详细、全面；对自诉案件的第一审普通程序根据自诉案件的特点作了些特殊规定，没有规定的，应当参照公诉案件的第一审普通程序规定进行；对刑事第一审程序中的简易程序，从适用的案件范围到具体的程序都作了明确的规定。

我国《刑事诉讼法》第 195 条规定，在第二审人民法院开庭审理的程序中，除法律已有规定的以外，参照第一审程序的规定进行。我国《刑事诉讼法》第 206 条规定，人民法院按照审判监督程序重新审判的案件，如果原来是第一审案件，应当依照第一审程序进行审判，如果原来是第二审案件，或者是上级人民法院提审的案件，应当依照第二审程序进行审判。由此可见，终极参照程序仍是第一审普通程序。

3. 公诉案件的第一审普通程序

公诉案件的第一审普通程序是指人民法院对人民检察院提起公诉的案件依法进行初次审理时所普遍适用和遵守的程序。它是第一审程序中各项规定最全面的程序。根据刑事诉讼法的规定，公诉案件的第一审普通程序包括庭前审查、庭前准备、开庭审理、评议和宣判以及延期审理或中止审理等步骤和环节。下面将分述之。

二、对公诉案件的审查

1. 对公诉案件审查的概念和意义

对公诉案件的审查，是指人民法院对人民检察院提起公诉的案件依法进行庭前审查，并决定是否开庭审判的一项诉讼活动。我国《刑事诉讼法》第 150 条规定："人民法院对提起公诉的案件进行审查后，对于起诉书中有明确的指控犯罪事实并且附有证据目录、证人名单和主要证据复印件或者照片的，应当决定开庭审判。"此规定表明对公诉案件的审查是公诉案件正式进入第一审程序的必经环节。

对公诉案件进行庭前审查的法律意义在于，通过审查查明人民检察院提起公诉的案件是否具备开庭审判的程序性条件，是否将被告人正式交付法庭审判。但须注意此庭前审查只是形式审查而非实质审查，从而避免"先定后审"、"先判后审"的弊端。

2. 审查的内容和时限

(1) 审查的内容。

根据我国《刑事诉讼法》第150条和最高人民法院《解释》第116条的规定，人民法院对人民检察院提起公诉的案件，应当在收到起诉书后，指定审判员审查以下内容：①案件是否属于本院管辖。②起诉书指控的被告人的身份、实施犯罪的时间、地点、手段、犯罪事实、危害后果和罪名以及其他可能影响定罪量刑的情节等是否明确。③起诉书中是否载明被告人被采取强制措施的种类、羁押地点、是否在案以及有无扣押、冻结在案的被告人的财物及存放地点；是否列明被害人的姓名、住址、通讯处，为保护被害人而不宜列明的，应当单独移送被害人名单。④是否附有起诉前收集的证据的目录。⑤是否附有能够证明指控犯罪行为性质、情节等内容的主要证据复印件或者照片；其主要证据包括：起诉书中涉及的《刑事诉讼法》第42条规定的证据种类中的主要证据；同种类多个证据中被确定为主要证据的，如果某一种类证据中只有一个证据，该证据即为主要证据；作为法定量刑情节的自首、立功、累犯、中止、未遂、防卫过当等证据。⑥是否附有起诉前提供了证言的证人名单。证人名单应当分别列明出庭作证和拟不出庭作证的证人的姓名、性别、年龄、职业、住址和通讯处。⑦已委托辩护人、代理人的，是否附有辩护人、代理人的姓名、住址、通讯处明确的名单。⑧提起附带民事诉讼的，是否附有相关证据材料。⑨侦查、起诉程序的各种法律手续和诉讼文书复印件是否完备。⑩有无《刑事诉讼法》第15条第2至第6项规定的不追究刑事责任的情形。

另根据最高人民法院、最高人民检察院、司法部《关于适用普通程序审理“被告人认罪案件”的若干意见（试行）》的规定，人民法院经审查认为可以适用本意见审理的，应当征求人民检察院、被告人及辩护人的意见。人民检察院、被告人及辩护人同意的，适用本意见审理，即普通程序简化审。

(2) 审查的时限。

人民法院对公诉案件的审查期限，按普通程序审理的应当在收到起诉书后7日内审查完毕，决定是否受理；人民检察院建议按简易程序审理的应当在收到起诉书后3日内审查完毕，决定是否受理。该审查期限计入人民法院的审理期限内。

3. 审查后的处理

根据最高人民法院《解释》第117条的规定，人民法院对公诉案件审查后，应根据案件的具体情况作如下处理：

(1) 退回人民检察院。即对于不属于本院管辖或者被告人不在案的，应当决定退回人民检察院。

(2) 要求补送材料。即认为不符合本《解释》第116条第2项至第9项规定之一的，需要补送材料，应当通知人民检察院在3日内补送。经补送后仍不符合开庭条件的，或者逾期未予补送的，应当决定不予受理。

(3) 不予受理。即依照本《解释》第177条规定，人民法院裁定准许人民检察院撤诉的案件，没有新的事实、证据，人民检察院重新起诉的，人民法院不予受理。

(4) 终止审理或不予受理。即对于符合我国《刑事诉讼法》第15条第2项至第6

项规定的情形的，应当裁定终止审理或不予受理。

(5) 依法受理。即对于根据我国《刑事诉讼法》第162条第3项规定宣告被告人无罪，人民检察院依据新的事实、证据材料重新起诉的，人民法院应当依法受理。

对于被告人真实身份不明，但符合我国《刑事诉讼法》第128条第2款规定的，人民法院应当依法受理。

但须注意，对于人民检察院提起公诉的案件，人民法院都应当受理，符合我国《刑事诉讼法》第150条规定条件的，应当决定开庭审判。

三、开庭审判前的准备

根据我国《刑事诉讼法》第151条和最高人民法院《解释》的相关规定，人民法院决定对案件开庭审判后，为保障法庭审判有序进行、保障诉讼参与人的诉讼权利和保障案件审理质量，应在开庭审判前做好以下准备工作：

1. 确定合议庭组成人员或独任庭审判员

适用普通程序审理的案件，由院长或者庭长指定审判长并确定合议庭组成人员；适用简易程序审理的案件，由庭长指定审判员一人独任审理。开庭审判前，合议庭可以拟出法庭审理提纲。提纲一般包括以下内容：①合议庭成员在庭审中的具体分工；②起诉书指控的犯罪事实部分的重点和认定案件性质方面的要点；③讯问被告人时需了解的案情要点；④控辩双方拟出庭作证的证人、鉴定人和勘验、检查笔录制作人名单；⑤控辩双方拟当庭宣读、出示的证人书面证言、物证和其他证据的目录；⑥庭审中可能出现的问题及拟采取的措施。

2. 将起诉书副本送达当事人

人民法院应将人民检察院的起诉书副本最迟在开庭10日前送达当事人。

3. 履行告知、通知义务

对未委托辩护人的被告人，告知其可委托辩护人为其辩护；对被告人是盲、聋、哑人或未成年人，以及被告人可能被判处死刑而没有委托辩护人的，人民法院应当为其指定承担法律援助义务的律师为其提供辩护；人民法院应通知被告人、辩护人于开庭5日前提供能出庭作证的且身份、住址、通讯处明确的证人、鉴定人名单，以及不出庭作证的证人、鉴定人名单和拟当庭宣读、出示的证据复印件、照片。

4. 通知开庭

人民法院应将开庭的时间、地点在开庭3日以前通知人民检察院，以便人民检察院做好派员出庭支持公诉的准备。根据我国《刑事诉讼法》第153条的规定，除简易程序人民检察院可不派员出席法庭外，其他按普通程序审理的公诉案件人民检察院必须派员出席法庭支持公诉。

5. 送达传票和通知书

将传唤当事人的传票和通知辩护人、法定代理人、证人、鉴定人和勘验、检查笔录制作人、翻译人员的通知书最迟在开庭3日以前送达。对于未满18周岁的未成年人犯罪的案件，在必要时应通知被告人的法定代理人到庭，以便其做好出庭的准备。最高人民法院、最高人民检察院、公安部、司法部《关于进一步严格依法办案确保办理死刑案件质量的意见》第32条规定："人民法院应当通知下列情形的被害人、证人、鉴定人出庭作证：①人民检察院、被告人及其辩护人对被害人陈述、证人证言、鉴定结论有异议，该被害人陈述、证人证言、鉴定结论对定罪量刑有重大影响的。②人民法院认为其他应当出庭作证的。经人民法院依法通知，被害人、证人、鉴定人应当出庭作证；不出庭作证的被害人、证人、鉴定人的书面陈述、书面证言、鉴定结论经质证无法确认的，不能作为定案的根据。"

6. 先期公告

人民法院公开审判的案件，应当将公开审判案件的案由、被告人姓名、开庭的时间、地点在开庭3日前先期贴出公告，便于群众到庭旁听，新闻记者进行采访。

人民法院在开庭审判前所作的上述各项准备工作，均是依法进行的诉讼活动，具有法律效力。根据法律相关规定，应将其制作笔录，并由审判人员和书记员签名。

四、法庭审判阶段

1. 法庭审判概念

法庭审判是指人民法院的审判组织（合议庭或独任庭）通过开庭的方式，在公诉人、当事人、其他诉讼参与人的参加下，调查核实证据，查清案件事实，充分听取控辩双方对证据、案件事实和法律适用的意见，依法确定被告人的行为是否构成犯罪，应否承担刑事责任以及给予何种刑罚处罚的诉讼活动。根据刑事诉讼法的规定，法庭审判程序包括五个阶段：开庭、法庭调查、法庭辩论、被告人最后陈述、评议和宣判。

2. 法庭审判程序

(1) 开庭。开庭是正式进行法庭审判的起始标志。开庭前，书记员应依次进行下列工作：

首先，查明公诉人、当事人、证人及其他诉讼参与人是否已经到庭；然后，宣读法庭规则；请公诉人、辩护人入庭；请审判长、审判员（人民陪审员）入庭，审判人员入庭时，请全体人员起立；审判人员、全体人员就座后，书记员当庭向审判长报告开庭前的准备工作已经就绪。

审判长宣布开庭。审判长宣布开庭后，应当宣布案由，并传唤被告人到庭，问明被告人姓名、年龄、民族、籍贯、出生地、文化程度、住址、职业，被告人受过何种法律处分及处分的种类、时间；是否被采取强制措施及种类、时间；是否收到起诉书副本及收到的日期；如果有附带民事诉讼，还应查明附带民事诉讼被告人收到民事诉状的日期。上述情况也可以由书记员在开庭前查明，开庭后向审判长报告。

审判长宣布是否公开审理。即审判长宣布案件的来源、起诉的理由、附带民事诉讼原告人和被告人的姓名及是否公开审理。对不公开审理的案件，应当当庭宣布不公开审理的理由。

审判长宣布合议庭组成人员、书记员、公诉人、辩护人、鉴定人和翻译人员名单。

审判长告知诉讼权利。即审判长应当告知当事人、法定代理人在法庭审理过程中依法享有下列诉讼权利：①可以申请合议庭组成人员、书记员、公诉人、辩护人、鉴定人和翻译人员回避；②可以提出证据、申请通知新的证人到庭、调取新的证据、重新鉴定或者勘验、检查；③被告人可以自行辩护；④被告人可以在法庭辩论结束后作最后陈述。

审判长询问是否回避。即审判长分别询问当事人、法定代理人是否申请回避，申请何人回避以及申请回避的理由。如果当事人、法定代理人申请审判人员、公诉人回避，合议庭认为符合法定情形的，应当依照有关回避的规定处理；认为不符合法定情形的，应该当庭驳回，继续法庭审理。如果申请回避人当庭申请复议，合议庭应当宣布休庭，待作出复议决定后，确定是否继续法庭审理。同意或者驳回回避申请的决定及复议决定，由审判长宣布，并说明理由。必要时，也可由院长到庭宣布。

需注意对共同犯罪案件，应将各被告人同时传唤到庭，向其宣布上述事项，以避免重复，节省开庭时间。

(2) 法庭调查。法庭调查是指在审判人员的主持下和公诉人、当事人和其他诉讼参与人的参加下，当庭对案件事实和证据进行调查、核实的诉讼环节。根据刑事诉讼法的规定，所有证据都必须在法庭上调查核实后才可能作为定案的依据。法庭调查是案件进入实体审理的一个重要阶段，是法庭审判的中心环节。案件事实能否确认，被告人是否承担刑事责任，关键在于法庭调查的结论如何，故它从事实和证据方面为正确判决打下了基础。

法庭调查的范围是人民检察院起诉书所指控的被告人的犯罪事实和证明被告人有罪、无罪、罪重、罪轻的各种证据。依照我国《刑事诉讼法》第 155 条至第 160 条及最高人民法院有关司法解释的规定，法庭调查阶段包括以下具体步骤和程序：

第一，公诉人宣读起诉书。

审判长宣布法庭调查开始后，先由公诉人宣读起诉书；有附带民事诉讼的，再由附带民事诉讼的原告人或者其诉讼代理人宣读附带民事诉状。如果一案有两名以上被告人，宣读起诉书时可以同时在场，但宣读起诉书后，审问被告人一般应当分别进行，以免互相影响，不利于法庭调查。

第二，被告人、被害人分别陈述指控的犯罪事实。

公诉人在法庭上宣读起诉书后，在审判长主持下，被告人、被害人可以就起诉书指控的犯罪事实分别进行陈述。一般先由被告人陈述，再由被害人陈述。如果被告人承认起诉书指控的犯罪事实，则应当让其把实施犯罪行为的经过、情节详细地陈述清楚；如果被告人否认起诉书指控的罪行，应当允许他对控诉的事实和证据进行充分的辩解和反驳。被告人陈述后，被害人可以根据起诉书对犯罪的指控陈述自己受害经过。审判人员对被告人、被害人就起诉书指控的犯罪事实分别所作的陈述，都应当认真地听取，以便于合议庭了解当事人对指控的基本意见。

第三，讯问被告人。

首先，公诉人讯问被告人。在审判长主持下，公诉人可以就起诉书中所指控的犯罪事实讯问被告人。一般应围绕着下列问题进行讯问：①指控的犯罪行为是否存在，是否为被告人所实施，被告人是否承认起诉书指控的罪行；承认犯罪的，要进一步讯问其实施犯罪行为的时间、地点、方法手段、结果以及犯罪后的表现，等等。②犯罪集团或者一般共同犯罪案件中的被告人，应问清其在共同犯罪中所起的作用大小。③问清被告人有无实施指控犯罪行为的故意或者过失，查明犯罪行为的动机和目的。④查明有无从重、加重或者从轻、减轻以及免除处罚的情节，并注意查明有无依法不应当追究刑事责任的情形。⑤查明犯罪对象、作案工具的主要特征，赃款、赃物的来源、数量以及去向。⑥被告人全部或者部分否认起诉书指控的罪行的，要问清否认的根据和理由。

总之，公诉人对被告人的讯问是法庭调查中的关键环节，讯问的内容应紧紧围绕起诉书对被告人的有罪指控进行，目的是通过讯问让审判人员当庭听清楚被告人的供述和辩解，以便于查明案件事实真相。

其次，被害人、附带民事诉讼的原告人和辩护人、诉讼代理人，经审判长许可，可以向被告人发问。被害人及其诉讼代理人经审判长许可，可以根据公诉人的讯问情况进行补充性发问，通过被害人的发问，可以当庭揭露被告人的虚假供述，进一步暴露被告人的犯罪行为。附带民事诉讼的原告人及其法定代理人或者诉讼代理人，经审判长许可，可以就附带民事诉讼部分的事实向被告人发问，揭露和证实被告人的犯罪行为给自己造成的物质的或名誉上的损失，证明被告人应当承担的赔偿责任。经审判长许可，被告人的辩护人及法定代理人可以在控诉一方就某一具体问题讯问完毕后向被告人发问，向法庭揭示有利于被告人的事实、情节和证据，以维护被告人的合法权益。通过上述多角度地发问，可以使案件事实和证据得以全面查清。

最后，审判人员讯问被告人。根据《刑事诉讼法》的规定，审判人员可以讯问被告人。我国的审判人员在法庭上不是消极的仲裁者，既要主持和指挥法庭的调查审理活动，又要通过庭审彻底查清案件事实，公正司法。因此，在法庭调查中，审判人员不仅要认真、仔细地听取控辩双方的提问和回答，而且还要对尚存疑问、没有弄清楚的问题及时地讯问被告人。

需注意的是，法庭调查中讯问被告人须在审判长的主持下进行，为保证控辩双方讯问、发问的有序进行，保证不对被告人诱供、逼供，审判长应注意把握庭审活动的方向与进度，并遵循以下讯问、发问的规则：①讯问、发问均应在起诉书指控的犯罪事实范围之内进行，控辩双方均不得使用威吓、诱导性语言进行讯问、发问。②起诉书指控的被告人的犯罪事实为两起以上的，法庭调查时，一般应当就每一起犯罪事实分别进行讯问。③对于共同犯罪案件中的被告人，应当分别进行讯问。合议庭认为必要时，可以传唤共同被告人同时到庭对质。④审判长对于控辩双方讯问、发问被告人、被害人和附带民事诉讼原告人、被告人的内容与本案无关或者讯问、发问的方式不当的，应当制止。对于控辩双方认为对方讯问或者发问被告人的内容与本案无关或者讯问、发问的方式不当并提出异议的，审判长应当判明情况予以支持或者驳回。⑤审判人员认为有必要时，可以讯问被告人。

第四，向被害人发问。

在法庭调查中，控辩双方经审判长准许，均可以向被害人、附带民事诉讼原告人发问；审判人员认为有必要时，也可以向被害人及附带民事诉讼原告人发问，以求进一步弄清案件事实。

第五，出示、核查证据。

在讯问被告人和向被害人发问以后，应该当庭核查各种证据。控辩双方均有权要求证人出庭作证，向法庭出示物证、书证、视听资料等证据，但必须向审判长说明拟证明的问题后，方可传唤证人或者出示证据。关于核查证据的方法，应当严格遵循我国《刑事诉讼法》第 156 条至第 160 条的规定和有关司法解释，其具体程序是：

首先，由控方向法庭举证。即对指控的每一起犯罪事实，公诉人可以提请审判长传唤证人、鉴定人和勘验、检查笔录制作人出庭作证，或者出示证据，宣读未出庭的被害人、证人、鉴定人和勘验、检查笔录制作人的书面陈述、证言、鉴定结论及勘验、检查笔录；被害人及其诉讼代理人和附带民事诉讼的原告人及其诉讼代理人经审判长准许，也可以分别提请传唤尚未出庭作证的证人、鉴定人和勘验、检查笔录制作人出庭作证，或者出示公诉人尚未出示的证据，宣读尚未宣读的书面证人证言、鉴定结论及勘验、检查笔录。

其次，由被告人、辩护人、法定代理人就控诉方提出的证据当庭进行质证、辨认和辩论。

再次，由辩方向人民法庭举证。即被告人、辩护人、法定代理人在起诉一方举证提供证据后，分别提请传唤证人、鉴定人出庭作证，或者出示证据，宣读未到庭的证人的书面证言、未到庭的鉴定人的鉴定结论。

最后，由控辩双方依次当庭进行质证、辨认和辩论。

上述程序可以理解为，每指控一起犯罪事实都要出示相应的证据，并由控辩双方进行质证、辨认和辩论。从而强化了控辩双方的对抗性，也有利于法庭全面调查证据，辨明是非，澄清案件事实。

在法庭调查阶段，控辩双方有权提请法庭调查核实证据。由于每种证据的特点、证明力有所不同，在核查证据时应注意区别对待。

询问证人和核查证言笔录。证人证言必须经过法庭调查核对，没有在法庭上调查核实的证人证言，不能作为定案的依据。根据我国《刑事诉讼法》第 156 条的规定，证人应当出庭作证。证人到庭后，审判人员应当先核实证人的身份、证人与当事人以及本案的关系，告知证人应当如实地提供证言和有意作伪证或者隐匿罪证所要承担的法律责任，并要求证人作证前在如实作证的保证书上签字。数人出庭作证的，应当个别询问，在询问其中一名证人时，其他证人不应在场，以免互相影响。几个证人的证言之间如有矛盾，询问人应当进一步查问清楚。证人作证后，应当让其退庭。证人原则上都应出庭作证，但在审判实践中，未成年人、庭审期间身患严重疾病或者行动极为不便的或有其他原因的证人，经人民法院准许，可以不出庭作证。公诉人、当事人和辩护人、诉讼代理人经审判长许可，可以对证人发问。向证人发问，应当先由提请传唤的一方发问；另一方在对方发问完毕后，经审判长准许，也可以发问。按照刑事诉讼法的规定，对未到庭的证人的证言笔录或亲笔证词，应该当庭宣读，并且依次听取公诉人、当事人和辩护人及诉讼代理人的意见。上述人员可以对其提出异议。对于证言内容涉及国家秘密和个人隐私的，应选其可以公开的部分宣读。

核查鉴定结论。鉴定人应当出庭宣读鉴定结论，但经人民法院事先准许不出庭的除外。人民法院通知鉴定人出庭时，鉴定人应当出庭。鉴定人到庭后，审判人员应当先核实鉴定人的身份、与当事人及本案的关系，告知鉴定人应当如实地提供鉴定意见和有意作虚假鉴定应负的法律责任。鉴定人说明鉴定结论前应当在如实说明鉴定结论的保证书上签字，然后向法庭提供鉴定结论，并予以必要的说明。对于出庭的鉴定人，应当先由要求传唤的一方发问；另一方在对方发问完毕后，经审判长准许，也可以发问。控辩双方应围绕鉴定人所作的鉴定结论，向鉴定人提出问题。鉴定人对公诉人、当事人和辩护人等提出的有关鉴定的问题，应予以回答，并须阐明鉴定结论的科学依据。对未到庭的鉴定人的鉴定结论，应该当庭宣读，并且听取上述人员的意见。法庭认为必要时，可以询问鉴定人，并可以决定重新进行鉴定。

出示物证。公诉人、辩护人应当向法庭出示物证，让当事人辨认。出示物证时，应当由先出示物证的一方说明物证的主要特征、内容、获取情况，然后由对方当事人对出示的物证进行辨认并发表意见，控辩双方可以互相质问和辩论。对于一些不便拿到法庭上出示的物证，应该当庭出示原物的复制品或照片。

审查勘验、检查笔录和书证。勘验、检查笔录和能够证明案件事实的文书，都应该当庭宣读，听取公诉人、当事人、诉讼代理人、辩护人的意见。在出示、宣读后应立即将原件移交法庭。确实无法当庭移交的，应当要求出示、宣读证据的一方在休庭后 3 日内移交。

视听资料的播放、鉴别。视听资料作为刑事诉讼证据在法庭上使用时，必须进行鉴别。举证方可以说明其制作过程及与案件之间的联系，并当庭予以播放、演示；对方可以对视听资料所表现的音响、图像、数据、信息提出质疑，控辩双方可以进行质证、辩论。

第六，调取新证据。

我国《刑事诉讼法》第 159 条规定："法庭审理过程中，当事人和辩护人、诉讼代理人有权申请通知新的证人到庭，调取新的物证，申请重新鉴定或者勘验。"当事人和辩护人等申请通知新的证人到庭，调取新的证据，申请重新鉴定或者勘验的，应当提供证人的姓名、证据的存放地点，说明所要证明的案件事实，要求重新鉴定或者勘验、检查的理由。法庭根据具体情况，应当作出是否同意的决定。同意当事人申请的，应当宣布暂时休庭延期审理；不同意的，应当告知理由并继续开庭。

第七，法庭调查核实证据。

在法庭调查过程中，合议庭对于证据有疑问的，可以宣布休庭，对证据进行调查核实。人民法院调查核实证据时，可以进行勘验、检查、扣押、鉴定和查询、冻结。必要时，可以通知检察人员、辩护人到场。合议庭收集到的证据材料也应在法庭上经过控辩双方的质证、辩论后，才能作为定案的依据。

附带民事诉讼部分的调查，一般在刑事诉讼部分调查结束后进行，具体程序按民事诉讼法的有关规定进行。

经过法庭调查后，合议庭认为案情已经查清，证据已经核实，公诉人、当事人和辩护人也没有再提出需要补充调查的事实和证据，即由审判长宣布法庭调查结束，进入法庭辩论阶段。

(3) 法庭辩论。根据我国《刑事诉讼法》第160条规定："经审判长许可，公诉人、当事人和辩护人、诉讼代理人可以对证据和案件情况发表意见并且可以互相辩论。"此规定表明，法庭辩论既可在法庭调查阶段分散进行也可在法庭辩论阶段集中进行。专门的法庭辩论阶段是刑事审判程序中的一个重要环节，控辩双方在此阶段上可有充分的机会阐明己方观点及支持己方观点的理由和根据，这也是一项程序性权利。同时此阶段的辩论也便于法庭进一步查明案情，对法庭作出公正裁决有着重要意义。辩论的内容是在法庭调查的基础上，对全案事实、情节、证据、法律适用等与案件有关的问题。在法庭辩论中，公诉人和被害人属于控诉一方，被告人和辩护人属于辩护一方，经审判长许可，控辩双方可随时根据案件具体情况进行。

根据我国《刑事诉讼法》第160条的规定，法庭辩论在审判长主持下，按照下列顺序进行：公诉人发言；被害人及其诉讼代理人发言；被告人自行辩护；辩护人辩护；控辩双方进行辩论。其中控辩双方可以反复互相辩论。对附带民事诉讼部分的辩论应在对刑事诉讼部分的辩论结束以后进行，具体辩论顺序是：先由附带民事诉讼的原告人和他的诉讼代理人发言，然后由被告人和他的诉讼代理人答辩。总之，法庭辩论的顺序总是由控方先发言，辩方后发言，反复辩论，直至双方均表示不再发言。

公诉人的发言，在司法实践中称为公诉词。公诉词是公诉人在总结法庭调查的事实、证据的基础上，依据法律揭露犯罪，阐明检察机关对被告人追究刑事责任的意见，并在法庭辩论阶段集中发表的演讲词。其作用是支持公诉、宣传法制、教育民众。

辩护人的发言，在司法实践中称为辩护词 。辩护词也应以法庭调查的情况为基础，从保护被告人的合法权益出发提出辩护的论点。辩护人一般可以从以下几个方面进行辩护：一是辩护被告人的行为不构成犯罪或罪行较轻；二是控方提出的证明被告人犯罪的证据不确实、不充分；三是辩方阐明其具有从轻、减轻或免除刑事责任的理由。辩护人的发言，论点要明确、具体，论据要充分、可靠。

法庭辩论的目的，是通过控辩双方正反两方面意见的阐述、辩论，全面查清案件事实，正确运用法律，协助审判人员对案件作出公正的判决。因此，控辩双方都应当坚持"以事实为根据，以法律为准绳"的原则，依法论罪，以理服人，不能强词夺理，更不能进行人身攻击。遵守法庭纪律，以保障诉讼参与人的合法权益不受侵犯，保证辩论活动有秩序地进行。审判长对于控辩双方与案件无关、重复意见或者互相指责的发言应当制止。

在法庭辩论中，合议庭对双方的辩论发言都应认真听取。审判长应当善于抓住双方辩论的焦点，把辩论引向深入。如果发现新的事实、情节和证据需要进一步核实查清，审判长应当暂停辩论，恢复法庭调查，待查清后再继续辩论。如果恢复法庭调查尚不能查清时，审判长应宣告延期审理。

审判长认为经过反复辩论案情已经查明，罪责已经分清，或控辩双方的意见已经充分发表，应及时宣告法庭辩论终结。

(4) 被告人最后陈述。我国《刑事诉讼法》第160条规定："审判长在宣布辩论终结后，被告人有最后陈述的权利。"这是被告人享有的一项重要诉讼权利，同时也是法庭审理中的一个独立环节或步骤。

审判长首先应当告知被告人享有此项权利，同时应充分保障其行使这项权利。审判长应当让被告人作最后的充分的陈述。被告人最后陈述只要不超出本案范围，就不应限制其发言的时间，或随意打断其发言，应允许其把话讲完。但是如果陈述的内容重复或与本案无关，或涉及国家秘密、个人隐私，以及借陈述发表反动言论等，审判长应当制止。

被告人在最后陈述中如果提出新的犯罪事实或新的证据，在一般情况下，应当恢复法庭调查。如果案情复杂，恢复法庭调查仍不能查清事实，还可以宣告延期审理。如果被告人提出新的辩解理由，合议庭认为确有必要的可以恢复法庭辩论。

附带民事诉讼部分可以在法庭辩论结束后当庭调解。调解不能达成协议的，可以同刑事部分一并判决。

(5) 评议和宣判。在被告人最后陈述完毕后，审判长即宣布休庭，法庭进入合议庭评议、宣判阶段。具体内容如下：

第一，合议庭评议。根据我国《刑事诉讼法》第 162 条的规定，在被告人作出最后陈述之后合议庭进行评议。评议是合议庭组成人员在已进行的法庭审理的基础上对案件事实、证据和法律适用进行讨论分析判断并为案件作出裁判打基础、做准备的一个步骤。合议庭评议时是根据法庭审理查明的事实、证据，依照刑事法律的规定，并充分考虑控辩双方的意见，评议确定被告人有罪或者无罪、应否追究刑事责任；犯何种罪、应否处以刑罚、判处何种刑罚；有无从重或者从轻、减轻以至免除刑罚的情节；附带民事诉讼如何解决，赃款、赃物如何处理等。

合议庭评议案件一律秘密进行。进行评议时，合议庭组成人员享有同等的权利。合议庭进行评议的时候实行少数服从多数的原则，如果意见发生分歧，应当按多数人的意见作出决定，但是少数人的意见应当记入笔录。评议笔录由合议庭的组成人员签名。一般情况下，合议庭经过开庭审理并评议后，应当作出判决。但对于疑难、重大、复杂的案件，合议庭成员意见分歧较大的且难以形成统一意见而作出决定的，由合议庭提请院长决定提交审委会讨论决定，审判委员会的决定，合议庭应当执行。

第二，作出裁判。根据我国《刑事诉讼法》第 162 条和最高人民法院《解释》第 176 条的规定，合议庭经评议后，根据已经查明的事实、证据和有关的法律规定，分别作出以下裁判：

其一，起诉指控的事实清楚，证据确实、充分，依据法律认定被告人的罪名成立的，应当作出有罪判决。

其二，起诉指控的事实清楚，证据确实、充分，指控的罪名与人民法院审理认定的罪名不一致的，应当作出有罪判决。但需注意，人民法院改变指控罪名必须经过法定程序，即必须征求控辩双方意见。在必要时，应恢复法庭辩论。否则，就混淆了审判职能与控诉职能，并且有剥夺被告人辩护权之嫌。

其三，案件事实清楚，证据确实、充分，依据法律认定被告人无罪的，应当判决宣告被告人无罪。

其四，证据不足，不能认定被告人有罪的，应当以证据不足，指控的犯罪不能成立，判决宣告被告人无罪。

其五，案件事实部分清楚，证据确实、充分的，应当依法作出有罪或者无罪的判决；事实不清，证据不足部分，依法不予认定。

其六，被告人因不满16周岁，不予刑事处罚的，应当判决宣告被告人不负刑事责任，作出无罪判决。

其七，被告人是精神病人，在不能辨认或者不能控制自己行为的时候造成危害结果，不予刑事处罚的，应当判决宣告被告人不负刑事责任，作出无罪判决。

其八，犯罪已过追诉时效期限，并且不是必须追诉或者经特赦令免除刑罚的，应当裁定终止审理。

其九，被告人死亡的，应当裁定终止审理；对于根据已查明的案件事实和认定的证据材料，能够确认被告人无罪的，应当判决宣告被告人无罪。

第三，宣告判决。宣判是将判决的内容向当事人和群众宣告，使他们知道人民法院对案件作出的处理决定。根据我国《刑事诉讼法》第163条第1款的规定，宣告判决一律公开进行，即不管案件是否公开审理，都应当将判决公之于众。

宣告判决，可以由合议庭根据具体情况决定当庭宣判或者定期宣判。当庭宣判是指在合议庭经过开庭审理、评议并作出决定后，立即复庭由审判长宣判判决结果。当庭宣告判决后应当在5日以内将判决书送达当事人法定代理人、辩护人和被告人近亲属、诉讼代理人和提起公诉的人民检察院。定期宣判是指合议庭经休庭评议并作出决定后，或者因案情疑难、复杂、重大，由合议庭提请院长决定提交审委会讨论决定，而另行确定日期宣告判决的活动。定期宣告判决的，合议庭应当在宣告判决前先期公告宣判的时间、地点，传唤当事人并通知公诉人、法定代理人、诉讼代理人、辩护人；判决宣告以后应当立即将判决书送达当事人、法定代理人、辩护人和被告人的近亲属。判决生效后还应当送达被告人的所在单位或者原户籍所在地的公安局派出所。被告人是单位的，应当送达被告人注册登记的工商行政管理机关。

地方各级人民法院和专门人民法院在宣告第一审判决时，应当告知被告人，如果不服，有权在上诉期限内提出上诉，并告知上诉的期限和上诉的法院。

案件无论是否公开审理，宣告判决一律公开进行。宣判时，法庭内全体人员应当起立。宣判时，一般应当通知公诉人、辩护人、被害人、自诉人或者附带民事诉讼的原告人到庭，如上述人员没有到庭，也不影响宣判的进行。对于有重大影响和教育意义的案件，可召开公开宣判大会（即公判会）扩大范围进行法制宣传教育。

法庭审判阶段是刑事诉讼程序的核心，因此法庭审判活动应当认真做好法庭审判笔录工作。审判笔录是记载法庭全部活动的诉讼文件，它对于分析案情，核查审判活动的进行情况，具有重要意义，特别是对于上诉审和审判监督程序，有更大的作用。因此，担任审判记录工作的书记员必须认真负责，准确、完备地做好记录。根据我国《刑事诉讼法》第167条的规定，法庭审判笔录应当交给当事人阅读或者向其宣读。当事人认为记载有遗漏或者有差错时，可以请求补充或者改正。当事人确认无误后，应当签名或者盖章。法庭笔录中的证人证言部分，亦应当庭宣读或者交给证人阅读，证人在确认没有错误后，应当签名或者盖章。

五、延期审理和中止审理

1. 延期审理

延期审理，是指案件因故不能按原定开庭时间审理，或者在法庭审理过程中，遇到有足以影响审判继续进行的情况，合议庭决定延期审理，待影响审理进行的原因消失后，再行开庭审理。

根据我国《刑事诉讼法》第 165 条和最高人民法院《解释》的有关规定，延期审理主要适用于以下几种法定情形：①需要通知新的证人到庭，调取新的物证，重新鉴定或者勘验的。②检察人员发现提起公诉的案件需要进行补充侦查，提出建议的。③由于当事人申请回避而不能进行审判的。④辩护人依照有关规定当庭拒绝继续为被告人进行辩护或者被告人当庭拒绝辩护人为其辩护，而被告人要求另行委托辩护或者要求人民法院另行指定辩护律师，合议庭同意的。⑤其他情形。如被告人因患病而神志不清或体力不能承受审判的；人民检察院变更了起诉范围，指控被告人有新的罪行，被告人、辩护人为准备答辩，申请延期审理的；合议庭成员、书记员、公诉人、辩护人在审理过程中由于身体原因，审理无法继续进行的等。

人民检察院要求延期审理补充侦查的案件，应当在 1 个月以内补充侦查完毕。

延期审理原则上不能无限期拖延而应有一个确定的时间。因为延期审理的时间原则上要计入审理期限。延期审理的开庭日期和地点能当庭确定的，应该当庭通知公诉人、当事人和其他诉讼参与人；不能当庭确定的，应当在确定后另行通知。

延期审理后再行开庭审判时，仍应按照法庭审判的顺序进行，但对于以前庭审已经查清的事实和证据，可以不逐一核查。

2. 中止审理

中止审理，是指因发生某种特定情况影响了案件的正常审理活动，因此，人民法院决定停止诉讼活动，中止诉讼程序，待该项原因消失后，再行恢复审理。

根据最高人民法院《解释》第 181 条规定，构成中止审理的法定情形如下：①在审判过程中，自诉人或者被告人患精神病或者其他严重疾病；②案件起诉到人民法院后被告人脱逃，致使案件在较长时间内无法继续审理的；③由于其他不可抗拒的原因，使案件无法继续审理的。

根据最高人民法院《解释》第 229 条规定，适用简易程序审理的案件，在法庭审理过程中，发现以下不宜适用简易程序情形的，应当中止审理，并按照公诉案件或者自诉案件的第一审普通程序重新审理：①公诉案件被告人的行为不构成犯罪的；②公诉案件被告人应当判处 3 年以上有期徒刑的；③公诉案件被告人当庭翻供，对于起诉指控的犯罪事实予以否认的；④事实不清或证据不充分的；⑤其他依法不应当或不宜适用简易程序的。

其他应当中止审理的情形有：①对被告人的审理须依据另一案结果作前提的；②附带民事诉讼的原告人在诉讼中死亡，需要等待继承人参加诉讼的等。

中止审理的裁定或决定应当通知同级人民检察院或者自诉案件的对方当事人。中止审理的期间不计入审理期限。中止审理的原因消失后，应当恢复审理。

3. 延期审理和中止审理的异同

相同点：刑事诉讼的延期审理和中止审理都是因遇到法定事由，由人民法院决定暂停审理的一种诉讼制度。

区别点：①原因不同。延期审理的原因是因故不能按照原定时间开庭审理，或者在开庭后因故不能继续审理而决定顺延审判日期的一种诉讼处理；中止审理的原因主要是与案件有直接利害关系的当事人不能到庭，尤其是被告人不能到庭受审，因而使案件不能继续审理。②结果不同。延期审理的结果只是中断审理的具体时间，不是诉讼活动的停止，因此延期的时间要计入审判期限；中止审理的结果是中止诉讼程序，诉讼活动停止，因此中止审理的期间不计入审判期限。

第二节　自诉案件的第一审程序

自诉案件的第一审程序，是指第一审人民法院在自诉人、被告人及其他诉讼参与人的参加下，依法处理自诉案件的方式、方法和步骤。与公诉案件的第一审程序相比较，自诉案件的第一审程序有以下几个特点：一是参加诉讼的国家机关一般来讲只有人民法院，而公安机关和人民检察院不介入；二是没有专门的侦查程序；三是当事人对诉讼程序的开始和终止具有一定的决定作用，即没有自诉人提起自诉，自诉案件的诉讼程序就不会启动，自诉人撤诉或自诉人与被告人达成和解协议，案件的诉讼程序就可以终止。

一、自诉案件的审查和受理

1. 自诉案件的审查

自诉案件的审查，是指人民法院收到自诉状或者口头告诉后，应当按照受理条件进行审查，符合条件的才能受理和进行审判，不符合条件的，应当说服自诉人撤回起诉，或者裁定驳回起诉。

人民法院对自诉案件开庭前的审查既是诉讼程序性的审查，又是实体上的审查，与公诉案件的庭前审查仅是程序性的审查有不同。经过审查，认为符合受理条件的，应当作出立案决定，并书面通知自诉人或者代为告诉人。

2. 自诉案件的受理

自诉案件的受理，是指人民法院按照法定受理条件对自诉案件进行审查后，认为符合受理条件的，则作出立案决定并进行审判；不符合受理条件的，则应说服自诉人撤回起诉，或者裁定驳回起诉。

根据最高人民法院《解释》第 186 条的规定，人民法院受理的自诉案件必须符合下列条件：①属于我国《刑事诉讼法》第 170 条规定的自诉案件；②属于本法院管辖；③刑事案件的被害人告诉的；④有明确的被告人、具体的诉讼请求和能证明被告人犯罪事实的证据；⑤受理公诉转自诉的案件，即我国《刑事诉讼法》第 170 条第 3 项规定的自诉案件，还应当符合我国《刑事诉讼法》第 86 条、第 145 条的规定。

人民法院按照受理条件进行审查后，发现有下列情形之一的，则不符合受理条件，应当说服自诉人撤回起诉，或者裁定驳回起诉：①不符合法律规定的提起自诉条件的；②证据不充分的；③犯罪已过追诉时效期限的；④被告人已死亡的；⑤被告人下落不明的；⑥除因证据不足撤诉的以外，自诉人撤诉后，就同一事实又告诉的；⑦经人民法院调解结案后，自诉人反悔，就同一事实再行告诉的。

人民法院应当在收到自诉状或者口头起诉第 2 日起 15 日以内作出是否立案的决定，并书面通知自诉人或者代为告诉人。对不符合立案条件的，应当书面说明不予受理的理由。

二、自诉案件审判的特点

人民法院对于决定受理的自诉案件，应当开庭审判。审判程序既可适用简易程序，也可参照适用公诉案件第一审普通程序进行。

根据我国《刑事诉讼法》第 171 条至第 174 条的规定和最高人民法院《解释》的相关规定，自诉案件第一审程序具有以下特征：

(1) 对告诉才处理的案件、被害人起诉的有证据证明的轻微刑事案件，可以适用简易程序，由审判员一人独任审判。

(2) 人民法院对告诉才处理的案件、被害人起诉的有证据证明的轻微刑事案件，可以在查明事实、分清是非的基础上进行调解。

调解应当在自愿合法的基础上，在不损害国家、集体和其他公民利益的前提下进行。调解达成协议的，人民法院应当制作刑事自诉案件调解书。调解书经双方当事人签收后即发生法律效力。调解没有达成协议或者调解书签收前当事人反悔的，人民法院应当进行判决。但对于我国《刑事诉讼法》第 170 条第 3 项规定的自诉案件（即公诉转自诉的案件）不适用调解。

(3) 对告诉才处理的案件、被害人起诉的有证据证明的轻微刑事案件，自诉人在宣告判决前可以同被告人自行和解或者撤回起诉。

对于已经审理的自诉案件，当事人自行和解的，应当记录在卷。对于自诉人要求撤诉的，经人民法院审查认为确属自愿的，应当准许；不是出于自愿的，应当不予准许。自诉人经两次依法传唤，无正当理由拒不到庭的，或者未经法庭许可中途退庭的，按撤诉处理。自诉人是两人以上，其中部分人撤诉的，不影响案件的审理。

(4) 人民法院受理案件后，对于当事人因客观原因不能取得并提供有关证据而申请人民法院调取证据，人民法院认为必要的，可以依法调取。

(5) 在自诉案件审理过程中，被告人下落不明的，应当中止审理，被告人归案后，应当恢复审理。必要时，应当对被告人依法采取强制措施。

(6) 告诉才处理的案件、被害人起诉的有证据证明的轻微刑事案件的被告人或者其法定代理人在诉讼过程中，可以对自诉人提起反诉。

反诉是指在自诉案件审理过程中，自诉案件的被告人基于同一个案件事实又作为案件的被害人，向受理该自诉案件的人民法院控告自诉人犯有侵犯自己权益的罪行，而要求人民法院依法追究其刑事责任的诉讼。反诉必须符合下列条件：①反诉的对象必须是本诉的自诉人；②反诉的内容必须是基于本案事实的行为；③反诉的案件必须本身也是自诉案件性质。反诉以自诉存在为前提，但它是一个独立的诉讼，它也不是对自诉的答辩。反诉案件的审理适用自诉案件的规定，并应当与自诉案件一并审理。如果原自诉人撤诉，不影响反诉案件的继续审理。

适用简易程序审理的自诉案件应当在受理后 20 日内审结。

适用普通程序审理的被告人未被羁押的自诉案件，应当在立案后 6 个月内宣判。有特殊情况需要延长审理期限的，由本院院长批准，可以延长 3 个月。适用普通程序审理的被告人被羁押的自诉案件，应当在被告人被羁押后 1 个月内宣判，最迟不得超过 1 个半月等。

第三节　简易程序

一、简易程序的概念和意义

1. 简易程序的概念

简易程序，是指基层人民法院审理某些事实清楚、情节简单、犯罪轻微的刑事案件所适用的比普通程序相对简化的第一审程序。

2. 简易程序设立的意义

简易程序在我国原刑事诉讼法中没有规定，而是在 1996 年《刑事诉讼法》修订时新增设的一个程序，且在第一审程序中以专节的形式增设了“简易程序”。简易程序的增设，既符合我国审判实践的客观需要，也顺应了世界多数国家刑事诉讼制度改革发展的潮流，具有重要意义。具体分析如下：

(1) 简易程序符合我国当前审判实践的需要，有利于合理配置审判资源，提高审判效率。当前我国刑事案件数量呈上升趋势，人民法院的审判任务愈来愈重，原刑事诉讼法中规定的单一的普通审判程序已不能适应案件审理的需要，对于那些案件事实清楚、证据确实充分、案情简单、犯罪情节轻微的刑事案件，可以通过及时、快捷的审判方式进行审理结案，从而降低司法成本，节约司法资源，因此，简易程序应运而生。简易程序因程序的简化和审判人员数量的少投入使其在司法实践中达此目的，缓解了人民法院审判压力，大大提高了审判效率。

(2) 简易程序更加有利于保护当事人的合法权益。及时的审判本身是刑事审判的基本要求之一，审判的及时、快捷将使刑事被告人早日摆脱诉讼之苦，也使自诉案件中的自诉人（刑事被害人等）能以简便有效的方式维护自己的合法权益，而不致因程序的烦琐使其望而却步，甚至牺牲合法权益。

(3) 简易程序的设立使刑事审判程序多样化，这种多样化意味着刑事审判程序更加科学、合理。刑事案件繁简轻重存在很大差异，对不同的案件适用不同的程序进行审理，才能使审判更具科学性、合理性。对事实清楚、情节简单、犯罪轻微的刑事案件适用简易的程序进行审理，而对于重大、疑难、复杂的案件适用普通程序进行审理，这种区分是非常有必要的，便于提高审判质量，兼顾审判的公正和效率。

二、简易程序的适用范围

根据我国《刑事诉讼法》第 174 条和有关司法解释的规定，人民法院对于下列案件，可以适用简易程序：①依法可能判处 3 年以下有期徒刑、拘役、管制、单处罚金的公诉案件，事实清楚、证据充分，人民检察院建议或者同意适用简易程序的；②告诉才处理的案件，如暴力干涉他人婚姻自由案、侮辱、诽谤案、虐待案、侵占案等；③被害人起诉的有证据证明的轻微刑事案件，如故意伤害案（轻伤）、重婚案、遗弃案、侵犯通信自由案等；④根据最高人民法院的司法解释，人民法院对公诉案件的被告人可能判处免予刑事处分的，也可以适用简易程序。

这类处刑较轻的公诉案件适用简易程序，必须具备四个条件：一是被告人经过法庭审判可能被处以我国《刑事诉讼法》第 174 条第 1 项规定的较轻刑罚的；二是案件事实清楚，证据确实、充分的；三是被告人及辩护人对所指控的基本犯罪事实没有异议的；四是人民检察院建议或者同意适用的。只有同时具备这四个条件，才能适用简易程序。

适用简易程序的案件必须符合上述法定条件，如不符合的，则不能适用简易程序。为了使司法实践中适用简易程序更加规范，最高人民法院等作了相关司法解释，具有下列情形之一的公诉案件，不适用简易程序审理：①比较复杂的共同犯罪案件；②被告人、辩护人作无罪辩护的；③被告人系盲、聋、哑人的；④其他不宜适用简易程序审理的情形；⑤我国《刑事诉讼法》第 170 条第 3 项规定的公诉转自诉案件。

三、简易程序的特点

简易程序作为第一审普通程序的简化程序，根据《刑事诉讼法》以及相关司法解释将其与第一审普通程序进行比较，简易程序具有以下特征：

(1) 在适用的程序上，简易程序只适于第一审程序。第二审程序、死刑复核程序和审判监督程序则不适用。

(2) 在适用法院上，简易程序只能由基层人民法院适用。中级、高级、最高人民法院虽然也有第一审案件，但不能适用简易程序。

(3) 在审判组织上，适用简易程序时，可以由审判员一人独任审判。但不能由人民陪审员独任审判。

(4) 在控诉职能上，适用简易程序审理的公诉案件，人民检察院可以不派员出席法庭，但并不影响其职能的发挥。但人民检察院监督公安机关立案侦查的案件，以及其他人民检察院认为有必要派员出庭的案件，人民检察院应派员出庭支持公诉。

(5) 在适用的案件上，适用简易程序审理的案件，必须是事实清楚、情节简单、犯罪轻微的刑事案件。重大、疑难、复杂的、涉外的刑事案件不适用简易程序。

(6) 在庭审的程序步骤上，适用简易程序审理的案件，不受公诉案件第一审普通程序中关于讯问被告人、询问证人、鉴定人、出示证据、法庭辩论程序规定的限制，可以将法庭调查阶段和法庭辩论阶段简化或合并起来进行，将一些程序环节、步骤从简、从略，从而大大简化了审理程序。但需注意，无论怎样简化程序，被告人最后陈述这一庭审环节不能取消，这是对被告人合法权益的程序保障。

根据最高人民法院、最高人民检察院、司法部于2003年3月14日联合发布的《关于适用简易程序审理公诉案件若干意见》规定，被告人自愿认罪的，并对起诉书指控的犯罪事实无异议的，法院可以直接作出有罪判决。对自愿认罪的被告人，酌情予以从轻处罚。

(7) 在宣判形式上，适用简易程序审理的案件，原则上一般采用当庭宣判形式，不采用定期宣判形式。

(8) 在审理期限上，适用简易程序审理的案件，人民法院应当在受理后20日以内审结。

四、简易审判程序的提起

1. 对公诉案件适用简易审判程序的提起

(1) 人民检察院建议适用简易程序。

人民检察院在审查起诉过程中，对依法可能判处3年以下有期徒刑、拘役、管制、单处罚金的公诉案件，事实清楚、证据充分，被告人及辩护人对所指控的基本犯罪事实无异议的，经检察长决定，适用简易程序的，应当向人民法院提出建议。

具体操作步骤是：首先，人民检察院应当制作适用简易程序建议书；其次，在提起公诉时，连同全案卷宗、证据材料、起诉书一并移送人民法院；最后，人民法院在征得被告人、辩护人同意后决定适用简易程序的，应当制作适用简易程序决定书，在开庭前送达人民检察院、被告人及辩护人；人民法院认为依法不应当适用简易程序的，应当书面通知人民检察院，并将全案卷宗和证据材料退回人民检察院。

(2) 人民法院决定适用简易程序。

对于人民检察院没有建议适用简易程序的公诉案件，而人民法院经审查认为可以适用简易程序审理的，由人民法院决定适用简易程序审理。

具体操作步骤是：第一，人民法院经审查认为可以适用简易程序审理的，应当征求人民检察院与被告人、辩护人的意见。人民法院向人民检察院征求意见时，应当提出书面建议，人民检察院应当在10日内答复是否同意，人民检察院同意的即移送全案卷宗和证据材料；第二，人民法院决定适用简易程序时，应当制作适用简易程序决定书，在开庭前送达人民检察院、被告人及辩护人，案件则可适用简易程序审理。

2. 对自诉案件适用简易审判程序的提起

对自诉案件是否适用简易程序审理，只需由人民法院审查决定。

具体操作步骤是：首先，人民法院应当对案件进行审查。即审查是否有明确的被告人；是否事实清楚、证据充分；是否属于告诉才处理的案件或者被害人有证据证明的轻微刑事案件。其次，经审查后认为符合条件的，决定适用简易程序并制作适用简易程序决定书 。最后，人民法院应当在开庭前将开庭时间、地点分别通知人民检察院、自诉人、被告人、辩护人及其他诉讼参与人。通知可用简便方式但应当记录在卷。

需注意的是，根据我国《刑事诉讼法》第 179 条和最高人民法院的有关司法解释的规定，适用简易程序审理的案件，在审理过程中如发现有下列情形之一的，应当决定中止审理，并按照公诉案件或者自诉案件的第一审普通程序重新审理：①公诉案件被告人的行为不构成犯罪的；②公诉案件被告人应当判处 3 年以上有期徒刑的；③公诉案件被告人当庭翻供，对于起诉指控的犯罪事实予以否认的；④事实不清或者证据不充分的；⑤其他依法不应当或者不宜适用简易程序的。

转为普通程序审理的案件，审理期限应当从决定转为普通程序之日起计算。此为简易程序的变更。

简易程序变更为普通程序，人民检察院未派员出庭的，人民法院应当将上述决定书面通知人民检察院。转为普通程序重新审理的公诉案件，人民法院应当在 3 日内将全案卷宗和证据材料退回人民检察院。人民检察院应当在收到上述材料后 5 日内按照普通程序审理公诉案件的法定要求，向人民法院移送有关材料。

第四节　法庭审判中的量刑程序

在各级检察机关的积极推动下，2010 年 2 月 23 日最高人民检察院公诉厅发布《人民检察院开展量刑建议工作的指导意见（试行）》(以下简称《量刑建议意见》)，各检察机关在全国广泛推行量刑建议制度。顺应司法改革的这一正确选择，2010 年 9 月 13 日最高人民法院、最高人民检察院、公安部、国家安全部、司法部联合印发《关于规范量刑程序若干问题的意见（试行）的通知》（以下简称《量刑通知》)，同日，最高人民法院发布《人民法院量刑指导意见（试行)》，这两个规定都于 10月 1 日起施行。最高人民法院又于 2010 年 9 月 30 日发布了《人民法院量刑程序指导意见（试行)》(以下简称《法院量刑程序》，于 2010 年 10月 1 日起施行)，从实体和程序两个方面，对量刑问题加以规范。这是我国近年司法改革的一项重大成就，对于促进我国刑事司法的公正和人权保障，必将产生深远的影响。

一、检察机关的量刑建议及其庭审活动

1. 量刑建议书的提交和修正

对于公诉案件，人民检察院可以提出量刑建议。量刑建议一般应当具有一定的幅度。人民检察院提出量刑建议，一般应当制作量刑建议书，与起诉书一并移送人民法院；根据案件的具体情况，人民检察院也可以在公诉意见书中提出量刑建议。对于人民检察院派员出席法庭的案件，一般应将量刑建议书与起诉书一并送达人民法院；对庭审中调整量刑建议的情况，可以在庭审后将修正过的量刑建议书向人民法院提交。对于人民检察院

不派员出席法庭的简易程序案件，应当制作量刑建议书，与起诉书一并移送人民法院。

对于二审或者再审案件，检察机关认为应当维持原审裁判量刑的，可以在出席法庭时直接提出意见；认为应当改变原审裁判量刑的，可以另行制作量刑建议书提交法庭审理。

量刑建议书中一般应当载明人民检察院建议对被告人处以刑罚的种类、刑罚幅度、刑罚执行方式及其理由和依据。

对人民检察院以量刑建议书方式提出的量刑建议，人民法院在送达起诉书副本时，将量刑建议书一并送达被告人。

2. 公诉人对量刑证据的出示

在法庭调查中，公诉人可以根据案件的不同种类、特点和庭审的实际情况，合理安排和调整举证顺序。定罪证据和量刑证据可以分开出示的，应当先出示定罪证据，后出示量刑证据。

对于有数起犯罪事实的案件，其中涉及每起犯罪中量刑情节的证据，应当在对该起犯罪事实举证时出示；涉及全案综合量刑情节的证据，应当在举证的最后阶段出示。

为适应法庭量刑的需要，在审前程序中，侦查机关、人民检察院就应当依照法定程序，收集能够证实犯罪嫌疑人、被告人犯罪情节轻重以及其他与量刑有关的各种证据。人民检察院提起公诉的案件，应当依照相关规定，将涉及量刑部分的主要证据、复印件等也要一并移送人民法院。

3. 公诉人对量刑证据的质证和答辩

对于辩护方提出的量刑证据，公诉人应当进行质证。辩护方对公诉人出示的量刑证据质证的，公诉人应当答辩。公诉人质证应紧紧围绕案件事实，证据进行，质证应做到目的明确，重点突出、逻辑清楚，如有必要，可以简要概述已经法庭质证的其他证据，用以反驳辩护方的质疑。

4. 公诉人在法庭辩论阶段提出量刑建议及量刑答辩

公诉人应当在法庭辩论阶段提出量刑建议。根据法庭的安排，可以先对定性问题发表意见，后对量刑问题发表意见，也可以对定性与量刑问题一并发表意见。

对于检察机关未提出明确的量刑建议而辩护方提出量刑意见的，公诉人应当提出答辩意见。

5. 公诉人可依法建议休庭或延期审理调整量刑建议

在庭审过程中，公诉人发现拟定的量刑建议不当需要调整的，可以根据授权作出调整；需要报检察长决定调整的，应当依法建议法庭休庭后报检察长决定。出现新的事实、证据导致拟定的量刑建议不当需要调整的，可以依法建议法庭延期审理。

6. 人民检察院对人民法院裁判文书中是否采纳量刑建议及量刑的审查，可依法抗诉或向当事人解释说明

人民检察院收到人民法院的判决、裁定后，应当对判决、裁定是否采纳检察机关的量刑建议以及量刑理由、依据进行审查，认为判决、裁定量刑确有错误、符合抗诉条件的，经检察委员会讨论决定，依法向人民法院提出抗诉。当然，人民检察院也不能单纯以量刑建议未被采纳作为提出抗诉的理由。人民法院未采纳人民检察院的量刑建议并无

不当的，人民检察院在必要时可以向有关当事人解释说明。

二、辩护方的量刑建议与法庭活动

1. 当事人等可以提出量刑意见

在诉讼过程中，当事人和辩护人、诉讼代理人可以提出量刑意见，并说明理由。

2. 对被告人的法律援助

对于公诉案件，特别是被告人不认罪或者对量刑建议有争议的案件，被告人因经济困难或者其他原因没有委托辩护人的，人民法院可以通过法律援助机构指派律师为其提供辩护。

3. 申请调取量刑证据材料

当事人和辩护人、诉讼代理人申请人民法院调取在侦查、审查起诉中收集的量刑证据材料，人民法院认为确有必要的，应当依法调取。人民法院认为不需要调取有关量刑证据材料的，应当说明理由。

三、法庭量刑程序

1. 量刑程序相对独立

人民法院审理刑事案件，应当将量刑纳入法庭审理程序。在法庭调查、法庭辩论等阶段，应当保障量刑活动的相对独立性。在法庭审理过程中，审判人员应当注意听取公诉人、当事人、辩护人和诉讼代理人提出的量刑意见。

对于普通程序审理的案件，在法庭调查过程中，可以根据案件具体情况先调查犯罪事实，后调查量刑事实；在法庭辩论过程中，也可以先辩论定罪问题，后辩论量刑问题。被告人认罪或者虽然不认罪但同意参与审理量刑问题的，按照被告人认罪案件的程序审理量刑问题。被告人不认罪且不同意参与审理量刑问题的，合议庭应当告知其有权提出从轻、减轻、免除处罚的意见和理由，记录在卷后，法庭审理继续进行。

对于简易程序或普通程序审理的被告人认罪案件（即普通程序简化审），在核实犯罪事实，确定被告人对起诉书指控的犯罪事实和罪名没有异议，自愿认罪且知悉认罪的法律后果后，庭审主要围绕量刑事实、情节和刑罚适用问题进行举证、质证和辩论。

2. 量刑事实的查明和辩论

对于被告人不认罪或者辩护人做无罪辩护的案件，在法庭调查阶段，应当查明有关的量刑事实。在法庭辩论阶段，审判人员引导控辩双方先辩论定罪问题。在定罪辩论结束后，审判人员告知控辩双方可以围绕量刑问题进行辩论，发表量刑建议或意见，并说明理由和依据。

在法庭调查过程中，人民法院应当查明对被告人适用特定法定刑幅度以及其他从重、从轻、减轻或免除处罚的法定或者酌定量刑情节。

人民法院、人民检察院、侦查机关或者辩护人委托有关方面制作涉及未成年人的社会调查报告的，调查报告应当在法庭上宣读，并接受质证。

在法庭审理过程中，审判人员对量刑证据有疑问的，或者发现影响量刑的情节有遗漏或者事实不清的，可以宣布休庭，对证据进行调查核实，必要时也可以要求人民检察院补充调查核实。人民检察院应当补充调查核实有关证据，必要时可以要求侦查机关提供协助。当事人及其辩护人、诉讼代理人也可以就量刑问题，申请传唤新的证人到庭，调取新的物证、书证，申请鉴定或者重新鉴定，人民法院认为有必要的，应当同意。

3. 庭审中量刑事实的调查顺序

(1) 审判人员首先归纳在犯罪事实调查阶段已经查明的量刑事实，并告知公诉人、当事人和辩护人、诉讼代理人不再重复举证和质证。

(2) 公诉人、自诉人及其诉讼代理人就其掌握的未经审理的量刑事实举证，并接受质证。

(3) 被告人及其辩护人就其掌握的未经审理的量刑事实举证，并接受质证。

(4) 被害人及其诉讼代理人到庭参加诉讼的，可以向法庭提交量刑事实证据，并接受质证。

(5) 有关方面向法庭提交涉及未成年人量刑的社会调查报告的，调查报告应该当庭宣读，并接受质证。

4. 量刑辩论

在法庭辩论阶段，审判长应当注意引导控辩双方围绕有争议的量刑事实和刑罚适用问题进行辩论。法庭如果在辩论阶段发现新的量刑事实，认为有必要进行调查的，审判长可以宣布恢复法庭调查，待事实查清后继续法庭辩论。

5. 量刑辩论顺序

量刑辩论活动按照以下顺序进行：

(1) 公诉人、自诉人及其诉讼代理人发表量刑建议或意见。

(2) 被害人（或者附带民事诉讼原告人）及其诉讼代理人发表量刑意见。

(3) 被告人及其辩护人进行答辩并发表量刑意见。

6. 裁判文书应当说明量刑理由

裁判文书中的量刑说明，一般包括以下内容：①已经查明的量刑事实及其对量刑的影响；②是否采纳公诉人、当事人和辩护人、诉讼代理人的量刑意见及其理由；③人民法院的量刑理由和法律依据。

7. 二审、再审案件的量刑

对于开庭审理的二审、再审案件的量刑活动，应依照有关法律规定进行。对于不开庭审理的二审、再审案件，审判人员在阅卷、讯问被告人、听取其他当事人、辩护人、诉讼代理人的意见时，应当注意审查量刑事实和证据。

案例分析

【案情】被告人何某，男，22 岁。2007 年 2 月 12 日某区人民检察院向某区人民法院对被告人何某提起公诉，指控其犯合同诈骗罪。公诉机关指控认为，2006 年 7 月 10

日，被告人何某伙同何某（已判刑）经预谋，以虚构的单位（成都南方家私家纺制造有限公司）的名义先后与陈某、黄某、罗某签订了拍摄平面广告的合同，以缴纳违约保证金为名骗取被害人陈某现金人民币 15 000 元、黄某现金人民币 15 000 元、罗某现金人民币 8 000 元，后分赃耗用。2006 年 10 月 29 日被告人何某被公安机关抓获。公诉机关认为，上述事实在审查起诉阶段犯罪嫌疑人何某无异议，并有被害人陈某、黄某、罗某的陈述及辨认笔录，证人吴某、胡某的证言，同伙何某的供述，合作协议书 3 份，收据 3 份，公安机关出具的“抓获经过”等证据证实，足以证明犯罪嫌疑人何某的犯罪行为构成犯罪，遂提起公诉。某区人民法院依法适用简易程序，实行独任审判，公开开庭审理了本案。公诉机关未派员出席法庭，被告人何某及其辩护人谭某到庭参加了诉讼。某区人民法院经审理认为，本案事实清楚、证据确实充分，对公诉机关指控被告人何某构成合同诈骗罪予以支持，因此，某区人民法院作出如下判决：被告人何某犯合同诈骗罪，判处有期徒刑 1 年 6 个月，并处罚金人民币 10 000 元。

（案例来源：成都市锦江区人民法院提供）

【问题】

(1) 本案适用简易程序、独任审判是否符合法律规定？

(2) 本案公开开庭审理是否符合法律规定？

(3) 某区人民法院审理本案时公诉机关未派员出席法庭是否符合法律规定？

【解析】

(1) 本案适用简易程序、独任审判符合法律规定。我国《刑事诉讼法》第 174 条规定，对依法可能判处 3 年以下有期徒刑、拘役、管制、单处罚金的公诉案件，事实清楚、证据充分，人民检察院建议或者同意适用简易程序的，人民法院可以适用简易程序，由审判员一人独任审判。本案事实清楚、证据确实充分，人民法院最后决定适用简易程序，由审判员一人独任审判。

(2) 本案公开开庭审理符合法律规定。我国宪法、刑事诉讼法中确立的审判原则之一是审判公开原则。我国《宪法》第 125 条规定：“人民法院审理案件，除法律规定的特别情况外，一律公开进行。”我国《刑事诉讼法》第 11 条规定：“人民法院审判案件，除本法另有规定的以外，一律公开进行。”我国《刑事诉讼法》第 152 条规定，下列案件不公开审理：涉及国家机密的案件；有关个人隐私的案件；未成年人犯罪的案件。根据上述法律规定，合同诈骗罪不属于“不公开审理”的案件范围内。因此，应适用公开审判原则，公开开庭审理。

(3) 某区人民法院审理本案时公诉机关未派员出席法庭符合法律规定。根据我国《刑事诉讼法》第 175 条的规定，适用简易程序审理公诉案件，人民检察院可以不派员出席法庭。这是因为适用简易程序审理的公诉案件本身案情简单、清楚，证据充分、无异议，且简易程序审理方式的决定采用是经过了人民检察院建议或同意的，人民检察院认为公诉人不出席法庭并不影响控诉职能的发挥，从而可简化庭审程序，节约司法资源，降低司法成本。

第十七章　第二审程序

本章主要介绍第二审程序的概述，包括概念、特点、任务和原则等，第二审程序的提起即上诉和抗诉，第二审程序的审理方式和程序等。学习重点是：第二审程序的概念、任务和第二审程序中的特有原则；上诉和抗诉及其相关内容，如主体、期限、理由、途径、方式等；第二审程序的审理方式和对案件的处理。学习难点是：全面审查原则、上诉不加刑原则的把握；上诉与抗诉的差异；第二审程序的审理方式和对案件的处理。本章的学术热点是：公诉案件中的被害人应否享有上诉权；为被告人的利益而提出抗诉时可否加重被告人刑罚；在司法实践中大多数第二审程序不开庭审理的原因等。

第一节　第二审程序的概述

一、第二审程序的概念和特点

第二审程序是指地方各级第一审人民法院的上一级人民法院根据合法的上诉或抗诉，对第一审人民法院作出的判决和裁定尚未生效的案件进行重新审判所适用的审判程序。第二审程序具有以下特点：

(1) 第二审程序是建立在两审终审制度基础之上的普通程序，是继第一审程序之后的一个独立的诉讼阶段，是普通刑事案件的终审程序。

(2) 第二审程序属于补救性程序，其目的在于纠正第一审判决和裁定中可能存在的错误。

(3) 第二审程序不是每个刑事案件的必经程序，必须以提出合法的上诉或抗诉作为第二审程序启动和审判的依据。

(4) 第二审程序的审判主体是地方各级人民法院的上一级人民法院。

(5) 第二审程序的审判对象是第一审人民法院已经作出了判决和裁定但判决和裁定尚未生效的案件。

二、第二审程序的任务

第二审程序的任务是在对第一审裁判认定的事实和适用法律进行全面审查的基础上，维持正确的第一审裁判，纠正错误的第一审裁判。具体包括如下方面：

(1) 对第一审裁判认定事实是否清楚、证据是否确实充分进行审查。案件事实是第一审裁判的根据，也是第二审程序中适用法律的基础，因此，不论第一审裁判在认定事实、使用证据方面是否存在错误，在第二审程序中都应审查第一审裁判认定的事实是否清楚、证据是否确实充分。

(2) 对第一审裁判在适用法律上是否正确进行审查。适用法律包括适用实体法和程序法两个方面。第二审阶段应当审查第一审裁判在实体法方面对被告人的定罪、定性是否准确，量刑是否适当。同时，审查第一审程序中审判程序是否符合刑事诉讼法的规定。

(3) 对案件作出公正处理。经过审查，发现第一审裁判事实清楚、证据确实充分，实体处理和程序都合法的，就应当维持原裁判；发现第一审裁判事实不清、证据不足，或者实体处理有错误、程序违法的，就分别依法改判或发回第一审人民法院重审。

三、第二审程序的意义

1. 维持正确的第一审裁判，肯定第一审人民法院的审判工作

第一审裁判作出之后，当事人上诉或人民检察院抗诉，引起第二审程序，但并不意味着第一审裁判就一定是错误的。如果第二审人民法院经过审查查明第一审裁判是正确的，第二审人民法院应当维持第一审裁判。这不仅可以肯定第一审人民法院的审判工作，而且可以打消当事人的侥幸心理，促使被告人认罪服判，心悦诚服地接受改造。

2. 纠正错误的第一审裁判

由于刑事案件的复杂性以及同犯罪作斗争的艰巨性，第一审人民法院作出错误裁判的可能性总是存在的。人民法院通过第二审程序发现第一审裁判确有错误时，或者发回第一审人民法院重审，或者依法改判，对错误予以纠正，以满足上诉者或抗诉者的请求，同时维护国家法律的尊严，保障当事人的合法权益不受侵犯。

3. 指导、监督第一审人民法院的审判工作

第二审人民法院通过对上诉、抗诉案件的审判，可以深入细致地了解第一审人民法院的审判工作情况，肯定其成绩，发现其不足，促进第一审人民法院提高审判工作的质量。

四、第二审程序的审判原则

根据我国刑事诉讼法的规定，我国第二审程序中，人民法院除了要遵守刑事诉讼法的基本原则和审判阶段的审判原则以外，根据二审阶段的特殊性，还必须遵循全面审查

原则和上诉不加刑原则。

1. 全面审查原则

第二审程序中的全面审查原则，是指第二审人民法院应当就第一审裁判认定的事实和适用法律进行全面审查，不受上诉或者抗诉范围的限制。第二审程序中的全面审查原则的具体含义包括以下几个方面：

(1) 第二审人民法院既要进行事实审又要进行法律审。

事实审在于审查第一审裁判认定的事实是否正确，证据是否确实、充分。法律审在于审查第一审裁判适用法律有无错误。就法律审而言，既要从实体法的角度审查第一审裁判定罪量刑是否正确，又要从程序法的角度审查第一审人民法院的审判程序是否合法，简言之，既要进行实体审，又要进行程序审。

(2) 第二审人民法院不受上诉或抗诉范围的限制。

对第一审裁判中已经被提出上诉或抗诉的部分，第二审人民法院应当审查；对第一审裁判中未被提出上诉或抗诉的部分，第二审人民法院也应当审查。

(3) 不受上诉主体或抗诉对象的限制。

在共同犯罪案件中，只有部分被告人提出上诉的，第二审人民法院对第一审裁判中涉及提出上诉的被告人的部分应当进行审查，对第一审裁判中涉及未提出上诉的被告人的部分也应当进行审查；或者人民检察院只对第一审裁判中的部分被告人提出抗诉的，第二审人民法院对抗诉涉及的或未涉及到的被告人的部分都要进行全面审查。在共同犯罪案件中，如果提出上诉的被告人死亡，其他被告人没有提出上诉时，第二审人民法院仍然应当对全案进行全面审查。死亡的被告人以前的行为不构成犯罪的，应当宣告其无罪；审查后认为死亡的被告人以前的行为构成犯罪的，应当宣告终止审理，但对裁判中涉及其他同案被告人的部分仍应当进行审理并作出判决或裁定。

(4) 不受案件性质的限制。

对只针对第一审裁判中的附带民事诉讼部分提出上诉或抗诉的案件，应当对全案中的刑事诉讼部分和附带民事诉讼部分进行全面审查。但是，在这种情况下，第二审人民法院只能就附带民事诉讼部分作出裁判，不能对第一审刑事诉讼裁判部分进行裁判；由于没有对第一审裁判中的刑事诉讼部分提出上诉或抗诉，刑事诉讼部分的第一审裁判在上诉或抗诉期限届满后就发生法律效力。第二审人民法院无权对第一审裁判已经生效的案件进行裁判，如果裁判已经生效的案件确有错误，也只能通过审判监督程序来加以纠正。从另一个角度讲，第二审人民法院作出裁判必须以合法的上诉或抗诉作为依据，当对第一审人民法院裁判中的刑事诉讼部分没有上诉或抗诉时，第二审人民法院对其裁判是违法的。但是，对只针对第一审裁判中的刑事诉讼部分提出上诉或抗诉的案件，情形则相反。第二审人民法院要对全案中的刑事诉讼部分和附带民事诉讼部分进行全面审查，在此基础上，既可以对刑事诉讼部分作出裁判，也可以对附带民事诉讼部分作出裁判，如果附带民事诉讼部分确实存在错误，可以改判或者发回重审。这里体现了民事诉讼的附带性质，可以附带在刑事二审程序中被法院审查和处理。

对于上诉或抗诉案件，第二审人民法院应当审查下列主要内容：①第一审判决或裁定认定的事实是否清楚，证据是否确实、充分，证据之间、证据与事实之间有无矛盾。

②第一审判决、裁定适用实体法律是否正确，定罪、量刑、附带民事诉讼部分的裁判是否适当。③在侦查、起诉、第一审程序中，有无违反法律规定的诉讼程序的情形。④上诉或抗诉是否提出了新的事实和证据。⑤被告人供述、辩解的情况。⑥辩护人的辩护意见及其采纳的情况。⑦第一审人民法院合议庭、审判委员会讨论的意见。审查后，应当写出审查报告。

2. 上诉不加刑原则

(1) 上诉不加刑原则的含义。

上诉不加刑原则是指第二审人民法院审判只有被告人一方提出上诉的案件时，不得以任何理由改判重于第一审判决所判刑罚的裁判原则。在理解上诉不加刑原则的含义时，必须注意以下几点：

第一，我国刑事诉讼法规定的上诉不加刑原则，不是以对被告人有利为前提的，而是以提起上诉的主体为前提的。上诉不加刑原则适用于只有被告人或其法定代理人、辩护人、近亲属提出上诉的案件。如果人民检察院提出抗诉或者自诉人及其法定代理人提出上诉时，无论被告人及其法定代理人、辩护人、近亲属是否提出上诉，不受上诉不加刑原则的限制；第二审人民法院在改判时，可以减轻被告人的刑罚，也可以加重被告人的刑罚；人民检察院抗诉的案件，第二审人民法院审理后，改判被告人死刑立即执行的，应当报请最高人民法院核准。但是，在共同犯罪案件中，人民检察院仅对部分被告人的判决提出抗诉的，第二审人民法院对其他第一审被告人不得加重刑罚。

第二，上诉不加刑原则只能适用于第二审人民法院直接改判时，不适用于发回第一审人民法院重审的案件。对于只有被告人或其法定代理人、辩护人、近亲属上诉的案件，第二审人民法院查实第一审人民法院判决确实认定事实不清或证据不足或者第一审人民法院确实违反诉讼程序并且符合我国《刑事诉讼法》第 191 条的规定而发回第一审人民法院重审的案件，第一审人民法院在重审中不受上诉不加刑原则的限制；在重审中，第一审人民法院按照第一审程序查清事实、补充证据后，该加重刑罚的可以判处比原判决更重的刑罚，该减轻刑罚的可以判处比原判决更轻的刑罚。第二审人民法院必须严格掌握发回第一审人民法院重审的条件，对于只有被告人及其法定代理人、辩护人、近亲属提出上诉，而且第一审判决事实清楚，证据确实充分，审判程序合法，即不符合发回重审条件，仅仅是量刑偏轻的案件，第二审人民法院不能为了加重被告人的刑罚，借故发回第一审人民法院重审来变相地加重被告人的刑罚。

第三，所谓不能加重被告人的刑罚，包含以下几层含义：①不能改无罪判决为有罪判决，不能改免刑判决为科刑判决。②不能增加刑种。由于主刑不能合并适用，不能增加刑种当然是指不能增加附加刑。③不能提高刑种等级。例如，不能改拘役 6 个月为有期徒刑 6 个月。④不能增加同一刑种的刑期和数额。例如，不能改有期徒刑 3 年为 5 年，不能改罚金 1 万元为 2 万元。⑤不能改死刑缓期两年执行为死刑立即执行；对被告人判处拘役或有期徒刑宣告缓刑的，不得撤销原判决宣告的缓刑而改为实刑，也不得延长缓刑考验期限。⑥对被告人实行数罪并罚的，不得加重决定执行的刑罚，也不能在维持原判决决定执行刑罚不变的情况下而加重数罪中某罪的刑罚。⑦共同犯罪案件中，只有部分被告人提出上诉的，既不能加重提出上诉的被告人的刑罚，也不能加重其他同案被告人的刑罚。⑧对事实清楚、证据确实充分，但判处的刑罚畸轻，或者应当适用附加刑而没有适用的案件，不得撤销第一审判决，直接加重被告人的刑罚或适用附加刑，也不得以事实不清或者证据不足为借口发回第一审人民法院重新审判。必须依法改判的，应当在第二审判决、裁定生效后，按照审判监督程序重新审判。当然，对原判认定事实清楚、证据确实充分，只是认定的罪名不当的，在不加重原判刑罚的情况下，可以改变罪名。

(2) 上诉不加刑原则的意义。

第一，上诉不加刑原则有利于保障被告人的上诉权，保障两审终审制度的贯彻执行。被告人及其法定代理人、辩护人、近亲属提出上诉的目的是希望第二审人民法院改变原裁判，对被告人从轻、减轻或免除刑罚，改善被告人在第一审判决中的不利处境。如果不规定上诉不加刑原则，二审法院在被告人一方上诉后反而会加重被告人的刑罚，使其处境更加恶化，就可能使被告人及其法定代理人、辩护人、近亲属对上诉产生顾虑，即使其认为第一审裁判有错误，也可能因害怕加重被告人的刑罚而不敢上诉，在客观上限制了被告人一方对上诉权的行使，使上诉制度流于形式，使两审终审制度形同虚设。只有规定上诉不加刑原则，才能排除被告人一方上诉的思想顾虑，切实保障被告人一方的上诉权得以充分行使，从而保障两审终审制度得以贯彻执行。

第二，上诉不加刑原则有利于促使第一审人民法院加强责任心，不断提高办案质量。上诉不加刑原则解除了被告人一方害怕上诉加刑的思想顾虑，其上诉的积极性被调动起来，被告人一方提出上诉的案件占第一审裁判的比重无疑会加大，第二审人民法院通过第二审程序监督检查第一审人民法院审判工作的面就大幅度扩大了，这就要求第一审人民法院的审判人员加强工作责任心，认真负责地对待每一个案件，正确运用法律，准确地定罪量刑，做到不枉不纵，以期经得起第二审人民法院的监督检查。

第三，上诉不加刑原则有利于促使人民检察院履行法律监督职能，促使自诉人及其法定代理人积极行使上诉权。人民检察院提出抗诉或者自诉人及其法定代理人上诉的案件，第二审人民法院在改判时不受上诉不加刑原则的限制。因此，在人民检察院履行法律监督职能提出抗诉，或者自诉人及其法定代理人提出上诉的案件中，第二审人民法院在审判中就可以不受限制地以事实为根据、以法律为准绳作出公正裁判，尤其是对第一审判决量刑畸轻的案件，也可以在第二审程序中直接改判加刑。

第二节　第二审程序的提起

一、提起第二审程序的对象

提起第二审程序的对象是地方各级人民法院第一审判决、裁定尚未生效的案件。

强调“地方各级人民法院”，意味着经最高人民法院第一审判决、裁定的案件不能成为提起第二审程序的对象，因为最高人民法院作出的所有判决、裁定都是终审的判决和裁定，一经宣告立即发生法律效力，而判决、裁定已经生效的案件不可能成为第二审程序的审判对象。

强调“第一审判决、裁定尚未生效”，意味着地方各级人民法院作出第一审判决、裁定后，上诉或抗诉期限届满以前，判决、裁定尚未生效之时，其案件可以成为提起第二审程序的对象。上诉或抗诉期限届满之后，判决、裁定已经发生了法律效力，案件就不能成为提起第二审程序的对象。如果判决、裁定已经发生法律效力的案件确有错误，只能通过以后的审判监督程序加以纠正，而不能通过第二审程序予以纠正。因此，判决、裁定以及调解协议已经生效的案件，都不能成为提起第二审程序的对象。

二、提起二审程序的形式

我国刑事诉讼法明确规定，提起第二审程序的形式有上诉和抗诉两种。

刑事诉讼中的上诉是指被告人、自诉人等依法享有上诉权的人不服地方各级人民法院的第一审判决或裁定，在法定期限内依照法定程序提请第一审人民法院的上一级人民法院对案件进行重新审判的一种诉讼活动。

刑事诉讼中的抗诉是指人民检察院认为人民法院的判决、裁定确有错误，依法要求人民法院重新审判案件的诉讼活动。根据抗诉引起的诉讼程序不同，分为二审抗诉和再审抗诉。再审抗诉将在审判监督程序中被论述，在此仅论述二审抗诉。二审抗诉是指地方各级人民检察院认为同级人民法院的第一审未生效判决、裁定确有错误，在法定抗诉期限内依照法定程序提请上一级人民法院重新审判案件的诉讼活动。二审抗诉既是人民检察院起诉权的延伸，又是人民检察院进行审判监督的重要方式。

上诉和二审抗诉在对象、期限、效力上都相同。上诉和二审抗诉的对象都是地方各级人民法院第一审裁判尚未生效的案件。不服判决的上诉和二审抗诉期限都是10日，不服裁定的上诉和抗诉期限都为5日，从接到判决书、裁定书的第2日起算。合法的上诉和抗诉都具有以下两个法律效力：①都能阻止第一审判决或裁定生效，即第一审判决或裁定在上诉或抗诉期限届满后仍不能发生法律效力；②都能启动第二审程序，都是第二审程序的审判依据，即引起案件由第一审人民法院移交上一级人民法院，由上一级人民法院进行第二审程序的审判。

三、提起上诉和抗诉的主体

1. 上诉的主体

我国《刑事诉讼法》第180条规定：“被告人、自诉人和他们的法定代理人，不服地方各级人民法院第一审的判决、裁定，有权用书状或者口头向上一级人民法院上诉。附带民事诉讼的当事人和他们的法定代理人，由此可以对地方各级人民法院第一审的判决、裁定中的附带民事诉讼部分，提出上诉。”可见，上诉的主体包括以下三类：

(1) 对刑事判决、裁定享有独立上诉权的主体，即刑事被告人、自诉人和他们的法定代理人。刑事被告人通常是在第一审判决、裁定中承担刑事责任的人，第一审判决、裁定是否正确，直接影响到刑事被告人的生命、自由、财产、名誉等切身利益。因此，刑事被告人无论在公诉案件中还是在自诉案件中，都享有独立的上诉权，对第一审判决、裁定不服均有权提出上诉，请求上一级人民法院重新审判。自诉人在刑事诉讼中居于原告地位，执行控诉职能，当其认为第一审判决或裁定存在错误、侵犯了自己合法权益时，有权依法独立提出上诉。当刑事被告人或自诉人是未成年人或者是其他限制民事行为能力人、无民事行为能力人时，为维护刑事被告人或自诉人的合法权益，基于监护责任，刑事被告人或自诉人的法定代理人对第一审判决、裁定享有独立上诉权，在提出上诉时不用征求被代理的自诉人或刑事被告人的意见。

(2) 经刑事被告人授权上诉的主体，即没有独立上诉权的上诉主体。刑事被告人的近亲属和辩护人，经被告人同意后，可以为刑事被告人的利益而提出上诉。

(3) 对第一审判决、裁定中附带民事诉讼部分的上诉主体。附带民事诉讼的原告、被告及其法定代理人，对地方各级人民法院第一审判决、裁定中的附带民事诉讼部分不服，有权提出上诉。附带民事诉讼的原告、被告及其法定代理人也只能对第一审判决、裁定中的附带民事诉讼部分提出上诉，而不能对刑事诉讼部分提出上诉。

公诉案件中的被害人及其法定代理人没有上诉权。我国《刑事诉讼法》第 182 条规定："被害人及其法定代理人不服地方各级人民法院第一审判决的，自收到判决书后 5 日以内，有权请求人民检察院提出抗诉。人民检察院自收到被害人及其法定代理人的请求后 5 日内，应当作出是否抗诉的决定并答复请求人。"由此可见，公诉案件中的被害人及其法定代理人只有请求抗诉权而没有上诉权。

2. 抗诉的主体

有权提起抗诉的是地方各级人民检察院。地方各级人民检察院认为同级人民法院第一审未生效的判决、裁定确有错误，应当向上一级人民法院提出抗诉。抗诉是国家赋予人民检察院的特有权力，是法律监督权的重要部分。地方各级人民检察院如果认为同级人民法院的一审未生效的裁判确有错误，都应当提出抗诉，要求人民法院通过二审程序给予纠正，无论这个错误裁判是有利或是不利于被告人的。

但是，最高人民检察院对最高人民法院的一审判决或裁定不能提起二审程序的抗诉，因为最高人民法院一审的判决、裁定是终审的判决、裁定，不得上诉或抗诉。

地方各级人民检察院在提出抗诉后，应将抗诉书抄送上一级人民检察院。上级人民检察院如果认为抗诉不当，可以向同级人民法院撤回抗诉，并且通知下级人民检察院，下级人民检察院应当服从；如果认为抗诉正确，就准备派员出庭支持抗诉。这是由检察机关的领导体制决定的。

四、提起上诉和抗诉的期限和理由

1. 提起上诉和抗诉的期限

我国《刑事诉讼法》第 183 条规定："不服判决的上诉和抗诉的期限为 10 日，不服裁定的上诉和抗诉的期限为 5 日，从接到判决书、裁定书的第 2 日起算。"上诉和抗诉的主体必须在法定的期限内提出上诉和抗诉，才能达到阻止第一审裁判生效并引起第二审程序的目的。

上诉主体和抗诉主体在上诉和抗诉期限内是否提出上诉和抗诉，以其在上诉和抗诉期限届满前最后一次意思表示为准。即使上诉主体和抗诉主体明确表示不提出上诉和抗诉，人民法院也不能在上诉和抗诉期限届满以前就将判决、裁定交付执行，因为此时判决、裁定尚未发生法律效力。超过法定上诉和抗诉期限而没有人提出上诉和抗诉的，判决、裁定就发生法律效力而成为执行根据，在一般情况下，上诉主体不得再行上诉，抗诉主体不得再提起二审抗诉。

2. 提起上诉和抗诉的理由

根据我国刑事诉讼法的规定，上诉主体提出上诉的理由是“不服地方各级人民法院第一审的判决、裁定”，抗诉主体提出抗诉的理由是“认为同级人民法院的第一审未生效判决、裁定确有错误”。无论是“不服”也好，还是“认为确有错误”也好，都具有极强的主观性，需要进一步对其进行解析。所谓“不服”或者“认为确有错误”，通常表现在以下某个方面：

(1) 第一审判决、裁定认定事实有错误。

(2) 第一审判决、裁定认定事实所依据的证据不确实、不充分。

(3) 第一审判决、裁定适用实体法有错误，定罪量刑不准；未能正确解决附带民事诉讼。

(4) 第一审审判程序严重违反刑事诉讼法的规定。

(5) 第一审审判人员徇私舞弊、枉法裁判。

当然，法律对当事人等的上诉理由要求并不严格，只要当事人一方对第一审法院的裁判不服，无论依据什么理由，也不论其所依据的理由是否成立，其上诉都必然会引起二审程序，人民法院不得以上诉理由不确实、不充分或不正确等为借口阻止上诉或者拒绝二审。但是，对于人民检察院来说，法律就要求是在“认为判决、裁定确有错误”的情况下，才可启动二审程序，以体现法律监督的严肃性和专业性。

五、提起上诉和抗诉的途径和方式

1. 提起上诉的途径和方式

提起上诉的方式有两种：书面方式和口头方式。上诉主体通常应当提交上诉状及其副本。上诉状内容应当包括：第一审判决书、裁定书的文号和上诉人收到判决书、裁定书的时间；第一审人民法院的名称；上诉的请求和理由；提出上诉的时间；上诉人签名或者盖章。如果是被告人的辩护人、近亲属经被告人同意提出上诉的，还应当写明提出上诉的人与被告人的关系，并应当以被告人作为上诉人。被告人、自诉人、附带民事诉讼原告和被告因书写上诉状确有困难而口头提出上诉的，人民法院应当根据其所陈述的理由和请求制作笔录，由上诉人阅读或者向其宣读后，让上诉人在笔录上签名或者盖章。

提起上诉的途径有两种：上诉主体通过第一审人民法院提出上诉，或者上诉主体直接向第二审人民法院提出上诉。上诉主体通过第一审人民法院提出上诉的，第一审人民法院应当审查上诉是否符合法律规定。符合法律规定的，应当在上诉期满后 3 日内将上诉状连同案卷、证据移交上一级人民法院，同时将上诉状副本送达同级人民检察院和对方当事人。上诉主体直接向第二审人民法院提出上诉的，第二审人民法院应当在收到上诉状后 3 日内将上诉状交由第一审人民法院；第一审人民法院应当审查上诉是否符合法律规定。符合法律规定的，应当在接到上诉状后 3 日内将上诉状连同案卷、证据移交上一级人民法院，同时将上诉状副本送达同级人民检察院和对方当事人。

2. 提起抗诉的途径和方式

提起抗诉的方式只有一种，即书面方式。人民检察院提出抗诉，应当向人民法院提交抗诉书，抗诉书是抗诉的唯一表现方式。在第一审法庭上，公诉人当庭表示抗诉意思的，随后也应当提交抗诉书，否则不能产生抗诉的法律效力。

抗诉的途径只有一种，即人民检察院应当通过第一审人民法院提交抗诉书。第一审人民法院收到抗诉书后，应当将抗诉书连同案卷、证据一并移送上一级人民法院，并将抗诉书副本送达当事人。直接向第一审人民法院提出抗诉，目的在于强化审判监督的效果，以促使法院进一步提高审判工作质量。

六、上诉和抗诉的撤回

上诉主体和抗诉主体提出上诉和抗诉后，在上诉和抗诉期限内要求撤回上诉和抗诉的，人民法院应当准许；因为上诉主体和抗诉主体在上诉和抗诉期限内是否提出上诉和抗诉，以其在上诉和抗诉期限届满前最后一次意思表示为准。在上诉和抗诉期限届满后，上诉主体和抗诉主体要求撤回上诉和抗诉的，应当由第二审人民法院进行审查：如果认为第一审判决、裁定认定事实和适用法律正确，量刑适当的，应当裁定准许其撤回上诉和抗诉；如果认为第一审判决、裁定事实不清、证据不足或者将无罪判为有罪、轻罪重判等，应当不准许其撤回上诉和抗诉，并按照第二审程序进行审判。

第三节　第二审程序的审理方式和程序

一、对上诉、抗诉案件的审查

第二审人民法院对第一审人民法院移送上诉、抗诉的案卷，应当审查是否包括下列内容：移送上诉、抗诉案件函；上诉状或者抗诉书；第一审判决书或者裁定书 8 份（每增加 1 名被告人增加 1 份）；全部案卷材料和证据，包括案件审结报告和其他应当移送的材料。

以上材料齐备的，第二审人民法院应当收案；材料不齐备的，应当通知第一审人民法院及时补送。

二、第二审程序的审理方式和程序

对上诉案件或者人民检察院抗诉的案件，第二审人民法院应当组成合议庭，依法审理。第二审人民法院审理第二审案件，有两种审理方式：开庭审理和不开庭审理。

1. 开庭审理

第二审人民法院应当开庭审理的案件有两类：第一类，人民检察院抗诉的案件；第二类，第一审判决事实不清、证据不足，需要直接调查和开庭核实但又不宜发回重审的上诉案件。第二审人民法院开庭审理上诉、抗诉案件，可以到案件发生地或者第一审人民法院所在地进行。

第二审人民法院开庭审理上诉或抗诉案件，除参照第一审程序的规定外，还应当依照下列规定进行。在法庭调查阶段，审判长或审判员宣读第一审判决书、裁定书后，由上诉人陈述上诉理由或者由人民检察院检察人员宣读抗诉书。如果既有上诉又有抗诉的案件，先由检察人员宣读抗诉书，再由上诉人陈述上诉理由。法庭调查的重点要针对上诉或抗诉的理由，全面查清事实，核实证据。在法庭调查阶段，如果检察人员或者辩护人申请出示、宣读、播放第一审审理期间已经移交给人民法院的证据的，法庭应当指令值庭法警出示、播放有关证据；需要宣读的证据，由法警交由申请人宣读。在法庭辩论阶段，上诉案件，应当先由上诉人、辩护人发言，再由检察人员发言；抗诉案件，应当先由检察人员发言，再由被告人、辩护人发言；既有上诉又有抗诉的案件，应当先由检察人员发言，再由上诉人、辩护人发言，并进行辩论。

在第二审程序中，被告人除自行辩护外，还可以委托辩护人辩护。共同犯罪案件，只有部分被告人提出上诉或者人民检察院只就第一审人民法院对部分被告人的判决提出抗诉的，其他同案被告人也可以委托辩护人辩护；没有提出上诉的和人民检察院没有对其判决提出抗诉的第一审被告人，应当参加法庭调查，并可以参加法庭辩论。

人民法院开庭审理第二审公诉案件，应当在开庭10日以前通知人民检察院查阅案卷。自通知后的第2日起，人民检察院查阅案卷超过7日后的期限，不计入第二审审理期限。

2. 不开庭审理

对于上诉案件，合议庭经过阅卷，讯问被告人，听取其他当事人、辩护人、诉讼代理人的意见后，合议庭认定的事实与第一审认定的没有变化，证据充分的，可以决定不开庭审理。在第二审程序中，开庭审理是原则，不开庭审理是例外。对于一些事实清楚、争议不大的上诉案件，人民法院开庭审理实无必要，同时，我国目前第二审人民法院的人力、物力也决定了不可能对所有上诉案件都实行开庭审理。不开庭审理必须符合以下要求：

(1) 合议庭必须阅卷。合议庭要充分了解第一审判决所依据的证据材料，对第一审案件事实的认定和法律适用情况明了，做到心中有数。

(2) 必须讯问被告人，听取其他当事人、辩护人、诉讼代理人的意见，以便准确判断案情，防止案卷材料掩盖事实真相的弊端。

(3) 事实清楚。即案件事实有确实、充分的证据加以证明，合议庭经过阅卷和听取各方面的意见，对本案的情况已经认识清楚。

(4) 只能是上诉案件，不能是抗诉案件。人民检察院抗诉的案件，即使事实清楚，也必须开庭审理，以体现对人民检察院法律监督权的特别保障。

三、第二审程序对案件的处理

第二审人民法院对上诉、抗诉案件审理后，按下列情形分别处理：

(1) 第一审判决、裁定认定事实正确，证据充分，适用法律定罪量刑适当，程序合法的，应当裁定驳回上诉或抗诉，维持原判决、裁定。

(2) 第一审判决、裁定认定事实不清、证据不足的，可以查清事实后改判，也可以撤销原判决、裁定，发回第一审人民法院重新审判。

(3) 第一审判决认定事实没有错误，但适用实体法有错误的，应当撤销原判决，进行改判。第二审人民法院在改判时，应当遵守上诉不加刑原则。第二审人民法院对于刑事和附带民事诉讼部分都有上诉或抗诉的案件，如果发现刑事和附带民事诉讼部分均有错误需要改判的，应当一并改判。

(4) 第二审人民法院发现了第一审人民法院的审理有下列违反法律规定的诉讼程序的情形之一的，应当裁定撤销原判，发回第一审人民法院重新审判：①违反审判公开制度的；②违反回避制度的；③剥夺或者限制了当事人的法定诉讼权利，可能影响公正审判的；④审判组织的组成不合法的；⑤其他违反法律规定的诉讼程序，可能影响公正审判的。违反法定程序是发回重审的法定理由，不管程序的违反是否实际导致了裁判的错误。

第一审人民法院对第二审人民法院发回重审的案件，应当另行组成合议庭，依照第一审程序进行重新审判，作出的判决、裁定仍是第一审判决、裁定，可以对其依法提出上诉或二审抗诉。

第二审人民法院的判决、裁定是终审的判决、裁定，一经宣告，立即发生法律效力，不得对其提出上诉或者二审抗诉。

四、自诉案件、附带民事诉讼案件的第二审程序

在自诉案件的第二审程序中，可以进行调解，当事人也可以自行和解。调解结案的，应当制作调解书。调解书送达后，第一审判决、裁定被视为自动撤销。当事人自行和解的，由人民法院裁定准许撤回自诉，并撤销第一审判决或者裁定。第二审人民法院对于调解结案或者当事人和解的自诉案件，被告人被采取强制措施的，应当立即予以解除。在第二审程序中，自诉案件的被告人提出反诉的，第二审人民法院应当告知其另行起诉。

在附带民事诉讼案件的第二审程序中，第一审民事原告人增加新的诉讼请求或者第一审民事被告人提出反诉的，第二审人民法院可以根据当事人自愿的原则就新增加的诉

讼请求或者反诉进行调解，调解不成的，应告知当事人另行起诉。

五、对扣押和冻结财物的处理程序

对于被扣押、冻结的赃物及其孳息，属于被害人的合法财产的，应当及时返还给被害人。找不到被害人或者不属于被害人的合法财产的，财物一律上缴国库。

对于已经扣押、冻结的犯罪嫌疑人、被告人的财物及其孳息，在诉讼中应当妥善保管，在裁判生效后，属于非法所得的，上缴国库；属于合法收入的部分，在偿付因犯罪而给国家、集体或公民个人造成的损失后，其余部分返还犯罪嫌疑人、被告人本人或者其家属。

对查封、扣押的违禁物品，予以没收，交有关部门保存或销毁。

对作为证据使用的实物证据，应当随案移送；对不宜移送的，应当将其清单、照片或其他证明文件随案移送。

对于上述款物，任何单位和个人不得挪用或自行处理。司法工作人员贪污、挪用或者私自处理被扣押、冻结的赃款、赃物及其孳息的，依法追究其刑事责任；不构成犯罪的，给予相应的处分。

六、第二审程序的审理期限

第二审人民法院受理上诉、抗诉案件后，应当在 1 个月内审结，最迟不得超过 1 个半月。如果是交通十分不便的边远地区发生的重大复杂案件、重大的犯罪集团案件、流窜作案的重大复杂案件、犯罪涉及面广且取证困难的重大复杂案件，经省、自治区、直辖市高级人民法院批准或决定，可以再延长 1 个月。最高人民法院受理的上诉、抗诉案件，有上述情形的，由最高人民法院决定，也可以延长 1 个月。

第四节　死刑案件第二审程序

最高人民法院和最高人民检察院联合发布了《关于死刑第二审案件开庭审理程序若干问题的规定（试行）》（以下简称《死刑二审规定》，于 2006 年 9 月 25 日起施行），依据刑事诉讼法，对死刑案件的二审程序作了较为具体的规定，目的显然是为了强化死刑案件二审程序的实效，提高死刑案件二审审判的质量，为最高人民法院在 2007 年收归死刑复核权后进行配套部署。

一、上诉、抗诉的案卷移交

被判处死刑的被告人提出上诉的案件，原审人民法院应当在上诉期满后三日以内将上诉状连同案卷、证据一并移送上一级人民法院，同时将上诉状副本送交同级人民检察院和当事人。收到上诉状副本的人民检察院应当在三日以内将上诉状副本及有关材料报送上一级人民检察院。

对第一审的死刑判决抗诉的案件，提出抗诉的人民检察院向原审人民法院提交抗诉书后，应当在三日以内将抗诉书副本及有关材料报送上一级人民检察院。原审人民法院应当在抗诉期满后三日以内将抗诉书连同案卷、证据一并移送上一级人民法院，并将抗诉书副本送交当事人。

对死刑判决提出上诉的被告人，在上诉期满后第二审开庭前要求撤回上诉的，第二审人民法院应当进行审查。合议庭经过阅卷，讯问被告人，听取其他当事人、辩护人、诉讼代理人的意见后，认为原判决事实清楚，适用法律正确，量刑适当的，不再开庭审理，裁定准许被告人撤回上诉；认为原判决事实不清，证据不足或者将无罪判为有罪，轻罪重判的，应当不准许撤回上诉，按照第二审程序开庭审理。

二、开庭审理的案件

1. 死刑立即执行案件的二审，都应当开庭审理

二审程序的启动是基于当事人的上诉或检察机关的抗诉，就实践而言，死刑案件不可能是自诉案件，所以，《死刑二审规定》第 1 条指出：“第二审人民法院审理第一审判处死刑立即执行的被告人上诉、人民检察院抗诉的案件，应当依照法律和有关规定开庭审理。”这就意味着死刑立即执行案件的二审都必须开庭审理。

2. 死刑缓期执行案件的二审，部分开庭审理

对于一审判处死刑缓期两年执行的案件，第二审人民法院对两种情况应当开庭审理：一是被告人提出上诉的案件，被告人或者辩护人提出了影响定罪量刑的新证据，需要开庭审理的；二是人民检察院提出抗诉的案件，应当开庭审理。

三、二审法院开庭前对案卷的审查

第二审人民法院开庭审理死刑上诉、抗诉案件，合议庭应当在开庭前对案卷材料进行全面审查，重点审查下列内容：

(1) 上诉、抗诉的理由及是否提出了新的事实和证据。

(2) 被告人供述、辩解的情况。

(3) 辩护人的意见以及原审人民法院采纳的情况。

(4) 原审判决认定的事实是否清楚，证据是否确实、充分。

(5) 原审判决适用法律是否正确，量刑是否适当。

(6) 在侦查、起诉及审判中，有无违反法律规定的诉讼程序的情形。

(7) 原审人民法院合议庭、审判委员会讨论的意见。

(8) 其他对定罪量刑有影响的内容。

四、二审开庭前控辩双方的准备

1. 辩护准备

第二审人民法院应当及时查明被判处死刑立即执行的被告人是否委托了辩护人。没有委托辩护人的，应当告知被告人可以自行委托辩护人或者通知法律援助机构指定承担法律援助义务的律师为其提供辩护。被告人拒绝人民法院指定的辩护人为其辩护，有正当理由的，人民法院应当准许，被告人可以另行委托辩护人。被告人没有委托辩护人的，人民法院应当为其指定辩护人。

2. 检察机关的出庭准备

第二审人民法院开庭审理的死刑上诉、抗诉案件，同级人民检察院应当派员出庭。第二审人民法院应当在开庭 10 日以前通知人民检察院查阅案卷。

人民检察院应当在开庭前对案卷材料进行全面审查，重点围绕抗诉或者上诉的理由，审查第一审判决认定案件事实、适用法律是否正确，证据是否确实、充分，量刑是否适当，审判活动是否合法，并进行下列工作：①应当讯问被告人，听取被告人的上诉理由或者辩解；②必要时听取辩护人的意见；③核查主要证据，必要时询问证人；④对鉴定结论有疑问的，可以重新鉴定或者补充鉴定；⑤根据案件情况，可以听取被害人的意见。

人民检察院应当在开庭前拟定庭审中的讯问、询问、举证、质证、答辩提纲和出庭意见书等。

五、二审合议庭的组成及其开庭准备

第二审人民法院开庭审理死刑上诉、抗诉案件，应当由审判员三人至五人组成合议庭，对于疑难、复杂、重大的死刑案件，应当由院长或者庭长担任审判长。

合议庭应当在开庭前查明有关情况并做好以下准备工作：①在第一审判决宣判后，被告人是否有检举、揭发行为需要查证核实的。②是否存在可能导致延期审理的情形。③必要时应当讯问被告人。④拟定庭审提纲，确定需要开庭审理的内容。⑤将开庭的时间、地点在开庭三日以前通知人民检察院。⑥通知人民检察院、被告人及其辩护人在开庭五日以前提供出庭作证的证人、鉴定人名单。⑦将传唤当事人和通知辩护人、证人、鉴定人和翻译人员的传票和通知书在开庭三日以前送达。⑧人民检察院向第二审人民法院提交新证据的，第二审人民法院应当通知被告人的辩护律师或者经许可的其他辩护人在开庭前到人民法院查阅；被告人及其辩护人向第二审人民法院提交新证据的，第二审人民法院应当通知人民检察院在开庭前到人民法院查阅。⑨人民检察院在审查期间进行重新鉴定或者补充鉴定的，作出的鉴定应当及时提交人民法院，人民法院应当在开庭三日以前将鉴定结论告知当事人及其诉讼代理人、辩护人；被害人及其诉讼代理人或者被告人及其辩护人提出重新鉴定、补充鉴定要求并经第二审人民法院同意的，作出的鉴定应当及时提交人民法院，人民法院应当在开庭三日以前将鉴定结论告知对方当事人及其诉讼代理人、辩护人并通知人民检察院。⑩公开审判的案件，在开庭三日以前先行公布案由、被告人姓名、开庭时间和地点；上述活动情形应当写入笔录，由审判人员和书记员签名。

第二审人民法院开庭审理死刑上诉、抗诉案件，具有下列情形之一的，应当通知证人、鉴定人、被害人出庭作证：①人民检察院、被告人及其辩护人对鉴定结论有异议、鉴定程序违反规定或者鉴定结论明显存在疑点的；②人民检察院、被告人及其辩护人对证人证言、被害人陈述有异议，该证人证言或者被害人陈述对定罪量刑有重大影响的；③合议庭认为其他有必要出庭作证的。

六、二审法庭审理

第二审人民法院应当全面审理死刑上诉、抗诉案件。但在开庭时，可以根据具体情况围绕人民检察院、被告人及其辩护人提出争议的问题和人民法院认为需要重点审查的问题进行。

1. 开庭

审判长宣布开庭后，可以宣读原审判决书，也可以只宣读案由、主要事实、证据和判决主文等判决书的主要内容。法庭调查时，上诉案件由上诉人或者辩护人先宣读上诉状或者陈述上诉理由，抗诉案件由检察人员先宣读抗诉书；对于既有上诉又有抗诉的案件，先由检察人员宣读抗诉书，后由上诉人或者辩护人宣读上诉状或者陈述上诉理由。

2. 法庭调查

法庭调查的重点是对原审判决提出异议的事实、证据以及提交的新的证据等。对于人民检察院、被告人及其辩护人没有异议的事实、证据和情节，可以不在庭审时调查。人民检察院、被告人及其辩护人对原审判决采纳的证据没有异议的，可以不再举证和质证。

对共同犯罪中没有判处死刑且没有提出上诉的被告人，人民检察院和辩护人在开庭前表示不需要进行讯问和质证的，可以不再传唤到庭。对没有被判处死刑的其他被告人的罪行，事实清楚的，可以不在庭审时审理。

对被告人所犯数罪中判处其他刑罚的犯罪，事实清楚且人民检察院、被告人及其辩护人没有异议的，可以不在庭审时审理。

在第二审程序中，检察人员或者辩护人发现证据出现重大变化，可能影响案件定罪量刑的，可以建议延期审理。

3. 法庭辩论

在法庭辩论阶段，抗诉的案件，由检察人员先发言；上诉的案件，由上诉人、辩护人先发言；既有抗诉又有上诉的案件，由检察人员先发言，并依次进行辩论。

4. 判决或裁定

第二审人民法院作出判决、裁定后，当庭宣判的，应当在5日以内将判决书或者裁定书送达当事人、辩护人和同级人民检察院；定期宣判的，应当在宣判后立即送达。

第二审人民法院可以委托第一审人民法院代为宣判，并向当事人送交第二审判决书或者裁定书。

第二审人民法院应当在裁判文书中写明人民检察院的意见、被告人的辩解和辩护人的意见以及是否采纳的情况并说明理由。

七、二审审判监督

在第二审程序中，如果出席法庭的检察人员发现法庭审判活动违反法律规定的诉讼程序，休庭后由人民检察院向人民法院提出纠正意见。

案例分析

【案情】兰某因犯故意伤害罪（重伤）而被某县人民检察院向该县人民法院提起公诉，被害人林某也向该县人民法院提起了附带民事诉讼，要求赔偿医药费等 5 000 元。该县人民法院开庭审理后，以故意伤害罪（重伤）判处兰某有期徒刑 3 年，并判处其赔偿林某 500 元。林某收到第一审判决书后不服，以第一审判决兰某刑罚太轻、赔偿太少为由提出上诉，但兰某没有提出上诉，该县人民检察院也没有提起抗诉。第二审人民法院经审理后，认为第一审判决认定事实清楚，证据确实、充分，适用程序也合法，但对被告人兰某处刑畸轻，给被害人林某赔偿显失公正，于是以故意伤害罪（重伤）改判兰某有期徒刑 7 年，赔偿林某医药费等共计 4 000 元。

【问题】

(1) 第二审人民法院对本案的处理在程序上有何错误？为什么？

(2) 第二审人民法院在程序上应该如何处理？

【解析】

(1) 第二审人民法院对刑事裁判部分进行改判，在程序上是错误的。理由有两个：

第一，第二审人民法院审判案件必须以合法的上诉或抗诉为根据。林某在本案中是被害人和附带民事诉讼的原告人。作为被害人，林某无权对第一审刑事裁判部分提出上诉，认为第一审刑事裁判部分有错误时也只能请求人民检察院抗诉。作为附带民事诉讼的原告人，林某只能对附带民事诉讼部分的判决提出上诉。本案中，林某对刑事裁判部分提出的上诉不合法，人民检察院也没有提出合法的抗诉，第二审人民法院对刑事裁判部分进行二审审判缺乏合法的根据。

第二，第二审人民法院审判的对象只能是第一审裁判未生效的案件。只对附带民事诉讼部分的裁判提出上诉，不影响刑事裁判部分的生效。本案中，只有作为附带民事诉讼原告人的林某对附带民事诉讼部分提出的上诉是合法的，因此，在过了上诉期限后，刑事裁判部分就发生法律效力。第二审人民法院对本案刑事裁判部分的改判，意味着用第二审程序对裁判已经生效的案件进行改判，其错误是非常明显的。

(2) 第二审人民法院对本案刑事裁判部分的正确处理程序，应当是通过审判监督程序来对刑事裁判部分的错误进行纠正。

第十八章　死刑复核程序

本章主要介绍死刑复核程序概念和特征、任务和意义，死刑立即执行案件的复核程序，死刑缓期二年执行案件的复核程序等内容。通过学习全面掌握有关死刑复核程序的法律规定。学习重点是：死刑立即执行案件的复核程序。学习难点是：死刑立即执行案件的报请复核。本章的学术热点是：死刑复核程序的诉讼化改革，如最高人民法院行使死刑复核权的方式；复核程序的审查范围；复核程序是否要开庭审理；复核程序的审理期限；三审终审制的可行性。

第一节　死刑复核程序概述

一、死刑复核程序的概念与特征

死刑复核程序是法院对依法需要核准的死刑案件予以审查核准的一种特殊审判程序。它包括对判处死刑立即执行案件的复核程序和对判处死刑缓期二年执行的案件的复核程序。

作为一种特殊的审判程序，死刑复核程序具有以下特征：

1. 适用的案件范围只能是死刑案件

这一审判程序与其他普通或者特别程序都不同，其适用的案件范围只限于死刑案件，是所有审判程序中适用案件范围最特殊的。

2. 特定案件的终局性

我国实行两审终审制，一般刑事案件最多经过两级人民法院的审判就宣告终结。而死刑案件则不同，除了具备死刑核准权的法院自身判决的死刑案件外，其他死刑案件即使经过普通的两级人民法院的审判，也不能终结，还必须经过具有死刑核准权的法院的复核、裁判后方能生效。对这些必须经过死刑复核程序才能够生效的裁判而言，死刑复核程序是这部分案件的终局性程序。

3. 适用主体的专属性

按照刑事诉讼法规定，死刑由最高人民法院核准，中级人民法院判处死刑缓期二年执行的案件，由高级人民法院核准。可见，适用死刑复核程序的主体只有最高人民法院和高级人民法院。

4. 程序启动的自主性

基于司法的被动性，法院一般不能主动启动审判程序。鉴于此，第一审程序需要根据起诉方的起诉书或者起诉状才能启动，第二审程序需要根据上诉状或者抗诉书才能启动。与此不同，死刑复核程序可以由下级人民法院的主动报请而启动。

5. 审判方式的行政性

按照审判程序的典型特点，审判程序的展开一般是法官在控辩双方在场的情况下进行审理，并在此基础上进行判决。这类典型的审判方式具有诉讼程序所惯常具有的多方在场性和对外的公开性。与此不同，死刑复核程序进行过程中尽管也听取被告人一方的意见，但是，并不经常性地采用控辩对抗的方式听取，也不采用集中对外公开进行的方式进行审查核准。

6. 裁判结论的非讼性

在普通审判程序中，裁判结论大致可以分为维持类和改判类。死刑复核程序由于是具有死刑核准权的法院基于内部质量控制原理主动对下级法院审判的死刑案件进行审查，因此，其结论不同于普通审判程序中所作出的裁判结论。按照我国《刑事诉讼法》第 200 条的规定，行使死刑核准权的法院尽管可以将案件提审或者发回重新审判，但是，不能作出改判的裁判。这表明，死刑复核裁判方式有别于普通审判程序的裁判方式。

7. 预防错误的前瞻性

死刑复核程序虽然同审判监督程序都属于特殊审判程序范畴。但是，两者存在重大差别。除了审判监督程序具有诉讼性外，最为重要的就是死刑复核程序是为防止将来的错判而设立，而审判监督程序则是为了纠正已经发生的错判而设立。

二、死刑复核程序的任务和意义

死刑复核程序作为一种独立的审判程序，无疑具有自己的特定任务。总的来看，该程序的任务是：依法享有死刑复核权或者核准权的人民法院对报请复核的死刑案件，在认定事实和适用法律上是否正确进行全面审查，然后作出是否同意判处死刑或者是否核准死刑的决定。具体来说，该任务包括两方面：①对案件内容进行全面审查。这一内容主要包括审查原审判处死刑的案件事实是否清楚，证明该犯罪相关的案件事实的证据是否达到了法律关于死刑案件证明标准的要求，罪名是否准确，量刑是否适当，程序是否合法。②依据事实和法律，作出是否同意判处死刑或者是否核准死刑的决定并制作相应的司法文书，以肯定正确的死刑裁判及阻止错误的死刑裁判生效。

死刑由于其剥夺权利的极端重要性而在历史上备受各朝历代立法者的重视。毕竟生命的丧失比自由的丧失更能震撼人们的心灵。然而，死刑是一把双刃剑，使用得当，能够发挥刑法对犯罪的抑制作用，能够伸张社会正义；使用不当，则不仅会助长新的犯罪，而且会对社会的稳定造成新的威胁。基于此，我国刑事诉讼法中专设了死刑复核程序。这一程序的设置充分体现了我国一贯坚持的严肃与谨慎、慎杀与少杀相结合的适用死刑政策。长期以来的司法实践表明，死刑复核程序对于死刑的恰当适用具有十分重要的意义。具体表现在：

1. 死刑复核程序有利于保障死刑案件的质量

鉴于办案人员个体认识水平的差异，死刑案件尽管经过了侦查、审查起诉、一审程序、二审程序等诉讼环节，仍然可能因为办案人员认识的原因发生错误裁判的可能。同时，案件事实的某些客观情况本身存在一个逐渐暴露的过程。在死刑复核前的诉讼阶段，由于客观条件不具备，这些情况没有被办案人员所认识。从诉讼原理看，最高人民法院客观上不具有最好的外在条件对案件事实把关。但是，从司法历史看，我国最高人民法院的确对死刑案件的事实认定质量起到了极为重要的把关作用。由此可见，立法上设置死刑复核程序，能够防止错判死刑，防止错杀无辜。

2. 死刑复核程序有利于统一适用死刑的尺度

司法人员对案件事实的认识是属于对事物的定性认识而非对事物的定量认识。在定性认识范畴中，仅仅凭借人们认识的主观把握很难保证这种认识的精确性。显然，死刑裁判的主体越多，个体认识差异所带来的适用死刑的尺度的差异就越大。差异越大，死刑适用的公正性就会越突出。死刑复核程序的设置将死刑缓期二年执行的案件的复核主体数减小到 30 余个，将死刑立即执行的复核主体数减小到 1 个。这就最大限度地统一了我国适用死刑的尺度。

3. 死刑复核程序有利于控制适用死刑的数量

死刑作为一种剥夺生命的刑罚，虽然能够消除已然的犯罪主体，但是，对于未然的犯罪主体却起到了不好的示范作用。死刑数量增多就意味着一个公民只要涉嫌犯罪是法定的死刑之罪的，就极有可能被判处死刑。这就告诉那些已经触犯死罪的公民，从犯罪一开始就只能同国家对抗到底，结果导致死刑适用越多，预防和惩罚严重犯罪的难度越大。此外，废除死刑虽然在我国在可预见的时期内难以实现，但毕竟也是一种世界潮流。而世界范围内废除死刑的路径表明，从限制到废除是我国废除死刑的必经之路。有鉴于此，我国一直坚持少杀、慎杀政策。根据这一政策，可杀可不杀的坚决不杀。死刑复核程序的设置将判处死刑立即执行的权力集中在最高人民法院，有利于最高人民法院在整体上控制我国死刑适用的数量。

第二节　死刑立即执行案件的复核程序

一、死刑立即执行案件的核准权

死刑立即执行案件的核准权关系到死刑复核程序的立法宗旨是否能够实现，因此，死刑核准权是死刑复核程序的核心问题。2006 年 10 月 31 日第十届全国人大常委会第二十四次会议表决通过了《关于修改〈人民法院组织法〉的决定》（以下简称《决定》），并明确自 2007 年 1 月 1 日起施行。该《决定》将《人民法院组织法》的第 13 条修改为："死刑除依法由最高人民法院判决的以外，应当报请最高人民法院核准。"据此，最高人民法院于 2006 年 12 月 28 日公布了最高人民法院关于死刑的《决定》，并明确自 2007 年 1 月 1 日起施行。该《决定》明确废止了以前最高人民法院所发布的授权行使死刑案件核准权的各种规定，同时明确，死刑除依法由最高人民法院判决的以外，各高级人民法院和解放军军事法院依法判处和裁定的，应当报请最高人民法院核准。至此，死刑立即执行案件的核准权真正由最高司法机关——最高人民法院行使，而死刑缓期二年执行的案件则可以由各高级人民法院判决或者核准。

二、死刑立即执行案件的报请复核

根据我国《刑事诉讼法》和最高人民法院的有关司法解释，死刑立即执行案件的报请复核程序的内容主要有：

(1) 中级人民法院判处死刑的第一审案件，被告人不上诉、人民检察院不抗诉的，在上诉、抗诉期满后 3 日内报请高级人民法院复核。高级人民法院同意判处死刑的，应当依法作出裁定后，报请最高人民法院核准；不同意判处死刑的，应当提审或者发回重新审判。高级人民法院提审的案件应当按照第二审程序进行审理，所作出的裁判是终审裁判。如果改判为死刑缓期二年执行的，高级人民法院无须再对该案进行复核；如果直接改判死刑的，须报请最高人民法院核准。对发回重新审判的案件，原审法院应当按照第一审程序进行审理，作出的判决是初审判决，当事人可以上诉，检察机关可以抗诉。对于仍然判处死刑的案件，如果当事人不上诉，检察机关不抗诉，原审法院应当依法报请核准。

(2) 中级人民法院判处死刑的第一审案件，被告人提出上诉或者人民检察院提出抗诉，高级人民法院终审裁定维持死刑判决的，报请最高人民法院核准；高级人民法院不同意判处死刑的，可以直接改判或者发回重新审判。改判或者发回重新审判后的情况与上文所述情况相同。

(3) 高级人民法院判处死刑的第一审案件，被告人不上诉、人民检察院不抗诉的，在上诉、抗诉期满后 3 日内报请最高人民法院核准。高级人民法院改判为死刑的第二审案件，应当报请最高人民法院核准。判处死刑缓期二年执行的罪犯，在死刑缓期执行期间，如果故意犯罪，查证属实，应当执行死刑的，由高级人民法院报请最高人民法院核准。

(4) 被告人所犯数罪中，或者共同犯罪案件部分被告人的罪行有被判处死刑立即执行的，必须将全案报请最高人民法院核准。

三、判处死刑立即执行案件报请复核的要求

中级人民法院和高级人民法院报请复核死刑案件的要求有两方面：①一案一报；②全案的诉讼材料。全案的诉讼材料包括报请复核的报告、死刑案件综合报告和判决书各 15 份、全部诉讼案卷和证据；共同犯罪的案件，应当报送全部诉讼案卷和证据。具

体内容包括如下三个方面：

(1) 报请复核报告的内容有：①案由；②简要案情；③审理过程；④判决结果。

(2) 死刑案件综合报告的内容有：①被告人的姓名、性别、出生年月日、民族、文化程度、职业、住址、简历，以及拘留、逮捕、起诉的时间和现在被羁押的处所；②被告人的犯罪事实，包括犯罪时间、地点、动机、目的、手段、危害后果及从轻、从重处罚等情节，认定犯罪的证据，定罪量刑的法律依据；③需要说明的其他问题。

(3) 诉讼案卷和证据的内容有：①拘留证、逮捕证、搜查证的复印件；②扣押赃款、赃物和其他在案物证的清单；③公安机关、国家安全机关的起诉意见书，或者人民检察院的侦查终结报告；④人民检察院的起诉书；⑤案件的审查报告、法庭审理笔录、合议庭评议笔录和审判委员会讨论决定笔录；⑥被告人上诉状、人民检察院抗诉书；⑦人民法院的判决书、裁定书和宣判笔录、送达回证；⑧能够证明案件具体情况并经过查证属实的各种肯定的和否定的证据，包括物证或者物证照片、书证、证人证言、被害人陈述、被告人供述和辩解、鉴定结论、勘验、检查笔录和视听资料。

四、判处死刑立即执行案件的复核

死刑复核程序尽管不是普通审判程序，但它毕竟属于审判程序之列，尚具有审判程序的基本特征。具体而言，复核程序主要包括如下内容：

1. 复核组织

按照我国《刑事诉讼法》第 202 条的规定，最高人民法院复核死刑案件，应当由审判员 3 人组成合议庭进行。

2. 复核方式

法律没有就死刑复核方式作出明确的规定，但从最高人民法院《解释》第 282 条的规定可以得出：死刑复核的审判方式既不是单纯的书面审，也不是普通审判程序中实行的开庭审判方式，而是调查讯问式。根据四机关《死刑案件意见》的规定，调查讯问方式主要包括如下内容：

(1) 听取被告人的意见。提审被告人是直接听取，阅读被告人提交的辩护意见是间接听取。基于死刑复核的救济性考虑，以直接听取为原则，以间接听取为例外。根据最高人民法院和各高级人民法院所担负的任务的特点的不同，高级人民法院复核死刑案件，应当讯问被告人。最高人民法院复核死刑案件，原则上应当讯问被告人。这里“原则上应当讯问被告人”虽然包含了不是所有的最高人民法院复核的死刑案件的程序都会包含讯问被告人这一程序。但是，这也表明了一般情况下应该讯问被告人。特别是对那些拟核准死刑的案件，都应该经过提审被告人这一程序环节，使被告人有充分反映意见的机会。同时应告知被告人，如果有新证据提供的，应该及时提供，以免影响案件的正确处理。

(2) 听取辩护人的意见。鉴于被告人法律素养普遍不高、人身自由受到限制、受刑事追诉后心理状态不适应与控诉一方对抗等因素，辩护人帮助反映案件事实极为重要。司法经验表明，某些有利于被告人的事实是律师发现并反馈到司法机关的，也正是律师的作用，某些死刑的错误适用才得以避免。因此，四机关《死刑案件意见》第 40 条规定，死刑案件复核期间，被告人委托的辩护人提出听取意见要求的，应当听取辩护人的意见，并制作笔录附卷。辩护人提出书面意见的，应当附卷。办案人员应该与被告人委托的律师及时联系，通知他们及时提供有利于被告人的新证据、新意见。对于检察机关在复核阶段提出处理意见的，可以征求辩护人的意见。

(3) 听取检察机关的意见。四机关《死刑案件意见》第 44 条规定，人民检察院按照法律规定加强对办理死刑案件的法律监督；第 34 条规定，最高人民法院复核死刑案件，高级人民法院复核死刑缓期二年执行的案件，对于疑难、复杂的案件，合议庭认为难以作出决定的，应当提请院长决定提交审判委员会讨论决定。审判委员会讨论案件，同级人民检察院检察长、受检察长委托的副检察长均可列席会议。

(4) 审查、核实案卷材料。这应该是复核死刑案件的合议庭首先要做的工作。审判人员只有在这一工作基础上，才能有效进行上述两项工作。因此，四机关《死刑案件意见》第 41 条规定：复核死刑案件，合议庭成员应当阅卷，并提出书面意见存查。对证据有疑问的，应当对证据进行调查核实，必要时到案发现场调查。这就要求，某些情况下，需要到案件发生地调查才能进行判断的，应该到案件发生地调查。

3. 复核内容

鉴于死刑复核程序的最后救济性，四机关《死刑案件意见》第 39 条规定，复核死刑案件，应当对原审裁判的事实认定、法律适用和诉讼程序进行全面审查。根据最高人民法院《解释》，复核内容主要包括以下两个方面：

(1) 审查、核实原审法院判处死刑的案件事实。这一工作是最核心的内容，主要审查如下几方面：①被告人的年龄，有无责任能力，是否为正在怀孕的妇女；②原审判决认定的主要事实是否清楚，证据是否确实、充分；③犯罪情节、后果及危害程度；④原审判决适用法律是否正确，是否必须判处死刑，是否必须立即执行；⑤有无法定、酌定从轻或者减轻处罚的情节；⑥其他应当审查的情况。

(2) 制作复核审理报告。该报告的内容包括如下几方面：①案件的由来和审理经过；②被告人和被害人简况；③案件的侦破情况；④原审判决要点和控辩双方意见；⑤对事实和证据复核后的分析与认定；⑥合议庭评议意见、审判委员会讨论决定意见；⑦需要说明的问题。

4. 复核期限

法律没有规定复核期限。但是，这也不意味着该程序的运作是无限期的。毕竟审判程序没有期限限制就失去了审判程序的严肃性。基于案件事实复杂难易程度的差别，判处死刑的一般案件与特别复杂的案件在复核期限上应该有所不同。基于死刑案件本身的特殊性，目前没有就此作出明确的规定。不过，这也不意味着可以随意拖延。四机关《死刑案件意见》第 43 条规定：人民法院在保证办案质量的前提下，要进一步提高办理死刑复核案件的效率，公正、及时地审理死刑复核案件。

5. 复核结果

最高人民法院关于死刑的《决定》除了要求最高人民法院依照该规定核准或者不

予核准死刑的案件，制作裁判文书时应当引用相关法律和司法解释条文并说明理由外，还对于最高人民法院复核死刑立即执行案件后的处理方式作出了明确的规定。《决定》第1条规定："最高人民法院复核死刑案件，应当作出核准的裁定、判决，或者作出不予核准的裁定。"由此可见，总体上看，死刑复核裁定分为核准裁定和不核准裁定。死刑复核后可以分别按照如下几种情形处理：

(1) 裁定予以核准。按照最高人民法院关于死刑的《决定》第2条之规定，原判认定事实和适用法律正确、量刑适当、诉讼程序合法的，裁定予以核准。此外，原判判处被告人死刑并无不当，但具体认定的某一事实或者引用的法律条款等不完全准确、规范的，可以在纠正后作出核准死刑的判决或者裁定。

(2) 裁定不予核准。根据最高人民法院关于死刑的《决定》，裁定不予核准的情况包括如下几种：①最高人民法院复核后认为原判认定事实不清、证据不足的，裁定不予核准，并撤销原判，发回重新审判。②复核后认为原判认定事实正确，但依法不应当判处死刑的，裁定不予核准，并撤销原判，发回重新审判。③复核后认为原审人民法院违反法定诉讼程序，可能影响公正审判的，裁定不予核准，并撤销原判，发回重新审判。

最高人民法院裁定不予核准死刑的，根据案件具体情形可以发回第二审人民法院或者第一审人民法院重新审判。高级人民法院依照复核程序审理后报请最高人民法院核准死刑的案件，最高人民法院裁定不予核准死刑，发回高级人民法院重新审判的，高级人民法院可以提审或者发回第一审人民法院重新审判。

发回第二审人民法院重新审判的案件，第二审人民法院可以直接改判；必须通过开庭审理查清事实、核实证据的，或者必须通过开庭审理纠正原审程序违法的，应当开庭审理。发回第一审人民法院重新审判的案件，第一审人民法院应当开庭审理。

(3) 数罪并罚案件，一人犯有两罪以上被判处死刑，最高人民法院复核后，认为其中部分犯罪的死刑裁判认定事实不清、证据不足的，对全案裁定不予核准，并撤销原判，发回重新审判；认为其中部分犯罪的死刑裁判认定事实正确，但依法不应当判处死刑的，可以改判并对其他应当判处死刑的犯罪作出核准死刑的判决。

(4) 共同犯罪案件，一案中两名以上被告人被判处死刑，最高人民法院复核后，认为其中部分被告人的死刑裁判认定事实不清、证据不足的，对全案裁定不予核准，并撤销原判，发回重新审判；认为其中部分被告人的死刑裁判认定事实正确，但依法不应当判处死刑的，可以改判并对其他应当判处死刑的被告人作出核准死刑的判决。

除了因为原判认定事实正确，但依法不应当判处死刑而裁定不予核准并撤销原判、发回重新审判的案件以外，原审人民法院对于其他发回重新审判的案件应当另行组成合议庭进行审理。

第三节　死刑缓期二年执行案件的复核程序

一、死刑缓期二年执行案件的核准权

死刑缓期二年执行案件尽管不是立即剥夺被告人的生命的案件，但是，按照现行法律规定，只要被告人在缓期执行期间存在故意犯罪，缓期执行死刑的潜在可能性就变成了现实可能性。可见，死刑缓期二年执行案件的复核同样是十分重要的。换言之，行使这类案件的核准权的主体也必须严格把握。

我国死刑缓期二年执行案件的核准权行使主体经历了一个变化过程。1954 年颁布的《人民法院组织法》第 11 条第 5 款规定，死刑案件的核准权一般由高级人民法院行使。这一规定包括死刑缓期执行案件的核准权一般由高级人民法院行使。随后鉴于全国形势较为稳定，死刑案件的数量减少较大，1957 年第一届全国人民代表大会第四次会议决议指出："今后一切死刑案件，都由最高人民法院判决或者核准。"这就意味着死刑缓期执行案件的核准权也由最高人民法院行使。后来死刑缓期执行案件实际上执行死刑的很少，即使执行死刑也还必须报请最高人民法院核准，因此，最高人民法院于 1958 年决定，凡由高级人民法院判决或者审核的死刑缓期执行案件，由高级人民法院核准。1979 年通过的《刑法》和《刑事诉讼法》及 1996 年修订的《刑事诉讼法》和 1997 修订的《刑法》都肯定了这一内容。

死刑缓期执行案件的核准权由高级人民法院行使是适当的。这可以从两方面予以分析：一方面，死刑缓期执行案件实际上大多被改判为有期徒刑，如果案件发生错误，还存在纠正的余地；另一方面，死刑缓期执行案件实际执行时还必须报请最高人民法院核准，因此，由各个高级人民法院行使死刑缓期执行案件的核准权，实际上能够达到保障当事人利益的目的。

二、死刑缓期二年执行案件的报请复核

根据我国《刑事诉讼法》第 201 条规定，中级人民法院判处死刑缓期二年执行的案件，由高级人民法院核准。同时，根据《刑法》第 48 条第 2 款规定，死刑缓期执行的，可以由高级人民法院判决或者核准。由此可见，高级人民法院判决的死刑缓期二年执行案件，如果是一审，只要当事人不上诉、检察机关不抗诉，则该裁判可以直接生效；如果是二审，则该裁判直接生效。需要复核的是中级人民法院作为一审判处的死刑缓期二年执行案件。据此，中级人民法院判处的死刑缓期二年执行案件，被告人不上诉、检察机关不抗诉，在上诉、抗诉期满后 3 日内报请高级人民法院核准。报请复核要求及所报送的材料内容与报请复核死刑立即执行案件相同。

三、死刑缓期二年执行案件的复核

死刑缓期执行案件的复核程序与判处死刑立即执行案件的复核程序在复核组织、复核方式、复核内容等方面相同。复核组织同样是由3名审判员组成合议庭进行复核；复核方式也同样是调查讯问式，即阅卷、调查和讯问被告人；复核内容主要是审查、核实原审法院判处死刑的案件事实。应该引起注意的是，根据最高人民法院《解释》的规定，高级人民法院核准死刑缓期二年执行案件，应该提审被告人。

1. 复核内容

复核死刑缓期二年执行案件最核心的内容，主要包括如下几方面：①被告人的年龄，有无责任能力，是否为正在怀孕的妇女；②原审判决认定的主要事实是否清楚，证据是否确实、充分；③犯罪情节、后果及危害程度；④原审判决适用法律是否正确，是否必须判处死刑，是否必须立即执行；⑤有无法定、酌定从轻或者减轻处罚的情节；⑥其他应当审查的情况。

2. 复核结果

高级人民法院对于报请的死刑缓期二年执行的案件复核后，按照下列情形分别处理：

(1) 同意判处死刑缓期二年执行的，应当裁定予以核准。

(2) 认为原判事实不清、证据不足的，应当裁定发回重新审判；对于重新作出的裁判，当事人可以上诉、检察机关可以抗诉；对于仍然判处死刑缓期二年执行的，应当再行报请复核。

(3) 认为原判量刑过重，不同意判处死刑缓期二年执行的，应当依法改判。

(4) 发现第一审人民法院违反法律规定的诉讼程序，严重影响公正审判的，应当裁定撤销原判，发回第一审人民法院重新审判。

高级人民法院核准死刑缓期二年执行的案件，应当作出核准或者不核准的决定，不能加重被告人的处罚。因此，即使改判也只能从轻处罚而不能加重，也不能以提审的方式加重被告人的处罚。

案例分析

【案情】被告人郑萍，女，38岁。被告人蔡安，男，39岁，系被告人郑萍的丈夫。2006年9月，郑、蔡夫妻共谋，组织民间金融互助会（俗称平会），从中渔利。10月，郑、蔡为牟取暴利，将平会转为以高利率为诱饵的抬会，郑充当会主。抬会共收入会款6 200余万元，支付会员会款5 800余万元，非法经营资金共1.2亿余元，收支差额达400余万元，郑、蔡将其大都用于自家挥霍。后经对赃款赃物的追缴、变卖，郑、蔡仍造成会款损失200余万元。某市中级人民法院以非法经营罪分别判处被告人郑萍死刑，剥夺政治权利终身；判处被告人蔡安死刑，缓期二年执行，剥夺政治权利终身。判决宣告后，郑萍上诉，蔡安未上诉。某省高级人民法院经二审后维持原判。

【问题】本案应该如何报请复核？

【解析】在本案中，对郑萍、蔡安的判决应当分别报请复核：①对于被告人郑萍的死刑判决，高级人民法院应当依法将全案所有诉讼材料和证据报请最高人民法院核准。②对于蔡安的死缓判决，中级人民法院应当在上诉期满后的3日内，报请高级人民法院核准。高级人民法院同意判处死缓的，应当在复核后予以核准；不同意判处死缓的，应当提审或者发回重审。

第十九章　审判监督程序

本章主要介绍审判监督程序的概念、任务和意义，提起审判监督程序的主体，审判监督程序提起的理由，依照审判监督程序审理案件的程序适用和处理结果等。学习重点是：审判监督程序的概念和任务；提起审判监督程序的主体；申诉；审判监督程序与二审程序的联系与区别。学习难点是：申诉；审判监督审审理程序；二审抗诉与再审抗诉的区别。本章的学术热点有："一事不再理原则"与再审程序的关系，用三审程序替代审判监督审程序的构想等。

第一节　审判监督程序概述

一、审判监督程序的概念

审判监督程序，是指人民法院、人民检察院对于已经发生法律效力的刑事判决和裁定，发现在认定事实和适用法律上确有错误，依法提出对案件重新审判的诉讼程序。我国也有人称依审判监督程序审理的案件为再审案件，将审判监督程序称为生效裁判的再审程序。这里所谓的"再审"，可以理解为对已经发生法律效力的裁判进行的再次审理。审判监督程序是一种补救性的特殊程序，是专为纠正已经发生法律效力的错误判决、裁定而设置的，不是每案必经的，只在纠正错误的生效刑事裁判这样少数情况下才适用。

审判监督与审判监督程序是两个不同的概念。前者泛指对法院审判工作的监督，这种监督可以来自于上级法院，也可以来自人大、法律监督机关、党委、政府、政协和社会各界。而审判监督程序是法律设置的一个专门程序，有其特定的含义和程序规范。由于各级法院都是独立的审判主体，依法独立行使审判权，因此，上级人民法院即使发现下级人民法院已经生效的刑事判决或裁定是错误的，也不能擅自予以更改，必须依照法定的审判程序给予纠正，这是维护审判权独立性的必然选择。

二、审判监督程序的任务

审判监督程序的任务是：纠正确有错误的生效刑事判决、裁定，确保刑事判决和裁定的正确性，维护公平正义；准确有效地惩罚犯罪分子，使无罪的人得以平反昭雪，做到实事求是，不枉不纵。

对已经发生法律效力的刑事判决、裁定确有错误的，各国大都会采取不同的程序和方式加以纠正，大致可分为两类：一是对生效刑事判决裁定所依据的错误的案件事实，给予重新认定；二是对生效刑事判决裁定在适用法律上的错误，给予纠正。而这两种情况，也都必须通过恰当的审判救济程序进行。大陆法系国家的生效裁判再审制度比较完善，一般包括上述两类救济性审判程序。在日本，对生效刑事判决的再审分为对事实认定错误进行的“再审”和对法律适用错误进行的“非常上告”。在法国，再审只能为被判有罪人之利益而提起，司法部长、检察院、被判有罪人及其法定代理人、近亲属等均可提出再审申请。申请先由最高法院“有罪判决复议委员会”审查，获得认可后才递交最高法院刑事庭。德国的再审旨在纠正生效裁判的错误，无论该错误对受判决人有利还是不利，检察院和受有罪判决人一方都可提出再审申请，申请先经上级法院审查，获准才开始再审。为被判有罪人利益而提出的再审，改判不得加重罪与刑。英美法系国家一般没有设置再审程序，对生效刑事裁判事实认定错误不再给予重审，但对于裁判适用法律的错误，无论裁判是否已经生效，都可以按上诉程序走到底，被判有罪者最后还可以使用人身保护令寻求救济。我国借鉴大陆法系国家的再审制度，不仅设置专门的审判监督程序，而且对无论是事实上的错误还是法律上的错误，也无论是有利于被判刑人还是不利于被判刑人的生效判决或裁定，都可以通过审判监督程序予以审查纠正。

当然，我国刑事诉讼法对审判监督程序的规定，有过于原则、不便操作之嫌。有学者总结为“五无限”，即主体无限，时间无限，次数无限，审级无限，理由无限。这既不利于维护司法公正，也不利于提高诉讼效率。为了解决上述问题，最高人民法院于2001年12月26日、2002年9月10日先后公布了《关于刑事再审案件开庭审理程序的具体规定（试行)》（以下简称《具体规定》)、《关于规范人民法院再审立案的若干意见（试行)》（以下简称《若干意见》）两个司法解释来具体规范审判监督程序。

三、审判监督程序的意义

人民法院依法作出的判决、裁定，一旦发生法律效力，就具有约束力和一定的稳定性，非经法定程序，任何机关、团体、单位和个人都无权变更或者撤销。但对于错误的判决、裁定，如果不及时地予以纠正，就既有可能冤枉无辜，也有可能放纵犯罪分子，因此，设立审判监督程序对于保护公民的合法权益，准确打击犯罪，维护社会的稳定，都具有重要意义。具体体现在：

1. 体现“有错必纠”原则，恢复个案的公正

对于少数案件发生误判，一经发现就要实事求是地予以纠正，这是对错误裁判的最

好补救办法，这是“实事求是，有错必纠”方针在刑事诉讼程序中的体现。在刑事诉讼中，不论是对被判刑的人有利还是不利的案件，只要在实体上、程序上确有错误，都应及时加以纠正。这样，不仅可以使无罪者得以平反，而且使判处畸轻的罪犯受到应得的惩罚。

2. 保证司法体系内部监督的落实和国家法律适用的统一

审判监督程序是上级司法机关监督下级司法机关的重要形式。我国上下级人民法院之间不是领导和被领导关系，而是审判监督关系。上级人民法院通过审判监督程序提审改判或指令下级人民法院再审，纠正下级人民法院已生效的判决和裁定。人民检察院是具有法律监督职能的机关，人民检察院的监督活动贯穿于刑事诉讼的全过程，通过上级人民法院和上级人民检察院的监督，有利于改进审判工作，提高办案质量，确保国家法律在全国范围的统一正确实施。

3. 发挥公民和社会团体对司法机关监督的作用，增强司法机关的可信性和权威性

审判监督程序也是群众监督审判工作的重要渠道。依据我国《刑事诉讼法》，对于已发生法律效力的判决和裁定，当事人及其法定代理人、近亲属等都可以提出申诉。这是提起审判监督程序的基本材料来源，它有助于司法机关及时发现和纠正错误的判决裁定，体现执法为民的宗旨，增强司法机关在全社会的可信性和权威性，促进依法治国方针的实现。

四、有关审判监督程序的学术争鸣

我国审判监督程序的设置，旨在纠正已经生效的判决和裁定的错误，确保刑事司法的公正和诉讼任务的实现。在大陆法系的法国、德国等，也都有完备的再审程序用于纠正生效裁判的错误。但我国学术界对于审判监督程序一直存有不同的认识。有学者认为，审判监督程序的存在，违背了国际上通行的“一事不再理”或“禁止双重危险”的审判原则。对同一个案件，在判决生效后又重复进行审判，使得被判刑人因判决的不确定性而一直处于惊恐之中，或者在重新被定罪、判刑或者加重刑罚的情形下遭受双重的危险，是不人道的，因而主张取消审判监督程序。另有学者主张将审判监督程序改造成三审程序，实行三审终审制。

第二节　提起审判监督程序的理由和根据

一、提起审判监督程序的理由

已经发生法律效力的刑事判决、裁定，只有在出现了刑事诉讼法规定的再审理由时，才可以按照审判监督程序重新审理。我国刑事诉讼法明确规定的再审理由是：已经

发生法律效力的判决和裁定，在认定事实上和适用法律上确有错误。

1. 判决、裁定在认定事实上确有错误

判决、裁定在认定事实上确有错误，主要包括如下方面：①发现新的事实或证据，足以证明原判决、裁定认定的事实确有错误。如被判刑人在服刑期间，真凶出现并承认了判决认定的罪行，例如，云南的杜培武案、河北的聂树彬案就属这类情况。还有杀人案裁判生效后，被害人出现，如湖北的佘祥林案。②原判决、裁定认定的案件主要事实不清。如犯罪行为人是谁不能确定或者有张冠李戴嫌疑，一罪或是数罪不清，一人或是数人犯罪不明，案件性质模糊、主从犯未区分等；③影响定罪量刑的重要情节不清。如行为人的年龄或精神状况没有查明，是否具备犯罪的特殊主体身份不清楚，有无前科、教唆未查证等；④案内主要证据不确实或不充分。也就是说，据以定罪量刑的证据有重大瑕疵，或者是虚假的，或者是无法印证的孤证，不足以证明主要犯罪事实或重大情节；⑤证明案件事实的主要证据之间存在矛盾，如被害人的陈述与目击证人的证言有重要矛盾没有排除，物证与其他证据不符等。

2. 判决、裁定在适用法律上确有错误

适用法律的错误，包括适用实体法上的错误和适用程序法上的错误两个方面。适用实体法上的错误，主要有：适用刑法条文不当，对案件定性错误导致罪与非罪、此罪与彼罪相混淆，对犯罪行为和形态认识错误引起罪数的混乱，量刑上出现轻罪重判或者重罪轻判的错误等。适用实体法的错误往往会直接导致刑事判决、裁定结果的错误。在传统上非常强调实体公正的我国，对于这种错误显然是必须加以纠正的，因此，适用实体法的错误就是提起审判监督程序的一个非常突出的理由。相比之下，适用程序法上的错误，就不一定都会引起再审。适用程序法的错误有两种，一种是严重的可能导致不公正审判结果的程序错误，如采纳侦查中刑讯逼供的证据，勘验、检查程序错误，办案人员该回避的没有回避，剥夺或者限制了被告人的辩护权，审判违反公开原则、辩论原则，诉讼文书送达方式错误，法庭审判程序不合法，审判人员在审理案件过程中贪污受贿、徇私枉法等，这些都可能影响判决、裁定的正确性。另一种是一般不会影响裁判结果的程序瑕疵，如开庭日期有拖延，法官的衣冠不整，法庭秩序不太好等。一般来说，对于那些严重违反法律规定的诉讼程序，可能导致不公正审判结果的程序错误，才有可能和必要启动审判监督程序加以纠正。

二、提起审判监督程序的根据

司法机关对已经生效的刑事判决、裁定错误的发现，一般是借助于如下途径获得的材料，反过来，当司法机关提起审判监督程序时，也会将通过什么途径获得的什么材料，作为提起再审的程序根据。所以，进一步疏通这些信息管道，有助于司法机关及时了解和发现刑事审判中存在的问题，并尽快予以纠正，以确保刑事审判的质量。从司法实践看，司法机关提起审判监督程序的材料来源和根据，主要有如下几种：①当事人及其法定代理人、近亲属的申诉；②人民法院、人民检察院在办案过程中或检查工作时发现的错误裁判；③各级人民代表大会代表、政协委员提出的纠正错案的议案；④机关、团体、企事业单位、新闻媒介、人民群众等对生效判决、裁定提出的质疑、意见和情况反映等。

三、申诉的理由和法律效力

1. 申诉的概念

这里的申诉是指当事人及其法定代理人、近亲属对已经发生法律效力的判决、裁定不服，向人民法院或者人民检察院提出重新审查改判的一种诉讼请求。申诉作为提起审判监督程序的材料来源或根据，在司法实践中占有很大比重，是提起审判监督程序的最主要的根据，也是司法机关发现错误裁判的一个重要途径。

申诉不同于上诉。上诉是二审程序中的概念，是引起二审程序的根据。申诉和上诉最主要的区别有四点：①上诉是请求对未生效的判决、裁定进行重新审理，申诉则是针对已经生效的判决、裁定请求人民法院重新审理。②上诉会必然引起二审程序，无论理由正当与否，但申诉并不必然引起审判监督程序，因为申诉者无权提起该程序。申诉仅是司法机关提起审判监督程序的一种根据和材料来源，是否提起审判监督程序，由司法机关对申诉进行审查后才决定。③上诉必然阻止一审判决、裁定发生法律效力。但申诉则不同，我国《刑事诉讼法》明确规定，申诉的提出不能停止判决、裁定的执行。④上诉有法定期限限制，申诉则没有期限限制。

2. 申诉的理由

根据我国《刑事诉讼法》的规定，提起审判监督程序的先决条件是发生法律效力的判决、裁定确有错误。由于当事人及其法定代理人、近亲属与案件的结果有直接的利害关系，这就决定了他们提出的申诉可能正确，也可能不正确。因此，为了充分保障当事人等的申诉权，使司法机关能够统一理解、掌握和执行“确有错误”的标准，确保合法的申诉能够引起重新审判的结果，我国《刑事诉讼法》第204条对申诉的理由作了明确规定。这些理由是：①有新的证据证明原判决、裁定认定的事实确有错误的；②据以定罪量刑的证据不确实、不充分或者证明案件事实的主要证据之间存在矛盾的；③原判决、裁定适用法律确有错误的；④审判人员在审理该案件的时候，有贪污受贿、徇私舞弊、枉法裁判行为的。

人民法院受理申诉材料后，应当认真进行审查，对于符合法定申诉理由之一的，应当依法启动审判监督程序，对案件进行重新审判。也就是说，具有法定理由的申诉是能够产生法律上的效力的，这就是必然会促使人民法院提起审判监督程序。刑事诉讼法这样规定的前因，是过去有大量的申诉没有受到司法机关应有的重视，因为法律没有赋予申诉的效力，申诉大多是石沉大海，当然就导致反复申诉、长期申诉、甚至群体上访的事件不断，这样既削弱了司法的公信力，又造成社会秩序的不稳定。所以，1996年《刑事诉讼法》对此作了修正。

四、对申诉的受理和审查处理

根据刑事诉讼法的规定，当事人及其法定代理人、近亲属的申诉，既可以向人民法院提出，也可以向人民检察院提出。

1. 人民法院对申诉的受理和审查处理

人民法院对刑事案件的申诉人在刑罚执行完毕后两年内提出的申诉，应当受理。超过两年提出申诉，具有下列情形之一的，人民法院也应当受理：①可能对原审被告人宣告无罪的；②原审被告人在本条规定的期限内向人民法院提出申诉，人民法院未受理的；③属于疑难、复杂、重大案件的。不符合这些规定的，人民法院不予受理。

人民法院对申诉的审查处理。①各级人民法院对当事人及其法定代理人、近亲属对本院已经生效的判决、裁定提出的申诉，应当进行登记并认真审查。人民法院经审查，对不符合法定条件的申诉，按群众来信、来访处理。符合条件的，给予立案复查。②受理、审查申诉一般由作出生效判决、裁定的人民法院进行。直接向上级人民法院申诉的，如果没有经作出生效判决、裁定的人民法院审查处理，上级人民法院可以交该人民法院审查，并告知申诉人；如果属于案情疑难、复杂、重大的，或者已经由作出生效判决、裁定的人民法院审查处理后仍坚持申诉的，上级人民法院可以直接受理、审查，下级人民法院也可以请求移送上一级人民法院审查处理。③人民法院自接到申诉材料后，应当在 3 个月、最迟不超过 6 个月的时间内依法进行审查，写出审查报告，提出处理意见，经审定后作出决定：认为符合法定申诉理由的，由院长提请审判委员会讨论决定是否重新审判；对不符合条件的，应当说服申诉人撤回申诉，申诉人坚持的，应当书面通知驳回。④申诉人对驳回申诉不服的，可以向上一级人民法院申诉。上一级人民法院经审查认为申诉不符合《刑事诉讼法》第 204 条规定的情形之一的，应当予以驳回。经两级人民法院处理后又提出申诉的，如果没有新的充分理由，人民法院可以不再受理。

2. 人民检察院对申诉的受理和审查处理

人民检察院对于当事人等针对人民法院生效裁判的错误提出的申诉，首先由控告申诉部门、监所检察部门分别受理，依法进行审查，并将结果通知申诉人。经审查，认为法院生效的判决或裁定确有错误的需要提出抗诉的，由控告申诉部门报请检察长提交检察委员会讨论决定。决定提出抗诉的，由公诉部门出庭支持抗诉。经审查认为申诉不符合法定理由的，予以驳回。

第三节　提起审判监督程序的主体

由于提起审判监督程序的案件，是判决、裁定已经发生法律效力且已交付执行或执行完毕的案件，为了保证人民法院裁判的稳定性和严肃性，并使确有错误的裁判能够实事求是地得以纠正，我国法律对有权提起审判监督程序的主体及其权限作了明确限定。

根据我国《刑事诉讼法》第 205 条的规定，有权提起审判监督程序的机关、人员及其权限如下：

一、各级人民法院院长和审判委员会

各级人民法院院长对本院已经发生法律效力的判决和裁定，如果发现在认定事实上或者在适用法律上确有错误，必须提交本院审判委员会讨论决定提起审判监督程序。

二、最高人民法院和上级人民法院

最高人民法院对各级人民法院已经发生法律效力的判决和裁定，上级人民法院对下级人民法院已经发生法律效力的判决和裁定，如果发现确有错误，有权提审或指令下级人民法院再审。所谓提审，即提高管辖审级，是指原审人民法院的上级法院若认为该案由原审人民法院审判不适宜时直接调取原案卷材料，将该案提调自行审判的一种诉讼活动。指令下级人民法院再审，一般是指要求原审人民法院对案件给予重新审判。提审和指令再审，是最高人民法院对各级人民法院，上级人民法院对其辖区内的下级人民法院已经生效的错误判决、裁定行使审判监督权，依法提起再审程序的两种重要方式。

三、最高人民检察院和上级人民检察院

最高人民检察院对各级人民法院已经发生法律效力的判决和裁定，上级人民检察院对下级人民法院已经发生法律效力的判决和裁定，如果发现确有错误，有权按照审判监督程序向同级人民法院提出抗诉。我国《刑事诉讼法》第 205 条第 4 款规定：人民检察院抗诉的案件，接受抗诉的人民法院应当组成合议庭重新审理，对于原判决事实不清或者证据不足的，可以指令下级人民法院再审。这表明，人民检察院按照审判监督程序提出抗诉的效力与申诉权人的申诉不同，能够直接引起审判监督程序。对于人民检察院提出抗诉的案件，人民法院必须再审。并且，还必须由接受抗诉的人民法院组成合议庭重新审理，只有在原判决事实不清或者证据不足的情况下，才可以指令下级人民法院再审。

第四节　按照审判监督程序对案件的重新审判

一、重新审判的原则

人民法院对再审案件进行重新审判时，除了要遵循刑事诉讼法的基本原则和一般的审判原则外，还应当坚持两个特殊的原则：

1. 全面审查原则

最高人民法院要求，人民法院按照审判监督程序重新审判案件，应当对原判决、裁定认定的事实、证据和适用法律进行全面审查，不受申诉或者抗诉范围的限制。全面审查的目的在于尽可能发现案件裁判上的错误并加以彻底解决，以节省诉讼资源，提高诉讼效率，避免今后的再次审判。

2. 有错必纠原则

无论是原裁判认定事实有错误，还是适用法律不当，或者是两种错误都同时存在，都必须在认真查清的基础上，按照“有错必纠”的原则，予以客观公正的处理。我国刑事诉讼法没有关于再审不加刑的规定，因此，人民法院在再审改判时，既可以减刑，也可以加刑，可以按照案件的事实、证据和相关法律的规定，作出正确的判决或裁定。但是，根据《最高人民法院关于刑事再审案件开庭审理程序的具体规定》，除人民检察院抗诉的以外，再审一般不得加重原审被告人（原审上诉人）的刑罚。不具备开庭条件可以不开庭审理的，或者可以不出庭参加诉讼的，不得加重未出庭原审被告人（原审上诉人）、同案原审被告人（同案原审上诉人）的刑罚。这就要求人民法院，在再审改判时，既要有错必纠，又要体现合乎程序理念的人文关怀。

二、重新审判的法院

按照审判监督程序对案件进行重新审判的法院，是不特定的，可以是如下任何一级法院：①作出原生效裁判的第一审人民法院。②作出原生效裁判的第二审人民法院。③提审的上级人民法院。任何上级人民法院都可以提审，因而，这里的上级人民法院也是不特定的。④被指令再审的下级人民法院。被指令再审的法院通常也就是作出原生效裁判的法院，可能是一审法院，也可能是二审法院。

三、重新审判所适用的程序

1. 法庭审判程序

人民法院决定按照审判监督程序重新审判的案件，除人民检察院提起抗诉的外，应当制作再审决定书。再审期间不停止原判决、裁定的执行。按照审判监督程序对案件重新审判一律组成合议庭，合议庭必须重新组成，原合议庭的成员不得参加。

审判监督程序本身没有独立的审判程序，其审判程序是根据原审裁判生效的审级以及适用提审还是再审而确定的。具体内容为：①原审生效的裁判若是经第一审程序作出的，那么再审就适用第一审程序。当然，原审合议庭成员不得参加，不得适用简易程序，合议庭中不得有人民陪审员参加。再审所作出的判决、裁定可以上诉、抗诉。②原审生效裁判若是第二审人民法院作出的，那么，再审须适用第二审程序。所作出的判决、裁定是终审的判决、裁定，不得上诉或抗诉。③再审若是上级人民法院提审的，适用第二审程序，所作出的裁判是终审的判决、裁定。④指令再审的审判程序，依据原审生效裁判所适用的程序决定，原来是一审的按照一审程序进行，原来是二审的，按照二审程序进行。

2. 开庭审理与不开庭审理的情形

根据最高人民法院的规定，人民法院审理再审案件，有一部分要开庭审理，另有一部分可以不开庭审理。具体如下：

(1) 开庭审理的案件：①依照第一审程序审理的；②依照第二审程序需要对事实或者证据进行审理的；③人民检察院按照审判监督程序提出抗诉的；④可能对原审被告人（原审上诉人）加重刑罚的；⑤有其他应当开庭审理情形的。

(2) 下列再审案件可以不开庭审理：①原判决、裁定认定事实清楚，证据确实、充分，但适用法律错误，量刑畸重的；②1979 年《刑事诉讼法》施行以前裁判的；③原审被告人（原审上诉人）、原审自诉人已经死亡或者丧失刑事责任能力的；④原审被告人（原审上诉人）在交通十分不便的边远地区监狱服刑，提押到庭确有困难的；但人民检察院提出抗诉的，人民法院应征得人民检察院的同意；⑤人民法院按照审判监督程序决定再审，按规定经两次通知后，人民检察院不派员出庭的。

3. 重新审理的期限

人民法院按照审判监督程序重新审判的案件，应当在作出提审、再审决定之日起 3 个月以内审结，需要延长期限的，不得超过 6 个月。接受抗诉的人民法院按照审判监督程序审判抗诉的案件，审理期限适用前款规定；对需要指令下级人民法院再审的，应当自接受抗诉之日起 1 个月以内作出决定，下级人民法院审理案件的期限适用前款规定。

4. 重新审判后对案件的处理

(1) 原判决、裁定认定事实和适用法律正确、量刑适当的，应当裁定驳回申诉或者抗诉。

(2) 原判决、裁定认定事实没有错误，但适用法律有错误，或者量刑不当的，应当改判。按照第二审程序审理的案件，认为必须判处被告人死刑立即执行的，直接改判后，应当报请最高人民法院核准。

(3) 应当对被告人实行数罪并罚的案件，原判决、裁定没有分别定罪量刑的，应当撤销原判决、裁定，重新定罪量刑，并决定执行的刑罚。

(4) 按照第二审程序审理的案件，原判决、裁定认定事实不清或者证据不足的，可以在查清事实后改判，也可以裁定撤销原判，发回原审人民法院重新审判。原判决、裁定认定事实不清，证据不足，经再审仍无法查清，证据不足，不能认定原审被告人有罪的，应当参照有关规定判决宣告被告人无罪。

人民检察院按照审判监督程序提出抗诉的案件，经人民法院审理并作出判决、裁定后，人民检察院认为仍然确有错误的，如果案件是依照第一审程序审判的，同级人民检察院应当向上一级人民法院提出抗诉；如果案件是依照第二审程序审判的，上级人民检察院应当按照审判监督程序向同级人民法院提出抗诉。

四、二审抗诉与再审抗诉的区别

二审抗诉与再审抗诉的区别，主要表现在：

1. 抗诉的对象不同

二审抗诉的对象是地方各级人民法院尚未发生法律效力的一审判决、裁定；而再审抗诉的对象是已经发生法律效力的判决和裁定。

2. 抗诉的权限不同

除最高人民检察院外，任何一级人民检察院都有权对同级人民法院的一审判决、裁定提出二审抗诉；而除了最高人民检察院有权对同级的最高人民法院发生法律效力的判决、裁定提出再审抗诉外，其他各级人民检察院只能对下级人民法院发生法律效力的判决、裁定提出再审抗诉。由此可见，基层人民检察院只能提出二审抗诉，无权提出再审抗诉；而最高人民检察院只能提出再审抗诉，无权提出二审抗诉。

3. 接受抗诉的审判机关不同

接受二审抗诉的是提出抗诉的人民检察院的上一级人民法院；而接受再审抗诉的是提出抗诉的人民检察院的同级人民法院。

4. 抗诉的期限不同

二审抗诉必须在法定期限内提出，而法律对再审抗诉的提起没有规定期限。

5. 抗诉的效力不同

二审抗诉将阻止第一审判决、裁定发生法律效力；而再审抗诉并不导致原判决、裁定在人民法院按照审判监督程序重新审判期间执行的停止。

概括而言，二审抗诉针对的是同级人民法院的判决、裁定，但最高人民检察院没有二审的抗诉权；再审抗诉是针对下级人民法院作出的判决、裁定，而最高人民检察院可以向最高人民法院提起再审抗诉。

第五节　审判监督程序与二审程序和死刑复核程序的联系与区别

一、审判监督程序与二审程序

审判监督程序和二审程序都是为了纠正错误的判决和裁定而设置的，但是，审判监督程序是特殊程序，二审程序是普通程序，两者有很大的区别，主要表现在：

1. 审理的对象不同

审判监督程序审理的是已经发生法律效力的判决和裁定。它既包括已过法定期限没有提出上诉、抗诉的第一审判决和裁定，也包括第二审判决和裁定；既包括正在执行的，也包括已经执行完毕的。而二审程序审理的对象只限于尚未发生法律效力的第一审判决和裁定。

2. 提起程序的主体不同

审判监督程序的提起主体为最高人民法院、上级人民法院、各级人民法院院长（须提交审判委员会决定）以及上级人民检察院、最高人民检察院，而提起申诉的当事人及其法定代理人、近亲属，不构成提起主体；而二审程序的提起主体则包括由被告人、自诉人和他们的法定代理人、经被告人同意的近亲属、辩护人以及同级人民检察院，附带民事诉讼的当事人和他们的法定代理人针对附带民事诉讼部分也可提出上诉。

3. 提起的理由不同

提起二审程序的上诉，没有理由上的要求或限制，无论什么理由都可以引起二审审理。但提起审判监督程序，就必须是原判决或裁定“确有错误”，否则，不能引起再审，这是出于维护生效裁判的稳定性和权威性的需要。

4. 提起的期限不同

提起审判监督程序一般没有法定期限限制，只要发现生效的判决和裁定确有错误，就可根据实事求是、有错必纠的原则予以纠正，任何时候都可以提起。而二审程序的上诉、抗诉，必须在法定期限内提出，逾期而无正当理由的，二审法院不予受理。

5. 审理的法院不同

有权依照审判监督程序审理案件的法院，既可以是原审的第一审法院或第二审法院，又可以是提审的任何上级法院；而有权按照第二审程序审判案件的法院，只能是原审法院的上一级法院。

6. 量刑原则不同

按审判监督程序审判的案件，审理后量刑时，根据事实和法律规定，既可加重，也可维持或减轻；而二审程序审理后的量刑，如果是只有被告人一方提起上诉的，须适用上诉不加刑原则，只能维持原判或减轻刑罚，而不能加重刑罚。

二、审判监督程序与死刑复核程序

审判监督程序与死刑复核程序均为特殊程序。但它们仍有以下显著区别：

1. 审理的对象不同

审判监督程序审理的对象是已经发生法律效力的任何刑事判决和裁定；而死刑复核程序审理的对象是尚未生效的死刑判决、裁定。

2. 提起的主体和理由不同

死刑复核程序是由作出判决、裁定的法院依法向有死刑核准权的法院报请产生的，只要作出死刑判决即应提起，不用附加其他理由；而审判监督程序是由最高人民法院、上级人民法院、最高人民检察院、上级人民检察院，以及本院院长提请审判委员会讨论决定而产生的，必须以认为生效判决、裁定确有错误为理由。

3. 审理的法院不同

依审判监督程序有权重新审理案件的法院是原审人民法院、上级人民法院和最高人民法院，而有死刑复核权的法院是最高人民法院和高级人民法院。

案例分析

【案情】邹某犯杀人罪，被二审法院终审判决有期徒刑 15 年。交付执行后，该二审法院发现本案判决确有错误，即按审判监督程序提起再审，再审结果是该被告人邹某被判处无期徒刑。

【问题】本案审判监督程序如何提起？被告人邹某对再审判决不服能否上诉？为什么？

【解析】我国刑事诉讼法规定，各级人民法院院长对本院已经发生法律效力的判决和裁定，如果发现在认定事实上或者适用法律上确有错误，必须提交审判委员会处理。该案是经过二审法院终审的案件，在生效判决的执行过程中，二审法院发现了判决的错误，根据法律的规定，就应当由该二审法院的院长提交本院审判委员会讨论，以决定提起审判监督程序对案件进行再审。

本案被告人邹某对于二审法院作出的判决不服时，不能提起上诉。因为刑事诉讼法和最高人民法院的司法解释都明确规定，人民法院按照审判监督程序重新审判的案件，如果原来是第二审案件，应当依照第二审程序进行审判，所作的判决、裁定，是终审的判决、裁定，当事人不得上诉。

第二十章　执　行

本章主要介绍执行的概念、特征与意义，各种判决裁定的执行，执行变更，执行监督等。学习重点是：各种判决裁定的执行主体和程序；执行变更；执行监督。学习难点是：执行程序和执行变更，以及执行中又犯罪的处理。本章的学术热点是：行刑社会化；社区矫正；刑事执行权的配置。

第一节　执行概述

一、执行的概念、特征和意义

1. 执行的概念

刑事诉讼中的执行是指刑事执行机关对于已经发生法律效力的判决或裁定所确定的内容予以实施的活动。

刑事执行是刑事诉讼的最后一个诉讼程序，也是国家刑罚权得以实现的关键阶段。但并非判决、裁定的整个执行过程和一切活动都属于刑事诉讼的范围。属于刑事诉讼范围的活动主要包括交付执行、变更执行和执行监督等几种情况。交付执行是人民法院将已经发生法律效力的裁判交付执行机关的活动或者自己实施已经生效裁判的内容的活动。变更执行是指在裁判确定的刑罚执行过程中出现了法定情况，由人民法院将原裁判予以变更的活动。执行机关的其他活动，比如对罪犯的监管、教育、组织劳动等，不具有诉讼活动的性质，属于司法行政活动。

2. 执行的特征

刑事执行具有以下三个特征：

（1）执行的合法性。刑事执行是一种刑事司法活动，直接关系到公民的人身权利和财产权利的保护和刑事诉讼目的的实现。因此，法律在执行对象和程序上对执行进行严格的限制，即执行必须依据人民法院已经作出的生效的裁判且由法定的国家机关进行。交付执行时必须做到法律文书齐全，变更执行时，必须按规定程序报请人民法院裁定，不得随意变更。

(2) 执行的及时性。执行的及时性是指人民法院的判决、裁定只要发生法律效力就应当迅速地执行，任何机关、团体和个人不得阻止和拖延。判决、裁定一旦发生法律效力就必须立即执行，这是刑事诉讼效率原则的要求。无故拖延生效裁判的执行，裁判就会失去法律的严肃性，也可能失去执行的机会，公民的合法权益就会受到不该有的损害。执行及时对罪犯来说也具有较大意义，因为“它减轻了捉摸不定给犯人带来的无益和残酷的折磨”。

(3) 执行的强制性。执行的强制性是指对于已经生效的判决和裁定，必须严格依照判决和裁定所确定的内容加以执行。执行以国家强制力为后盾，对一切国家机关、社会组织和社会成员都有拘束力。如果抗拒执行人民法院已经发生法律效力的判决、裁定，就会受到法律的制裁。我国《刑法》第157条规定，拒不执行人民法院已经发生法律效力的判决、裁定的，处三年以下有期徒刑、拘役、罚金或剥夺政治权利。

3. 执行的意义

刑事执行在整个刑事诉讼过程中占有重要的地位，只有执行才能使审判结果得以实现，最终完成刑事诉讼的根本任务。其意义具体体现在以下方面：

(1) 正确执行生效的判决和裁定，可以使犯罪分子得到应有的法律制裁。通过打击罪犯的犯罪活动，保护国家和人民的利益；使罪犯受到应有的惩罚，并使其在执行机关的教育下弃恶从善、重新做人，从而实现刑罚特殊预防的功能。

(2) 正确执行生效的判决和裁定，能有效地保护公民的合法权益。一方面，通过对犯罪分子执行自由刑、财产刑等刑罚使被害人的精神得到抚慰、财产得到赔偿；另一方面，通过对无罪和免除刑罚判决、裁定的执行，使无罪和被免除刑罚的在押被告人得到立即释放，使其名誉得到恢复、合法权益得到保护。

(3) 正确执行生效的判决和裁定，能教育公民自觉遵守法律，同时警戒社会上的不安定分子，起到预防、减少犯罪的一般预防作用，实现社会的长治久安。

(4) 正确执行生效的判决和裁定还能检验生效判决和裁定的公正性和社会效果。

二、执行的原则和制度

从世界范围看，执行的社会意义正日益受到重视，以报应、威慑为内容的刑事执行的目的已被以教育和改造为内容的刑事执行的目的所取代。刑事执行重在教育改造罪犯，使其成为自食其力的人。在这种刑事执行目的的影响下，现代刑事执行形成了四个原则：

1. 法制原则

罪犯只受判决、裁定中明确判定的刑罚惩处，不得再对罪犯加以任何其他刑罚。罪犯在权利受到侵害时有权寻求法律救济，执行机关应给予其陈述意见的机会。

2. 人道原则

在刑事执行中，要尊重罪犯的人格，给予必要的生活用品、适当的劳动报酬和休息日，保护其身心健康，保证受刑者在生病时能得到治疗。

3. 自食其力原则

在执行中，应强制罪犯劳动，使其养成劳动习惯，学会一定的谋生技能，做到自食其力，以减轻社会负担，并减少其再犯罪的可能性。

4. 重返社会原则

在执行中要启发、培养罪犯的自尊心、责任感，使其能够逐步适应社会生活，能重新被自己的亲人、家庭所接受，不被家庭、社会抛弃而继续危害社会。

与此相对应，近代各国逐步形成了以下刑事执行制度：①实行分关分押制度。对罪犯实行分关分押有利于避免恶习传染，同时便于因人施教、个别改造，使罪犯尽快重返社会。②实行监外执行制度。对罪犯实行监外执行使其不失去人身自由，保持与社会的联系，有助于其服刑完毕后能顺利重返社会。③补充和完善罪犯的各项权利。通过补充和完善罪犯的各项权利，使其人格不受侮辱，保持做人的尊严，有利于其重新做人。

三、执行的依据

人民法院发生法律效力的刑事判决和裁定是执行机关对罪犯实行惩罚和教育改造的法律依据。根据我国《刑事诉讼法》第 208 条第 2 款的规定，发生法律效力的判决和裁定具体包括以下几种：

(1) 已过法定期限没有上诉、抗诉的判决和裁定。

(2) 终审的判决和裁定，包括中级人民法院的第二审判决和裁定，高级人民法院第二审的判决和裁定，最高人民法院的第一审和第二审判决和裁定。

(3) 高级人民法院核准的死刑缓期二年执行的判决和最高人民法院核准的死刑判决。

四、执行机关

执行机关也称执行主体。在我国，生效判决和裁定因内容不同，执行机关也不同。

1. 人民法院作为执行机关

根据刑事诉讼法的相关规定，死刑、罚金和没收财产的判决和裁定，以及无罪或免除刑罚的判决均由人民法院执行。除此之外，作为生效裁判的制作者，人民法院也是所有生效裁判的交付执行机关，即人民法院根据已经生效的判决和裁定所确定的内容及其刑罚执行方式的不同，将生效的判决、裁定交各执行机关执行。根据最高人民法院的相关解释，发生法律效力的判决和裁定一般由原审人民法院交付执行，但是罪犯关押在第二审人民法院所在地的，也可以由二审人民法院交付执行。

2. 监狱、看守所、未成年人管教所作为执行机关

对于被判处死刑缓期二年执行、无期徒刑、有期徒刑的罪犯，由公安机关送交监狱执行刑罚。被判处有期徒刑的罪犯在被交付执行刑罚前，剩余刑期在 1 年以下的，由看守所代为执行。未成年犯应当在未成年犯管教所执行刑罚。未成年犯在成年后，剩余刑期不超过两年的，仍可以留在未成年犯管教所执行剩余刑期。

3. 公安机关作为执行机关

被判处拘役的罪犯由公安机关执行。监外执行、徒刑缓刑、假释以及管制、剥夺政治权利的判决和裁定由公安机关负责执行，或者以公安机关为主导，由基层司法组织和社区协助执行。

第二节　各种刑罚的执行

一、死刑立即执行判决裁定的执行

1. 适用对象

死刑立即执行判决或裁定是人民法院依法作出的剥夺犯罪分子的生命并立即执行的一种判决作裁定。由于死刑是刑罚体系中最严厉的一种刑罚，它仅适用于罪行极其严重的犯罪分子。

2. 执行程序

鉴于死刑具有严肃性、不可恢复性等特点，世界各国刑事诉讼法对死刑执行程序一般都作了比较严格的规定，以保证死刑执行的准确无误。2006 年 12 月 28 日，最高人民法院颁布了《最高人民法院关于统一行使死刑案件核准权有关问题的决定》，将死刑案件的核准权统一收归最高人民法院。我国《刑事诉讼法》第 210 条、第 211 条、第 212 条对死刑立即执行作了规定，具体内容如下：

(1) 执行死刑命令的签发。最高人民法院判处和核准的死刑立即执行的判决或裁定，应当由最高人民法院院长签发执行死刑的命令。

(2) 执行机关和期限。最高人民法院执行死刑命令，应当由高级人民法院交原审人民法院执行。原审人民法院收到执行死刑的命令后，应当在 7 日内交付执行。

(3) 执行场所和方法。执行死刑可以在刑场或者指定的羁押场所内进行。所谓刑场是指由执行机关设置的执行死刑的场所。刑场不得设在繁华地区、交通要道和旅游区附近。所谓指定的羁押场所一般指人民法院指定的监狱或者看守所。死刑采用枪决或者注射的方法进行。采用枪决、注射以外的其他方法执行死刑的，应当事先报请最高人民法院批准。枪决是我国长期采用的执行死刑的方式之一，采用该方法执行死刑的，人民法院有条件执行的，交由司法警察执行；没有条件执行的，交由武装警察执行。1996 年《刑事诉讼法》吸收了注射这一执行死刑的先进方法，使得死刑的执行更人道、更文明、更科学。采用注射方法执行死刑由谁来执行，法律未作规定，我们认为应由法医或医师进行。

(4) 执行死刑的具体程序为：①执行死刑前，罪犯提出会见其近亲属或者其近亲属提出会见申请的，人民法院可以准许。②人民法院交付执行前，应当通知同级人民检察院派员临场监督。③指挥执行的审判人员对罪犯应当验明正身，核实罪犯姓名、别名、性别、年龄、职业、拘留、逮捕时间等，询问其有无遗言、信札，然后交付执行人员执行死刑。在执行前如果发现可能有错误的，应当暂停执行，报请最高人民法院裁定。④执行死刑应当公布但不应示众，严禁侮辱罪犯人格和摧残罪犯身体。执行死刑的布告要选择在适当范围、适当地点张贴，以便人民群众了解情况及接受法制教育，但禁止对被执行者采取游街示众或者其他有辱其人格的行为。

(5) 执行后应当处理的事项有：①对于死刑罪犯的遗书、遗言笔录，应当及时进行审查，涉及财产继承、债务清偿、家属嘱托等内容的，将遗书、遗言交给家属，同时复制存卷备查；涉及案件线索等问题的，应当抄送有关机关。②通知罪犯家属在限期内领取罪犯尸体；有火化条件的，通知领取骨灰。过期不领的，人民法院通知有关单位处理。对于死刑罪犯的尸体或者骨灰的处理情况，应当记录在卷。③对于外国籍罪犯执行死刑后，通知外国驻华使、领馆的程序和时限，依照有关规定办理。

二、死缓、无期徒刑、有期徒刑和拘役判决裁定的执行

1. 交付执行程序

(1) 应当移送的法律文书。我国《刑事诉讼法》第 213 条规定，对于被判处死刑缓期二年执行、无期徒刑、有期徒刑和拘役的罪犯，人民法院在交付执行时应当将有关的法律文书送达监狱或者其他执行机关。这里的“法律文书”是指已经生效的判决书、裁定书、人民检察院的起诉状副本、自诉状的复印件、人民法院的执行通知书、结案登记表。四种法律文书必须同时具备，缺一不可。

(2) 交付执行的期限。在实际交付执行过程中，交付执行的人民法院应当将上述法律文书分别送达公安机关的看守所和罪犯应服刑的监狱，由公安机关将罪犯送交监狱服刑。公安机关应当自收到执行通知书之日起 1 个月内将罪犯送交监狱或者其他执行机关执行；对于判处拘役的罪犯，公安机关在收到人民法院送达的执行通知书等法律文书后，应立即将罪犯送达执行场所执行，并将执行通知书的回执经看守所盖章后附入审判卷内。执行机关应将罪犯及时收押，并通知罪犯家属。

(3) 交付执行的场所。死缓、无期徒刑、有期徒刑和拘役判决裁定的执行场所和执行方式因刑种、刑期和罪犯年龄的不同而有差异。被判处死缓、无期徒刑、有期徒刑的罪犯，应由公安机关依法将该罪犯送交监狱执行刑罚。被判处有期徒刑的罪犯，在被交付执行刑罚前，剩余刑期在 1 年以下的，由看守所代为执行。被判处拘役的罪犯，由公安机关执行。被判处死缓、无期徒刑、有期徒刑的未成年犯，应在未成年犯管教所执行。未成年犯成年后，剩余刑期不超过两年的，仍可以留在未成年犯管教所执行剩余刑期。

2. 刑罚执行程序

执行机关收押罪犯，应当对其进行身体检查，对于不适合在监狱或其他执行场所执行的，可以暂不收监，但是如果对其暂予监外执行有社会危害性的，应当收监。对罪犯收监时，应当严格检查其人身和所携带的物品。属于非生活必需品的，由执行机关保管或者征得罪犯同意后退给其家属，对违禁品一律予以没收。

执行机关对罪犯收押后，应当将罪犯罪名、刑期、执行地地址等自收监之日起 5 日

内通知罪犯家属。对于罪犯在服刑期间死亡、调动、脱逃满两个月未捕回或者捕回后有变动的，执行机关应当书面报告交付执行的人民法院及对该监所实行监督的人民检察院。

被判处有期徒刑、拘役的罪犯的刑期从判决裁定执行之日起计算。判决或裁定前被拘留和逮捕的，羁押1日折抵刑期1日。服刑期满时，执行机关应当立即释放并发给释放证明。

对被判处死缓罪犯的减刑，必须在两年期满后及时进行，执行机关不得任意拖延或提前。对于在缓刑期间内故意犯罪的，应当由人民检察院提起公诉，服刑地中级人民法院审判，所作判决可以上诉、抗诉。认定构成故意犯罪的判决、裁定发生法律效力后，由最高人民法院核准或者报请最高人民法院核准。核准后，交由罪犯服刑地中级人民法院执行。但如果罪犯在两年期满后故意犯罪的，不能执行死刑，只能依法对其所犯新罪作出判决，把前罪和后罪所判处的刑罚依照数罪并罚原则，再决定应执行的刑罚。

三、有期徒刑缓刑、拘役缓刑的执行

1. 适用对象

缓刑是指对社会危害性较小的罪犯，有条件地暂缓执行所判处的刑罚，在一定的期限内予以考验，并保留刑罚执行的可能性，以达到刑罚执行目的的一种执行制度。我国《刑法》规定，人民法院对于被判处拘役、3年以下有期徒刑的犯罪分子，根据犯罪分子的犯罪情节和悔罪表现，认为犯罪分子确实不致再危害社会的，可以宣告缓刑。对于累犯不适用缓刑。我国《刑法》还规定了一种特殊的缓刑，即在战时，对判处3年以下有期徒刑、没有现实危险、宣告缓刑的犯罪军人，允许其戴罪立功，确有立功表现时，可以撤销原判刑罚，不以犯罪论处。

2. 执行程序

在我国，缓刑由公安机关执行。宣告缓刑的判决或裁定发生法律效力后，人民法院应将判决书、裁定书和执行通知书交罪犯所在地的公安机关，由公安机关将罪犯交由所在单位或者基层组织予以考察。另外，一审法院判决拘役或者有期徒刑宣告缓刑的，判决尚未生效时不能将被告人交付执行。但是，如果被宣告缓刑人在押的，一审法院应当先行变更强制措施为取保候审或监视居住，并通知公安机关。

3. 缓刑考验期

对于被判处有期徒刑、拘役宣告缓刑的罪犯，在宣告缓刑时，应当同时宣告缓刑考验期。根据《刑法》的相关规定，拘役的缓刑考验期为原判刑期以上1年以下，但不能少于两个月。有期徒刑的缓刑考验期为原判刑期以上5年以下，但不能少于1年。缓刑考验期限从判决、裁定确定之日计算。判决、裁定确定前先行羁押的日期，不能折抵缓刑考验期。如果罪犯又犯新罪或者发现罪犯还有未被判处的漏罪，则应撤销缓刑，对新罪或新发现的罪作出判决，把前罪和后罪所判处的刑罚依照数罪并罚原则决定执行的刑罚。被宣告缓刑的犯罪分子，在缓刑考验期内，违反法律、行政法规或者国务院公安部门有关缓刑的监督管理规定，情节严重的，应当撤销缓刑，执行原判刑罚。被宣告缓刑的犯罪分子，在缓刑考验期内，没有上述情形的，缓刑期满，原判的刑罚就不再执行，并公开予以宣告。

4. 缓刑期间应遵守的规定

被宣告缓刑的犯罪分子，在缓刑考验期内应当遵守法律、行政法规，服从监督；按照考察机关的规定报告自己的活动情况；遵守考察机关关于会客的规定；离开所居住的市、县或者迁居时，应当报经考察机关批准。缓刑的罪犯参加劳动的，应同工同酬。如果被宣告缓刑的罪犯同时被判处附加刑的，附加刑仍须执行。

四、管制、剥夺政治权利判决的执行

1. 管制的执行

(1) 适用对象。管制是一种适用于罪行较轻的犯罪分子的刑罚。它是指对犯罪分子不予关押，在公安机关管束和社会公众的监督下实行改造，并限制其一定自由的刑罚执行制度。

(2) 执行程序。我国《刑事诉讼法》第218条规定，对于被判处管制的罪犯，由公安机关执行。被判处管制的犯罪分子，在判决或裁定发生法律效力后，由人民法院交付公安机关。第一审人民法院判处被告人管制，宣判时如果被告人在押的，应当通知公安机关变更强制措施，待判决生效后，将有关的法律文书送达公安机关执行。执行机关应当根据人民法院的判决书或裁定书、执行通知书，向罪犯所在单位或者居住地人民群众宣告罪犯的犯罪事实、管制期限、必须遵守的规定以及是否剥夺政治权利等情况，以便人民群众对罪犯实行监督，加强对罪犯的改造。在司法实践中，负责执行的公安机关可以指派所属的公安派出所、公安特派员以及有关单位的保卫组织对罪犯执行管制刑罚。

(3) 管制期间应当遵守的规定。被判处管制的罪犯在执行期间应当遵守法律、行政法规，服从监督；未经执行机关批准，不得行使言论、出版、集会、结社、游行、示威自由的权利；按照执行机关规定报告自己的活动情况；遵守执行机关关于会客的规定；离开所居住的市、县或者迁居时，应当报经执行机关批准。对于判处管制的犯罪分子，在劳动中应当同工同酬。

(4) 管制的期限。管制的期间为3个月以上两年以下。管制的期限从判决执行之日起计算，判决执行以前先行羁押的，羁押1日折抵刑期两日。管制期满，执行机关应立即向本人和其所在单位或者居住地的群众宣布解除管制，同时发给本人解除管制通知书。附加剥夺政治权利的，应同时宣布恢复其政治权利。

2. 剥夺政治权利的执行

(1) 适用对象。剥夺政治权利是指剥夺犯罪分子在一定时间或者终生参与国家政治生活权利的一种刑罚。它是我国刑法规定的一种附加刑，也可以单独适用。对于危害国家安全的犯罪分子，被判处死刑、无期徒刑的犯罪分子应当附加剥夺政治权利；对于故意杀人、强奸、抢劫、放火、爆炸、投毒等严重破坏社会秩序的犯罪分子，可以附加剥夺政治权利。剥夺的权利范围包括选举权、被选举权、言论、出版、集会、结社、游行、示威自由的权利、担任国家机关任务的权利、担任国有公司、企业、事业单位和人民团体领导职务的权利。

(2) 执行程序。对于被剥夺政治权利的罪犯，由公安机关执行。判决裁定生效后由法院将判决书或裁定书副本送达犯罪分子居住地的公安机关或有监督权的其他机关，由这些机关负责监督执行。

(3) 执行期间应遵守的规定。在执行期间，罪犯应当遵守法律、行政法规和国务院公安部门有关监督管理的规定，服从监督。

(4) 剥夺政治权利的期限。剥夺政治权利的期限的计算分两种情况：单独判处剥夺政治权利的，从判决裁定生效之日开始计算，附加剥夺政治权利的，从主刑执行完毕之日开始计算。执行期满，公安机关应当通知罪犯本人，并向所在单位或基层组织及居住地有关群众公开宣布恢复罪犯的政治权利。

五、罚金、没收财产判决与裁定的执行

罚金和没收财产都属于财产刑，是对犯罪分子的财产利益予以剥夺的刑罚，主要用来处罚经济犯。

1. 罚金的执行

罚金刑是强制罪犯在一定的时限内向国家缴纳一定数额金钱的刑罚。

我国《刑事诉讼法》第 219 条规定，罚金判决由人民法院负责执行。被判处罚金的罪犯或者犯罪单位，应按照判决确定的数额在判决规定的时限内一次或者分期缴纳。期满无故不缴纳的，人民法院应当强制缴纳。对于被判处罚金的自然人，期满无故不缴纳的，人民法院可以通知其所在单位扣发工资或采取查封、变卖罪犯个人财产等方式执行；对被判处罚金的犯罪单位，人民法院可以通知银行从其账户上直接划拨。被判处罚金的罪犯，如果由于遭遇不能抗拒的灾祸缴纳罚金确有困难的，可以向人民法院申请减少或者免除。人民法院查证属实后，可以裁定对判决确定的罚金数额予以减少或者免除。

罪犯缴纳的罚金，应按规定及时上缴国库，任何机关、个人都不得挪作他用或者私分。

2. 没收财产的执行

没收财产是剥夺犯罪分子个人所有的一部分或者全部财产归国家所有的刑罚方法。

没收财产的判决或裁定，无论附加适用还是独立适用，都由第一审人民法院执行。在必要的时候，人民法院可以会同公安机关执行。为防止执行前罪犯或者其他人将财产转移等影响判决执行的情况发生，人民法院可以先采取查封、扣押、冻结被告人财产的措施。

没收财产的范围，只限于犯罪分子本人所有的部分财产或全部财产，不得没收属于罪犯家属所有或应有的财产。对查封前犯罪分子所负的正当债务，如果需要用没收的财产偿还的，经债权人请求，由人民法院裁定在没收的财产中酌情偿还。如果在没收的财产中，有罪犯利用犯罪手段获得的他人财产，经原主申请，并经人民法院查证属实后，应将原物退还原主。对于没收的财产，应按有关的规定及时上缴国库或财政部门，任何

机关、个人都不得私自挪用、调换、压价私分或变相私分。

对于附带民事判决中财产部分的执行，应依照民事诉讼法和最高人民法院的有关规定办理。

六、无罪裁判和免除刑罚裁判的执行

无罪裁判是指人民法院依法确认被告人的行为不构成犯罪或者依法不追究刑事责任的裁判。根据我国《刑事诉讼法》的规定，无罪裁判包括被告人行为不构成犯罪、具有法定不追究刑事责任情形的无罪和证据不足、指控的犯罪不能成立的无罪三种。免除刑罚裁判是人民法院依法作出的确认被告人有罪但因具有法定免除刑罚情形而免予刑事处罚的裁判。

我国《刑事诉讼法》第209条规定，第一审人民法院判决被告人无罪、免除刑事处罚的，如果被告人在押的，在宣判后应当立即释放。根据这一规定，无罪、免除刑罚的判决，由人民法院执行。为了保护不应受到刑罚处罚的被告人的合法权益，这类判决一经宣布，首先要将被关押的被告人立即释放。由人民法院将无罪、免除刑罚的判决书或裁定书，连同执行通知书送交看守所，看守所在接到上述法律文书后应当立即释放被关押的被告人。即使当事人及其法定代理人提出上诉或者人民检察院提出抗诉，一审判决尚未生效，也不影响释放被告人的立即执行，不能等待判决生效后才予以执行。

无罪和免除刑罚的裁判生效后，人民法院和其他司法机关应当协同有关单位做好善后工作。依照法律认定被告人无罪的，应当作出无罪判决。证据不足，不能认定被告人有罪的，应当作出证据不足、指控的犯罪不能成立的无罪判决。对于免除处罚的被告人，也应恢复其人身自由，撤销一切强制性刑事措施。同时，人民法院可根据案件不同情况予以训诫或责令具结悔过、赔礼道歉、赔偿损失或建议有关主管机关给予被告人行政处罚或行政处分。

七、社区矫正

社区矫正是与监禁矫正相对的行刑方式，是指将符合社区矫正条件的罪犯置于社区内，由专门的国家机关在相关社会团体和民间组织以及社会志愿者的协助下，在判决、裁定或决定确定的期限内，矫正其犯罪心理和行为恶习，并促进其顺利回归社会的非监禁刑罚执行活动。社区矫正是积极利用各种社会资源、整合社会各方面力量，对罪行较轻、主观恶性较小、社会危害性不大的罪犯或者经过监管改造、确有悔改表现、不致再危害社会的罪犯在社区中进行有针对性管理、教育和改造的工作，是当今世界各国刑罚制度发展的趋势。

开展社区矫正试点工作具有重要意义。一是有利于探索建设中国特色的社会主义刑罚制度，积极推进社会主义民主法制建设，充分体现我国社会主义制度的优越性和人类文明进步的要求，为建设社会主义政治文明、全面建设小康社会服务。二是有利于对那些不需要、不适宜监禁或者继续监禁的罪犯有针对性地实施社会化的矫正，充分利用社会各方力量，提高教育改造质量，最大限度地化消极因素为积极因素，维护社会稳定。三是有利于合理配置行刑资源，使监禁矫正与社区矫正两种行刑方式相辅相成，增强刑罚效能，降低行刑成本。

我国从 2003 年开始正式启动了社区矫正试点工作，并迅速引起了理论界和实践者的高度重视和激烈探讨。最高人民法院、最高人民检察院、公安部、司法部根据我国的实际，规定社区矫正的对象有五种人，并且在很长一段时间内不会改变，分别为：①被人民法院依法判处管制的罪犯；②被人民法院宣告缓刑的罪犯；③刑满释放后继续被剥夺政治权利的人员；④经人民法院或监狱管理机关暂予监外执行的罪犯；⑤被人民法院依法裁定假释的罪犯。同时还规定，人民法院要严格准确地适用刑事法律和刑事司法解释，依法充分使用非监禁刑刑罚措施和减刑、假释等鼓励罪犯改造、自新的刑罚执行措施。在判处非监禁刑、减刑、假释工作中，可以征求有关社区矫正组织的意见，并在宣判、宣告后，将判决书、裁定书抄送有关社区矫正组织。人民检察院要加强法律监督，完善刑罚执行监督程序，保证社区矫正工作依法、公正地进行。司法行政机关要牵头组织有关单位和社区基层组织开展社区矫正试点工作，会同公安机关搞好对社区服刑人员的监督考察，组织协调对社区服刑人员的教育改造和帮助工作。街道、乡镇司法所要具体承担社区矫正的日常管理工作。监狱管理机关要依法准确适用暂予监外执行措施，对符合假释条件的人员要及时报请人民法院裁定假释，并积极协助社区矫正组织的工作。公安机关要配合司法行政机关依法加强对社区服刑人员的监督考察，依法履行有关法律程序。对违反监督、考察规定的社区服刑人员，根据具体情况依法采取必要的措施；对重新犯罪的社区服刑人员，及时依法处理。

第三节 执行的变更程序

一、死刑、死缓裁判执行的变更

1. 死刑执行的变更

我国刑事诉讼法规定了死刑的两种变更执行方法——停止执行死刑和暂停执行死刑。这对于防止错杀具有重要的意义，体现了我国对死刑一贯坚持的审慎态度。

(1) 停止执行死刑。我国《刑事诉讼法》第 211 条规定，下级人民法院接到最高人民法院执行死刑的命令后，应当在 7 日内交付执行。但是发现有下列情形之一的，应当停止执行，并且立即报告最高人民法院，由最高人民法院作出裁定：①在执行前发现判决可能有错误的；②在执行前罪犯揭发重大犯罪事实或者有其他重大立功表现，可能需要改判的；③罪犯正在怀孕的。

对于上述三种情况，应当正确理解。首先，判决可能有错误是指可能有错误而非确定有错误，即发现判决在认定事实或者适用法律上可能有错误，且这种错误足以影响死刑判决的正确性，应当由执行死刑的人民法院决定停止执行死刑，然后上报有核准权的人民法院。这种可能需要一定的时间去查证，先停止执行死刑体现了法律对死刑执行的慎重要求。其次，在执行前罪犯揭发重大犯罪事实或者有其他重大立功表现是指罪犯在被处决前良心未泯，幡然醒悟，或由于求生欲望揭发重大犯罪事实或实施重大立功行为等。对此，法律应当予以支持和鼓励。只要查证属实就可以依法予以改判。这有利于调动一切积极因素，最大限度地孤立和打击罪大恶极的犯罪分子。最后，罪犯正在怀孕是指罪犯从被羁押到执行死刑前正在怀孕。对于罪犯在羁押期间人工流产的，应视同正在怀孕。这一规定体现了刑罚的人道主义精神。

前款第一项、第二项停止执行的原因消灭后，必须报请最高人民法院院长再签发执行死刑的命令才能生效；由于前款第三项原因停止执行的，应当报最高人民法院依法改判。

由此可见，执行死刑的人民法院在执行死刑前，如果发现上述三种情况之一的，都应当停止死刑的执行，并将停止执行死刑的原因以书面形式立即报告核准死刑的最高人民法院。交付执行的人民法院应当立即查明事实情况，根据查明的情况作出不同的处理：①若原生效裁判确有错误，应当报请最高人民法院依照审判监督程序改判；②若罪犯检举揭发重大犯罪事实或者有重大立功表现，应当报请最高人民法院依照审判监督程序改判为较轻的刑罚；③若罪犯是正在怀孕的妇女，则应当报请最高人民法院依照审判监督程序改判为无期徒刑以下的刑罚；④如原裁判没有错误或罪犯没有重大立功表现或罪犯不是正在怀孕的妇女，则仍应对其执行死刑，但是必须由最高人民法院院长重新签发执行死刑的命令才能执行。

⑵ 暂时停止死刑。我国《刑事诉讼法》第 212 条第 4 款规定，指挥执行的审判人员，对罪犯应当验明正身，询问有无遗言、信札，然后交付执行人员执行死刑。在执行前，如果发现可能有错误，应当暂停执行，报请最高人民法院裁定。这里的“执行前”是指从验明正身到行刑前这段时间，所以将暂停执行死刑的权力交给执行人员。“可能有错误”应包括第 211 条规定的三种情况在内一切可能的错误。比如验明正身时发现被执行人不是罪犯、行刑前听见罪犯喊冤等。这些情形一经发现，负责指挥的审判人员及临场监督的检察人员，都应当立即决定和建议停止执行，报请核准死刑的法院裁定。

2. 死缓执行的变更

死缓不是一种独立的刑种，而是死刑的一种执行方式。它是指对于罪该判处死刑的犯罪分子，如果不是立即执行，在判处死刑的同时宣告缓刑二年执行，实行监督改造以观后效的一种制度。

被判处死刑缓期二年执行的罪犯，在死缓考验期间，如果没有故意犯罪，死缓考验期满之后应当予以减刑，由执行机关提出书面意见，报请高级人民法院裁定；如果死缓犯在死缓考验期间又故意犯罪，经查证属实应当执行死刑，由高级人民法院报请最高人民法院核准。因此，对于被判处死刑缓期二年执行的罪犯，变更执行的方式有两种，即减刑和死刑立即执行。具体如下：

⑴ 减刑。被判处死缓的罪犯，在死缓考验期间，如果没有故意犯罪，二年考验期满，应当由罪犯所在监狱及时提出减刑建议，报请当地高级人民法院裁定。死缓的减刑

一般减为无期徒刑。对于没有故意犯罪并且有悔改和重大立功表现的罪犯，可以减为15年以上20年以下有期徒刑，同时判处的剥夺政治权利终身也应减为剥夺政治权利3年以上10年以下。

(2) 死刑立即执行。如果死缓犯在死缓考验期间又故意犯罪，应依照法定程序，移送检察机关处理，并经人民法院依法作出判决后，由高级人民法院报请最高人民法院核准死刑。最高人民法院核准死刑后，由院长签发执行死刑的命令，原审人民法院在接到执行死刑的命令后7日内执行死刑。

二、暂予监外执行

暂予监外执行是指由于某些特殊的原因，罪犯不适宜在监狱或者其他执行场所执行而需要改变执行的时间或者地点的一种变更执行方式。

1. 适用对象

在我国，人民法院在宣判的同时，如果罪犯符合监外执行的条件，可以决定对罪犯监外执行。根据刑事诉讼法和监狱法的规定，只有被判处无期徒刑、有期徒刑或者拘役的罪犯，有下列情形之一的，才可以监外执行：①有严重疾病需要保外就医的；②怀孕或正在哺乳自己婴儿的妇女；③生活不能自理，适用监外执行不致危害社会的。

2. 相关程序事项

暂予监外执行的程序可以分为决定程序和执行程序两部分。

暂予监外执行决定的作出有两种情况：一种是在交付执行前，罪犯具有上述法定情形的，由人民法院在宣告判决的同时，作出暂予监外执行决定；另一种是在交付执行后，监狱或者其他执行机关对服刑罪犯出现上述情况的，依照法定程序决定对其暂予监外执行。因此，有权作出暂予监外执行决定的是人民法院和执行机关。对生效判决、裁定交付执行前，人民法院认为罪犯符合监外执行条件而作出暂予监外执行决定的，根据最高人民法院的相关解释，应当制作《暂予监外执行决定书》，载明罪犯基本情况、判决确定的罪名和刑罚、决定暂予监外执行的原因、依据等内容，并抄送人民检察院和罪犯居住地的公安机关。对于交付执行后，罪犯具备暂予监外执行条件的，由监狱或者其他执行机关提出书面意见，报省、自治区、直辖市的监狱管理机关批准。相关机关批准后，应当将批准的暂予监外执行决定通知公安机关和原判人民法院，并抄送人民检察院。

至于暂予监外执行的执行机关，我国《刑事诉讼法》第214条第6款规定，对于暂予监外执行的罪犯，由居住地公安机关执行，执行机关应当对其严格管理监督，基层组织或者罪犯的原所在单位协助进行监督。在执行中，发现被保外就医的罪犯不符合保外就医条件的，或者严重违反保外就医有关规定的，应当及时收监。执行中，暂予监外执行的情形消灭后，刑期未满的，负责执行的公安机关应当及时通知监狱等有关机关予以收监；刑期届满的，由原关押机关办理释放手续。罪犯在暂予监外执行期间死亡的，公安机关应当及时通知监狱或其他执行机关。

三、减刑和假释

1. 减刑

减刑是指被判处管制、拘役、有期徒刑、无期徒刑的罪犯，在执行期间，如果认真遵守监规，接受教育改造，确有悔改表现的，或者有立功表现的，可以依法对其减轻原判的刑罚。

减刑由执行机关向执行地法院提出减刑建议，法院审查后认为符合减刑条件的，则依法作出减刑裁定。管制、拘役、有期徒刑一次或者多次减刑的时间不得超过原判刑期的1/2，无期徒刑减刑后实际执行的刑期不得少于10年。同时，无期徒刑减为有期徒刑时，附加的剥夺政治权利终身应减为剥夺政治权利3年以上10年以下。对于被判处3年以下有期徒刑缓刑或拘役缓刑的罪犯，也可以减刑，具体为减少考验期，减刑后有期徒刑的考验期不能少于1年，拘役的考验期不能少于1个月。

根据刑事诉讼法和监狱法的相关规定，对于被判处管制、拘役、有期徒刑、无期徒刑的罪犯，应当减刑时，应由各刑罚执行机关提出建议书，根据原判处刑罚的不同，分别报请不同的人民法院审核裁定：

(1) 被判处死缓的罪犯的减刑，由罪犯服刑地的高级人民法院根据省、自治区、直辖市监狱管理机关审核同意的监狱减刑建议书裁定。

(2) 被判处无期徒刑的罪犯的减刑，由罪犯服刑地的高级人民法院根据省、自治区、直辖市监狱管理机关审核同意的监狱减刑建议书裁定。高级人民法院应当自收到减刑建议书之日起1个月内依法裁定，案情复杂或情况特殊的，可以延长1个月。

(3) 被判处有期徒刑（包括被减为有期徒刑）的罪犯的减刑，由罪犯服刑地的中级人民法院根据当地执行机关提出的减刑建议书裁定。中级人民法院应当自收到减刑建议书之日起1个月内依法裁定，案情复杂或情况特殊的，可以延长1个月。

(4) 被判处管制、拘役的罪犯的减刑，由罪犯服刑地的中级人民法院根据当地同级执行机关提出的减刑建议书裁定。

(5) 被宣告缓刑的罪犯，在缓刑考验期限内确有重大立功表现，需要予以减刑并相应缩短缓刑考验期的，应由负责考察的公安派出所会同罪犯所在单位或者基层组织提出书面意见，由罪犯所在地的中级人民法院根据当地同级执行机关提出的减刑建议书裁定。

(6) 公安机关看守所监管的罪犯的减刑，由罪犯所在地的看守所提出意见由当地中级人民法院根据当地同级执行机关提出的减刑建议书裁定。

2. 假释

假释是指被判处有期徒刑的罪犯执行原判刑期1/2以上以及被判处无期徒刑的罪犯实际刑期执行10年以上，如果认真遵守监规，接受教育改造，确有悔改表现，不致再危害社会的，可以附条件地将其提前释放的一种变更执行方式。如果有特殊情况，经最高人民法院核准，可以不受上述执行刑期的限制。对累犯以及因杀人、爆炸、抢劫、强奸、绑架等暴力性犯罪被判处10年以上有期徒刑、无期徒刑的犯罪分子，不得假释。

假释的程序与减刑的程序基本相同。被假释的罪犯，在假释考验期内，由公安机关予以监督。被假释的罪犯在假释考验期内必须遵守国家法律、行政法规和公安机关制定的具体监督管理规定，定期向执行机关报告自己的活动情况，遵守监督机关关于会客的规定，迁居或者离开居住地必须经公安机关批准。被假释的犯罪分子在假释考验期内没有违反上述规定，则认为原判刑罚已经执行完毕，公安机关应当向本人宣布刑罚执行完毕，并通报原裁定假释的人民法院和原关押机关，无须另外办理释放手续。被假释的罪犯，如果在假释考验期内再犯新罪，则由审理新罪的人民法院撤销假释，把前罪没有执行完毕的刑罚和后罪新判处的刑罚，按数罪并罚的原则决定应当执行的刑期。被假释的罪犯，如果在假释考验期内，有违反法律、行政法规和公安机关制定的具体监督管理规定的行为，尚未构成新的犯罪的，公安机关可以向人民法院提出撤销假释的建议，人民法院应当自收到撤销假释建议书之日起 1 个月内予以审核裁定。人民法院裁定撤销假释的，由公安机关将罪犯送交收监。

3. 减刑和假释的审理程序

监狱等刑罚执行机关在报请人民法院审核裁定减刑、假释时，必须提交下列材料：①减刑、假释建议书；②终审法院的判决书、裁定书、历次减刑裁定书的复制件；③罪犯确有悔改或者立功、重大立功表现的具体事实的书面证明材料；④罪犯评审鉴定表、奖惩审批表等。经审查，上述材料齐全的，人民法院应当收案。材料不齐全的，人民法院应当通知提请减刑、假释的执行机关补充。

人民法院审理减刑、假释案件，应当依法组成合议庭进行。经法庭审理，具备减刑、假释条件的，依法作出裁定，制作裁定书。裁定书应当及时送达执行机关、同级人民检察院和负责监督的公安机关及罪犯本人。当事人对减刑、假释的裁定不准上诉，裁定一经宣告，立即生效。对于被宣告假释的罪犯，执行机关应当立即释放，并发给释放证明。

人民法院对减刑、假释的审理期限，应当自收到减刑、假释建议书之日起 1 个月内依法作出裁定，案情复杂或者情况特殊的，可以延长 1 个月。但是，对于被判处拘役、宣告缓刑罪犯的减刑、假释，人民法院自收到减刑、假释建议书之日起，必须在 1 个月以内作出裁定。

四、新罪和漏罪的追诉

我国《刑事诉讼法》第 221 条规定，罪犯在服刑期间又犯罪的，或者发现了判决的时候所没有发现的罪行，由执行机关移送人民检察院处理。

所谓新罪，是指罪犯在服刑期间又犯的罪。所谓漏罪，是指罪犯在服刑期间被发现的在判决宣告以前所犯的尚未判决的罪。在刑罚执行期间，发现新罪和漏罪的，都应该依法追究。我国《刑事诉讼法》第 225 条规定，对于罪犯在监狱内犯罪的侦查由监狱负责进行，监狱办理刑事案件，依照本法的有关规定。据此，罪犯在监狱内犯罪的，由监狱进行侦查，侦查终结后，由监狱写出书面起诉意见，连同案件材料、证据一并移送人民检察院处理。如果罪犯在监狱外犯罪，由公安机关进行侦查，侦查终结后写出书面起诉意见，连同案件材料、证据一并移送人民检察院处理。人民检察院按照法律关于诉讼管辖的规定向人民法院提起公诉。人民法院对于新罪和漏罪依照数罪并罚的规定决定罪犯应执行的刑期。人民法院对新罪和漏罪审理后制作的判决书，除应送达罪犯本人和交付执行监狱外，还应送达原审人民法院和担负监所检察任务的人民检察院。

五、对错判的反映和申诉的处理

我国《刑事诉讼法》和《监狱法》规定，监狱和其他执行机关在刑罚执行中，如果认为判决有错误或者罪犯提出申诉，应当转送人民检察院或者人民法院处理。监狱或者其他执行机关如果认为原判决有错误，应提出具体的书面意见，并附有关调查材料，转送人民检察院或人民法院处理。这些材料来源包括被执行罪犯的申诉材料，监狱发现的情况，人民法院、人民检察院、公安机关发现的情况，其他公民的申诉等。对于罪犯的申诉，执行机关应当及时转交有关机关，不得以任何理由和借口加以阻碍，更不能因为罪犯申诉而认为罪犯抗拒改造，因而加以惩罚。

人民法院和人民检察院对于转交的申诉材料，应认真审查，发现原裁判确有错误的，应按照审判监督程序对原裁判进行重审。对罪犯的申诉，也应及时审查。对符合下列条件之一的，应按审判监督程序处理：①有新的证据足以证明原判决、裁定认定的事实确有错误的；②据以定罪量刑的证据不确实、不充分或者证明案件的主要事实的证据之间存在矛盾的；③原判决、裁定适用法律错误的。

经审查，如果认为判决、裁定没有错误的，人民检察院或者人民法院应当书面通知移送材料的监狱或者其他执行机关。如果认为罪犯的申诉没有根据的，可以驳回申诉。申诉期间，原判决、裁定不得停止执行。

第四节　人民检察院的执行监督

执行监督是指人民检察院对人民法院已经发生法律效力的判决、裁定的执行是否合法实行法律监督的活动。人民法院的判决和裁定发生法律效力后，在执行中如不能依法加以执行，就会破坏或影响刑事诉讼的结果，违背刑罚的目的。开展执行监督，有利于维护生效判决和裁定的稳定性和严肃性，有利于纠正冤假错案，保护公民的合法权益，从而保障刑事诉讼任务的实现。

一、对执行死刑的监督程序

我国《刑事诉讼法》第 212 条规定，人民法院在交付执行死刑前，应当通知同级人民检察院派员临场监督。人民法院通常在交付执行死刑 3 日以前通知同级人民检察院派员监督。临场监督执行死刑的检察人员应当依法监督执行死刑的场所、方式和执行死刑的活动是否合法。在执行死刑前，发现有下列情形之一的，应当建议人民法院停止执行：①被执行人并非应当执行死刑的罪犯的；②罪犯犯罪时不满18周岁的；③判决可能有错误的；④在执行前罪犯检举揭发重大犯罪事实或者有其他重大立功表现，可能需要改判的；⑤罪犯正在怀孕的。

在执行死刑过程中，人民检察院临场监督人员根据需要可以进行拍照、摄像；执行死刑后，人民检察院临场监督人员应当检查罪犯是否确已死亡，并填写死刑临场监督笔录，签名后入卷归档。

二、对暂予监外执行的监督程序

我国《刑事诉讼法》第215条规定，批准暂予监外执行的机关应当将批准的决定抄送人民检察院。人民检察院认为暂予监外执行不当的，应当自接到通知之日起1个月以内将书面意见送交批准暂予监外执行的机关，批准暂予监外执行的机关接到人民检察院的书面意见后，应当立即对该决定进行重新核查。

人民检察院接到批准或者决定对罪犯暂予监外执行的通知后，应当进行审查。为查清情况，检察人员可以向罪犯所在单位和有关人员调查，可以向有关机关调阅有关材料。经审查认为暂予监外执行不当，应当向批准或者决定暂予监外执行的机关提出纠正意见，由检察长决定。

人民检察院认为暂予监外执行不当的，应当自接到通知之日起1个月内提出纠正意见呈报批准或者决定暂予监外执行机关的同级人民检察院，送交批准或决定暂予监外执行的机关。人民检察院向批准或者决定暂予监外执行的机关送交不同意暂予监外执行的书面意见后，应当监督其立即对批准或者决定暂予监外执行的结果进行重新核查，并监督重新核查的结果是否符合法律规定。对核查不符合法律规定的，应当依法提出纠正意见。

三、对减刑、假释的监督程序

我国《刑事诉讼法》第222条规定，人民检察院认为人民法院减刑、假释的裁定不当，应当在收到裁定书副本后20日以内，向人民法院提出书面纠正意见。人民法院应当在收到纠正意见后1个月以内重新组成合议庭进行审理，作出最终裁定。

人民检察院接到人民法院减刑、假释的裁定书的副本后，应当立即进行审查。为了解情况，检察人员可以向罪犯所在单位和有关人员调查，可以向有关机关调阅有关材料。经审查认为人民法院减刑、假释的裁定不当，应当在收到裁定书副本后20日以内提出纠正意见。

对人民法院减刑、假释裁定的纠正意见，由作出减刑、假释裁定的人民法院的同级人民检察院向该人民法院书面提出。人民检察院对人民法院减刑、假释的裁定提出纠正意见后，应当监督人民法院是否在收到纠正意见后1个月内重新组成合议庭进行审理，并监督重新作出的最终裁定是否符合法律规定。对最终裁定不符合法律规定的，应当向同级人民法院提出纠正意见。

四、对执行机关执行活动的监督

我国《刑事诉讼法》第 224 条规定，人民检察院对执行机关执行刑罚的活动是否合法实行监督。如果发现有违法的情况，应当通知执行机关纠正。

1. 监督范围

人民检察院对执行机关执行活动的监督的对象是刑事诉讼法已有专条规定之外的一切刑罚执行活动。这些监督主要有：①人民法院判决被告人无罪、免除刑罚处罚的，在押被告人是否被释放；②人民法院将罪犯交付执行时，据以交付执行的刑事判决、裁定是否已经发生法律效力，交付执行的手续、程序是否合法，执行机关是否符合法律规定；③监狱、看守所、拘役所的执行活动是否符合《刑事诉讼法》、《监狱法》、《看守所条例》等有关法律法规，罪犯依法应该享有的各项权利是否得到保障；④公安机关对管制、剥夺政治权利、缓刑、监外执行等罪犯的监督考察是否都合法，工作是否负责；⑤人民法院对罚金、没收财产等刑罚的执行是否合法，罚没的财产是否依法处理，等等。

2. 监督方式

人民检察院在对执行机关活动进行监督的过程中，发现有违法行为的，应当通知执行机关纠正。对于情节较轻的违法行为，检察人员可以以口头方式向违法人员或者执行机关负责人提出纠正意见，并及时向监所监察部门的负责人汇报。必要时，由部门负责人提出。对于比较严重的违法行为，应报请检察长批准后，向监狱和公安机关发出《纠正违法通知书》。对于造成严重后果、构成犯罪的，应当依法追究责任人的刑事责任。

人民检察院发出《纠正违法通知书》的，应当等待执行机关的回复，监督落实情况；没有回复的，应当督促执行机关回复；纠正违法的情况，应当及时向上一级人民检察院报告，并抄报执行机关的上级主管机关。上级人民检察院认为下级人民检察院意见正确的，应当与同级执行机关共同督促下级执行机关纠正；上级人民检察院认为下级人民检察院纠正违法的意见有错误，应当通知下级人民检察院撤销发出的《纠正违法通知书》，并通知同级执行机关。

案例分析

【案情】8 点 30 分，公、检、法 30 余台警车同行刑军车组成庞大的执法车队，一路鸣着警笛，由看守所驶往 20 公里外的宣判会场。途经市区时，过往群众纷纷驻足相望、拍手称快。

9 点 20 分，车队抵达宣判会场。高悬着的会标上有一行醒目的黑色大字："某市中级人民法院公开宣判大会"。市法院、公安局、派出所的法官、法警、刑警、治安警已经全部就地待命，数千名群众将会场挤得水泄不通，电视台、《人民法院报》等新闻单位的记者也特地赶来，记录了这一大快人心的庄严时刻。主席台前为死囚留下的一片空地显得格外醒目。行刑队员迅速按照预案在会场四周布置警戒，并特在主席台两侧架上机枪。死囚们在强大的人民专政面前个个面如死灰，两腿抖个不停。队员见状，为其每人点上一根纸烟。在宣判前的间隙里，记者问曾三度被强制劳动并因数次在市区和城郊抢劫出租车、摩托车，而被处以死刑的姬某："知道为什么判你死刑吗？"姬某抬起头来，满脸木然："我犯了抢劫罪。"记者又问："现在后悔吗？""后悔，但——后悔有什么用？"现年36岁的姬某像是问记者，又像是问自己："你说现在后悔还有什么用？"是啊，"后悔有什么用？"早知如此，何必当初？这些抱着侥幸心理、妄图逃避打击、与法律和正义顽抗到底的犯罪分子，到了结束自己生命的最后一刻，才终于明白了这个早该明白的道理，可惜悔之晚矣。

10点整，中级人民法院院长宣布："对以上13名罪犯验明正身，押赴刑场，执行枪决。"队员将死囚架上刑车，车队驶入乡间土路，颠簸着直赴30公里外的预设刑场。为确保执行死刑万无一失，事先接到命令的公安干警、交警、治安联防员此时已在沿途各个路口布下警戒。

11点，车队抵达位于河滩上的刑场。先期到达的30名警卫队员手持微型冲锋枪，警惕地守卫在长约100米、宽约50米的刑场四周。13个行刑位置已经做好标记，该市中级人民法院院长、政法委书记、法院刑庭庭长一行亲临现场。尽管如此，早已闻讯赶来、欲一睹作恶者可耻下场的围观群众仍将四周挤得水泄不通。刑车只得在距刑场50米处停下，由队员将死囚拖至行刑位置。法警一一拍照、录像。行刑队队长将执行旗高高举起。只听"啪啪"几声枪响，13名死囚扑地向前栽倒。法医验尸。行刑队整队集合。死刑执行完毕。

【问题】文中关于死刑执行的情况哪些违背了法律的规定？

【解析】我国《刑事诉讼法》第212条规定："执行死刑应当公布，不应示众。"最高人民法院相关解释也规定："执行死刑应当公布，禁止游街示众或者其他有辱被执行人人格的行为。"本案在执行中违背了上述规定，具体表现在：

(1) 公开示众。该文披露了死刑执行细节，本来就是示众的一种形式。从文章描述的情况来看："途经市区时，过往群众纷纷驻足相望、拍手称快"，"霎时上千名群众围观，气氛骤然紧张起来"，"数千名群众将会场挤得水泄不通，电视台、《人民法院报》等新闻单位的记者也特地赶来，记录了这一大快人心的庄严时刻"等，都违背了"不能公开示众"的规定。

(2) 不人道。"早已闻讯赶来、欲一睹作恶者可耻下场的围观群众仍将四周挤得水泄不通。刑车只得在距刑场50米处停下，由队员将死囚拖至行刑位置"等，违背了应有的文明、人道标准。

(3) 侮辱性言行。如记者问曾三度被强制劳动并因数次在市区和城郊抢劫出租车摩托车，而被处以死刑的姬某："知道为什么判你死刑吗？"姬某抬起头来，满脸木然："我犯了抢劫罪。"记者又问："现在后悔吗？""后悔，但——后悔有什么用？""死囚们在强大的人民专政面前个个面如死灰，两腿抖个不停"等。

第二十一章　刑事特别程序

本章主要介绍未成年人案件的刑事诉讼程序、涉外刑事诉讼程序和刑事司法协助程序，以及刑事赔偿程序。在未成年人案件的诉讼程序中主要介绍未成年人案件诉讼程序应遵循的方针和应坚持的原则，以及在不同诉讼阶段对未成年人的特殊法律保护。涉外刑事诉讼程序主要介绍涉外刑事诉讼程序应当遵循的原则，以及在案件的管辖、强制措施的适用、诉讼文书的送达等方面严格执行特殊的程序规定。刑事司法协助程序主要介绍刑事司法协助的方式和具体的程序。刑事赔偿程序主要介绍刑事赔偿的概念、意义，刑事赔偿的适用范围和具体程序以及赔偿的计算标准。学习重点是：法律对未成年人的特殊程序保护；涉外刑事诉讼的特殊程序规定；刑事赔偿的适用范围。学习难点是：审前阶段未成年人的程序保护；涉外刑事诉讼中的律师制度；刑事赔偿的程序保障。本章的学术热点是：加强未成年犯罪嫌疑人、被告人的诉讼权利保障；扩大刑事赔偿的范围。

第一节　未成年人案件的刑事诉讼程序

一、概　述

未成年人案件是指犯罪嫌疑人、被告人实施涉嫌犯罪的行为时已满 14 周岁、未满 18 周岁的刑事案件。这是最高人民检察院《人民检察院办理未成年人刑事案件的规定》第 46 条的界定，它符合我国刑法关于刑事责任年龄的规定。

未成年人案件诉讼程序是刑事诉讼中的特别程序，它是指对未成年人犯罪案件依法追究刑事责任时所适用的立案、侦查、起诉、审判、执行等一系列诉讼程序的总称。由于未成年人控制自己行为的能力较差，实施犯罪行为具有一定的可宽宥性，所以，几乎所有国家的实体法对未成年人的惩罚都明显体现了人文关怀，以教育和挽救为主要目的，都规定对未成年人从轻或者减轻处罚。刑事程序法当然也要贯彻相同的立法精神，以程序中的特殊规定，实现通过法律教育犯罪的未成年人的目的；另一方面，由于未成年的犯罪嫌疑人、被告人不能像成年人一样充分保护自己诉讼中的权益，于是，法律需要在程序设计时加强未成年人诉讼权利的特殊保护。

关于未成年人刑事案件的特殊程序法律保护，既有国际公约的要求，也有国内立法和司法解释及部门规章等的约束。有关的国际准则主要包括：《联合国少年司法最低限度标准规则》（即《北京公约》）、《联合国预防少年犯罪准则》（即《利雅德准则》）、《儿童权利公约》、《联合国保护被剥夺自由少年规则》等。国内的法律主要包括：《刑事诉讼法》、《未成年人保护法》以及《预防未成年人犯罪法》等法律中有关未成年人刑事案件审理方面的规定。有关的司法解释和部门规章、规定、通知、意见等主要包括：1991 年 2 月 1 日起试行的最高人民法院《关于办理少年刑事案件的若干规定（试行）》；1991 年 4 月 6 日最高人民法院、国家教委、工、青、妇等组织联合发布的《关于审理少年刑事案件聘请特邀陪审员的联合通知》；1991 年 6 月 1 日最高人民法院、最高人民检察院、公安部、司法部联合发布的《关于审理少年刑事案件建立相应配套工作体系的通知》；2001 年 4 月 12 日起施行的最高人民法院《关于审理未成年人刑事案件的若干规定》（以下简称最高人民法院关于未成年人《若干规定》）；2006 年 1 月 23 日起施行的最高人民法院《关于审理未成年人刑事案件具体应用法律若干问题的解释》；2006 年 12 月 28 日最高人民检察院通过的《人民检察院办理未成年人刑事案件的规定》（以下简称最高人民检察院关于未成年人《规定》）等。

二、方针和特有原则

1. 教育、感化、挽救方针

依据我国《未成年人保护法》第 38 条和《预防未成年人犯罪法》第 44 条的规定，公安司法机关在未成年人刑事诉讼程序中，应当坚持以教育为主、惩罚为辅的原则，对未成年人动之以情，晓之以理，使犯罪的未成年人认识到其罪行的严重性，促其悔罪服法，重新做人。

2. 特有原则

为了实现刑事程序法对未成年犯罪嫌疑人、被告人的特殊保护，必须坚持以下特殊的原则性要求：

（1）分案处理原则。分案处理原则是指对未成年犯罪案件的处理在时间上、地点上都要与成年人犯罪案件分开处理、分开关押和执行。

（2）诉讼权利特殊保护原则。诉讼权利特殊保护原则是指刑事程序法规定有利于未成年人教育、挽救和充分行使诉讼权利的各种有别于成年人的诉讼制度。如指定辩护律师制度，监护人到场制度，说服教育的增加程序，等等。

（3）隐私保护原则。隐私保护原则是指为了避免公开和宣传有关犯罪信息对未成年人造成伤害和影响，法律规定在诉讼中公开的相关情况都要限制在一定的范围之内。典型的就是法院不公开审理，还有其他诉讼环节的信息控制。

（4）迅速、简化原则。迅速、简化原则是指对未成年人案件的立案、侦查、起诉、审判都应当迅速进行，并且简化诉讼程序。

（5）全面调查的原则。全面调查的原则是指侦查、司法人员在办理未成年人案件过程中，除对案件事实进行调查外，还要对未成年犯罪嫌疑人、被告人的个人情况进行全面的调查，包括对未成年人的社会调查和生理调查。

三、诉讼程序的特别要求

1. 立案阶段应当注意的重点问题

在审查未成年人案件的立案材料时，要特别注意两个方面的问题：

一是未成年人的具体出生时间。由于具体的出生年月日关系到未成年人刑事责任的有无，时间的查证对于审查是否符合立案的条件至关重要。

二是可能涉及的具体罪名。由于我国刑法规定 14 至 16 岁的未成年人并不是对所有犯罪都承担刑事责任，而只对故意杀人、故意伤害致人重伤或者死亡、强奸、抢劫、贩卖毒品、放火、爆炸、投放危险物质罪等部分犯罪才负刑事责任，所以，罪名的判定也直接关系到是否应当立案。

2. 侦查阶段的注意事项

(1) 扩大侦查范围，贯彻全面调查原则。未成年人刑事案件的侦查除与成年人刑事案件一样要查明案情、收集证据和查获犯罪人外，还要进行社会调查和生理调查。社会调查是对未成年人的教育情况、道德品行、家庭结构、管教方法、生活环境、成长过程、社会交往等因素进行调查；生理调查主要是对未成年人的智力、身体发育和精神状况等方面进行调查。从法律意义上来讲，调查报告不是严格的定罪的依据，而是法院在定罪之后依法量刑时选择最有利于少年被告人改造的刑罚执行方式的参考。进行全面社会调查，是为了找出诱发未成年人犯罪的主客观根源，确保未成年人得到彻底矫治，不再犯罪。

(2) 尽量避免强制措施的适用。对于逮捕（羁押）的采用，相关司法解释采取了特别慎重的态度。根据最高人民检察院关于未成年人《规定》第 12 条和第 13 条规定，人民检察院审查批准逮捕未成年犯罪嫌疑人，应当根据未成年犯罪嫌疑人涉嫌犯罪的事实、主观恶性、有无监护与社会帮教条件等，综合衡量其社会危险性，确定是否有逮捕必要，慎用逮捕措施，可捕可不捕的不捕。对于罪行较轻，具备有效监护条件或者社会帮教措施，没有社会危险性或者社会危险性较小，不会妨害诉讼正常进行的未成年犯罪嫌疑人，一般不予批准逮捕。对于罪行比较严重，但主观恶性不大，有悔罪表现，具备有效监护条件或者社会帮教措施，不具有社会危险性，不会妨害诉讼正常进行，并具有下列情形之一的未成年犯罪嫌疑人，也可以依法不予批准逮捕：一是初次犯罪、过失犯罪的；二是犯罪预备、中止、未遂的；三是有自首或者立功表现的；四是犯罪后能够如实交待罪行，认识自己行为的危害性、违法性，积极退赃，尽力减少和赔偿损失，得到被害人谅解的；五是不是共同犯罪的主犯或者集团犯罪中的首要分子的；六是属于已满 14 周岁不满 16 周岁的未成年人或者系在校学生的；七是其他没有逮捕必要的情形。

(3) 传唤和讯问方法必须适当。传唤未成年犯罪嫌疑人，可以采用较为缓和的方式，例如通过其父母、监护人进行。最高人民检察院关于未成年人《规定》对于审查批准逮捕工作中讯问未成年犯罪嫌疑人的特别程序进行了明确规定，根据《规定》第

10条和第11条，人民检察院审查批准逮捕未成年人犯罪案件，应当讯问未成年犯罪嫌疑人。讯问未成年犯罪嫌疑人，应当通知法定代理人到场，告知法定代理人依法享有的诉讼权利和应当履行的义务。讯问女性未成年犯罪嫌疑人，应当有女检察人员参加。讯问未成年犯罪嫌疑人一般不得使用戒具。对于确有人身危险性，必须使用戒具的，在现实危险消除后，应当立即停止使用。上述讯问程序符合未成年犯罪嫌疑人的身心特点，对于保障未成年犯罪嫌疑人的合法权利具有极为重要的意义，公安机关应当参照执行。这些规定应当适用于侦查阶段对未成年犯罪嫌疑人的一切讯问。

(4) 诉讼权利要特殊保护。最高人民检察院关于未成年人《规定》第15条明确提出："未成年犯罪嫌疑人及其法定代理人因经济困难等原因没有聘请律师的，人民检察院应当告知其可以申请法律援助。"

3. 起诉阶段的特殊要求

(1) 工作机构和工作人员专门化。有条件的人民检察院应当设立专门工作机构或者专门工作小组办理未成年人刑事案件，不具备条件的应当指定专人办理。未成年人刑事案件一般应当由熟悉未成年人身心发展特点，善于做未成年人思想教育工作的检察人员承办。

(2) 帮助申请法律援助。未成年犯罪嫌疑人及其法定代理人因经济困难等原因没有聘请律师的，人民检察院应当告知其可以申请法律援助。而对于成年人的案件，人民检察院则没有这个告知义务。

(3) 听取有关人员的意见。人民检察院审查起诉未成年犯罪嫌疑人，应当听取其父母或者其他法定代理人、辩护人、被害人及其法定代理人的意见。

(4) 安排会见、通话。具有下列情形的，检察人员可以安排在押的未成年犯罪嫌疑人与其法定代理人、近亲属等进行会见、通话：①案件事实已基本查清，主要证据确实、充分，安排会见、通话不会影响诉讼活动正常进行；②未成年犯罪嫌疑人有认罪、悔罪表现，或者虽尚未认罪、悔罪，但通过会见、通话有可能促使其转化，或者通过会见、通话有利于社会、家庭稳定；③未成年犯罪嫌疑人的法定代理人、近亲属对其犯罪原因、社会危害性以及后果有一定的认识，并能配合公安司法机关进行教育。会见、通话时检察人员可以在场。会见、通话结束后，检察人员应当将有关内容及时整理并记录在案。

(5) 最大限度适用不起诉。依照刑法规定不需要判处刑罚或者免除刑罚的未成年犯罪嫌疑人，人民检察院一般应当依法作出不起诉决定。

(6) 原则上分案起诉。人民检察院审查未成年人与成年人共同犯罪案件，一般应当将未成年人与成年人分案起诉。但是具有下列情形之一的，可以不分案起诉：①未成年人系犯罪集团的组织者或者其他共同犯罪中的主犯的；②案件重大、疑难、复杂，分案起诉可能妨碍案件审理的；③涉及刑事附带民事诉讼，分案起诉妨碍附带民事诉讼部分审理的；④具有其他不宜分案起诉情形的。

4. 审判阶段的特殊程序要求

根据最高人民法院关于未成年人《若干规定》，未成年人案件的审判程序应当符合以下要求：

(1) 审判组织和审判人员专门化。在具备条件的地方，中级以下人民法院应当建立与其他审判庭同等建制的未成年人刑事审判庭。条件尚不具备的地方，也应当在刑事审判庭内设立未成年人刑事案件合议庭或者由专人负责办理未成年人刑事案件。高级人民法院可以在刑事审判庭内设立未成年人刑事案件合议庭。未成年人刑事审判庭和未成年人刑事案件合议庭统称“少年法庭”。少年法庭的审判长，应当由熟悉未成年人特点、善于做未成年人思想教育工作的审判员担任，并且应当保持其工作的相对稳定性。审判未成年人刑事案件的人民陪审员，一般由熟悉未成年人特点，热心于教育、挽救失足未成年人工作，并经过必要培训的共青团、妇联、工会、学校的干部、教师或者离退休人员、未成年人保护组织的工作人员等担任。

(2) 开庭前要做特殊的准备工作。在向未成年被告人送达起诉书副本时，应当详细说明被指控的罪行和有关法律条款，讲解有关政策；并告知诉讼的程序及有关的诉讼权利、义务，指明在接受审判时应当实事求是地回答法庭的提问。少年法庭应当针对被告人的思想顾虑、畏惧心理、抵触情绪进行疏导和教育。开庭审判前，少年法庭的审判长认为有必要的，可以安排法定代理人或者其他成年近亲属、教师等人员与未成年被告人会见。控辩双方可以就未成年被告人性格特点、家庭情况、社会交往、成长经历以及实施被指控犯罪前的表现等基本情况进行调查，并制作调查报告，在开庭审理前提交合议庭。必要时，少年法庭也可以就上述情况进行调查。人民法院应当依法为没有委托辩护人的未成年被告人指定律师为其提供辩护。

(3) 法庭审理要遵循特殊的程序。未成年被告人在法庭上可以坐着回答问题，法庭不得对未成年被告人使用戒具。法庭应当根据未成年被告人的自然情况，掌握庭审节奏和气氛。审判人员要注意用语准确并通俗易懂，同时还要防止对未成年被告人进行诱供方式的提问。审判人员要准确核实未成年被告人在案件发生时的年龄。如果控辩双方向法庭提出判处被告人有期徒刑或拘役宣告缓刑、管制、免予刑事处罚的建议的，审判人员应当要求建议法庭提供未成年被告人家庭监护条件或者其所在社区帮教措施的书面材料。合议庭应当在宣布有罪判决结果后，当庭对未成年被告人进行法庭教育。但是，合议庭确定被告人无罪的，或者宣判后未成年被告人及其法定代理人、辩护人当庭明确表示对有罪判决持有异议的，不进行当庭教育。宣告判决应当公开进行，但不得召开群众大会。第二审程序应一律采用直接审理的方式，严格禁止书面审理。

需要说明的是，未成年被告人的法定代理人没有经过被告人同意的上诉行为是否有效的问题。这个问题实际上是涉及未成年被告人是否有独立行使上诉权的能力。根据民事法律的规定，未成年人在参与诉讼的过程中，应当有其法定代理人的介入，代理其行使诉讼权利。而且，在未成年当事人与其法定代理人就诉讼权利行使的意见不都能达成一致时，司法机关应以法定代理人的意思表示为准。如果将刑事诉讼中的各种诉讼权利都看作是一般意义上的民事权利，就会得出在意见分歧时以未成年人的法定代理人的意思表示为准的结论。但是，我们认为，刑事诉讼中的诉讼权利与其他诉讼中的权利存在明显的区别，即：在民事或者行政诉讼中，法定代理人的代理之所以是全面的、权威的，是因为诉讼权利涉及的实体法律责任由法定代理人承担；而刑事诉讼中的实体法律责任并不是由法定代理人承担，未成年被告人才是实体法律后果的利害关系人，所以，法定代理人的权利也不应该与民事和行政诉讼中的法定代理人的权限一样大。因此，在诸如是否需要针对一审裁判提出上诉的问题上，如果未成年被告人与其法定代理人存在分歧，应当以有利于未成年被告人的利益保护为原则，即未成年被告人与其法定代理人任何一方的上诉表示都发生法律效力。

5. 执行阶段的限制性规定

(1) 执行地点的要求。被交付执行前余刑在1年以上有期徒刑的未成年犯，应当在未成年犯管教所执行。被交付执行前余刑在1年以下有期徒刑、拘役的未成年犯，应在看守所执行。执行机关应注意将未成年犯与成年犯分离关押。公安机关依照法律规定，对被判处管制、拘役和有期徒刑宣告缓刑的未成年罪犯，应当加强考察的组织和实施工作。

(2) 执行方式的要求。根据我国《预防未成年人犯罪法》第46条的规定，未成年犯在被执行刑罚期间，执行机关应当加强对未成年犯的法制教育，对未成年犯进行职业技术教育，对没有完成义务教育的未成年犯，执行机关应当保证其继续接受义务教育。

人民检察院要加强对未成年犯监所的监督工作，发现问题时，应及时依法提出纠正意见。

第二节　涉外刑事诉讼程序及刑事司法协助

一、涉外刑事诉讼程序的概念和种类

涉外刑事诉讼程序是指公安司法机关在办理具有涉外因素的刑事案件时所适用的诉讼程序。所谓“涉外因素”主要是指诉讼当事人全部或部分为外国人（包括无国籍人、外国法人或组织，下同），或者刑事案件发生在国外。具有涉外因素的刑事案件有以下三类：①在中华人民共和国领域内，外国人犯罪或者我国公民侵犯外国人合法权益的刑事案件；②在中华人民共和国领域外，符合《刑法》第8条、第10条规定情形的外国人对中华人民共和国国家和公民犯罪和中国公民犯罪的案件；③符合《刑法》第9条规定的情形的，中华人民共和国在所承担国际条约义务范围内行使管辖权的案件。

我国不存在相对独立、系统的涉外刑事诉讼程序法，但是我国刑事诉讼法中包含了关于涉外刑事诉讼的原则性规定，如我国《刑事诉讼法》第16条、第17条和第20条对涉外刑事案件的管辖以及法律适用原则等作了规定。除了刑事诉讼法，我国《刑法》第6条至第11条也对涉外刑事诉讼程序问题作出了规定。再有就是有关的司法解释和相关决定等，如：最高人民法院《解释》、最高人民检察院《刑事诉讼规则》和公安部《办案程序规定》；外交部、最高人民法院、最高人民检察院、公安部、国家安全部、司法部联合发布的《关于处理涉外案件若干问题的规定》；全国人民代表大会常务委员会的《关于对中华人民共和国缔结或者参加的国际条约所规定的罪行行使刑事管辖权的决定》和《中华人民共和国外交特权与豁免条例》；公安部、外交部、最高人民

法院、最高人民检察院联合发布《关于处理会见在押外国籍案犯以及外国籍案犯与外界通讯问题的通知》。

二、涉外刑事诉讼的特有原则

公安司法机关和诉讼参与人在涉外刑事诉讼中除了必须遵循我国刑事诉讼法规定的基本原则外，还必须遵循以下特有的原则：

1. 国家主权原则

国家主权原则，是指公安司法机关办理涉外刑事案件适用中国法律的原则。我国《刑事诉讼法》第 16 条规定："对于外国人犯罪应当追究刑事责任的，适用本法的规定。对于享有外交特权和豁免权的外国人犯罪应当追究刑事责任的，通过外交途径解决。" 我国《刑法》第 6 条至第 10 条规定了应当依照中国刑法追究刑事责任的几种情形。我国是一个独立的主权国家，因此，我国公安司法机关办理涉外刑事案件必须适用中国的法律。具体表现为：依法应由我国公安司法机关管辖的涉外刑事案件，一律由我国公安司法机关受理，外国的警察机关和司法机关无管辖权；外国人在我国境内进行刑事诉讼，一律适用我国法律，依照我国法律规定的诉讼程序进行；外国法院的刑事裁判，只有经过我国人民法院按照我国刑事诉讼法、我国缔结或者参加的有关国际条约予以承认的，才能在我国境内发生法律效力，或接受委托办理，或协助执行。

2. 信守国际条约原则

信守国际条约原则，是指公安司法机关办理涉外刑事案件，凡是我国缔结或者参加的国际条约有规定的，除声明保留的条款外，都必须严格遵守。信守国际条约，是任何一个国家在涉外刑事诉讼中所应承担的国际义务，我国当然也不例外。国际条约是主权国家之间订立的多边或双边协议，在国际法上，有所谓"条约必须遵守"的原则，它是指条约生效以后，各方必须按照条约规定的条款，履行自己的义务，不得违反。我国对于自己缔结或者参加的国际条约，历来是认真遵守的。外交部、最高人民法院、最高人民检察院、公安部、国家安全部、司法部于 1987 年 8 月 27 日联合发布的《关于处理涉外案件若干问题的规定》指出："涉外案件应依照我国法律规定办理，以维护我国主权。同时亦应恪守我国参加和签订的多边或双边条约的有关规定。当国内法及其某些内部规定同我国所承担的条约义务发生冲突时，应适用国际条约的有关规定。"

3. 诉讼权利和义务平等原则

诉讼权利和义务平等原则，是指外国人在我国参加刑事诉讼，与我国公民一样，享有我国法律规定的诉讼权利并承担诉讼义务。我国《刑事诉讼法》第 16 条对于外国人犯罪追究刑事责任时适用本法的规定，以及公安部《办案程序规定》第 321 条和最高人民法院《解释》第 316 条的规定，都是关于外国籍犯罪嫌疑人、被告人在刑事诉讼中，享有我国法律规定的诉讼权利，并承担相应的义务的内容。这是我国在处理国际关系时一贯坚持的"和平共处"五项基本原则对涉外刑事诉讼的具体要求。

4. 使用中国通用的语言文字进行诉讼原则

使用中国通用的语言文字进行诉讼原则，是指公安司法机关在办理涉外刑事案件过程中，应当使用中国通用的语言、文字进行诉讼活动，对于外国籍诉讼参与人，应当为他们提供翻译。联合国《公民权利和政治权利国际公约》第14条第3款第6项规定："如他不懂或不会说法庭上所用的语言，能免费获得译员的帮助。"可见，使用本国通用的语言文字进行诉讼并对外国诉讼参与人提供翻译是国际公约的要求。使用本国通用的语言文字进行涉外刑事诉讼，这是国家司法主权独立和尊严的象征，是各国涉外刑事诉讼立法普遍采用的一项原则。我国公安司法机关在涉外刑事诉讼中也必须遵守这一原则。

5. 指定或委托中国律师参加诉讼原则

指定或委托中国律师参加诉讼原则，是指人民法院依法为没有委托辩护人的外国籍被告人指定辩护人，或者外国籍当事人委托辩护人或代理人，只能指定或委托中国律师，外国律师不得在中国参加刑事诉讼活动。律师制度是国家司法制度的重要组成部分，尤其是辩护律师制度更是一个国家法律制度中的敏感部分，世界各国一般都不允许外国律师在本国执行律师职务和出庭参加诉讼活动。根据中国法律和有关司法解释等相关规定，外国籍当事人委托律师辩护或代理诉讼的，必须委托中国律师，而不允许委托外国律师；外国律师接受委托担任辩护人或诉讼代理人参加诉讼，不得以律师的名义或身份出现，不享有中国法律赋予律师的权利，人民法院只将其视为一般的辩护人或诉讼代理人；外国籍被告人没有委托辩护人的，人民法院可以为其指定辩护人，但应当指定中国律师。

三、涉外案件的管辖

我国刑事诉讼法对涉外案件的管辖没有作出系统规定，但是，我国缔结和参加的有关国际条约、最高司法机关的有关司法解释以及公安部、司法部的规章等对此作了一些具体的规定。

根据最高人民法院《解释》第314条的规定，外国人的国籍以其入境时的有效证件予以确认；国籍不明的，以公安机关会同外事部门查明的为准；国籍确实无法查明的，以无国籍人对待，亦适用涉外刑事诉讼程序。

1. 侦查管辖

根据公安部《办案程序规定》，外国人犯罪的案件，由犯罪地的地（市）级以上公安机关立案侦查；外国人犯中华人民共和国缔结或者参加的国际条约规定的罪行后进入我国领域内的，由该外国人被抓获地的地（市）级以上公安机关立案侦查；外国人在中华人民共和国领域外的中国船舶或者航空器内犯罪的，由犯罪发生后该船舶或者航空器最初停泊或者降落的中国港口的地（市）级以上交通或者民航公安机关立案侦查；外国人在国际列车上犯罪的，由犯罪发生后列车最初停靠的中国车站所在地或者目的地的地（市）级以上铁路公安机关立案侦查；外国人在中华人民共和国领域外对中华人民共和国国家或者公民犯罪，依照中国刑法应当受处罚的，由该外国人入境地的地（市）级以上公安机关立案侦查；犯罪嫌疑人系享有外交特权和豁免权的外国人的，有管辖权的公安机关应当呈报公安部，由公安部移交外交部通过外交途径解决其刑事责任问题。

2. 审判管辖

根据我国《刑事诉讼法》第20条的规定，外国人犯罪的第一审刑事案件由中级人民法院管辖。同时，我国《刑事诉讼法》第21条又规定，高级人民法院管辖的第一审刑事案件，是全省（自治区、直辖市）性的重大刑事案件；第22条规定，最高人民法院管辖的第一审刑事案件，是全国性的重大刑事案件。据此，对于重大或特别重大的涉外刑事案件，也可以由高级人民法院或者最高人民法院进行第一审审判。

最高人民法院的《解释》就具体的情形作出了详细的规定：对于中华人民共和国缔结或者参加的国际条约所规定的罪行，中华人民共和国在所承担条约义务的范围内行使刑事管辖权的案件，由外国籍被告人被抓获地的中级人民法院管辖；外国人在中华人民共和国领域外的中国船舶内的犯罪，由犯罪发生后该船舶最初停泊的中国口岸所在地的中级人民法院管辖；外国人在中华人民共和国领域外的中国航空器内的犯罪，由犯罪发生后该航空器在中国最初降落地的中级人民法院管辖；外国人在国际列车上的犯罪，按照我国与相关国家签订的有关管辖协定确定管辖，没有协定的，由犯罪发生后该列车最初停靠的中国车站所在地或者目的地的铁路运输法院（中级）管辖；外国人在中华人民共和国领域外对中华人民共和国国家或者公民犯罪，依照中国刑法应受处罚的，由该外国人入境地的中级人民法院管辖。

至于我国公民侵犯外国人合法权益的犯罪以及我国公民在中华人民共和国领域外的犯我国刑法规定应追究刑事责任之罪的，除了依照刑事诉讼法由上级人民法院管辖的以外，一律由基层人民法院进行第一审审判。

四、涉外刑事诉讼中的强制措施

在涉外刑事诉讼中，公安、司法机关根据案情的需要，完全可能对外国籍的犯罪嫌疑人、被告人采取强制措施，但是，由于存在涉外因素，应当遵守一些特殊的程序要求：

1. 对外国人适用强制措施要履行特殊的审批程序

需要对外国人采取逮捕、拘留、监视居住、取保候审等措施的，应当由省级公安机关负责人批准，并将有关案情、处理情况等在采取强制措施的48小时以内报告公安部，同时通报同级人民政府外事办公室。外国人涉嫌危害国家安全犯罪的案件或者涉及国与国之间政治、外交关系的案件，需要逮捕犯罪嫌疑人的，由分、州、市人民检察院审查并提出意见，层报最高人民检察院审查，最高人民检察院征求外交部的意见后，决定批准逮捕；外国人涉嫌其他犯罪的案件，需要逮捕犯罪嫌疑人的，由分、州、市人民检察院审查并提出意见，报省级人民检察院审查，省级人民检察院征求同级人民政府外事部门的意见后，决定批准逮捕。但经审查认为不需要逮捕的，分、州、市人民检察院可以直接作出不批准逮捕的决定，同时报省级人民检察院备案。

2. 对外国人适用强制措施后要执行通报和报告程序

对外国人依法作出取保候审、监视居住决定或者执行拘留、逮捕后，省级公安机关应当在规定的期限内，将外国人的姓名、性别、入境时间、护照或者证件号码、案件发生的时间、地点及有关情况，涉嫌犯罪的主要事实，已采取的强制措施及其法律依据，通知该外国人所属国家的驻华使馆、领事馆，同时报告公安部。

3. 要安排有关的探视事宜

公安机关侦查终结前，外国驻华外交、领事官员要求探视被监视居住、取保候审、拘留、逮捕的本国公民的，立案侦查的公安机关应当及时安排有关的探视事宜。犯罪嫌疑人拒绝其所属国家驻华外交、领事官员探视的，公安机关可以不予安排，但应当由其本人提出书面声明。同时，在侦查羁押期间，经立案侦查的公安机关批准，外国籍犯罪嫌疑人可以与其近亲属、监护人会见和与外界通讯。

4. 可以扣留护照

对外国籍犯罪嫌疑人采取强制措施的同时，经省级公安机关批准，可以依法扣留其护照，发给本人扣留护照的证明，并将有关情况及时报告公安部，同时通报同级人民政府外事办公室。

5. 可以限制出境

人民法院在审判期间，对涉外刑事案件的被告人及人民法院认定的其他相关人员，可以决定限制出境；对开庭审理案件时必须到庭的证人，可以要求暂缓出境。其中，限制出境的决定应当通报同级公安机关或者国家安全机关。

6. 可以通知边防检查站阻止出境

人民法院决定限制外国人和中国公民出境的，应当口头或者书面通知被限制出境的人，也可以采取扣留其护照或者其他有效出入境证件的办法，在案件审理终结前不得离境。对需要在边防检查站阻止外国人和中国公民出境的，人民法院应当填写口岸阻止人员出境通知书。控制口岸在本省、自治区、直辖市的，应当向本省、自治区、直辖市公安厅（局）办理交控手续；控制口岸不在本省、自治区、直辖市的，应当通过有关省、自治区、直辖市公安厅（局）办理交控手续。在紧急情况下，如确有必要，也可以先向边防检查站交控，然后补办交控手续。

五、涉外刑事诉讼的文书送达

根据最高人民法院《解释》第327条的规定，向在中华人民共和国领域外居住的当事人送达诉讼文书，采用下列方式：①通过外交途径送达；②对中国籍当事人，可以委托我国使、领馆代为送达；③当事人所在国的法律允许邮寄送达的，可以邮寄送达；④当事人所在国与我国有刑事司法协助协定的，按照协定规定的方式送达；⑤当事人是自诉案件的自诉人或者是附带民事诉讼的原告人，有诉讼代理人的，可以由诉讼代理人送达。对于同我国建交的国家，法院通过外交途径相互请求送达法律文书的，除该国同我国已有司法协助协定的依协定外，依据互惠原则办理。

六、刑事司法协助的内容

刑事司法协助，是指我国司法机关和外国司法机关之间，根据本国缔结或者参加的国际条约，或者按照互惠原则，相互请求，代为进行某些刑事诉讼行为的一项制度。

我国《刑事诉讼法》第17条规定："根据中华人民共和国缔结或者参加的国际条约，或者按照互惠原则，我国司法机关和外国司法机关可以相互请求刑事司法协助。"对"我国司法机关和外国司法机关"应当作广义的解释，即不仅包括我国人民法院和外国法院，也包括我国人民检察院和外国检察机关，还包括我国的公安机关和外国的警察机关。

在刑事司法协助中，不论是我国司法机关请求外国司法机关提供刑事司法协助，还是外国司法机关请求我国司法机关提供刑事司法协助，其主要内容都有以下五个方面：

1. 调查取证

包括代为听取诉讼当事人的陈述，询问证人、被害人和鉴定人，进行鉴定、勘验、检查、搜查、扣押物证、书证、辨认等。

2. 送达文书

包括司法文书，如：判决书、裁定书、决定书、传票、出庭通知等；也包括司法外文书，如：身份证、来往信函等。

3. 移交证据

移交的证据可能是刑事诉讼中存在的任何一种证据，如物证、书证等。

4. 通报诉讼结果

通报的内容包括立案、侦查、采取强制措施、起诉或不起诉、判决或裁定等。

5. 引渡

引渡是指一国把当时在其境内而被他国指控犯有罪行或判处刑罚的人，根据该国的请求，移交给该国进行审判或处罚的活动。

七、刑事司法协助的申请与执行

1. 我国司法机关请求外国司法机关提供司法协助的程序

根据联合国大会1990年通过的《刑事案件互助示范条约》和有关国际条约的规定，我国司法机关在请求外国司法机关进行司法协助时，经省级司法机关审查同意后，报送最高司法机关。请求书及所附文件应当使用我国文字，并附有被请求国语文的译文或被请求国可接受的任何另一语文的译文。

最高司法机关收到地方各级司法机关请求外国司法机关提供司法协助的请求书及材料后，应当依照有关条约进行审查。对符合条约有关规定、所附材料齐全的，应当连同上述材料一并转递缔约的外国的中央机关，或者交由我国其他中央机关（如司法部、外交部）办理。外国司法机关执行协助并将执行结果转递我国最高司法机关后，最高司法机关应当立即转递提出协助请求的司法机关。

根据公安部《办案程序规定》第350条的规定，地方公安机关需要通过国际刑警组织缉捕罪犯或者犯罪嫌疑人、查询资料、调查取证的，应当提出申请，呈报公安部审批。

2. 外国司法机关请求我国司法机关提供司法协助的程序

通过有关国际条约规定的联系途径或外交途径，我国最高司法机关接收外国司法机关或外交机关提出的司法协助请求后，应当依据我国法律和有关司法协助条约进行审查。如果存在拒绝提供协助的情形，如按照被请求的缔约一方的法律，该项请求涉及的行为并不构成犯罪等情形，可以拒绝提供司法协助，通过接收请求的途径退回请求方并说明理由。对所附材料不齐全的，应当要求请求方予以补充。经过审查，认为符合司法协助条件的，最高司法机关应交有关省级司法机关办理或者指定有关司法机关办理，或者移交其他有关最高主管机关指定有关机关办理。

第三节　刑事赔偿程序

一、刑事赔偿的概念和意义

刑事赔偿是指国家因行使侦查、起诉、审判、监狱管理职权的机关及其工作人员，在行使职权的过程中对公民、法人或其他组织的合法权利造成了损害，依法向受害者进行的赔偿。

刑事赔偿是国家赔偿的一种形式，是取消国家豁免权的标志，是将国家在刑事诉讼中的地位降至与公民个人平等的民主法律制度。其意义主要表现在以下几个方面：

(1) 有利于救济在刑事诉讼中遭受国家侵害的公民、法人或其他组织的权利。国家侦查、起诉、审判、监管机关及其工作人员行使国家职权的行为，是国家授权的行为，与具体的执法人员个人没有关系，应当视为国家行为。国家行为出现错误，产生损坏后果的，应当由国家进行赔偿。也只有国家对此进行赔偿，才能切实保护遭受侵犯的主体的合法权益。因为，只有以国家的名义进行赔偿，才能体现赔偿的诚意，才能对被侵犯的对象进行充分的精神安慰；也只有以国家的名义进行赔偿，才能全面弥补被侵害者的物质损失。

(2) 有利于规范侦查、起诉、审判、监狱管理机关及其工作人员的职权行为。如果侦查、起诉、审判、监狱管理机关或其工作人员在行使国家权力时，由于过失造成了损害，国家的赔偿行为对具体的机关或者其工作人员，会在一定程度上产生名誉和精神方面的负面影响。如果侦查、起诉、审判、监狱管理机关或其工作人员在行使国家权力时，故意滥用职权或玩忽职守，导致公民、法人或其他组织在刑事诉讼活动中受到侵害，国家在向受害人承担赔偿责任之后，将进一步向造成损害的侦查、起诉、审判、监狱管理机关或其工作人员追偿，要求其承担部分甚至全部赔偿费用。因此，国家的刑事赔偿对约束侦查、起诉、审判、监狱管理机关及其工作人员的职权行为，有着十分有效的作用。

(3) 有利于保护依法行使职权的侦查、起诉、审判、监狱管理机关及其工作人员的职务行为。任何一项国家权力在行使的过程中都存在一定的侵权风险，刑事诉讼中的国家权力更是容易出现错误，甚至可以说，刑事追诉过程中的一些权力行使，必然存在一定比例的错误。比如逮捕，其实施的证据要求就明显低于定罪的证据要求，所以逮捕后由于证据的变化导致案情的变化而出现应当释放被逮捕者的情形是完全可能的。因此，由国家承担刑事诉讼中国家权力行使产生的损害，是对侦查、起诉、审判、监狱管理机关及其工作人员的职务行为的保护和支持。那种将国家权力行使中出现侵权的责任完全转嫁给具体机关和个人的法律，是没有法理根据的。

二、刑事赔偿的范围

1. 对侵犯人身自由的赔偿

国家对侵犯人身自由的刑事赔偿主要是针对“无罪”错误羁押和错误裁判的赔偿。根据我国《国家赔偿法》的规定，对没有犯罪事实或者没有事实证明有犯罪重大嫌疑的人错误拘留的，国家应当就错误羁押进行赔偿。拘留只能适用于涉嫌犯罪的人，对没有实施犯罪行为可能的人所采取的拘留，就是明显的错误拘留；同时，拘留没有事实证明有犯罪重大嫌疑的人也是错误拘留。

根据我国《刑事诉讼法》的规定，有证据证明有犯罪事实是适用逮捕的一项基本条件，对没有犯罪事实的人适用逮捕，或者没有证据证明可能有犯罪行为的人实施逮捕，都属于错捕，因而相对人有权获得赔偿。

根据我国《国家赔偿法》的规定，依照审判监督程序再审改判无罪，原判刑罚已经执行的，相对人有权获得赔偿。这里的“原判刑罚”指的是判处剥夺人身自由或者生命的刑罚，不包括被判处管制、有期徒刑或拘役缓刑以及剥夺政治权利等不剥夺人身自由的刑罚。

需要说明的是，有罪判决生效前被超期羁押是否属于刑事赔偿范围问题。从我国《国家赔偿法》第15条对人身损害赔偿的范围所作的规定可以看出，有罪判决生效前被超期羁押的情形并不属于刑事赔偿的范围。从我国《国家赔偿法》第15条第1、2、3项的规定可以看出，国家赔偿法在规定侵犯人身自由权方面采用的是无罪羁押赔偿原则，强调无罪的后果和羁押的状态，即行使侦查、检察、审判、监狱管理职权的机关及其工作人员行使职权的行为，造成了无罪公民被错误拘留、逮捕、被二审改判无罪、被再审改判无罪且原判刑罚已经执行的后果，这时才应当依法承担赔偿的责任。在判决确定有罪的前提下，判决生效前被超期羁押尽管是对其人身自由的侵害，因不符合无罪赔偿原则，也不能归属于刑事赔偿的范围。然而，有罪裁判基础上的超期羁押也是对公民人身自由的侵害。我国《宪法》第37条规定：“中华人民共和国公民的人身自由不受侵犯。任何公民，非经人民检察院批准或者决定或者人民法院决定，并由公安机关执行，不受逮捕。禁止非法拘禁和以其他方法非法剥夺或者限制公民的人身自由，禁止非法搜查公民的身体。”将有罪判决生效前被超期羁押的情形排除在刑事赔偿范围之外，不仅有悖基本法理，也给司法实践带来了较大的负面影响。

2. 对侵犯公民生命、健康权的赔偿

行使侦查、检察、审判、监狱管理职权的机关的工作人采用肉刑或变相肉刑，对犯罪嫌疑人、被告人或罪犯进行摧残、折磨，造成其身体伤害或死亡的以及违法使用武器、警械造成公民身体伤害或者死亡的，相对人有权获得赔偿。

与对侵犯人身自由的赔偿相比，对侵犯公民生命、健康权的刑事赔偿，不要求相对人必须被确认是无罪的，只要相对人遭受了特定的损害即可。

3. 对财产损害的赔偿

造成财产损害的行为，是指违法对财产采取查封、扣押、冻结、追缴等措施的，如超出法定的范围查封、扣押财物或冻结存款，追缴的财物不是犯罪分子的违法所得等情形。

另外，依照审判监督程序再审改判无罪，原判罚金、没收财产已经执行的，也产生了财产损害。如果再审改判无罪，就说明原判的罚金、没收财产是错误的刑罚，一旦已经执行，应当予以赔偿。

应当说明的是，我国《国家赔偿法》第 31 条规定："人民法院在民事诉讼、行政诉讼过程中，违法采取对妨害诉讼的强制措施、保全措施或者对判决、裁定及其他生效法律文书执行错误，造成损害的，赔偿请求人要求赔偿的程序，适用本法刑事赔偿程序的规定。"这些赔偿的性质并不是刑事赔偿，只不过是按刑事赔偿的程序来解决赔偿问题而已。

4. 国家不承担赔偿责任的情形

我国《国家赔偿法》第 17 条规定："属于下列情形之一的，国家不承担赔偿责任：（一）因公民自己故意作虚伪供述，或者伪造其他有罪证据被羁押或者被判处刑罚的；（二）依照我国《刑法》第 14 条、第 15 条（1997 年修改的《刑法》第 17 条、第 18 条——编者注）规定不负刑事责任的人被羁押的；（三）依照我国《刑事诉讼法》第 11 条（1996 年修改的《刑事诉讼法》第 15 条——编者注）规定不追究刑事责任的人被羁押的；（四）行使国家侦查、检察、审判、监狱管理职权的机关的工作人员与行使职权无关的个人行为；（五）因公民自伤、自残等故意行为致使损害发生的；（六）法律规定的其他情形。"可见，虽然公民的人身或者财产权利可能遭受了一定的损害，但是，如果损害的发生并不是由于侦查、起诉、审判、监狱管理机关及其工作人员的错误，而是由于其他原因造成的，国家就无须进行刑事赔偿。

1996 年 5 月 6 日，最高人民法院发布的《关于人民法院执行〈中华人民共和国国家赔偿法〉几个问题的解释》对刑事赔偿的范围作出如下规定：①根据我国《国家赔偿法》第 17 条第 2 项、第 3 项的规定，依照 1997 年修改的《刑法》第 17 条、第 18 条的规定，不负刑事责任的人和依照我国《刑事诉讼法》第 15 条规定不追究刑事责任的人被羁押，国家不承担赔偿责任。但是对起诉后经人民法院判处拘役、有期徒刑、无期徒刑和死刑并已执行的上列人员，有权依法取得赔偿。判决确定前被羁押的日期依法不予赔偿。②依照我国《国家赔偿法》第 31 条的规定，人民法院在民事诉讼、行政诉讼过程中，违法采取对妨害诉讼的强制措施、保全措施或者对判决、裁定及其他生效法律文书执行错误，造成损害，具有以下情形之一的，适用刑事赔偿程序予以赔偿：错误实施司法拘留、罚款的；实施《国家赔偿法》第 15 条第 4 项、第 5 项规定行为的；实施《国家赔偿法》第 16 条第 1 项规定行为的。人民法院审理的民事、经济、行政案件发生错判并已执行，依法应当执行回转的，或者当事人申请财产保全、先予执行，申请有错误造成财产损失依法应由申请人赔偿的，国家不承担赔偿责任。③根据我国《国家赔偿法》第 26 条、第 27 条的规定，人民法院判处管制、有期徒刑缓刑、剥夺政治权利等刑罚的人被依法改判无罪的，国家不承担赔偿责任，但是，赔偿请求人在判决生效前被羁押的，依法有权取得赔偿。

三、刑事赔偿的程序

1. 有权提出刑事赔偿的主体

根据我国《国家赔偿法》第6条的规定，受害的公民、法人和其他组织有权要求赔偿。受害的公民死亡，其继承人和其他有扶养关系的亲属有权要求赔偿。受害的法人或者其他组织终止，承受其权利的法人或者其他组织有权要求赔偿。

2. 承担刑事赔偿的义务机关

根据我国《国家赔偿法》第19条的规定，行使国家侦查、检察、审判、监狱管理职权的机关及其工作人员在行使职权时侵犯公民、法人和其他组织的合法权益造成损害的，该机关为赔偿义务机关。对没有犯罪事实或者没有事实证明有犯罪重大嫌疑的人错误拘留的，作出拘留决定的机关为赔偿义务机关。对没有犯罪事实的人错误逮捕的，作出逮捕决定的机关为赔偿义务机关。再审改判无罪的，作出原生效判决的人民法院为赔偿义务机关。二审改判无罪的，作出一审判决的人民法院和作出逮捕决定的机关为共同赔偿义务机关。

1996年5月6日，最高人民法院发布的《关于人民法院执行〈中华人民共和国国家赔偿法〉几个问题的解释》，对《国家赔偿法》第19条第4款"再审改判无罪的，作出原生效判决的人民法院为赔偿义务机关"的规定作出进一步解释：原一审人民法院作出判决后，被告人没有上诉，人民检察院没有抗诉，判决发生法律效力的，原一审人民法院为赔偿义务机关；被告人上诉或者人民检察院抗诉，原二审人民法院维持一审判决或者对一审人民法院判决予以改判的，原二审人民法院为赔偿义务机关。

最高人民法院和最高人民检察院1997年6月联合发布的《关于办理人民法院、人民检察院共同赔偿案件若干问题的解释》规定：检察机关批准逮捕并提起公诉，一审人民法院判决有罪，二审人民法院改判无罪依法应当赔偿的案件，一审人民法院和批准逮捕的人民检察院为共同赔偿义务机关，如果批准逮捕与提起公诉的不是同一人民检察院，共同赔偿义务机关为提起公诉的人民检察院；赔偿请求人因在起诉、审判阶段被错误羁押而申请赔偿的，可以向共同赔偿义务机关中的任何一个机关提出申请，先收到申请的机关为赔偿案件的办理机关；二审人民法院宣告无罪的赔偿案件，作为共同赔偿义务机关的人民法院和人民检察院各按应当赔偿金额的二分之一承担赔偿责任。

需要说明的是，确定刑事赔偿的义务机关，国家赔偿法坚持两项原则：①谁侵权谁赔偿原则，即由违法侵权的国家机关作为赔偿义务机关。我国《国家赔偿法》第19条第1款即是该原则的体现。谁侵权谁赔偿原则体现了国家赔偿法公平合理分担赔偿义务的立法意图，有利于增强国家机关工作人员的责任感，促进国家机关依法办案。②置后赔偿原则，即不同的司法机关就同一案件或者同一事由，依据刑事诉讼法的规定先后采取了剥夺公民人身自由的强制措施的，由最后实施违法或者错误的强制措施的司法机关对全部剥夺人身自由的后果承担赔偿义务。我国《国家赔偿法》第19条第2、3、4款即是该原则的体现。置后赔偿原则便利当事人申请赔偿，有利于避免因国家司法机关相互推诿而造成求偿困难。应当注意，置后赔偿原则仅适用于剥夺公民人身自由的强制措施，因违法或者错误查扣财产、暴力致人死伤等行为发生国家赔偿的，根据谁侵权谁赔偿的原则确定赔偿义务机关。

3. 刑事赔偿的确定程序

我国刑事赔偿请求的受理和处理程序有两大特点：①在中级以上的人民法院设立赔偿委员会负责对赔偿请求的最终处理，既有别于刑事审判形式，也不同于民事审判形式。②国家赔偿法规定了内部追偿制度。赔偿义务机关赔偿损失后，应当向内部有关责任人员进行追偿部分或者全部赔偿费用。具体程序如下：

（1）侵权的确认。赔偿请求人要求赔偿，应当先向赔偿义务机关提出。赔偿请求人要向赔偿义务机关索赔，首先必须申请有关机关确认侦查、起诉、审判、监狱管理机关或其工作人员实施了侵权行为。被要求确认的机关不予确认的，赔偿请求人有权申诉。赔偿义务机关对于请求赔偿的违法侵权情形，应当依法确认，未经确认有违法侵权情形的赔偿申请不应进入赔偿程序。公民、法人和其他组织申请人民法院依照赔偿法规定予以赔偿的案件，应当依法确认。未经依法确认的，赔偿请求人应当要求有关人民法院予以确认。被要求的人民法院由有关审判庭（赔偿委员会不受理要求确认的申诉案件）负责办理依法确认事宜，并应当以人民法院的名义答复赔偿请求权人。被要求的人民法院不予确认的，赔偿请求人有权申诉。

（2）复议及赔偿决定程序。赔偿义务机关应当自收到申请之日起两个月内依照有关规定给予赔偿；逾期不予赔偿或者赔偿请求人对赔偿数额有异议的，赔偿请求人可以自期间届满之日起 30 日内向其上一级机关申请复议。如果赔偿义务机关是人民法院的，赔偿请求人可以不申请复议而直接向其上一级人民法院赔偿委员会申请作出赔偿决定。复议机关应当自收到申请之日起两个月内作出决定。赔偿请求人不服复议决定的，可以在收到复议决定之日起 30 日内向复议机关所在地的同级人民法院赔偿委员会申请作出赔偿决定；复议机关逾期不作决定的，赔偿请求人可以自期间届满之日起 30 日内向复议机关所在地的同级人民法院赔偿委员会申请作出赔偿决定。

中级以上的人民法院设立赔偿委员会，由人民法院 3 名至 7 名审判员组成，负责处理赔偿请求人不服同级复议机关的复议决定，或者复议机关逾期不作赔偿决定的赔偿请求，以及赔偿请求人不服下级人民法院的赔偿决定或者下级人民法院逾期不作赔偿决定的赔偿请求。赔偿委员会作赔偿决定，实行少数服从多数的原则。赔偿委员会对赔偿请求的处理采取决定的形式，赔偿决定一经作出即发生法律效力，赔偿请求人无权上诉，必须执行。

赔偿义务机关赔偿损失后，应当向内部有关责任人员进行追偿部分或者全部赔偿费用。应当被追偿的人员范围：一是刑讯逼供或者以殴打等暴力行为或者唆使他人以殴打等暴力行为造成公民身体伤害或者死亡的；二是违法使用武器、警械造成公民身体伤害或者死亡的；三是在处理案件中有贪污受贿、徇私舞弊、枉法裁判行为的。对上述人员，有关机关应当依法给予行政处分；构成犯罪的，应当依法追究刑事责任。

4. 刑事赔偿的方式和计算标准

(1) 赔偿方式。根据《国家赔偿法》及相关司法解释的规定，我国的刑事赔偿方式有以下几个特点：①国家赔偿的主要方式是支付赔偿金。赔偿费用，列入各级财政预算。②国家赔偿的辅助方式是返还财产或者恢复原状。这两种措施还要分别情形适用：处罚款、罚金、追缴、没收财产或者违反国家规定征收财物、摊派费用的，能够返还财产的应当返还；查封、扣押、冻结财产的，解除对财产的查封、扣押、冻结，如果造成财产损坏的，能够恢复原状应当恢复原状。赔礼道歉、恢复名誉、消除影响是精神损害的赔偿方式。由于错误拘留、错误逮捕或者错误裁判造成受害人名誉权、荣誉权损害的，应当在侵权行为影响的范围内，为受害人赔礼道歉、恢复名誉、消除影响。

(2) 计算标准。国家刑事赔偿标准的确定，既要使受害人所受到的损失能够得到适当弥补，又要考虑国家的经济和财政的承受能力。

关于侵犯人身自由的赔偿计算标准。我国《国家赔偿法》第26条明确规定："侵犯公民人身自由的，每日的赔偿金按照国家上年度职工日平均工资计算。""上年度"应为赔偿义务机关、复议机关或者人民法院赔偿委员会作出赔偿决定时的上年度；复议机关或者人民法院赔偿委员会决定维持原赔偿决定的，按作出原赔偿决定时的上年度执行。国家上年度职工日平均工资数额，应当以职工年平均工资除以全年法定工作日数的方法计算。年平均工资以国家统计局公布的数字为准。

关于侵犯公民生命健康权的赔偿计算标准。造成身体伤害的，应当支付医疗费，以及因误工减少的收入。减少的收入每日的赔偿金按照国家上年度职工日平均工资计算，最高额为国家上年度职工年平均工资的5倍；造成部分或者全部丧失劳动能力的，应当支付医疗费和残疾赔偿金，残疾赔偿金根据丧失劳动能力的程度确定，部分丧失劳动能力的最高额为国家上年度职工年平均工资的10倍，全部丧失劳动能力的为国家上年度职工年平均工资的20倍；造成死亡的，应当支付死亡赔偿金、丧葬费，总额为国家上年度职工年平均工资的20倍；造成全部丧失劳动能力的对其扶养的无劳动能力的人，造成死亡的对其生前扶养的无劳动能力的人，应当支付生活费，生活费的发放标准参照当地民政部门有关生活救济的规定办理。被扶养的人是未成年人的，生活费给付至18周岁止，其他无劳动能力的人，生活费给付至死亡时止。

关于侵犯财产权赔偿的计算标准。我国《国家赔偿法》第28条规定："侵犯公民、法人和其他组织的财产权造成损害的，按照下列规定处理：(一) 处罚款、罚金、追缴、没收财产或者违反国家规定征收财物、摊派费用的，返还财产；(二) 查封、扣押、冻结财产的，解除对财产的查封、扣押、冻结，造成财产损坏或者灭失的，依照本条第(三)、(四) 项的规定赔偿；(三) 应当返还的财产损坏的，能够恢复原状的恢复原状，不能恢复原状的，按照损害程度给付相应的赔偿金；(四) 应当返还的财产灭失的，给付相应的赔偿金；(五) 财产已经拍卖的，给付拍卖所得的价款；(六) 吊销许可证和执照、责令停产停业的，赔偿停产停业期间必要的经常性费用开支；(七) 对财产权造成其他损害的，按照直接损失给予赔偿。"

案例分析

【案情】一外籍留学生甲在中国某大学学习期间，与中国学生发生纠纷并最后演变成刑事案件，甲将两个中国学生打伤，一个为轻伤，一个为重伤。在以伤害罪被起诉后，甲坚决要求由其本国的律师出庭为其辩护，遭到法庭的拒绝。在庭审中，甲要求控方的证人出庭作证，又遭到检察官和法官的拒绝。甲聘请的中国律师引用《公民权利和政治权利国际公约》第14条的规定："在法庭上有权在同等条件下讯问对他不利和有利的证人"，要求法庭必须传唤控方证人到庭接受辩护方的询问。法庭以中国法院只执行中华人民共和国法律为由，驳回了辩护律师的申请。

【问题】法庭的做法是否正确?

【解析】我们认为，法院的做法都有法律根据。关于外国律师在中国境内不得从事诉讼业务的规定，是中国一直以来的政策，世界范围内的许多国家也都有类似的规定，这是主权原则保护之下的国内立法权，不容置疑。至于《公民权利和政治权利国际公约》，虽然我国已经签署加入，但是，我国还没有批准其生效，所以，律师在法庭上直接引用其条文提出诉讼请求应当属于不当的行为。然而，既然我国已经签署加入该公约，就说明我国认可其内容的合理性，律师可以根据其中的法理，向法庭提出诉讼请求。法院也应当尽量满足辩护方的合理请求。

参考文献

[1] 陈光中，徐静村. 刑事诉讼法学. 北京：中国政法大学出版社，2002
[2] 陈光中. 刑事诉讼法. 北京：北京大学出版社，高等教育出版社，2002
[3] 樊崇义. 刑事诉讼法学. 北京：法律出版社，2004
[4] 龙宗智，杨建广. 刑事诉讼法. 北京：高等教育出版社，2007
[5] 崔敏，李佑标. 刑事诉讼法学. 北京：中国人民公安大学出版社，2005
[6] 宋英辉. 刑事诉讼法学. 北京：中国人民大学出版社，2007
[7] 何家弘，刘品新. 证据法学. 北京：法律出版社，2004
[8] [德] 克劳斯·罗科信. 刑事诉讼法. 吴丽琪译. 北京：法律出版社，2003
[9] 林钰雄. 刑事诉讼法（上）. 台北：元照出版有限公司，2004
[10] 季卫东. 法治秩序的建构. 北京：中国政法大学出版社，1999
[11] 陈瑞华. 刑事审判原理论. 北京：北京大学出版社，1997
[12] 龙宗智. 刑事庭审制度研究. 北京：中国政法大学出版社，2001
[13] [美] 戈尔丁. 法律哲学. 齐海滨译. 北京：三联书店，1987
[14] 左卫民等. 简易刑事程序研究. 北京：法律出版社，2005
[15] 宋英辉. 刑事诉讼目的论. 北京：中国人民公安大学出版社，1995
[16] 梁玉霞. 论刑事诉讼方式的正当性. 北京：中国法制出版社，2002
[17] 谢佑平，万毅. 刑事诉讼法原则：程序正义的基石. 北京：法律出版社，2002
[18] 邵世新，刘选. 刑事附带民事诉讼疑难问题研究. 北京：中国检察出版社，2002
[19] 赵秉志，邱兴隆. 死刑的正当程序之探讨. 北京：中国人民公安大学出版社，2005
[20] 田文昌. 刑事辩护学. 北京：群众出版社，2003

后 记

本书的编写作者来自于不同的院校，具有深厚的理论功底和丰富的教学经验。编写分工如下：刘广三，北京师范大学刑事法学研究院教授，法学博士，编写第 8 章、第 9 章、第 18 章；杨明，辽宁大学法学院教授，吉林大学博士生，编写第 12 章、第 13 章、第 21 章；万毅，上海交通大学法学院副教授，法学博士，编写第 1 章、第 2 章、第 4 章、第 5 章；曾友祥，华南理工大学法学院教授，法学博士，编写第 10 章第 1~3 节及案例分析、第 17 章第 1~3 节及案例分析；陈少林，武汉大学法学院副教授，法学博士，编写第 11 章、第 20 章；李文汇，四川师范大学法学院副教授，法学硕士，编写第 14 章、第 15 章、第 16 章；梁玉霞，暨南大学法学院教授，法学博士，编写第 3 章、第 6 章、第 7 章、第 19 章、第 10 章第 4~5 节、第 17 章第 4 节。

本书由梁玉霞教授担任主编，刘广三、杨明、曾友祥担任副主编。全书由梁玉霞负责统稿，编委会审定，徐双和协助审稿与校对。我们欣喜地看到，本书的第一版得到了大家的认同。因此，我们作出增订，形成现在的第二版。我们期待同行专家学者、广大法学教师和使用者多提宝贵意见和建议，使本教材在教学实践中日臻完善。

本书的出版得益于暨南大学出版社的大力支持和苏彩桃主任的精心安排，在此表示衷心的感谢！

编　者

2011 年 4 月